# 体育经济学

王兆红　许寒冰　主　编
钟华梅　罗　乐　高　鞅　副主编

電子工業出版社
Publishing House of Electronics Industry
北京・BEIJING

## 内容简介

本书以新时代我国体育产业进入高质量发展阶段为契机，系统梳理体育经济学理论，分析体育产业最新案例，解析体育经济学的研究逻辑和体育产业发展规律。全书共 3 篇，分为 12 章。第 1 篇为绪论，重点介绍体育经济学的产生和发展，以及体育经济学的演进历程及研究成果，帮助读者建立体育经济学的基本学习逻辑，展示体育经济学的魅力；第 2 篇为体育经济学基础，以经济学理论体系为基础，系统分析体育需求、体育供给、体育产品、体育市场、体育要素市场、体育消费者和体育生产者行为、体育产业政策；第 3 篇为体育实践经济学分析，本篇在第 2 篇的基础上，着重对体育赛事、体育赞助、体育转播和体育产业投融资等体育产业的核心环节进行经济学分析，帮助读者了解体育产业的发展规律和最新动态。



**图书在版编目（CIP）数据**

体育经济学 / 王兆红，许寒冰主编. —北京：电子工业出版社，2020.12

ISBN 978-7-121-39940-4

Ⅰ. ①体… Ⅱ. ①王… ②许… Ⅲ. ①体育经济学－研究－中国 Ⅳ. ①G80-052

中国版本图书馆 CIP 数据核字（2020）第 221245 号

责任编辑：李 冰
文字编辑：冯 琦
印 刷：北京捷迅佳彩印刷有限公司
装 订：北京捷迅佳彩印刷有限公司
出版发行：电子工业出版社
北京市海淀区万寿路 173 信箱 邮编：100036
开 本：787×1 092 1/16 印张：23.25 字数：410 千字
版 次：2020 年 12 月第 1 版
印 次：2026 年 1 月第 5 次印刷
定 价：118.00 元

凡所购买电子工业出版社图书有缺损问题，请向购买书店调换。若书店售缺，请与本社发行部联系，联系及邮购电话：（010）88254888，88258888。

质量投诉请发邮件至 zlts@phei.com.cn，盗版侵权举报请发邮件至 dbqq@phei.com.cn。

本书咨询联系方式：fengq@phei.com.cn。

# 前言

体育产业化始于 16 世纪，在之后的几百年内，体育的经济功能逐渐显现，现已成为国民经济的重要组成部分。随着体育产业的发展和壮大，体育产业自身的价值及对其他领域的带动作用引起了社会对体育经济现象及运行机制的关注。对体育经济的研究最早出现在体育社会学、体育管理学的论文和著作中，随着各国经济的发展，营利性体育组织开始成为西方娱乐市场的重要组成，学术界对体育经济的研究也逐渐系统化，体育经济学应运而生。我国体育市场产业化始于 20 世纪 80 年代，随着国民经济的不断发展，我国体育经济学的理论研究取得了较大进展，经济学相关理论与体育的融合程度逐渐加深，体育经济学相关著作不断涌现，对本书的编写具有重要的借鉴和参考价值。

中国特色社会主义发展进入新时代，体育产业作为朝阳产业，已成为促进经济高质量发展的重要抓手，是提高人民获得感、满足感和安全感的重要手段和实现人民对美好生活向往的重要方式。体育经济学的研究和普及已成为我国实现体育产业高质量发展的必然要求。在此背景下，编者在借鉴国内外优秀经济学和体育经济学教材、优秀研究成果和实践经验的基础上，完成了本书的编写工作，力求帮助对体育经济学感兴趣的教师、学生和其他相关人上，掌握体育经济学的基本理论和基本研究方法，了解体育经济学的研究前沿。

本书以新时代我国体育产业进入高质量发展阶段为契机，系统梳理体育经济学理论，分析体育产业最新案例，解析体育经济学研究逻辑和体育产业发展规律。全书分为 3 篇，共 12 章。第 1 篇为绪论，重点介绍体育经济学的产生和发展，以及体育经济学的演进历程及研究成果，帮助读者建立体育经济学的基本学习逻辑，展示体育经济学的魅力；第 2 篇为体育经济学基础，以经济学理论体系为基础，系统分析体育需求、体育供给、体育产品、体育市场、体育要素市场、体育消费者和体育生产者行为、体育产业政策；第 3 篇为体育实践经济学分析，本篇在第 2 篇的基础上，着重对体育赛事、体育赞助、体育转播和体育产业投融资等体育产业核心环节进行经济学分析，帮助读者了解体育产业的发展规律和最新动态。

在本书的编写过程中，朱昱然、李润珂、钟华梅、刘瑶、朱庭瑞、兰成臻、李钢、李静、高月、徐建凯、董春凯、史翼豪、李杰、陶乐珊承担了部分工作，在此向他们表示感谢！

本书参考了大量国内外相关文献，在此向原作者表示感谢！

在本书的编写和出版过程中，得到了国内外众多专家、学者的支持与帮助，也得到了电子工业出版社的鼎力支持与帮助，在此表示衷心的感谢！

由于编者水平有限，书中难免出现漏误，敬请广大读者批评指正。

王兆红

2020 年 12 月

# 目 录

## 第1篇 绪 论


第1章 体育经济学概述……002
1.1 体育经济学的产生和发展……002
1.1.1 体育经济学产生的理论基础……002
1.1.2 体育经济学产生的现实基础……002
1.1.3 体育经济学的发展……003
1.1.4 体育经济学的学科属性……004
1.1.5 研究体育经济学的意义……005
1.2 体育经济学的研究内容和研究方法……007
1.2.1 体育经济学的研究内容……007
1.2.2 体育经济学的研究方法……008
1.3 体育经济学的研究现状和研究热点……010
1.3.1 体育经济学的研究现状……010
1.3.2 体育经济学的研究热点……012
1.4 本书的主要结构和内容……016
1.4.1 本书的主要结构……016
1.4.2 本书的主要内容……017
复习思考题……018
参考文献……018
阅读材料……024

## 第2篇　体育经济学基础


**第2章　体育需求、供给和弹性** ········ 028

2.1　体育需求 ········ 029

2.1.1　体育需求的概念 ········ 029

2.1.2　体育需求的影响因素 ········ 029

2.1.3　体育需求函数 ········ 031

2.2　体育需求弹性 ········ 032

2.2.1　体育需求价格弹性 ········ 032

2.2.2　其他体育需求弹性 ········ 035

2.2.3　体育需求价格弹性的影响因素 ········ 036

2.3　体育供给 ········ 037

2.3.1　体育供给的概念 ········ 037

2.3.2　体育供给的影响因素 ········ 038

2.3.3　体育供给函数 ········ 039

2.4　体育供给弹性 ········ 040

2.4.1　体育供给价格弹性 ········ 040

2.4.2　体育供给价格弹性的影响因素 ········ 041

2.5　体育市场的价格机制 ········ 043

2.5.1　体育需求表与体育需求曲线 ········ 043

2.5.2　体育供给表与体育供给曲线 ········ 045

2.5.3　均衡分析 ········ 048

2.6　体育生产者的定价策略 ········ 051

2.6.1　需求弹性对总收益的影响 ········ 052

2.6.2　定价策略 ········ 053

复习思考题 ········ 054

参考文献 ········ 054

阅读材料 ········ 055

**第 3 章 体育产品**……058

3.1 体育产品概述……058

3.1.1 体育产品的概念……058

3.1.2 体育产品的类型和特征……059

3.2 体育用品……060

3.2.1 体育用品的概念……060

3.2.2 体育用品的类型……061

3.2.3 我国体育用品的供给现状……063

3.3 体育服务产品……065

3.3.1 体育服务产品的类型……066

3.3.2 体育服务产品的特征……066

3.3.3 体育服务产品的消费动机……067

3.3.4 我国体育服务产品的供给现状……069

3.4 体育产品的定价……070

3.4.1 体育产品定价的影响因素……071

3.4.2 体育产品的定价方法……073

复习思考题……076

参考文献……076

阅读材料……078

**第 4 章 体育市场**……080

4.1 体育市场概述……080

4.1.1 体育市场的概念……080

4.1.2 国内体育市场……081

4.1.3 国外体育市场……082

4.2 体育市场的结构……084

4.2.1 市场结构的类型和特征……084

4.2.2 体育市场结构的类型 ………… 086
4.2.3 体育市场结构的影响因素 ………… 088
4.2.4 体育市场的类型和特征 ………… 091
4.3 体育市场机制 ………… 095
4.3.1 体育市场机制的界定 ………… 095
4.3.2 体育市场机制的概念 ………… 096
4.3.3 体育市场失灵与宏观调控 ………… 097
复习思考题 ………… 099
参考文献 ………… 100
阅读材料 ………… 101

**第 5 章 体育要素市场 ………… 104**

5.1 体育劳动力市场 ………… 104
5.1.1 劳动力市场的基本原理 ………… 104
5.1.2 体育劳动力市场的概念和类型 ………… 108
5.1.3 案例分析：2019 年 CBA 工资帽改革 ………… 114
5.2 体育资本市场 ………… 115
5.2.1 资本市场的基本原理 ………… 115
5.2.2 体育资本市场的概念和类型 ………… 119
5.2.3 案例分析：山东体育产业资源交易平台 ………… 127
5.3 体育土地市场 ………… 128
5.3.1 土地市场的基本原理 ………… 128
5.3.2 体育土地市场的概念和类型 ………… 131
5.3.3 案例分析：浙江省德清县体育产业集群 ………… 135
复习思考题 ………… 136
参考文献 ………… 137
阅读材料 ………… 138

**第 6 章 体育消费** ······ 141
6.1 体育消费者的行为 ······ 141
6.1.1 无差异曲线 ······ 141
6.1.2 体育消费者的预算约束 ······ 144
6.1.3 体育消费价格变化的替代效应和收入效应 ······ 146
6.1.4 体育消费者的选择：在预算约束下实现效用最大化 ······ 148
6.2 体育消费概述 ······ 150
6.2.1 体育消费的概念 ······ 150
6.2.2 体育消费的类型 ······ 150
6.2.3 体育消费的影响因素 ······ 151
6.3 体育消费的效益 ······ 153
6.3.1 体育消费的经济效益 ······ 154
6.3.2 体育消费的社会效益 ······ 155
6.3.3 城乡居民体育消费现状——以江苏省为例 ······ 156
复习思考题 ······ 157
参考文献 ······ 157
阅读材料一 ······ 158
阅读材料二 ······ 160

**第 7 章 体育生产** ······ 163
7.1 体育生产者 ······ 163
7.1.1 体育生产者的概念 ······ 163
7.1.2 体育生产者的类型 ······ 163
7.2 体育生产者的成本和收入 ······ 165
7.2.1 体育生产者的成本 ······ 165
7.2.2 体育生产者的收入 ······ 166
7.3 体育生产者的行为 ······ 170
7.3.1 体育生产者的生产函数 ······ 170

7.3.2 体育生产者的利润最大化原则 …… 171
7.3.3 边际报酬递减规律 …… 173
7.3.4 生产要素的边际替代率 …… 174
7.4 体育生产者的决策 …… 175
7.5 体育生产者概况 …… 181
复习思考题 …… 184
参考文献 …… 184
阅读材料 …… 185

**第 8 章 体育产业政策** …… 188

8.1 产业政策 …… 188
8.2 体育产业政策概述 …… 190
8.3 体育产业政策的类型 …… 195
8.3.1 体育产业结构政策 …… 196
8.3.2 体育产业组织政策 …… 198
8.3.3 体育产业布局政策 …… 200
8.3.4 体育产业技术政策 …… 202
8.4 国内体育产业政策 …… 203
8.4.1 国内体育产业政策的发展沿革 …… 204
8.4.2 国内体育产业政策的发展情况 …… 210
8.4.3 完善体育产业政策的若干建议 …… 213
8.5 国外体育产业政策 …… 215
8.5.1 美国的体育产业政策 …… 215
8.5.2 日本的体育产业政策 …… 217
8.5.3 德国的体育产业政策 …… 218
8.5.4 其他国家的体育产业政策 …… 219

8.6 体育产业政策的发展方向……219
复习思考题……220
参考文献……220
阅读材料……222

## 第 3 篇 体育实践经济学分析

第 9 章 体育赛事及其经济学分析……224
9.1 体育赛事概述……224
9.1.1 体育赛事概念的界定……224
9.1.2 国内体育赛事的发展现状……225
9.1.3 国外体育赛事的发展现状……230
9.2 体育赛事分类……234
9.2.1 体育赛事的分类原则……235
9.2.2 体育赛事的类型……235
9.3 体育赛事的实施过程……239
9.3.1 体育赛事的申办……239
9.3.2 体育赛事的策划……241
9.3.3 体育赛事的筹备……242
9.3.4 体育赛事的执行……243
9.3.5 体育赛事结束后的总结……243
9.4 体育赛事的经济学分析……244
9.4.1 体育赛事的参与主体和客体……244
9.4.2 体育赛事的经济特征……247
9.4.3 体育赛事的经济效益……250
复习思考题……255
参考文献……255
阅读材料……257

**第 10 章 体育赞助及其经济学分析** ······ 263
10.1 体育赞助概述 ······ 263
10.1.1 体育赞助的概念 ······ 263
10.1.2 体育赞助的类型 ······ 265
10.1.3 体育赞助的特征 ······ 267
10.1.4 体育赞助的现状 ······ 269
10.2 体育赞助的实施过程 ······ 272
10.2.1 制订赞助计划 ······ 272
10.2.2 签订赞助协议 ······ 274
10.2.3 赞助活动的实施 ······ 275
10.2.4 赞助活动的总结 ······ 275
10.3 体育赞助的评估 ······ 276
10.3.1 体育赞助的评估体系 ······ 276
10.3.2 体育赞助的效益评估 ······ 279
10.3.3 体育赞助的评估现状 ······ 281
复习思考题 ······ 282
参考文献 ······ 282
阅读材料 ······ 283

**第 11 章 体育转播及其经济学分析** ······ 286
11.1 体育转播概述 ······ 286
11.1.1 体育转播的概念和类型 ······ 286
11.1.2 体育转播的特征 ······ 292
11.1.3 体育转播的现状 ······ 294
11.2 体育转播权 ······ 296
11.2.1 体育转播权概述 ······ 296
11.2.2 体育转播权的经营 ······ 298
11.3 体育转播的效益 ······ 305

11.3.1 体育转播的经济效益……305
11.3.2 体育转播的社会效益……307
11.4 案例分析：英格兰足球超级联赛转播权的营销……309
复习思考题……311
参考文献……311
阅读材料……313

**第 12 章 体育产业投融资**……316

12.1 体育产业投融资概述……316
12.1.1 投融资的基本概念……316
12.1.2 体育产业投融资的基本概念……320
12.1.3 国内外体育产业投融资的现状……323
12.2 体育产业投资……326
12.2.1 我国体育产业投资的现状……326
12.2.2 体育产业投资的经济效益评价……329
12.2.3 体育产业投资的社会效益评价……336
12.2.4 体育产业投资基金……337
12.3 体育产业融资……342
12.3.1 资本市场的融资方式……343
12.3.2 其他融资方式……346
12.4 体育场馆融资模式……348
12.4.1 BOT 模式……349
12.4.2 TOT 模式……352
复习思考题……354
参考文献……354
阅读材料……356

# 第1篇　绪　论

体育经济学不仅是现代体育发展的产物，还是社会经济发展的必然结果。随着经济的不断发展，体育的经济功能不断显现。体育经济学是一门研究体育领域经济问题的交叉学科，同时具有经济学和体育学的学科属性。本篇以经济与体育的共生互促关系为切入点，着重介绍体育经济学的产生和发展，阐述体育经济学的研究内容和研究方法，以及研究现状和研究热点，通过介绍体育经济学的演进历程和研究成果，展示体育经济学的魅力。

# 第 1 章　体育经济学概述

## 1.1　体育经济学的产生和发展

### 1.1.1　体育经济学产生的理论基础

随着生产力的变革和体育产业化程度的加深，体育的经济功能逐渐显现。16 世纪，英国资产阶级的诞生推动了体育产业化，英国纽马克特市于 1750 年成立了著名的“赛马俱乐部”，开创了现代体育俱乐部法人治理结构；20 世纪中期，美国经济的繁荣发展使棒球运动率先建立职业体育联盟制度，推动体育产业化进入新的发展阶段。作为现代体育与经济融合的产物，体育经济是国民经济的重要组成部分，其发展依托于社会经济的整体发展与进步。

体育经济价值的不断增加和经济学理论的不断丰富推动了体育经济学的产生。经济学是研究价值的生产、流通、分配、消费规律的理论。经济学理论的不断延伸为体育经济学的系统化和规范化提供了重要的理论支撑。当前，体育产业已经成为国民经济的重要组成部分，体育与经济的关系日益密切，社会经济的快速发展、体育改革的深化和体育消费观念的转变推动了体育经济学科的产生和发展。体育消费需求的不断增加对体育经济学的发展也有积极影响。现代竞技体育的国际化、商业化、产业化，进一步拓展了体育经济学的学科领域。全民健身计划推动开展群众体育，为了研究体育的经济功能，使竞技体育进一步商业化，要建立体育经济学科。为了研究体育运动中出现的各种经济问题，揭示其内在的经济活动规律，也要建立体育经济学科。

### 1.1.2　体育经济学产生的现实基础

体育经济学是现代体育发展的必然产物，体育产业的经济贡献、体育赞助、体育广告、体育消费、体育产业投融资等在体育事业运行过程中出现的客观经济问题，都需要利用经济学方法解决。

体育经济学的产生具有一定的历史必然性，社会经济条件的改善推动了体育经济学的产生。首先，第二次世界大战以后，全球经济进入高速发展期，科学技术革新带来的生产力变革和生产效率提高对居民的社会生活产生了巨大影响：服务业兴起，大量劳动力从体力劳动向非体力劳动转化；工作效率提高，人们的闲暇时间增多；社会财富迅速积累，人们在满足基本生活需求的基础上，更关注自我发展和生活品质的提升。体育运动蓬勃发展，体育的经济价值不断增加。因此，建立体育经济学可以深入研究体育的经济价值，提高居民的幸福感和获得感。其次，体育产业化始于 19 世纪的英国，发展壮大于 20 世纪的美国，体育产业化程度的加深，特别是竞技体育的迅速发展，使体育的经济价值逐渐显现。2017—2018 赛季，美国职业橄榄球大联盟（NFL）的总收入超过 140 亿美元，体育赞助收入达到 13.2 亿美元，其中，啤酒、快餐等快消品牌的收入占大部分。同时，美国职业篮球联赛（NBA）2017—2018 赛季的赞助总收入达到 11.2 亿美元，保险、快餐和医疗零售业务占据主流。体育经济价值的凸显要求建立和发展体育经济学，深入研究体育活动的经济效益。最后，现代体育发展也是一种经济活动，其内部存在各种经济活动规律，如球员转会、无形资产开发和体育用品贸易等，探索体育经济活动规律要通过建立体育经济学来实现[1]。

### 1.1.3　体育经济学的发展

#### 1. 西方体育经济学的发展

第二次世界大战以后，西方发达国家的科学技术迅速进步、生产力水平不断提高、经济进入高速发展期，人们的生活需求结构发生变化。大量学者对体育经济的某些具体现象和问题进行了深入的研究，如电视转播的经济学问题、职业俱乐部的利益最大化研究、体育运动场馆融资方式、体育赛事的经济带动作用研究等，这些研究成果推动了体育经济学的发展。随着体育消费需求的增长，以及体育职业化和商业化进程的推进，在体育产业发展过程中产生的经济问题亟须解决。新兴的体育经济学成为分析和解决体育经济问题的重要工具。

西方发达国家体育市场化、商业化较早，体育产业在国民经济发展中具有重要作用。因此，西方发达国家较早地开展了体育经济学的研究和教育工作。

1975 年，在莫斯科召开了第一届全苏体育运动经济问题科学会议，确立了体育经济学学科并讨论制定了体育经济学教学大纲，于 1976 年出版了《体育运动的社会经济问题》。作为体育产业发展最迅速的国家，美国已形成了一套科学的体育经济学人才培养体系，以满足美国体育产业发展对体育专业人才的需求。美国的经济学学者以体育管理为课程，以体育经济学研究为主线，探寻体育经济和体育管理实践中产生的问题，相关学者撰写的文章发表于《体育经济》《体育管理》《体育市场营销》《体育管理评论》《体育和社会问题》等体育经济管理期刊上[2]。美国体育管理计划审查委员会对美国的体育管理课程进行审查，以确保高质量地培养体育管理和体育经济人才。

**2. 中国体育经济学的发展**

1984 年，在福建泉州召开的体育哲学社会科学论文报告会上，有 20 多篇关于体育经济问题研究的论文投稿，会议首次提出要创建体育经济学专业；1985 年，著名经济学家于光远在全国体育哲学社会科学研讨会上提出要研究体育运动的经济问题、创建体育经济学。1988 年，四川教育出版社出版了由张岩等学者编著的第一本《体育经济学》；1990 年，吉林人民出版社出版了第一本体育经济学教材《体育经济学概论》；随后，以《体育科学》等为代表的国内体育类期刊也发表了众多体育经济学研究论文。至此，体育经济学的初创工作完成。

20 世纪 90 年代以来，特别是进入 21 世纪之后，体育经济学的研究进入了新时期。在这一时期，体育经济学研究从 20 世纪 80 年代主要研究计划经济体制下体育事业单位的经济活动和体育经济问题，转变为研究市场经济条件下的体育产业、体育无形资产、奥运经济、职业体育等经济问题。通过借鉴国外体育经济学的研究成果，体育经济学体系不断拓展和完善，理论基础更加扎实和成熟。

随着体育产业的全球化，体育经济学在借鉴经济学相关理论的基础上，独立发展为一门新兴的交叉学科。经济学理论在体育领域得到广泛应用，为解决体育领域的经济问题提供了充分的理论依据。体育经济学的发展解决了体育领域的产业组织与反垄断问题、职业体育的劳动经济关系问题、职业体育与公共财政政策问题、奥林匹克运动对经济发展的影响问题等。

### 1.1.4 体育经济学的学科属性

体育经济学从诞生就面临一个重要的问题，即该学科的学科属性问题，学科属性决定了体育经济学的发展方向。对体育经济学的学科属性有 3 种观点：经济学的学科属性、体育学的学科属性、交叉学科属性[3]。

1. 体育经济学的经济学学科属性

经济学包括很多学科，大体可分为理论经济学和应用经济学。理论经济学通过论述经济学的基本概念、基本原理，以及经济运行和发展的一般规律，为各经济学科提供基础理论；应用经济学主要用理论经济学的基本原理来研究国民经济各部门、各专业的经济活动，对非经济活动进行经济效益、社会效益分析。体育经济学属于经济学的分支学科。

2. 体育经济学的体育学学科属性

1992 年，中华人民共和国国家标准《学科分类与代码》将体育学作为一级学科列入人文社会科学，体育经济学成为体育学的 12 个二级学科之一，属于体育人文社会学。在实际教学过程中，经常将体育经济学列入体育学范畴，这与体育经济学最初在体育领域萌芽有关。最先研究体育经济问题的学者来自体育领域，体育经济学的学术团体形成于相关体育院校和体育科研院所，并组织了体育经济学的行业学会。因此，人们普遍认为体育经济学具有体育学的学科属性。

3. 体育经济学的交叉学科属性

这种观点认为体育经济学是体育学和经济学等学科的综合产物，是一门边缘学科或交叉学科，主张不急于将体育经济学归类于某个特定学科，这样有利于吸收多学科的研究成果，从多个方面研究体育经济学问题也有利于体育经济学的成长。

### 1.1.5　研究体育经济学的意义

1. 更好地服务于体育产业

2019 年，《国务院办公厅关于促进全民健身和体育消费推动体育产业高质量发展的意见》指出，“体育产业在满足人民日益增长的美好生活需要方面发挥着不可替代的作用。在新形势下，要以习近平新时代中国特色社会主义思想为指导，强化体育产业要素保障，激发市场活力和消费热情，推动体育产业成为国民经济支柱性产业，积极实施全民健身行动，让经常参加体育锻炼成为一种生活方式。”

体育产业是朝阳产业，利用成熟的体育经济学理论研究体育产业的发展规律，可以更好地服务于体育产业的高质量发展，推动体育产业成为国民经济转型升级的重要力量。

**2. 有效配置公共体育资源，推动全民健身的发展**

随着居民健康意识的不断增强，体育锻炼已经成为人们提高健康水平的主要手段，参加体育锻炼的人持续增多，体育消费需求不断增长。但我国体育设施大部分为国家投资兴建，包括校园体育场馆、公共体育场馆及社区体育运动设施等。公共财政如何建设公共体育设施，才能更合理、更有效、更公平地分配公共体育资源，进而提高全民健康水平？利用体育经济学理论研究体育公共资源配置问题，能够揭示体育公共资源配置的经济规律，为政府合理分配体育资源的宏观决策提供理论依据。有效配置公共体育资源，有利于高校实施全民健身计划，使经常参加体育锻炼成为一种生活方式，进一步推动“健康中国”建设。

**3. 丰富经济学和体育学的研究成果**

体育经济学既有经济学的学科属性，又有体育学的学科属性，是一门研究体育领域经济问题的交叉学科。这种特殊的文化现象与社会经济有密切联系，经济发展水平是体育经济现象产生和发展的基础，制约着体育产业的发展，而体育的发展水平和规模也能反映经济发展水平。因此，体育经济学理论的发展及其应用研究不仅推动了体育学的学科发展，还丰富了经济学的理论成果。

**4. 增强体育经济学与经济学的联系**

体育经济学的发展在一定程度上推动了经济学的发展，主要表现在体育经济学拓宽了经济学的研究广度和深度。美国是最早确立反托拉斯制度的国家，其反托拉斯制度对世界各国的反托拉斯制度都有重要影响。在美国上百年反垄断的实践中，职业棒球是其历史进程中的一个重要案例：1914 年，美国职业棒球俱乐部联盟诉 Chase 案是第一个以反托拉斯法打击“有组织棒球”的案件，在职业体育中，体育资源的特殊性引起了美国政府的重视，并引发了对垄断法的进一步思考，最终在 1969 年通过 Flood 案确立了棒球的反垄断豁免权，为北美职业体育和娱乐业的发展奠定了基础。

**5. 推动体育产业高质量发展**

我国体育产业发展迅速，已经成为国民经济的重要组成部分。据统计，

2017 年，全国体育产业总规模（总产出）为 2.2 万亿元，增加值为 7811 亿元，年均增速达到 24.6%，GDP 占比超过 1%，体育产业成为发展较快的产业。2019 年 9 月，国务院办公厅印发《体育强国建设纲要》，明确提出“到 2050 年，全面建成社会主义现代化体育强国。”因此，推动体育产业高质量发展将成为体育强国建设的重要方向。体育经济学研究体育领域的经济问题，将为体育产业的高质量发展奠定基础，发现体育产业的高质量发展中存在的各种现象及问题，科学指导体育产业实现高质量发展。

## 1.2　体育经济学的研究内容和研究方法

### 1.2.1　体育经济学的研究内容

体育经济学是研究体育领域经济现象的学科，其研究内容涉及体育领域各方面的经济问题及发展规律。随着体育领域经济问题的出现，体育经济学的研究内容不断增加。当前，体育经济学的研究内容主要涉及体育产品的生产与消费、体育市场、体育产业投融资、体育赛事、体育产业政策等。

#### 1. 体育产品的经济学分析

体育能够提高人们的健康水平、增加健康人力资本、直接提高劳动生产效率。人们的闲暇时间增多会增加对体育休闲的需求，需要生产多元化、多样化的体育产品来满足体育市场需求。除了体育用品，其他体育服务型产品都是生产与消费同时进行的产品。因此，体育产品的生产、特征、供给及需求等是体育经济学研究的主要内容。

#### 2. 体育赛事的经济学分析

体育赛事是体育经济学研究的重点，赛事也是体育产品。体育赛事是体育价值链的最高环节，其举办过程中的赛事运营管理、赛事赞助、赛事广告、赛事经济影响等均为体育经济学研究的重要内容。

#### 3. 体育产业投融资

发展体育产业需要大量的资金支持，相关体育产业政策引导社会资本投资体育产业。随着体育产业市场主体的扩大，体育产业投融资行为将逐渐增多。因此，体育产业投融资规律及投融资的经济效益成为体育经济学的重要研究内容。研究体育产业投融资规律有助于建立体育产业投融资体系和促进我国体育产业的高质量发展。

#### 4. 体育产业政策分析

体育产业政策是政府扶持体育产业发展的重要手段，是体育产业发展的风向标。目前，我国体育产业发展尚处于起步阶段，制定合理、规范且适合社会主义市场经济的体育产业政策，对促进我国体育产业的发展具有重要作用。因此，评估体育产业政策对体育产业发展的影响，也成为体育经济学研究的重要内容。政策评估能够不断完善体育产业政策、发现体育产业发展的经济规律及问题，并可以通过再制定政策进一步引导体育产业科学发展。

### 1.2.2 体育经济学的研究方法

体育经济学是用经济学方法研究体育领域经济规律及问题的应用学科。作为一门将体育学与经济学融合的新型交叉学科，体育经济学的研究方法呈现多元化趋势。体育领域的相关经济问题具有复杂性，在研究过程中，应遵循辩证唯物主义和历史唯物主义的基本原则，综合运用多种研究方法进行研究。目前，得到普遍认同的体育经济学研究方法有以下几种。

#### 1. 实证分析与规范分析结合

实证分析和规范分析是经济学中最基本的分析方法。实证分析以客观事实为出发点，运用理论对社会中的各类经济活动和经济现象进行解释、分析、证实、预测，进而说明“是什么”的问题；规范分析则以一定的价值判断为出发点，提出行为标准，阐释如何能够达到这样的标准，并说明“应该是什么”的问题。就体育经济学的学科性质而言，其研究应广泛运用实证分析研究方法，我国体育经济学发展尚处于起步阶段，实证分析的选择和应用尤为重要。但是，作为一门基础的经济理论学科，运用规范分析的研究方法来研究体育经济学领域的相关问题同样必不可少。因此，需要将实证分析与规范分析结合，不断提高对体育经济学基本特征、特点和发展规律的认识。

#### 2. 定性分析与定量分析结合

各类体育经济现象均为质和量的统一体，因此，在体育经济学的研究中要将定性分析和定量分析有机结合。定性分析能够准确界定体育经济事件的本质和属性，为定量分析提供指导；定量分析能够揭示各类体育经济现象的关系和发展趋势，为定性分析提供科学依据。

#### 3. 静态分析与动态分析结合

静态分析主要分析经济现象的均衡状态及有关经济变量达到均衡状态所具备的条件，并不分析达到均衡状态的过程；动态分析则考察经济活动的实际发展和变化。随着体育产业的发展，体育经济现象日新月异，这种变化既代表了某个特定历史条件下体育经济规律的具体特征，又见证了体育经济发展的积累。因此，我们不仅要了解体育经济在各时期的具体情况，更要了解体育经济发展的轨迹，研究其发展的历史沿革，挖掘其内在的运动规律，以便更好地把握其发展趋势。

#### 4. 宏观分析与微观分析结合

宏观分析与微观分析结合是体育经济学必须遵循的研究方法之一。宏观经济是微观经济的集合与表现，微观经济是宏观经济的内容与结构。微观分析能够挖掘和阐述体育经济领域内部各要素的特征及关系，做出具有针对性的计划和安排；宏观分析能够清晰地把握体育经济的整体发展规律，找寻其发展趋势。

在体育经济学中，主要采用宏观经济法研究体育经济的发展，如体育产业对国民生产总值的贡献、区域体育产业的产业结构等，需要从地域、全国、全球的视角出发对其进行研究；而在考虑个人体育消费行为时，应从微观角度考察消费者如何做出购买决策，以及其决策是怎样受价格和收入影响的。因此，在体育经济学研究中，只有将宏观分析与微观分析结合，才能更全面、准确地反映体育经济的本质和特征。

#### 5. 局部均衡分析与一般均衡分析结合

在体育经济领域，既要从局部考察单个体育市场的局部均衡，又要从整体考察整个体育市场体系的一般均衡，二者结合能够对市场中的体育经济现象做出更好的判断与总结，更准确地把握体育市场的经济发展规律。

#### 6. 横向比较分析与纵向比较分析结合

体育经济学领域的相关问题不仅具有一些共性，还存在因各国或各地区社会文化传统、经济发展状况、体育发展政策等方面的差异而造成的独特性。因此，在研究某国或某地区的体育经济问题时，一方面，应当对其体育经济的发展现状和历史时期进行纵向比较分析；另一方面，应当将该国或该地区的体育经济发展状况与其他国家或地区同一时期的体育经济发展状况进行横向比较分析。通过将横向比较分析与纵向比较分析结合，归纳总结体育经济发展存在差异的原因，能够为体育经济的可持续高质量发展提供思路与方法。

## 1.3 体育经济学的研究现状和研究热点

### 1.3.1 体育经济学的研究现状

随着体育经济学的研究领域不断扩展，其研究范围越来越广，本书将对以下几个方面的研究现状进行论述。

1. 体育经济学学科的研究现状

在美国，对体育经济学的研究主要围绕两条途径，一条以研究经济学教学为中心，通过体育阐述经济学原理；另一条以研究体育问题为中心，运用西方经济学、计量经济学、劳动经济学等相关理论解决体育问题，为体育产业的持续发展提供借鉴[4]。体育经济学教育以罗德尼·福特的《体育经济学》教材和迈克尔·利兹与彼得·冯·阿尔门的《体育经济学》教材为主，主要通过分析美国四大职业体育联盟来分析联赛中的体育经济学原理，将体育领域问题的研究与美国体育产业发展中存在的问题紧密结合，将经济学理论与体育实践结合，解决体育领域出现的一系列经济学问题，进而推动体育经济学的发展。其研究始于 1956 年 Simon Rottenberg 在《政治经济》杂志上发表的论文 *The Baseball Players' Labour Market*。随着美国职业体育的发展，体育领域不断涌现众多经济学问题，美国众多学者对这类问题进行深入研究并进行实证分析，推动了美国体育经济学的发展。2000 年《体育经济学》杂志的出版和 2006 年《国际体育财经》杂志的出版标志着欧美体育经济学研究步入成熟阶段。

我国体育经济学的发展始于 20 世纪 80 年代，第一本《体育经济学》教材由张岩、张尚权、曹缔训于 1988 年出版，该书以体育与经济的关系及体育领域的经济现象、体育经济过程的本质、特点和规律为研究对象，引领了中国体育经济学的发展方向，成为我国体育经济学学科发展的标志之一[5]。我国的体育经济学教育呈现三多三少的状态，即教材多、专著少；阐述多、实证少；兼职教师多、专职教师少[6]。随着 2008 年北京奥运会的举办，我国体育经济学的研究步入繁荣阶段。奥运经济的兴起，丰富了我国体育经济学的研究内容，国内众多学者利用经济学模型分析奥运会对区域经济的影响，进一步推动了我国体育经济学的发展。

### 2. 体育经济学相关内容的研究现状

1）体育产品

体育产品的研究主要涉及体育产品属性的研究和与体育产品密切相关的生产者行为和消费者行为的研究。王晓东将体育产品定义为满足人们体育消费需要的劳动产品的总称，劳动产品可以是一种实物、一种服务或两者的结合[7]。可将体育产品划分为体育实物产品、体育信息产品、体育健身培训及教学训练产品、可被观众消费的赛事产品。体育产品在生产过程中有其自身的特征，生产者和消费者在进行体育产品交易时，会产生区别于其他产品的行为。本书将通过分析与体育产品相关的各种理论，来剖析体育产品的特征及属性。

2）体育赛事

体育赛事是体育经济学研究的重点，体育赛事的研究涉及赛事的经济影响、体育广告、体育赞助等。自体育职业化和商业化以来，一项大型的体育赛事能对一个地区的经济产生较大影响。Humphreys 和 Plummer 分析了 1996 年亚特兰大奥运会对佐治亚州的经济影响，分析结果表明，举办 1996 年夏季奥运会使佐治亚州增加了 19 亿美元的经济收入，新增了 7.7 万个全职或兼职的就业机会，并使佐治亚州政府部门增加了 1.76 亿美元的税收[8]。Madden 分析了悉尼奥运会的经济影响，分析结果指出，在中心情景下，奥运会的影响主要集中在 12 年中的前 7 年（奥运会前的筹备阶段、建设阶段和奥运年），而后奥运阶段有由奥运会导致的劳动生产率的轻微提高[9]。国内学者李善同研究了北京奥运会对北京市和国内其他地区的经济影响，结果表明，2003—2007 年，北京市 GDP 增长了约 2.3 个百分点，2008 年，北京市 GDP 增长了约 4.1 个百分点，2009—2010 年，北京市 GDP 增长了约 0.6 个百分点，促进了北京市产业结构的改变[10]；杨越对北京奥运会进行评估后，认为奥运会带动北京市新增 GDP 的总额达到 2405.89 亿元，带动北京市新增就业 352.4 万人[11]。

体育赛事的研究不仅包括赛事对经济的影响，还包括对体育赛事中涉及的体育广告、体育赞助、体育电视转播权的买卖及赛事运营评估等方面的研究。本书将利用相关经济学理论分析体育赛事相关领域的经济学问题。

3）体育产业投融资

对我国体育产业投融资现状的研究主要集中在以下方面：从研究范围上看，

主要包括从宏观层面研究我国的体育产业投融资体制和从微观层面研究体育企业的投融资机制；从研究对象上看，大多数研究集中于俱乐部投融资，少量涉及竞技体育、群众体育和学校体育的投融资；从研究内容上看，包括我国体育产业投融资现状研究、投融资对策研究、投融资结构研究等[12]。合理的投融资政策和环境能够为体育企业的发展提供平台，在第 12 章将对我国体育产业投融资的具体情况进行深入分析。

4）体育产业政策

体育产业政策是推动体育产业发展的指导方针，体育产业已经成为我国的朝阳产业，产业政策的研究成为体育经济学研究的重要内容。现阶段我国体育产业政策的研究主要集中在体育产业政策的内涵与分类体系研究、各门类体育产业政策的研究、国外体育产业政策的研究、产业政策作用机制的研究、产业政策科学化研究[13]。

### 1.3.2 体育经济学的研究热点

目前，体育经济学的研究热点主要集中于以下领域。

**1. 职业体育发展研究**

职业体育发展是当前欧美体育经济学研究者最关注的问题，涉及体育市场的多个方面。Hall Stephen 等学者[14]通过格兰杰因果检验的方法证实了在英国足球中球员的薪酬越高，其表现越好，但并未在美国职业棒球大联盟中发现该现象，并对二者进行了比较分析；Lucifora Claudio 等学者[15]通过分析意大利职业足球运动员的薪酬水平，发现职业足球运动员的劳动边际收益与观众支付意愿和观众数量有关。该学者通过估算 1995—1996 年意大利职业足球运动员的收益，证实了职业足球运动员的薪酬在一定程度上受明星效应的影响；Lago Umberto 等学者[16]解释并分析了欧洲国家足球俱乐部内普遍存在的负面财务影响会削弱其运营发展稳定性的现象，并针对此现象提出了以下解决方案：减轻中小规模足球俱乐部的财政压力，对现有金融监管机制进行竞争重组等。Humphreys[17]通过提出新的衡量标准——竞争均衡比（CBR），弥补了使用常用竞争均衡措施不能反映体育联赛在各赛季中相对排名的缺陷，并且利用百年职业棒球上座率大数据，分析并证实了该指标能够较准确地反映联盟内各球队赛季相对排名的实际情况；Schmidt 等学者[18]通过调查分析美国职业棒球大联盟（MLB）的历史数据发现，20 世纪 90 年代至 21 世纪初是美国职业棒球大联盟竞争最激烈的时候，“穷”队和“富”队的上座率存在明显差异，并且该学者通过面板数据证实了竞争平衡的确会受 MLB 上座率的影响；Kesenne[19]指出，收益共享机制会对俱乐部产生相对影响而非绝对影响，并且在利润最大化的前提下，收益共享机制能够改善并优化竞争平衡。

我国对职业体育研究的关注比欧美国家更宏观，包含职业体育定义及中国男子篮球职业联赛、中国足球协会超级联赛等重点运动项目。张林等学者[20]认为，职业体育俱乐部的产生是为了满足人们对体育竞赛的观赏需要，从而开发经营高水平体育赛事及相关衍生产品，是一个以营利为目的、自主运营的具有独立法人资格的经济实体。胡利军等学者[21]认为，职业体育俱乐部是从事职业体育相关活动的具有独立法人资格的实体，在本质上遵循竞争、供求、价格等市场经济基本规律和职业体育发展规律，是通过经营相关竞技体育项目，向社会提供体育服务（产品）的体育组织形式。陈钧、孙民治[22]认为，中国男子篮球职业联赛（CBA）俱乐部是以企业形式存在的俱乐部，是我国篮球运动项目发展的必然产物。因为其处在市场经济的大环境中，所以必须建立与社会主义市场经济体制相匹配的产权明确、权责清晰、自主经营、自负盈亏的现代企业制度。杨桦、任海[23]指出，职业体育领域的改革要通过项目协会改革推进体制改革。政府应当尽快转变在职业体育中的职能，进一步加速管办分离，强化职业体育市场的监管和公共服务职能，依法完善科学民主的决策机制，深化各类运动项目的管理体制改革，建立与社会主义市场经济要求相适应的运动项目管理体制，进而提高全国各单项体育协会的科学管理水平和综合管理效率。

### 2. 体育消费研究

当前，体育消费领域的研究主要从社会学、心理学和产业经济学角度展开。Jeffrey 等学者[24]以性别为分类变量，通过对美国不同性别体育爱好者的体育消费倾向和体育消费动机的分析得出结论：无论是在特定运动队内，还是在体育爱好者群体中，性别差异对体育消费参与动机的影响都是显著的。Jaume 等学者[25]通过对新古典消费理论的拓展与延伸，探讨了体育爱好者体育消费时间的决定因素，研究结果表明，性别差异同样会带来体育消费时间的差异。Fernando 等学者[26]通过对体育消费和参与模式交互关系的研究，以人类统计学和经济学的相关理论为背景，分析了消费者在体育参与中消费开支部分的决策过程。而 Pawlowski[27]、Breuer[28]和 Kokolakakis[29]等学者则将人口统计特征融入社会经济模型，并对影响体育消费需求的因素进行分析，通过收集不同地区的数据进行实证分析，得到性别、受教育程度和收入水平均会对体育消费需求产生显著影响的结论。Hans Jochen Scholl 等学者[30]从信息管理的角度入手，对比分析了网上体育消费动机的异同，发现消费者的信息视角也是体育管理的重要方面之一。

在我国，体育消费一直是体育经济学研究的热点，特别是《国务院关于加快发展体育产业促进体育消费的若干意见》（国发〔2014〕46 号）文件的颁布和全民健身战略上升为国家战略的提出，使体育消费成为加快发展体育产业的基础。国家多份相关文件的颁布进一步刺激了体育消费，推进了体育消费结构转型升级，体育消费再次引起众多学者的关注。田虹等学者[31]对 5 大消费阶层的体育消费意愿和行为进行了分析，得到不同类型的消费阶层对不同类型体育产品的消费意愿和消费行为具有显著差异的结论；李相如[32]通过对全民健身战略的解读，归纳总结了其在促进体育产业转型升级和拉动体育消费方面的作用；赵胜国等学者[33]研究了在全民健身国家战略的背景下，新型体育消费观的实现路径；张振峰[34]分析了在体育消费升级的背景下，我国体育产业转型升级的新路径；唐炜[35]比较分析了京津冀居民体育消费结构的异同；任波等学者[36]分析了我国城乡居民消费支出变化和消费结构升级对体育产业发展的影响；朱菊芳等学者[37]以江苏省为例，分析归纳了影响我国城市居民体育消费的因素；赵胜国等学者[38]研究归纳了不同规模城镇的居民体育消费特征；李国等学者[39]实证分析了我国城乡居民体育消费结构的动态变迁过程，并指出了体育消费统计对体育产业发展的重要性，蔡军等学者[40]通过剖析我国现有体育消费状况来统计调查制度建设，进而提出了创新思路；杨涛等学者[41]通过分析当前体育消费统计现状发现体育消费统计仍存在体系尚未完善、调查编码和调查方案亟待更新等问题。

### 3. 体育产业政策研究

体育产业发展需要政策的支持，体育产业政策应着重制定体育产业市场竞争政策，为体育产业高质量发展扫清市场障碍，形成以市场为引领的体育产业发展新态势。体育产业政策在体育产业发展中的作用不容忽视，众多学者以体育产业政策文本为研究对象分析了我国体育产业政策的特征。黄晓红[42]分析了体育产业政策文本，认为体育产业政策存在财政投入少、投资政策单一、各部门承受的税种过多等现象；郑志强[43]为体育产业政策的制定提供了理论指导和实践经验；陈晓峰[44]以 50 份体育产业政策文本为研究对象，分析归纳了我国体育产业政策的现状、存在的问题及发展趋势；周红妹等学者[45]从政策工具的角度出发，在分析 50 份国家和省级体育产业政策文本的基础上，归纳总结了 2010 年以来体育产业发展的思路脉络；余守文等学者[46]从政策工具的角度剖析了当前体育产业政策的特征。除此之外，还有学者对体育产业政策的执行效果、应用效应和政策评价进行了研究。柴萍[47]阐述了我国战略性体育产业政策的应用现状；林建君等学者[48]运用投入产出法评估了我国现有体育产业政策的优势和实施过程中的超前发展程度；易剑东等学者[49]通过构建体育产业政策执行效力评价指标，综合评价了我国体育产业政策的执行效力；朱启莹等学者[50]实证检验了国发〔2014〕46 号文件的颁布对体育类上市公司资本市场价值的短期影响，并对政策发布后引起的资本市场短期波动和发展变化进行了讨论；刘春华等学者[51]借助混合多目标决策模型构建了一种体育产业政策评价准则，综合评判了体育产业政策、方案（侧重点）和资源的抉择问题。相关学者还梳理了中国体育产业政策的发展历程，王子朴等学者[52]通过梳理体育产业政策文献，初步归纳了体育产业政策发展的脉络和主要特点；胡旭忠等学者[53]梳理了 20 多年的体育产业政策研究成果，并将体育产业政策的研究分为 3 个阶段——起步探索阶段、快速发展阶段和稳步推进阶段。

2008 年北京奥运会以后，体育产业的发展受到了国家的高度重视，宋福林[54]从市场机制和资源配置方面分析了体育产业政策的经济功能；张林玲等学者[55]依托“钻石模型”研究了我国体育产业政策的不同体系；从湖平等学者[56]从产业关系政策、产业运行政策、产业发展政策出发，分析了体育产业的基本政策框架，并探讨了体育产业政策的选择问题。随着国发〔2014〕46 号文件的发布，体育产业政策成为研究热点，邢尊明[57]、姜同仁[58]、陈晓峰[59]分别研究了地方政府的体育产业政策行为、体育产业政策调整、体育产业政策环境，以及体育产业政策的基本属性、内容维度和价值；王兆红等学者[60]实证研究了体育产业政策目标制定的影响因素并对体育产业政策目标的再制定提出了建议。

#### 4. 体育赛事研究

体育赛事的经济影响分析是分析体育赛事、设备和运营费用对区域经济发展、产业发展及宏观经济的影响，为促进体育赛事的顺利运行提出相应的措施和建议，是体育经济学的重要研究方向。Robert A. Baade 等学者[61]针对美国职业棒球大联盟（MLB）声称举办全明星赛能推动主办城市经济发展的观点，利用两个独立的经济影响模型进行实证研究，得出了截然相反的研究结果，推翻了

MLB 的推论；Dennis Coates 等学者[62]通过对 1969—1997 年职业体育俱乐部所在城市的居民实际人均收入决定因素的实证检验，得出了是否进入季后赛与城市居民人均收入水平无相关性的结论，因此，无法从经济效益的角度解释在职业球队或球场设施上的公共支出是正当的；Victor A. Matheson 等学者[63]通过对经济影响的研究指出，奥运会等大型体育赛事可能会给举办地带来巨大的利益泡沫，指出利益驱动引用不当的乘数进行经济影响分析是夸大主办方实际经济收益的主要原因，并演示了大型体育赛事是如何操纵膨胀乘数夸大经济利益的。

王子朴和杨铁黎[64]认为体育赛事具有市场营销、项目管理、组织文化等背景特征，且受运动项目、竞赛规则及社会经济等多种因素的制约，能够提供体育竞赛产品和相关服务产品以满足体育消费者的多种需求。并将体育赛事分为周期性综合赛事、周期性单项赛事、联赛、临时性赛事和主体参与型赛事。纪宁和巫宁[65]从对体育赛事的基本认识与管理要点、体育赛事的经营理念与营销实务、体育赛事的组织工作 3 个方面出发，探讨了体育赛事的经营和管理。田雨普[66]在《大型体育赛事的经营管理》一书中，从大型体育赛事的收入、支出体系出发分析其经营与效益，并结合奥运会的经验，提出我国全运会应从时间、筹备、组织和宣传上提高经济效益，具体措施包括火炬传递、开幕式、电视转播权、赞助、无形资产、纪念币与纪念邮票、门票、彩票、广告、捐赠、志愿者服务、旅游、全运会经济效应的预测与评估等。周学云和陈林祥[67]研究了如何开发综合性体育赛事资源并实现效益最大化。王晓东[68]从门票市场开发的角度分析了体育赛事的经营和运作。各学者对体育赛事经营管理和运作的研究，为体育赛事的成功举办奠定了理论基础。

## 1.4 本书的主要结构和内容

### 1.4.1 本书的主要结构

本书分为 3 篇，共 12 章，第 1 篇为绪论，第 2 篇为体育经济学基础，第 3 篇为体育实践经济学分析。

（1）每章均通过相关基础经济学理论分析体育领域的经济问题，并结合相关体育现象，使分析通俗易懂、易于理解。

（2）在每章后均有复习思考题及与本章相关的经济学理论知识和与本章所

学理论相关的阅读资料。

### 1.4.2 本书的主要内容

（1）第 1 篇为绪论，即第 1 章，重点介绍体育经济学的产生和发展，以及体育经济学的演进历程和研究成果，帮助读者建立体育经济学的基本学习逻辑，展示体育经济学的魅力。

（2）第 2 篇为体育经济学基础，包括第 2～8 章，以经济学理论体系为基础，系统分析体育需求、体育供给、体育产品、体育市场、体育要素市场、体育消费者和体育生产者行为、体育产业政策。

第 2 章基于经济学供需理论和弹性理论，介绍体育需求和体育需求弹性、体育供给和体育供给弹性、体育市场价格机制和体育生产者定价策略。

第 3 章在对体育产品的概念、类型和特征进行系统介绍的基础上，对体育用品、体育服务产品和体育产品的定价进行介绍，帮助读者准确、深刻地认识体育产品。

第 4 章基于经济学中市场的相关理论，介绍体育市场的概念、结构和机制，并分析相关案例，帮助读者更加深刻、形象地理解体育市场相关理论。

第 5 章着重介绍体育劳动力市场、体育资本市场和体育土地市场的基本原理、概念和类型，并通过分析案例，帮助读者深化对体育要素市场的认识。

第 6 章系统介绍体育消费的概念、类型、影响因素，并对体育消费者的行为进行分析，明确体育消费者的选择依据。帮助读者更好地理解体育需求、体育市场等。

第 7 章依据生产理论和成本理论，对体育生产者的概念、类型、成本、收入进行介绍，并通过对体育生产者行为的分析，特别是对决策行为的分析，帮助读者进一步理解体育经济学。

第 8 章对体育产业政策的概念、类型，以及国内外体育产业政策进行介绍。

（3）第 3 篇为体育实践经济学分析，包括第 9～12 章，本篇在第 2 篇的基础上，着重对体育赛事、体育赞助、体育转播和体育产业投融资等体育产业的核心环节进行经济学分析，帮助读者了解体育产业的发展规律和最新动态。

第 9 章从体育赛事的基础理论入手，从经济学的角度介绍体育赛事，并分析其经济影响。

第 10 章从体育赞助的概念、类型、特征和现状入手，介绍体育赞助的实施过程和体育赞助的评估等实际问题。

第 11 章从体育转播的概念、类型、特征入手，介绍体育转播的社会效益和经济效益，并通过对英格兰足球超级联赛转播权营销案例的分析，使读者更加直观地了解如何开发和经营体育转播权。

第 12 章介绍体育产业投资和体育产业融资，以及体育场馆融资模式，为体育产业投融资分析提供了基本框架。

## 复习思考题

1. 简述体育经济学的产生过程及理论基础。
2. 体育经济学的研究对象与研究方法是什么？
3. 简述体育经济学的研究现状和存在的问题。

## 参考文献

[1] 张尚权. 体育经济学的产生和研究体育经济学的意义[J]. 北京体育学院学报, 1989(2):5-9.

[2] Brad R. Humphreys, Joel Maxcy. The Role of Sport Economics in the Sport Management Curriculum[J]. Sport Management Review, 2007(10):177-189.

[3] 王子朴. 体育经济学的学科属性问题刍议[J]. 天津体育学院学报, 2006, 21(1):53-55.

[4] 朱菊芳. 中美“体育经济学”研究与教育的比较分析与展望[J]. 沈阳体育学院学报, 2012, 31(6):11-15.

[5] 张岩, 张尚权, 曹缔训. 体育经济学[M]. 成都：四川教育出版社, 1988:18-27.

[6] 白耀东，樊行健，许传宝. 中国体育经济学发展现状及对策研究[J]. 四川体育科技, 2006, 12(4):4-7.

[7] 王晓东. 体育产品属性及体育产业若干理论问题的思考[J]. 体育科学, 2005,

25(5):69-72.

[8] Humphreys J. M., Plummer M. K. The Ecomomic Impact on the State of Georgia of Hosting the 1996 Olympic Games[R]. Atlante Committee for the Olympic Games, Inc, 1995.

[9] John Madden, Matthew Crowe. The Economic Impact of the Sydney Olympic Games[D]. NSW Treasuy and The Centre for Regional Economic Analysis, 1997.

[10] 李善同，段志刚. 奥运经济对北京和国内其他地区的经济影响[J]. 投入产出理论与实践, 2004.

[11] 杨越. 2008 年奥运会对北京经济的影响——基于投入产出模型[J]. 体育科学, 2005, 25(8).

[12] 谭新莉. 我国体育产业投融资研究现状[J]. 吉林体育学院学报, 2009, 25(2):26-28.

[13] 郑志强. 中国体育产业政策研究综述[J]. 体育学刊, 2010, 17(6):14-20.

[14] Hall S., Szemanski S., Zimbalist A. S. Testing Causality Between Team Performance and Payroll: The Cases of Major League Baseball and English soccer[J]. Journal of Sports Economics, 2002, 3(2):149-168.

[15] Lucifora C., Simmons R. Superstar Effects in Sport: Evidence from Italian Soccer[J]. Journal of Sports Economics, 2003, 4(1):35-55.

[16] Lago U., Simmons R., Szymanski S. The Financial Orisis in European Football: An Introduction[J]. Journal of Sports Economics, 2006, 7(1):3-12.

[17] Humphreys B. R. Alternative Measures of Competitive Balance in Sports Leagues[J]. Journal of Sports Economics, 2002, 3(2):133-148.

[18] Schmidt M. B., Berri D. J. Competitive Balance and Attendance: The Case of Major League Baseball[J]. Journal of Sports Economics, 2001, 2(2):145-167.

[19] Kesenne S. Revenue Sharing and Competitive Balance in Professional Team Sports[J]. Journal of Sports Economics, 1999, 1(1):56-65.

[20] 张林，李明. 职业体育俱乐部发展沿革[J]. 西安体育学院学报, 2001(3):6-8.

[21] 胡利军，刘晶. 职业体育发展历史阶段的探讨[J]. 山东体育学院学报, 2010, 26(7):1-7.

[22] 陈钧，孙民治. 美国篮球职业化的起因、发展给我们的启示[J]. 西安体育学院学报, 2002(4):65-67.

[23] 杨桦，任海. 我国体育发展新视野：整体思维下的跨界整合[J]. 北京体育大

学学报, 2014, 37(1):1-8.

[24] Jeffrey D. James, Lynn L. Ridinger. Female and Male Sport Fans: A Comparison of Sport Consumption Motives[J]. Journal of Sport Behavior, 2002, 3(25):260-278.

[25] Jaume García, Fernando Lera-López, María José Suárez. Estimation of a Structural Model of the Determinants of the Time Spent on Physical Activity and Sport: Evidence for Spain[J]. Journal of Sports Economics, 2011, 12(5):15-537.

[26] Fernando Lera-López, Manuel Rapún. The Demand for Sport: Sport Consumption and Participation Models[J]. Journal of Sport Management, 2007, 21:103-122.

[27] Tim Pawlowski, Christoph Breuer. The Demand for Sports and Recreational Services: Empirical Evidence from Germany[J]. European Sport Management Quarterly, 2011, 11(1):5-34.

[28] Christoph Breuer, Kirstin Hallmann, Pamela Wicker, Svenja Feiler. Socio-economic Patterns of Sport Demand and Ageing[J]. European Review of Aging and Physical Activity, 2010, 7(2):61-70.

[29] Themis Kokolakakis, Fernando Lera-Lopez, Thanos Panagouleas. Analysis of the Determinants of Sports Participation in Spain and England[J]. Applied Economics, 2011, 44(21):2785-2798.

[30] Hans Jochen Scholl, Timothy S. Carlson. Professional Sports Teams on the Web: a Comparative Study Employing the Information Management Perspective[J]. European Sport Management Quarterly, 2012, 12(2):137-160.

[31] 田虹, 杨洋, 刘英. 5 大社会阶层体育消费意愿和行为的比较研究[J]. 北京体育大学学报, 2014, 37(10):51-55.

[32] 李相如. 论全民健身战略的国家发展地位[J]. 南京体育学院学报（社会科学版）, 2016, 30(5):7-12, 24.

[33] 赵胜国, 王凯珍, 邰崇禧. 全民健身国家战略下体育消费观的时代意蕴及其实现路径[J]. 武汉体育学院学报, 2016, 50(5):5-11.

[34] 张振峰. 体育消费需求升级视角下体育产业转型发展路径[J]. 西安体育学院学报, 2017, 34(4):453-458.

[35] 唐炜. 基于扩展线性支出系统模型的京津冀城镇居民体育消费结构比较分析[J]. 沈阳体育学院学报, 2018, 37(6):15-21.

[36] 任波, 戴俊. 我国城乡居民消费支出与体育产业发展互动关系的计量研究——基于 2006—2015 年的时间序列数据[J]. 天津体育学院学报, 2017, 32(1): 87-92.

[37] 朱菊芳, 季雯婷, 朗以波. 新时期下城市居民体育消费需求影响因素与发展路径研究——以江苏省为例[J]. 南京体育学院学报（社会科学版）, 2017, 31(4):55-59, 71.

[38] 赵胜国, 王凯珍, 邰崇禧, 蔡军. 全民健身国家战略下不同规模城镇居民体育消费观特征[J]. 武汉体育学院学报, 2019, 53(6):18-27, 58.

[39] 李国, 孙庆祝. 城乡居民体育消费结构动态变迁的 ELES 模型分析[J]. 北京体育大学学报, 2019, 42(1):98-110.

[40] 蔡军, 康勤国, 李法伟, 张旻. 我国体育消费统计调查制度建设与创新研究[J]. 西安体育学院学报, 2018, 35(5):541-547.

[41] 杨涛, 李法伟, 蔡军. 文化产业与体育产业中体育消费统计现状研究[J]. 首都体育学院学报, 2019, 31(4):316-320.

[42] 黄晓红. 完善我国体育产业政策的若干建议[J]. 成都体育学院学报, 2008(9):17-20.

[43] 郑志强. 中国地方体育产业政策比较研究[J]. 北京体育大学学报, 2014, 37(10):13-17.

[44] 陈晓峰. 我国现今体育产业政策分析：存在问题与发展趋势[J]. 北京体育大学学报, 2017, 40(5):7-15.

[45] 周红妹, 林向阳. 政策工具视角下地方政府对国家体育产业政策的再制定[J]. 上海体育学院学报, 2017, 41(3):9-16

[46] 余守文, 肖乐乐. 政策工具视角下中国体育产业政策文本量化分析——以国务院 46 号文为例[J]. 体育学刊, 2018, 25(4):21-27.

[47] 柴萍. 我国体育产业政策应用研究[J]. 北京体育大学学报, 2010, 33(12):27-29, 36.

[48] 林建君, 李文静. 我国体育产业政策效应的评价研究[J]. 体育科学, 2013, 33(2):22-29.

[49] 易剑东, 袁春梅. 中国体育产业政策执行效力评价——基于模糊综合评价方法的分析[J]. 北京体育大学学报, 2013, 36(12):6-10, 29.

[50] 朱启莹, 黄海燕. 体育产业政策对体育类上市公司资本市场价值的短期影响[J]. 上海体育学院学报, 2016, 40(6):1-7, 15.

[51] 刘春华, 李克敏. 基于混合多目标决策的我国体育产业政策评价[J]. 北京体育大学学报, 2018, 41(7):1-8.

[52] 王子朴, 原玉杰, 詹新寰. 我国体育产业政策发展历程及其特点[J]. 上海体育学院学报, 2008(2):15-19.

[53] 胡旭忠, 汤卫东. 中国体育产业政策的流变（1993—2015 年）[J]. 首都体育学院学报, 2017, 29(6):481-484.

[54] 宋福林. 体育产业政策的经济学分析[J]. 沈阳体育学院学报, 2010, 29(6):51-53.

[55] 张林玲, 戴朝. 基于钻石模型的我国体育产业政策体系研究[J]. 成都体育学院学报, 2012, 38(2):24-27, 32.

[56] 丛湖平, 郑芳, 童莹娟, 等. 我国体育产业政策研究[J]. 体育科学, 2013, 33(9):3-13.

[57] 邢尊明. 我国地方政府体育产业政策行为研究——基于政策扩散理论的省（级）际政策实践调查与实证分析[J]. 体育科学, 2016, 36(1):27-37.

[58] 姜同仁. 新常态下中国体育产业政策调整研究[J]. 体育科学, 2016, 36(4):33-41.

[59] 陈晓峰. 我国体育产业政策环境分析——基于国家治理的视阈[J]. 中国体育科技, 2018, 54(2):3-14, 50.

[60] 王兆红, 钟华梅, 詹伟. 创新能力对我国体育用品企业竞争力影响的实证研究[J]. 北京师范大学学报（自然科学版）, 2015, 51(4):433-440.

[61] Robert A. Baade, Victor A. Matheson. Home Run or Wild Pitch?: Assessing the Economic Impact of Major League Baseball's All-Star Game[J]. Journal of Sports Economics, 2001, 2(4):307-327.

[62] Dennis Coates, Brad Humphreys. The Effect of Professional Sports on the Earnings of Individuals: Evidence From Microeconomic Data[J]. Applied Economics, 2011, 43(29): 4449-4459.

[63] Victor A. Matheson, Robert A. Baade. Mega-Sporting Events in Developing Nations: Playing the Way to Prosperity? [J]. South African Journal of Economics, 2004, 72(5):1084-1095.

[64] 王子朴, 杨铁黎. 体育赛事类型的分类及特征[J]. 上海体育学院学报, 2005(6):24-28.

[65] 纪宁, 巫宁. 体育赛事的经营与管理[M]. 北京：电子工业出版社, 2004.
[66] 田雨普. 大型体育赛事的经营管理[M]. 北京：人民体育出版社, 2007.
[67] 周学云, 陈林祥. 我国综合性体育赛事资源开发[M]. 北京：人民体育出版社, 2008.
[68] 王晓东. 体育赛事营销传播[M]. 北京：北京体育大学出版社, 2011.

## 阅读材料

### 你不可不知的体育经济学

**Alex Bryson，Bernd Frick，Rob Simmons**

二十多年来，欧洲和北美的经济学家对体育的兴趣越来越大。有两个专门讨论体育经济学的杂志，《体育经济学杂志》和《国际体育金融杂志》。在《应用经济学》《经济杂志》《经济展望杂志》《生产力分析杂志》《劳动经济学》《牛津经济政策评论》和《苏格兰政治经济学杂志》中也出现了大量被引用的体育经济学内容。1956 年，西蒙·罗特伯格在《政治经济学杂志》上发表了该杂志的第 1 篇体育经济学文章。有人说，体育经济学发展迅速只是因为企业业绩、工人生产率、工资和经济等大型数据集的不断增加，引起了包括经济学家在内的许多人对体育的兴趣。也有人说，虽然对体育经济学的研究不会带来任何损害，但人们也不能指望它对劳动力市场的运作及对工人和企业的表现产生有益影响。这种说法具有一定的合理性，因为我们很难根据体育数据推断劳动力市场的发展状况。例如，在比赛时，球队往往具有共生关系，这在某种程度上依赖于球队之间的竞争平衡，而这种平衡又往往是通过管理财政和工资的规则来维持的。从这个意义上讲，体育企业与其他行业的企业不同，其他行业的企业往往更倾向于通过竞争来消灭对手。

体育经济学不能被忽视的原因有以下几点。第一，体育的商业规模大。2004 年，体育创造了 4070 亿欧元的附加值，占欧盟国内生产总值的 3.7%。超级碗是美国一年一度的焦点赛事，收视率极高。第二，体育能够提供大量就业岗位。在欧盟，约有 1500 万人从事体育及相关工作，相当于欧盟所有劳动力的 5.4%。第三，运动对于参与者和支持者来说都非常重要。研究表明，良好的体育氛围能够提高公民的幸福感，参与体育活动有利于提高公民的健康水平。推动全民健身是许多国家面临的最紧迫的问题之一。第四，体育能够揭示基本经济规律。越来越多的体育领域相关论文在排名靠前的经济期刊上发表，在某种程度上，体育经济学为更好地理解劳动力市场和企业运作方式做出了贡献。

除此之外，还有一些有趣的研究值得一提。

安迪·巴洛和大卫·福勒斯特将英格兰职业足球作为论文的研究背景，关注了两个小镇职业足球俱乐部——卢顿镇和伯里。在研究期间，这两个小镇足球俱乐部处在英国职业足球的底层，生存岌岌可危。他们试图探索这些俱乐部的活动是否能给当地社区带来比门票收入更大的利益。俱乐部的估价取决于当地居民为俱乐部支付税金的意愿，调查发现，当地居民愿意支付的税金远远高于销售门票取得的收入。因此，他们建议地方政府可以考虑在俱乐部生存受到威胁的情况下进行一定的政策干预。

1990 年，埃伦贝尔和博格纳诺研究了奖金和奖励对激励的影响；2011 年，布朗以高尔夫球为背景，指出了与超级巨星竞争对球员的不利影响；同年，波普和史怀哲发现了球员具有厌恶损失的倾向；2014 年，可尼特和斯坦戈强调了赞助商采用名人代言需承担的风险。

科林·格林、费尔南多·洛扎诺和罗布·西蒙斯研究了足球俱乐部的投资决策。他们通过投资动机的外生变化（即下个赛季争夺冠军联赛名额的数量）来确定俱乐部投资决策的变化。他们发现那些边缘俱乐部，即最有可能在下个赛季融入球队的俱乐部，对该数据的变化非常敏感。

美国和西班牙职业篮球的歧视问题体现了体育经济学文献的一个重要特征，即与其他劳动力的数据相比，运动员的数据非常详细。正如大卫·贝里、克里斯蒂安·多伊彻和阿图罗·加莱蒂指出的那样，他们有非常详细的数据，可以显示每个职业篮球运动员在场上的表现。人们越来越担心俱乐部之间的财富不平等对竞争平衡的潜在影响，于是，欧洲制定了“金融公平竞赛”规则，以限制运动员的转会费和工资。目前还不清楚这些规则会对足球比赛的质量产生什么影响，但是这篇论文为我们提供了一些线索。它表明英格兰足球超级联赛的转会费确实很高，而且吸引的贫富人才存在非常明显差异。

彼得·伦和伊莉斯·凯利关注了爱尔兰中学生参加课外体育活动对义务教育的影响。研究发现，与早期辍学的人相比，在中学教育的后几年选择参加体育运动的人在毕业后更有可能继续接受正规教育，而不是加入劳动力市场。这是因为大学提供了更多从事体育运动的机会。研究表明，继续教育的消费价值最终会给劳动力市场带来回报。

以上研究的共同点是它们均采用了经济学研究方法，利用体育领域丰富的数据来探索和检验经济学家普遍感兴趣的理论命题。虽然少数论文无法公正地评价经济学家在体育方面的贡献，但是这些结果很好地说明了为什么越来越多的经济学家在他们的研究中接受或考虑接受体育经济学。

美国提供补助最多的行业应该是中小企业占多数的行业。为首的是4个主要的体育联盟——美国职业橄榄球大联盟（National Football League，NFL）、美国职业棒球大联盟（Major League Baseball，MLB）、美国职业篮球联赛（National Basketball Association，NBA）和国家冰球联盟（National Hockey League，NHL）。毕竟，除了真正由政府运营的企业（如公立学校），没有哪个行业的建筑几乎全部由政府提供补助。

1999—2000赛季，美国建造了10个NFL体育场，总成本约为26.77亿美元（以2000年经通货膨胀调整后的美元价为基准），其中有77%来自税收。这还不包括翻修运动场所花的数千万美元。2001—2002赛季，美国建造了6个NFL体育场，总成本约为21亿美元，其中有57%来自税收。

如果某个球队因市场或赛程不同而难以进行比赛，则球队的拥有者和联盟官员会解决这个问题。另外，对球队进行补助并不能带来经济收益。几乎所有的企业和个人都会因球队补助而承担较高的税收，从球队补助中获益的只有球队的所有者和运动员。

（本文来自《国家组织经济评论》，2015年第232期）

# 第2篇　体育经济学基础

体育经济学是运用经济学理论研究体育领域经济现象、活动及规律的应用性、综合性学科，是经济学与体育经济现象结合的产物。美国著名经济学家萨缪尔森曾经说过："学习经济学是再简单不过的事了，你只需掌握两件事，一个叫供给，一个叫需求。"因此，本篇在遵循经济学理论体系的基础上，以对需求和供给的分析为逻辑起点，系统分析体育需求和体育供给，在介绍体育产品、体育市场和体育要素市场后，进一步分析体育消费者行为、体育生产者行为和体育产业政策，帮助读者构建完整的体育经济学逻辑框架，使读者能够更好地掌握体育经济学研究手段，分析具体的体育经济学问题。

# 第2章 体育需求、供给和弹性

每年上半年，众多高质量的体育赛事接踵而至，有NFL超级碗、NBA季后赛、CBA总决赛、欧洲冠军杯决赛和F1中国赛等。这些体育赛事让观众应接不暇，使人产生了购买门票和相关衍生体育产品的欲望。不同赛事的门票销售存在巨大差异，一张NFL超级碗的门票能卖至数万美元，一票难求，而本地社区的篮球比赛却可以免费观看。在洛杉矶湖人队的商店中，科比和勒布朗·詹姆斯的球衣售价在数千美元以上，而该队的一般球衣价格却仅为299美元。是什么因素在影响门票和球衣的销售价格？

为了帮助读者更好地理解体育市场规律、判断门票和球衣价格，应该先明确体育比赛门票和球衣的交易都是在市场中进行的，同时受供给与需求的影响。市场是指由某种物品或服务的买者和卖者组成的群体。在买卖体育比赛门票和球衣的市场中，买者决定了门票和球衣的需求，而卖者决定了门票和球衣的供给。NFL超级碗是最受关注的比赛之一，每年只有一场，与其他可替代的比赛（如每年有7场的NBA总决赛）相比，其资源更为稀缺，因此门票价格相对较高。同理，科比和勒布朗都是现阶段市场中最受欢迎的篮球运动员，买家更关注且更愿意购买与他们有关的产品，在供给量恒定的情况下，买者越多，球衣价格就越高。为了帮助大家更好地理解供给与需求对体育市场的影响，本章将基于完全竞争市场假设进行分析，即假设市场中有许多买者和卖者，并且每个人对市场价格的影响微乎其微。

本章运用微观经济学相关理论，研究人们在体育竞争市场交易中的供给与需求，以及供需平衡下的均衡问题。

# 2.1 体育需求

## 2.1.1 体育需求的概念

需求是指在某个特定时间内的每个价格水平上对某种产品或服务愿意且能够购买的数量，描述的是消费者的行为。体育需求是指在一定时期内，在各种可能的价格下，消费者愿意且能够购买的体育产品或服务的数量。体育产品需求量是指消费者在某个特定时间内的某个价格水平上对某种体育产品或服务愿意且能够购买的数量[1-3]。

消费者对体育产品的欲望是促成体育需求的直接原因，但体育需求与欲望是两个不同的概念。对体育产品的欲望是产生体育需求的前提，但是存在欲望并不等于有体育需求。产生体育需求需要具备两个基本条件：一是消费者存在购买体育产品的意愿，即欲望；二是消费者具有购买能力。体育消费与一般性消费在购买能力上存在差异，体现在体育产品存在生产与消费的统一性，既需要确定消费者有对体育产品的购买能力，又需要消费者有充裕的时间进行消费。欲望、购买力和时间三者缺一不可。例如，某个消费者非常热爱足球，希望购买一张北京国安队的主场比赛门票，但他没有时间去现场观看或没有购买能力，就不构成对足球比赛这一体育产品的需求。

## 2.1.2 体育需求的影响因素

体育产品的需求受很多因素的影响，除市场不可控因素之外，以下因素也对体育需求有较大的影响。

### 1. 体育产品自身价格

产品价格是决定产品需求量的最重要和最直接的因素。在一般情况下，消费者对体育产品的需求量与该体育产品的价格成反比。价格下降时，需求量上升；价格上升时，需求量下降，这种关系即为需求定理。例如，当一场 NBA 的门票价格为 2000 元时，消费者对它的需求量较低；当门票价格下降到 1000 元时，消费者对它的需求量会相应增加。

### 2. 消费者偏好

消费者偏好是影响体育需求的重要因素。在某种体育产品的价格不变的情况下，相对于其他体育产品而言，消费者对该体育产品的偏好会直接影响消费者的购买数量。在某些特定条件下，即使某种体育产品比其他体育产品更加昂贵，对这种体育产品有偏好的消费者的购买数量也不会减少。例如，如果中国足球协会超级联赛（以下简称“中超联赛”）和中国男子篮球职业联赛（以下简称“CBA”）在北京同时开赛，对于篮球球迷来说，即使一场 CBA 的票价比中超联赛的票价高几倍，他也会选择观看 CBA。

### 3. 消费者收入

如果消费者的收入发生变化，那么他对体育产品的需求也会发生变化。收入的增加提高了消费者购买大多数体育产品的可能性和购买量。例如，收入增加会使更多消费者有富余资金去现场观看喜爱的比赛，而收入下降则会减少消费者对这些体育产品的需求。

与一般产品不同，体育产品具有其特殊性，该特殊性使得体育产品的需求量不一定随消费者收入的变化而变化。那些需求量随收入的增加和减少也相应增加和减少的体育产品被称为正常体育产品（Normal Sports Good）。如果消费者的收入增加时，其对某种体育产品的需求量反而下降，则称该体育产品为劣质体育产品（Inferior Sports Good），如对于竞技水平不及甲级联赛，但门票价格较实惠的乙级和丙级赛事来说，当收入增加时，消费者可能更倾向于购买更好的体育产品——如英格兰足球超级联赛的门票。

### 4. 相关产品价格

如果某种体育产品的价格变化会引起另一种体育产品的需求变化，则称这两种体育产品为相关体育产品；如果某种体育产品的价格变化不会引起另一种体育产品的需求变化，则称这两种体育产品为无关体育产品。在市场中，相关体育产品的价格变化更值得关注，根据作用方向的不同，可以将相关体育产品分为替代品和互补品。

替代品（Substitutes）是指交替使用可以满足人们同种欲望的两种或多种体育产品。例如，英格兰足球超级联赛和意大利甲级联赛、法国网球公开赛和美国网球公开赛等都是替代品，人们只要消费其中的一种就能获得相同或相似的满足感。但是在区分体育产品替代关系时，我们应该先确定不同的产品对消费者而言是否是同质的，即消费者是否对某个特定体育产品有极端需求。例如，一场利物浦足球俱乐部客场挑战莫斯科斯巴达克足球俱乐部的冠军联赛预选赛和一场埃弗顿足球俱乐部与曼彻斯特联足球俱乐部的足总杯预选赛同时举办，利物浦足球俱乐部的球迷既不会选择去看同城死敌埃弗顿足球俱乐部的比赛，也不会不远千里去莫斯科为利物浦足球俱乐部助威。如果两种体育产品是替代品，则一种体育产品的价格变化会引起消费者对另一种体育产品的需求发生同方向变化，即一种体育产品的价格下降，会引起消费者对另一种体育产品的需求减少；一种体育产品的价格上升，会引起消费者对另一种体育产品的需求增加。

互补品（Complements）是指搭配在一起使用才能共同满足消费者某种欲望的两种或多种体育产品。例如，网球拍和网球、乒乓球拍和乒乓球等。二者缺一不可，缺少任意一种都不能满足人们的某种需求。如果两种体育产品是互补品，则一种体育产品的价格变化会引起另一种体育产品的需求发生反方向变化，即一种体育产品的价格下降，会引起消费者对另一种体育产品的需求增加；一种体育产品的价格上升，会引起消费者对另一种体育产品的需求减少。

#### 5. 消费者预期

消费者对未来的预期（Expectations）有两种，一是价格预期，二是收入预期。当消费者认为某种体育产品的价格不久将会上涨时，现在对这种体育产品的需求就会增加；相反，当消费者认为某种体育产品的价格不久将会下降时，现在对这种体育产品的需求就会减少。例如，当某健身爱好者预计健身教练的课时费用会上涨时，他会选择此时购买更多的课时；相反，如果他预计课时费用会下降，他就会减少当下购买的课时数量，等价格下降再购买更多。

如果某种体育产品对于消费者来说是正常体育产品，那么当消费者预计自己的未来收入会减少时，对该体育产品的需求会减少；相反，如果某种体育产品对于消费者来说是劣质（低档）体育产品，那么消费者预计自己的未来收入会减少时，对该体育产品的需求会增加。

### 2.1.3　体育需求函数

体育产品具有一般商品的特性，即服从需求定理（The Law of Demand）。在一般情况下，消费者对某种体育产品的需求量与其价格成反比。即当某种体育产品的价格下降时，消费者对该体育产品的需求量增加；反之则消费者对该体育产品的需求量减少。需求定理的表述方法有很多，用需求函数表示较为直观、简便。

如果将一种体育产品的需求量看成函数，将体育产品需求量的影响因素看成自变量，则可以构成体育需求函数。体育需求函数表示的是一种体育产品的需求量与各种影响该体育产品需求量的因素的关系。体育需求函数可以表示为

$$Q_d=f(P,U,Y,P_x,P_e) \tag{2-1}$$

式中，$Q_d$ 表示体育产品需求量，$P$、$U$、$Y$、$P_x$、$P_e$ 分别表示体育产品价格、消费者偏好、消费者收入、相关产品价格、价格预期。$Q_d$ 是因变量，$P$、$U$、$Y$、$P_x$、$P_e$ 是自变量。

虽然影响体育产品需求量的因素复杂多样，但体育产品价格是决定体育产品需求量的重要因素。因此，可以将体育需求函数简化，即通常假设影响体育产品需求量的其他因素不变，只研究体育产品需求量与体育产品价格的关系。则体育需求函数可以简化为

$$Q_d=f(P) \tag{2-2}$$

式中，$P$ 为体育产品价格，$Q_d$ 为体育产品需求量。例如，在一个月内，小张观看篮球比赛的体育需求函数为 $Q_d=100-4P$，参加健身活动的体育需求函数为 $Q_d=200-5P$。

## 2.2 体育需求弹性

### 2.2.1 体育需求价格弹性

在一般情况下，各种体育产品的需求量都随体育产品价格的变化而变化，但是不同类型体育产品的需求量对体育产品价格变化的敏感程度不同，有的很敏感，有的则没那么敏感[4]。体育需求价格弹性的计算公式为

$$\text{体育需求价格弹性}=\left|\frac{\text{体育产品需求量变化的百分比}}{\text{体育产品价格变化的百分比}}\right| \tag{2-3}$$

如果用 $Q$、$Q'$ 表示变化前后的体育产品需求量，用 $P$、$P'$ 表示变化前后的体育产品价格，用 $E_d$ 表示体育需求价格弹性，则体育需求价格弹性可以表示为式（2-4）或式（2-5）。

$$E_d=\left|\frac{Q'-Q}{Q}\Big/\frac{P'-P}{P}\right| \tag{2-4}$$

$$E_d=\left|\frac{Q'-Q}{(Q'+Q)/2}\Big/\frac{P'-P}{(P'+P)/2}\right| \tag{2-5}$$

式（2-4）和式（2-5）分别为弧弹性公式和点弹性公式，二者的主要区别在于，式（2-5）为体育产品需求量的微小变化与体育产品价格的微小变化之比，即表示体育需求曲线上某一点的弹性，而式（2-4）为体育需求曲线上某两点之间的弧弹性。

在计算体育需求价格弹性时，体育产品需求量和体育产品价格的变化是反方向的，体育需求价格弹性一定是负数。因此，要用绝对值表示体育需求价格弹性。

为了判断某种体育产品价格变化时需求弹性的高低，可以根据 $E_d$ 数值的大小分为以下 5 种情况。

（1）当 $0<E_d<1$ 时，表示体育产品价格的任何变化都会引起体育产品需求量较小幅度的变化，或体育产品需求量的变化幅度小于体育产品价格的变化幅度，即 $|\Delta Q/Q|<|\Delta P/P|$。这种情况表示体育需求缺乏弹性。如果体育需求缺乏弹性，则体育需求曲线 $D$ 的形状比较陡峭，如图 2-1 所示。

（2）当 $1<E_d<\infty$ 时，表示体育产品价格的任何变化都会引起体育产品需求量较大幅度的变化，或体育产品需求量的变化幅度大于体育产品价格的变化幅度，即 $|\Delta Q/Q|>|\Delta P/P|$。这种情况表示体育需求富有弹性。如果体育需求富有弹性，则体育需求曲线 $D$ 的形状比较平坦，如图 2-2 所示。

（3）当 $E_d$=1 时，表示体育产品价格的任何变化都会引起体育产品需求量同等程度的变化，即 $|\Delta Q/Q|=|\Delta P/P|$。这种情况表示体育需求具有单位弹性。如果体育需求具有单位弹性，则体育需求曲线 $D$ 是一个规则的弧线，如图 2-3 所示。

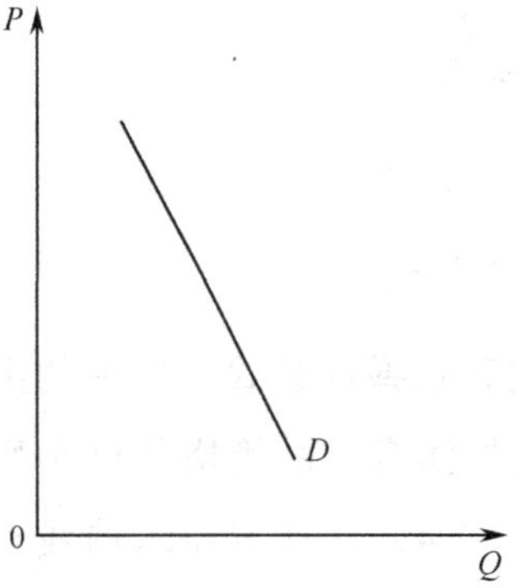


图 2-1　体育需求缺乏弹性

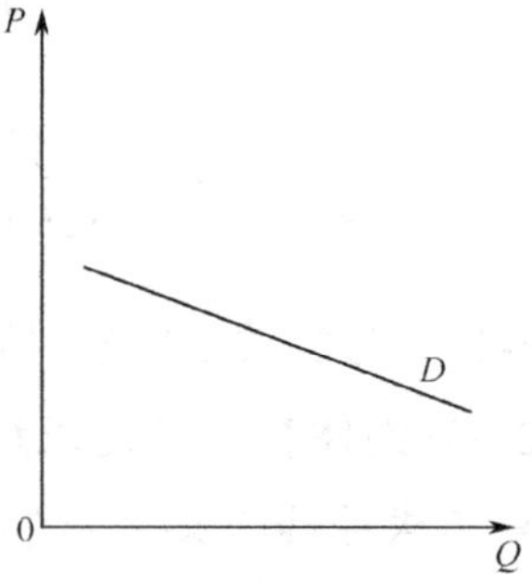


图 2-2　体育需求富有弹性

（4）当 $E_d=\infty$ 时，表示体育产品价格的任何变化都会引起体育产品需求量无穷大的变化，这种情况表示体育需求具有完全弹性，又称体育需求具有无限弹性。如果体育需求具有完全弹性，则体育需求曲线 $D$ 是一条水平线，如图 2-4 所示。

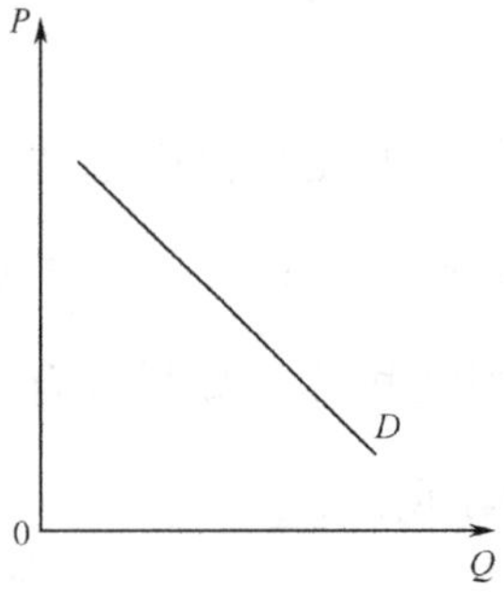


图 2-3　体育需求具有单位弹性

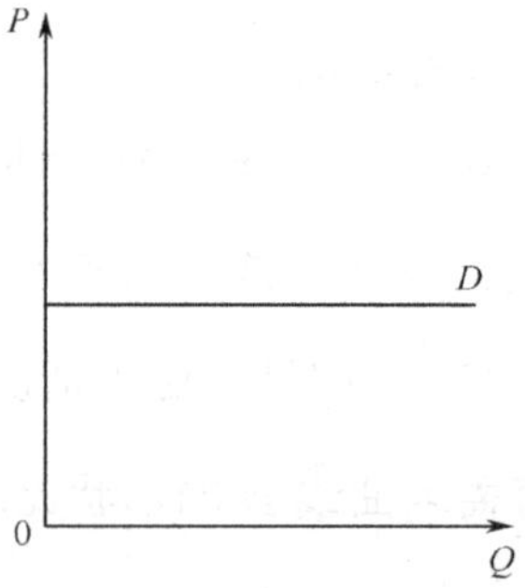


图 2-4　体育需求具有完全弹性

（5）当 $E_d=0$ 时，表示不管体育产品价格如何变化，体育产品需求量固定不变，这种情况表示体育需求无弹性。如果体育需求无弹性，则体育需求曲线 $D$ 是一条垂线，如图 2-5 所示。

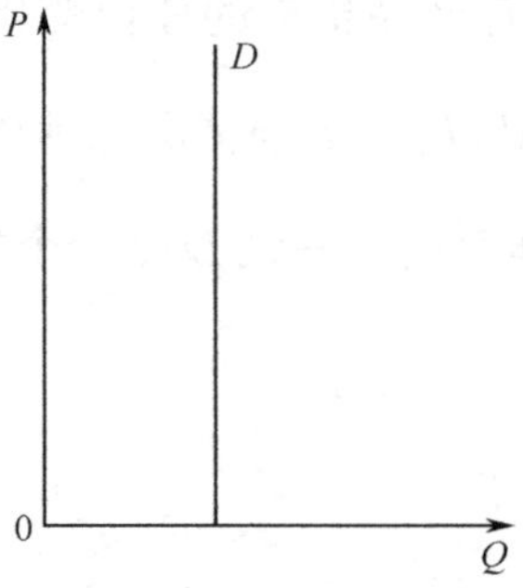


图 2-5　体育需求无弹性

### 2.2.2　其他体育需求弹性

除了体育需求价格弹性，体育产品还对收入变化和其他体育产品的价格变化有反应。体育需求收入弹性和体育需求交叉弹性等也是体育需求弹性理论中需要讨论的重要问题。

**1. 体育需求收入弹性**

体育需求收入弹性衡量的是体育产品需求量对消费者收入变化的敏感程度。计算公式为

$$\text{体育需求收入弹性}=\frac{\text{体育产品需求量变化的百分比}}{\text{收入变化的百分比}} \tag{2-6}$$

如果用 $Y$ 和 $Y'$ 表示变化前和变化后的收入，用 $E_d{}'$ 表示体育需求收入弹性，则计算公式为

$$E_d{}'=\frac{Q'-Q}{Q}\Big/\frac{Y'-Y}{Y} \tag{2-7}$$

在讨论体育需求的概念时，提到了正常体育产品和劣质体育产品，这里可以通过体育需求收入弹性进一步分析两种体育产品与收入变化的关系。对于正常体育产品来说，消费者收入的增加会引起这些体育产品需求量的增加，所以体育需求收入弹性是正值。对于劣质体育产品来说，消费者收入的增加会引起该体育产品需求量的减少，所以体育需求收入弹性是负值。例如，一场水平较低的足球比赛就是一种劣质体育产品。随着收入增加，人们会选择一些水平更高的体育产品，对低水平足球比赛的需求量就会减少。

正常体育需求收入弹性的值可以小于 1、等于 1 或大于 1，分别表示缺乏弹性、具有单位弹性和富有弹性。

体育产品不是人类生活的必需品，体育需求收入弹性在消费者收入水平达到一定阶段时才会有规律地体现出来。例如，在一个贫穷的国家，居民的收入水平很低，甚至无法满足基本生存需要，体育需求几乎不存在，更谈不上体育需求收入弹性。随着收入的增加，人们开始追求生活品质，在产生了较高层次的发展和享受需要并形成了体育需求后，才能进行体育需求收入弹性分析。

**2. 体育需求交叉弹性**

体育产品需求量不仅对自身的价格变化有反应，对其他体育产品的价格变

化也有反应，这种关系反应在体育需求交叉弹性上。体育需求交叉弹性衡量的是一种体育产品的需求量对另一种体育产品价格变化的敏感程度。计算公式为

$$\text{产品X的体育需求交叉弹性}=\frac{\text{产品X的需求量变化的百分比}}{\text{产品Y的价格变化的百分比}} \quad (2\text{-}8)$$

用 $Q_X$ 和 $Q_X{}'$ 表示变化前后的产品 X 的需求量，用 $P_Y$ 和 $P_Y{}'$ 表示变化前后的产品 Y 的价格，用 $E_d{}''$ 表示产品 X 的体育需求交叉弹性，计算公式为

$$E_d{}''=\frac{Q_X{}'-Q_X}{Q_X}\bigg/\frac{P_Y{}'-P_Y}{P_Y} \quad (2\text{-}9)$$

可以通过体育需求交叉弹性进一步分析替代品和互补品的关系。如果产品 Y 是产品 X 的替代品，则产品 Y 的价格下降将引起产品 X 的需求量减少，产品 X 的体育需求交叉弹性是正值。如果产品 Y 是产品 X 的互补品，则产品 Y 的价格下降将引起产品 X 的需求量增加，产品 X 的体育需求交叉弹性是负值。在数值上，体育需求交叉弹性可以在负无穷到正无穷之间变化。

### 2.2.3 体育需求价格弹性的影响因素

不同体育产品的需求价格弹性不同。为什么体育需求价格弹性会有较大的差别呢？它们又是由什么因素决定的呢？

**1. 商品自身的可替代程度**

如果某个体育产品的可替代性非常强，当这种体育产品的价格上升时，人们能够很容易地找到另一种替代品，那么这种体育产品的需求价格弹性就会很高。例如，对于普通消费者而言，当篮球比赛门票的价格上升时，消费者更倾向于购买水平相当且价格较低的足球比赛门票，那么篮球比赛门票的需求价格弹性就很高。

**2. 体育产品的价格**

如果某种体育产品的价格很高，占了消费者收入的很大一部分，那么这种体育产品的需求价格弹性也会很高。如果某种体育产品的价格只占消费者收入的小部分，它的价格弹性会比较低。例如，休斯敦火箭队一个赛季比赛的套票价格翻倍，许多人将无法负担如此昂贵的门票；相反，一个毽子的价格如果提高了一倍，大部分人仍然能像价格上涨之前一样购买等量的毽子。

#### 3. 体育产品价格变化的临时性与永久性

当某种体育产品的价格发生变化时，如果这种变化是临时的，则这种体育产品的需求价格弹性将会很高，因为许多消费者能够推迟或提前购买该体育产品。例如，某健身会所的健身卡将在某日打折销售，人们会选择在特价日购买一直在考虑购买的健身卡。如果某种体育产品价格的下降是永久性的，则价格弹性较小。因为提前购买和以后购买对于消费者来说并不具有实质差别。

#### 4. 消费者偏好的差异

不同类型的消费者可能会有不同水平的需求价格弹性。与其他产品相比，消费者的偏好对体育需求价格弹性的影响更加明显。例如，对于一个忠实的球迷来说，即使他喜欢的球队的比赛的门票价格比其他球队的比赛的门票价格高几倍，他也会购买该球队比赛的门票，因为这种消费者对他所钟爱的体育产品的需求是无弹性的。

## 2.3　体育供给

### 2.3.1　体育供给的概念

需求描述的是消费者行为，供给描述的是生产者行为。供给是指生产者在某个特定时间内的每个价格水平上对某种产品愿意且能够提供的数量。市场中存在各种生产者，体育生产者的供给就是体育供给。体育供给是指体育生产者在某个特定时间内的每个价格水平上对某种体育产品愿意且能够提供的数量。体育产品供给量是指体育生产者在某个特定时间内的某个价格水平上对某种体育产品愿意且能够提供的数量。

可以从 3 个方面对体育供给进行理解。第一，生产者必须有提供供给的意愿；第二，生产者必须有提供供给的能力，即生产能力，在确定体育供给时，生产意愿和生产能力二者缺一不可；第三，在理解供给量时强调的是流量，即必须有时间单位。

对于生产者来说，生产的直接目的是获取利润，但是愿意且能够提供的产品数量可能会比实际的销售数量多。例如，如果 CBA 的门票定价过高，那么门票销售者愿意提供的门票数量就会超过消费者愿意购买的门票数量。

### 2.3.2 体育供给的影响因素

影响体育供给的因素有很多，其中经常产生作用的有以下几种。

#### 1. 体育产品自身的价格

获取利润是生产者进行生产并提供供给的根本目的。产品自身价格的高低是决定利润高低的重要因素。体育供给定理（The Law of Supply）为：假设其他条件不变，某种体育产品的供给量与其价格呈同方向变化，即当体育产品价格上升时，体育生产者对它的供给量增加；当体育产品价格下降时，体育生产者对它的供给量减少。例如，如果你经营着一家体育咨询公司，当体育咨询服务费定价较高时，提供体育咨询服务是有利可图的，因此，作为体育咨询服务的供给者，你的工作时间将会延长；相反，当体育咨询费减少时，你的工作时间将会缩短。甚至当体育咨询服务费降低到一定水平时，你会停止提供体育咨询服务，供给量减少为零。

#### 2. 体育生产需投入的价格

在生产时，体育投入品的价格会直接影响体育产品的成本。当生产所需的投入品价格上升时，体育产品的成本增加，体育生产者更倾向于在原有价格下提供更少的产品；当投入品价格下降时，体育产品的成本减少，体育生产者倾向于在原有价格下提供更多的产品。例如，当健身指导员的工资提高时，经营健身俱乐部的成本就会增加，此时，健身俱乐部的经营者就会相应地减少健身指导员的数量，从而减少体育健身指导服务的供给量。

#### 3. 体育生产者对未来价格的预期

在其他条件不变的情况下，如果体育生产者预测其生产的体育产品价格将会上涨，那么他们会增加当前体育产品的生产量；相反，如果体育生产者预测其生产的体育产品价格将会下降，那么他们会减少当前体育产品的生产量。

#### 4. 体育产品生产技术的进步

通过提高生产技术，体育产品生产者能够降低单位生产成本，获得高于行业内企业所获平均利润的超额利润，并且在其他企业已经失去利润的情况下依然获得利润，具有竞争优势。为了获得更高利润，可以刺激企业增加体育供给。例如，乒乓球拍生产企业在技术革新后降低了每只球拍的造价，企业可以采用降低每只球拍售价的方法吸引更多消费者选购自家产品。为了满足扩大的市场需求，企业将生产更多球拍。

### 5. 相关体育产品的价格

体育产品互补品的价格变化将引起体育需求的反向变化，在其他条件不变的情况下，生产者会调整供给以适应市场需求。例如，如果某滑雪场的散票价格提高，则选择在该滑雪场进行体验式滑雪的消费者将会减少，受此影响，滑雪场内传授初学者滑雪技巧并收费的教练员数量也会减少。

体育产品替代品的价格变化将引起体育需求的正向变化，在其他条件不变的情况下，生产者会调整供给以适应市场需求。例如，如果青少年篮球培训课程的价格上升，则消费者对青少年足球培训课程的需求将增加，提供青少年足球培训课程的机构将会增加课程的开设数量以满足增长的足球培训需求。

### 6. 政府政策

企业的供给受政府出台的相关政策的影响。当政府出台的政策对体育产品生产企业有积极的鼓励作用时，政策的支持会在一定程度上降低企业的生产成本和交易费用，帮助企业增加供给，以获得更高的利润。此外，政府政策的引导可以降低行业的准入门槛，增加其他企业进入行业的可能性，增加市场供给。

## 2.3.3 体育供给函数

体育产品服从需求定理，体育产品价格与体育产品供给量服从供给定理。在一般情况下，某种体育产品的供给量与其价格成正比。即当某种体育产品的价格下降时，供给者愿意提供的供给量减少；相反，则供给者愿意提供的供给量增加。

体育供给函数反映了一定时期内，某种体育产品的供给量和影响供给量的各种因素之间的关系。体育供给函数为

$$Q_s = f(P, C, E) \tag{2-10}$$

式中，$Q_s$ 表示体育产品供给量，$P$、$C$、$E$ 分别表示体育产品价格、生产成本、生产者对未来的预期。$Q_s$ 是因变量，$P$、$C$、$E$ 是自变量。

虽然影响体育产品供给量的因素复杂多样，但体育产品价格是决定体育产品供给量的重要因素。因此，我们可以将体育供给函数简化，通常假设影响体育产品供给量的其他因素不变，只研究体育产品供给量与体育产品价格的关系。

则体育供给函数可以简化为

$$Q_s = f(P) \tag{2-11}$$

式中，$P$ 为体育产品价格，$Q_s$ 为体育产品供给量。例如，一家健身俱乐部的体育供给函数为 $Q_s = -20 + 2P$。

## 2.4 体育供给弹性

### 2.4.1 体育供给价格弹性

与体育需求价格弹性相似，体育供给价格弹性衡量的是体育产品供给量对体育产品价格变化的敏感程度。它的计算公式为

$$\text{体育供给价格弹性} = \frac{\text{体育产品供给量变化的百分比}}{\text{体育产品价格变化的百分比}} \tag{2-12}$$

如果用 $E_s$ 表示体育供给价格弹性，用 $Q_s$、$Q_s'$ 表示变化前后的体育产品供给量，则计算公式为

$$E_s = \frac{Q_s' - Q_s}{Q_s} \bigg/ \frac{P' - P}{P} \tag{2-13}$$

体育产品供给量与体育产品价格同方向变化，因此，与体育需求价格弹性需取绝对值不同，体育供给价格弹性始终是正值。与体育需求价格弹性类似，体育供给价格弹性的值大于零。根据取值范围，可以将体育供给价格弹性分为 5 种：体育供给无弹性、体育供给具有完全弹性、体育供给缺乏弹性、体育供给富有弹性和体育供给具有单位弹性。

（1）当 $E_s = 0$ 时，体育供给无弹性，表示体育产品供给量对价格的变化没有反应，这时体育供给曲线 $S$ 是一条垂线，如图 2-6 所示。

（2）当 $E_s = \infty$ 时，体育供给具有完全弹性，表示价格的细微变化就会引起体育产品供给量无穷大的变化，这时体育供给曲线 $S$ 为水平线，如图 2-7 所示。

（3）当 $0 < E_s < 1$ 时，体育产品价格的任何变化都会引起供给量较小幅度的变化，体育产品供给量的变化幅度小于价格的变化幅度，这种情况表示体育供给缺乏弹性，如图 2-8 所示。

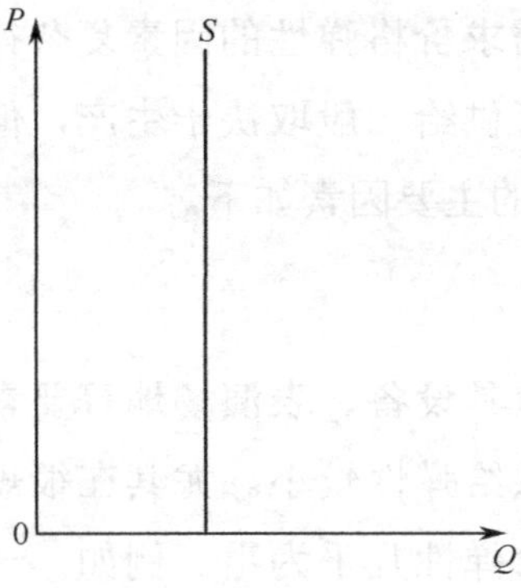


图 2-6　体育供给无弹性

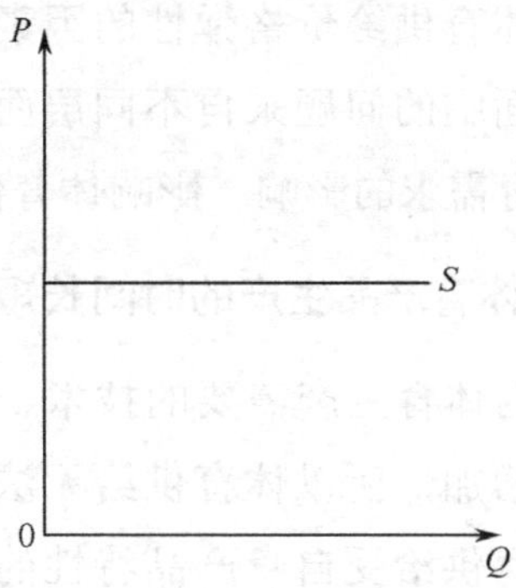


图 2-7　体育供给具有完全弹性

（4）当$1 < E_s < \infty$时，体育产品价格的任何变化都会引起供给量较大幅度的变化，体育产品供给量的变化幅度大于价格的变化幅度，这种情况表示体育供给富有弹性，如图 2-9 所示。

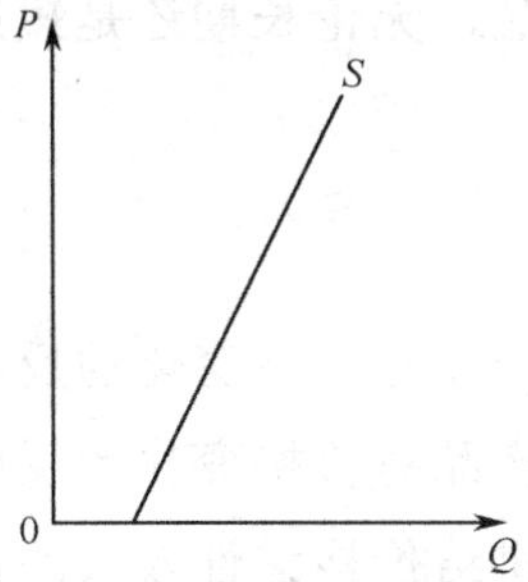


图 2-8　体育供给缺乏弹性

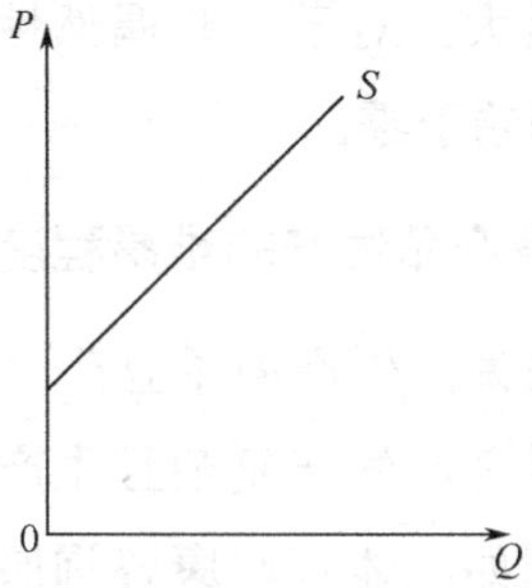


图 2-9　体育供给富有弹性

（5）当$E_s = 1$时，体育产品价格的任何变化都会引起供给量同等程度的变化，这种情况表示体育供给具有单位弹性，如图 2-10 所示。

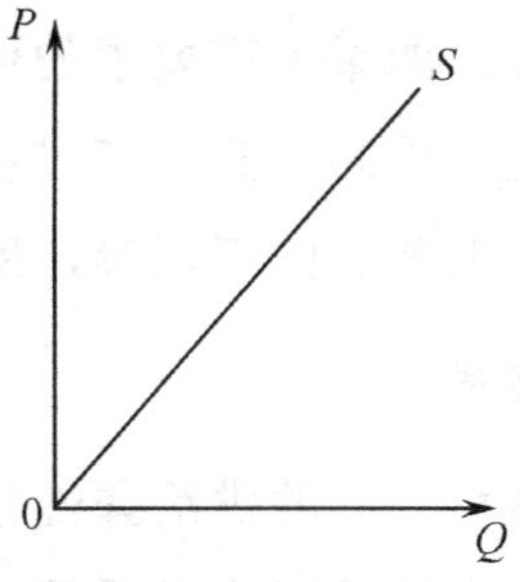


图 2-10　体育供给具有单位弹性

### 2.4.2　体育供给价格弹性的影响因素

与体育需求弹性的多样化相比，体育供给弹性一般指体育供给价格弹性。

但影响体育供给价格弹性的因素比影响体育需求价格弹性的因素复杂得多。因为供给面临的问题来自不同层面。例如，体育供给一般取决于生产，但也必须考虑体育需求的影响。影响体育供给价格弹性的主要因素如下。

**1. 体育产品生产的时间长短**

因为体育生产需要的技术、前期编排、道具设备、表演场地等要素无法在短期内增加，所以体育供给无法大量增加，供给弹性较小。尤其在很短的时间内，体育供给受自身产品特性的限制，其供给弹性几乎为零。例如，一场体育比赛的不可重复性是它吸引观众的最大魅力，而且体育产品的生产和消费是同时进行的，一旦错过一场体育比赛的现场直播也就失去了第一时间消费体育产品的机会，体育产品供给者不可能重复供给。在较长的时间内，体育生产者可以通过其他方式提高生产能力和改变体育产品的存在形式，这时体育供给价格弹性就会增大。对于一些偶然性较高的体育产品，无论长期还是短期，其供给价格弹性均趋于零。

**2. 体育产品生产的难易程度**

一般来说，生产简单且生产周期短的体育产品对价格变化的反应快，供给弹性大。反之，生产复杂且生产周期长的体育产品对价格变化的反应慢，供给弹性小。例如，体育健康咨询服务是一种体育供给价格弹性较大的体育产品；而上面提到的体育赛事是一种体育供给价格弹性较小的体育产品。

**3. 体育产品生产要素的供给弹性**

体育产品的供给取决于生产要素的供给。因此，如果生产要素的供给弹性大，则体育产品的供给弹性大；如果生产要素的供给弹性小，则体育产品的供给弹性小。对于体育赛事来说，因为在其生产过程中，各种不可控因素对体育赛事的影响很大，如天气、场上球员的表现等，所以体育赛事的供给弹性较小。

**4. 体育产品生产采用的技术类型**

采用资本密集型技术的体育产品的供给弹性较小；采用劳动密集型技术的体育产品的供给弹性较大。大多数体育产品采用资本密集型技术，一旦投入生产，内容和形式固定后，变化就很困难，因而供给弹性较小。

在分析体育供给价格弹性时要综合考虑以上因素。在一般情况下，体育产品采用的都是资本密集型技术，前期投入大，对技术的要求高，不可控因素较多，供给弹性较小。还有一些体育产品，在短时间内供给弹性较小，但由于其不可控性弱、替代性和可保存性强，使其长期供给弹性较大，如体育舞蹈、体育健身操等。

# 2.5　体育市场的价格机制

本章前 4 节对体育需求和体育供给的基本内涵进行了介绍，接下来我们将运用前面所学的知识来理解一种市场上最常见的机制：价格机制。在市场中，体育需求和体育供给的相互作用决定了体育产品的价格。因此，在分析完体育需求和体育供给后，应将二者结合起来，通过分析体育需求和体育供给的关系，来探究体育产品价格的形成过程[5]。

## 2.5.1　体育需求表与体育需求曲线

### 1. 体育需求表与体育需求曲线概述

假设影响体育需求的其他因素不变，只分析体育产品价格对体育产品需求量的影响，根据体育需求函数可以列出体育需求表并做出体育需求曲线。

体育需求表以数字列表的形式描述某种体育产品的价格与需求量的关系。表 2-1 描述了某消费者对一场足球比赛的门票的需求。假设在每个价格水平上都能确定消费者购买的门票数量。当门票价格为每张 90 元时，消费者觉得价格很高，每月只愿意购买 1 张。当价格下降到每张 80 元时，消费者的购买量增加到每月 2 张。随着门票价格的进一步下降，消费者对门票的需求量进一步增加。如果价格降为每张 20 元，消费者每月会购买 6 张门票。

表 2-1　体育需求表

| 价格—需求量组合 | 价格（元/张） | 需求量（张/月） |
|---|---|---|
| *A* | 90 | 1 |
| *B* | 80 | 2 |
| *C* | 75 | 3 |
| *D* | 60 | 4 |
| *E* | 40 | 5 |
| *F* | 20 | 6 |

用平面几何方法表示表 2-1 中的数据，可以得到一条体育需求曲线。体育需

求曲线用来描述体育产品需求量与体育产品价格的关系，是体育需求函数的几何表示。在一个平面坐标图中表示体育需求表中体育产品价格与其需求量之间的对应关系，就形成了 *A*、*B*、*C*、*D*、*E*、*F* 点。把这些点连起来，可以得到一条向右下方倾斜的曲线，这条曲线就是体育需求曲线，如图 2-11 所示。

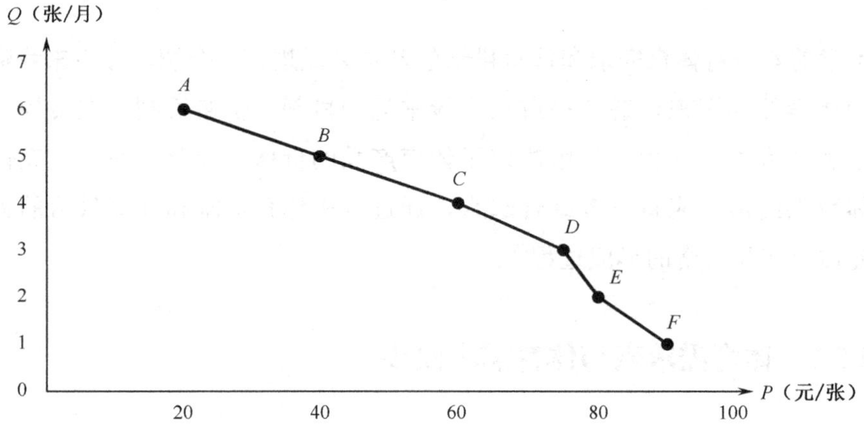


图 2-11　体育需求曲线

### 2. 体育需求曲线的移动

体育需求曲线的移动主要有两种形式：一种由体育产品需求量的变化引起，表现为在同一需求曲线上的点的移动，价格变化是体育产品需求量变化的主要原因；另一种由体育需求影响因素的变化引起，表现为在同一价格水平下整条需求曲线的移动，价格变化是体育产品需求量变化的结果。

体育产品需求量的变化是指在影响需求的其他因素（消费者的偏好、消费者的收入、相关产品的价格、消费者的预期）不变的情况下，由体育产品自身的价格变化引起的消费者愿意且能够购买的体育产品数量的变化。即当某种体育产品的价格上升时，消费者对该体育产品的需求量减少；当某种体育产品的价格下降时，对该体育产品的需求量增加。在表 2-1 中，当足球比赛的门票价格从每张 80 元上升至每张 90 元时，消费者的需求量减少，需求量从每月 2 张下降为每月 1 张；当足球比赛的门票价格从每张 60 元下降至每张 40 元时，消费者的需求量增加，从每月 4 张上升至每月 5 张。从需求曲线来看，体育产品需求量的变化又可以表现为同一曲线上的点的移动。在图 2-11 中，当足球比赛的门票价格从每张 80 元上升至每张 90 元时，消费者的需求量减少至每月 1 张。

体育需求影响因素的变化是指在体育产品自身的价格保持不变的情况下，由其他因素（消费者的偏好、消费者的收入、相关产品的价格、消费者的预期）

的变化引起的消费者愿意且能够购买的体育产品数量的变化。例如，足球爱好者收入水平的上升会使他们对足球比赛的需求增加；相关替代品（篮球比赛）价格的上升也会使他们对足球比赛的需求增加。

在表 2-1 中，假如该消费者的月收入提高，导致每月对足球比赛的需求增加一场，就意味着在足球比赛门票的每个价格水平上，该消费者每月的消费量都会增加一张。从需求曲线来看，需求的变化是整条需求曲线的移动。当某种因素的变化导致需求增加时，需求曲线向右上方移动；当某种因素的变化导致需求减少时，需求曲线向左下方移动。如图 2-12 所示，当影响该消费者对足球比赛门票需求的某个因素发生变化时，如果该消费者对足球比赛的需求增加，需求曲线由 $D_0$ 向右移动至 $D_1$；如果该消费者对足球比赛的需求减少，需求曲线由 $D_0$ 向左移动至 $D_2$。显然，需求的变化意味着统一价格上需求量的增加或减少，如果保持价格 $P_0$ 不变，需求量将从 $Q_0$ 增加到 $Q_1$ 或减少到 $Q_2$。

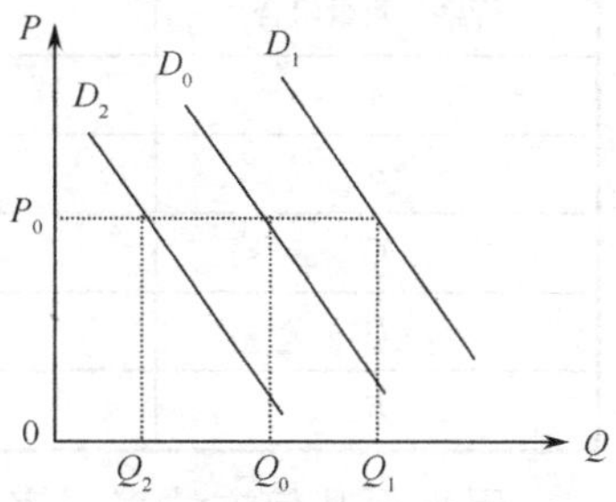


图 2-12　体育需求的变化

以某消费者对足球比赛的需求为例，可以考察影响因素变化引起的需求量或需求变化，如表 2-2 所示。

表 2-2　影响因素变化引起的需求量或需求变化

| 影响因素 | 需求量或需求变化 | 在图上的表现 |
|---|---|---|
| 足球比赛门票价格 | 需求量变化 | 需求曲线上点的移动 |
| 消费者的偏好 | 需求变化 | 整条需求曲线的移动 |
| 消费者的收入 | 需求变化 | 整条需求曲线的移动 |
| 相关产品的价格 | 需求变化 | 整条需求曲线的移动 |
| 消费者的预期 | 需求变化 | 整条需求曲线的移动 |

## 2.5.2　体育供给表与体育供给曲线

### 1. 体育供给表与体育供给曲线概述

体育供给表与体育需求表类似，是一种数字序列表，表示某种体育产品供给商可能的供给价格与供给量之间的一一对应关系。体育供给表如表 2-3 所示，表 2-3 描述了某体育产品在价格分别为 3 元、4 元、5 元、6 元、7 元时，其供给量分别为 20 个、40 个、60 个、80 个、100 个。依据这些价格—数量组合，可以列出体育供给表。有了体育供给表，就可以很容易地找出与每个价格水平对应的供给关系。从表 2-3 中可以清楚地看出体育产品价格与供给量的关系。

**表 2-3　体育供给表**

| 价格—数量组合 | 价格（元） | 供给量（个） |
|---|---|---|
| *A* | 3 | 20 |
| *B* | 4 | 40 |
| *C* | 5 | 60 |
| *D* | 6 | 80 |
| *E* | 7 | 100 |

用平面几何方法表示表 2-3 中的数据，可以得到体育供给曲线。体育供给曲线用来描述体育产品供给量与体育产品价格的关系，是体育供给函数的几何表示。在一个平面坐标图中表示体育供给表中体育产品价格与其供给量之间的对应关系，就形成了 *A*、*B*、*C*、*D*、*E* 点，将这些点连起来，就可以得到一条向右上方倾斜的曲线，这条曲线就是体育供给曲线，如图 2-13 所示。

从体育供给表和体育供给曲线中，可以直观地看出体育产品价格与供给量之间的关系。由表 2-3 可知，体育产品供给量随体育产品价格的上升而增加，随体育产品价格的下降而减少。相应地，图 2-13 中的体育供给曲线向右上方倾斜，也反映了体育产品供给量与其价格之间呈同方向变化的关系。在影响体育供给的其他因素不变的条件下，体育产品的供给量与其价格呈同方向变化的规律被称为供给规律，也被称为供给法则或供给定律。

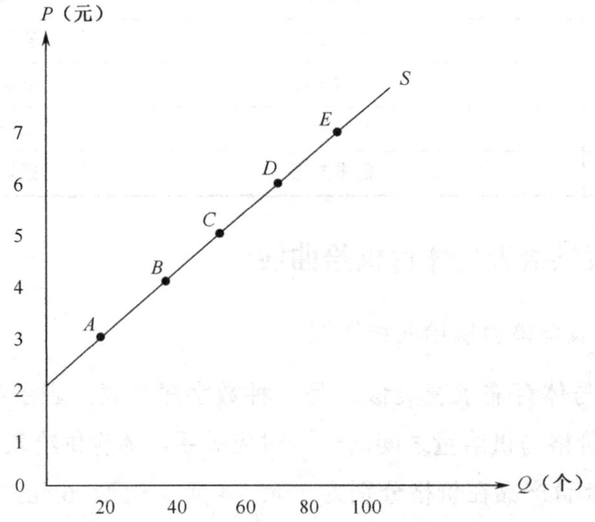


图 2-13　体育供给曲线

供给规律并不是在任何情况下都适用的。

第一，供给规律仅反映价格与供给量之间的关系，只有保证其他影响供给的因素不变，供给规律才成立。若其他影响供给的因素（如体育生产所需的投入价格、体育生产者对未来价格的预期等）发生变化，供给规律将不再适用。

第二，供给规律也有失效的情况。一个典型的例子是，当工资开始上升时，劳动力的供给会增加，但是当工资上升到一定水平时，劳动力的供给者对货币的需求减少，取而代之的是对健身、观赛、娱乐、旅游的需求。此时，若再增加供给，劳动力的供给不会增加，甚至会有减少的趋势。

**2. 体育供给曲线的移动**

前面我们讲的供给是指体育产品的供给量与价格之间的一一对应关系，它成立的前提是影响供给的其他因素不变。但是，影响体育产品供给量的因素不只有价格，还有其他因素，这些因素也会导致体育产品供给量变化，进而导致体育供给曲线变化。因此，体育产品供给量的变化和体育供给的变化不同。

体育产品供给量的变化是指在影响体育供给的其他因素保持不变时，由体育产品自身价格的变化引起的该体育产品供给量的变化。从体育供给表上看，供给量的变化表现为供给表内价格—数量组合的变化；从体育供给曲线上看，供给量的变化表现为供给曲线上点的移动。在图 2-14 中，假设影响体育供给的其他因素不变，只有体育产品的价格发生变化，当价格由 4 元上升至 5 元时，供给量由 40 个增加到 60 个，从体育供给曲线上的 $B$ 点移动到 $C$ 点。供给量随价格的上升逐渐增加，供给曲线上的点也依次上移。

体育供给的变化是指在体育产品价格不变的前提下，由其他因素（体育生产所需投入的价格、体育生产者对未来价格的预期）的变化引起的该体育产品供给量的变化。体育供给的变化在几何图形中表现为体育供给曲线的整体移动。也就是说，除了价格因素，如果有任何一个影响体育供给的因素发生变化，体育供给曲线就会整体位移。例如，如果生产要素价格下降，体育供给曲线将向右下方平移；如果生产要素价格上升，体育供给曲线将向左上方平移，体育供给的变化如图 2-14 所示。图中原有体育供给曲线 $S_1$，当生产要素价格下降时，体育供给曲线整体向右下方平移，形成新的供给曲线$S_2$；当生产要素价格上升时，体育供给曲线整体向左上方平移，形成新的供给曲线$S_3$。体育供给曲线的整体移动意味着在相同价格下，供给者愿意提供的产品数量会相应地增加或减少，从而使整个体育供给函数发生变化。

可见，体育产品供给量的变化是由其自身价格的变化引起的，体育供给的变化是由其自身价格以外的其他因素引起的。影响因素变化引起的供给量或供给变化如表 2-4 所示。

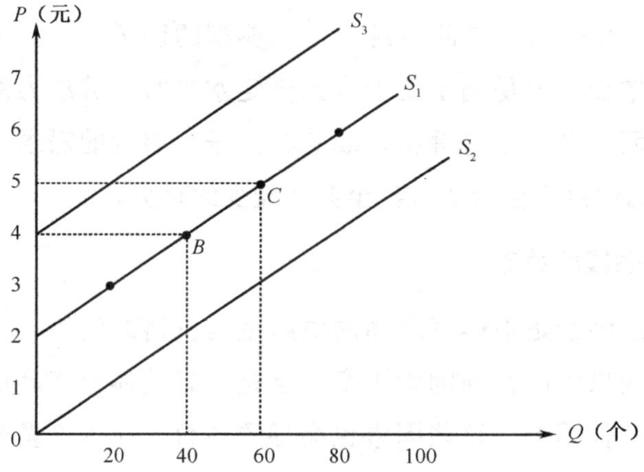


图 2-14　体育供给的变化

**表 2-4　影响因素变化引起的供给量或供给变化**

| 影响因素 | 供给量或供给变化 | 在图上的表现 |
| --- | --- | --- |
| 体育产品自身价格 | 供给量变化 | 供给曲线上点的移动 |
| 体育生产所需投入的价格 | 供给变化 | 整条供给曲线的移动 |
| 体育生产者对未来价格的预期 | 供给变化 | 整条供给曲线的移动 |
| 相关产品的价格 | 供给变化 | 整条供给曲线的移动 |

### 2.5.3　均衡分析

前面介绍了体育需求和体育供给。可以发现，体育消费者和体育生产者的看法完全不同。在某种程度上，消费者希望体育产品的价格越低越好，生产者则希望体育产品的价格越高越好。在现实生活中，体育产品的价格并不以消费者和生产者任何一方的意愿为转移，在多数情况下，体育产品的价格将围绕二者希望价格的中间点小范围浮动，呈现一种浮动均衡状态。市场供给和需求的相互作用形成了体育产品的价格。

在现实生活中，各种各样的经济活动错综复杂、相互交叉，每种体育产品都存在大量的潜在生产者和消费者，市场中的供给和需求不断变化。调节市场中如此庞杂的经济活动的是西方经济学中所说的"看不见的手"，即价格机制。价格机制是价格与供给和需求之间的作用，需求和供给都与价格有一定的关系。因此，价格会同时对供给和需求进行调节，形成均衡价格，使市场达到均衡。均衡价格是指能够使一种产品（包括体育产品）的市场需求量与市场供给量相等的价格。在均衡价格下，相等的供需数量被称为均衡数量。可以将市场供给与市场需求结合起来分析，某足球比赛门票的供求价格数据如表 2-5 所示。

**表 2-5　某足球比赛门票的供求价格数据**

| 价格（元/张） | 需求量（张） | 供给量（张） | 过剩或短缺 | 价格趋势 |
|---|---|---|---|---|
| 3 | 60 | 10 | 短缺 50 张 | 上升 |
| 4 | 50 | 20 | 短缺 30 张 | 上升 |
| 5 | 40 | 40 | 均衡 | 保持不变 |
| 6 | 30 | 60 | 过剩 30 张 | 下降 |
| 7 | 20 | 80 | 过剩 60 张 | 下降 |

从几何意义上讲，一种产品的市场均衡出现在该产品的市场需求曲线与市场供给曲线的交点上，该点即为均衡点。均衡点对应的价格和供需量分别为均衡价格和均衡数量。在图 2-15 中，假设曲线 $D$ 为体育需求曲线，曲线 $S$ 为体育供给曲线。体育需求曲线 $D$ 和体育供给曲线 $S$ 相交于点 $E$，点 $E$ 为市场均衡点。均衡点 $E$ 的足球比赛门票的市场均衡价格 $P_e=5$ 元/张，市场均衡数量 $Q_e=40$ 张。显然，当价格为均衡价格时，消费者的购买量和生产者的销售量相等，此价格即为市场出清价格。在该价格下，可以达到一种买卖双方都满意并愿意持续下去的均衡状态，即市场出清。

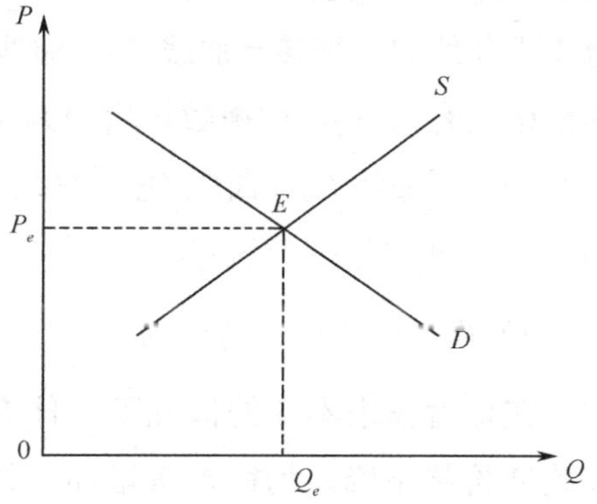


图 2-15　体育市场均衡价格

体育产品的市场均衡价格是产品市场需求与供给这两种相反的力量共同作用的结果，由市场自发调节形成。当市场价格偏离均衡价格时，市场上会出现体育产品需求量和体育产品供给量不相等的非均衡状态。一般在市场机制的作用下，这种供需不平衡的非均衡状态会逐渐消失，市场价格会自动恢复到均衡价格水平。

在表 2-5 中，当足球比赛门票的实际价格为每张 4 元时，门票的需求量为 50 张，而实际供给量只有 20 张，这时需求大于供给，门票价格将会上涨，生产者就会提供更多的门票以获取更高的利润。当价格上升至每张 5 元时，达到市场均衡价格，此时的市场均衡数量是 40 张。当市场上足球比赛门票的实际价格为每张 6 元时，门票的需求量为 30 张，而实际供给量为 60 张，市场过剩 30 张门票。门票的价格必然下降，当价格下降至每张 5 元时，就达到了市场出清状态。

体育市场均衡价格是由体育供需双方共同决定的，而供给与需求会受许多因素的影响。因此，当体育需求与体育供给中任何一方出现新的变化时，都会打破原有的均衡，出现新的均衡状态。体育需求与体育供给的变化表现为体育需求曲线和体育供给曲线位置的移动。

1）体育需求变化的影响

体育需求和体育供给变化的影响如图 2-16 所示。在体育供给不变的情况下，体育需求增加会使体育需求曲线向右平移，使均衡价格与均衡数量都增加；体育需求减少会使体育需求曲线向左平移，使均衡价格与均衡数量都减少，如图 2-16（a）所示。在图 2-16（a）中，既定的体育供给曲线 $S$ 与体育需求曲线 $D_1$ 相交于点 $E_1$。在均衡点 $E_1$，均衡价格为 $P_1$，均衡数量为 $Q_1$。体育需求的增加使体育需求曲线向右平移至曲线 $D_2$，曲线 $D_2$ 与曲线 $S$ 相交于点 $E_2$。在均衡点 $E_2$，均衡价格上升为 $P_2$，均衡数量增加为 $Q_2$。反之，体育需求的减少使体育需求曲线向左平移至曲线 $D_3$，曲线 $D_3$ 与曲线 $S$ 相交于点 $E_3$。在均衡点 $E_3$，均衡价格下降为 $P_3$，均衡数量减少为 $Q_3$。

2）体育供给变化的影响

在体育需求不变的情况下，体育供给的增加会使体育供给曲线向右平移，使均衡价格下降、均衡数量增加；体育供给的减少会使体育供给曲线向左平移，使均衡价格上升、均衡数量减少，如图 2-16（b）所示。在图 2-16（b）中，体育需求曲线 $D$ 与体育供给曲线 $S_1$ 相交于点 $E_1$。在均衡点 $E_1$，均衡价格为 $P_1$，均衡数量为 $Q_1$；体育供给的增加使体育供给曲线向右平移至曲线 $S_2$，曲线 $S_2$ 与曲线 $D$ 相交于点 $E_2$。在均衡点 $E_2$，均衡价格下降为 $P_2$，均衡数量增加为 $Q_2$；反之，体育供给的减少使体育供给曲线向左平移至曲线 $S_3$，曲线 $S_3$ 与曲线 $D$ 相交于点 $E_3$。在均衡点 $E_3$，均衡价格上升为 $P_3$，均衡数量减少为 $Q_3$。

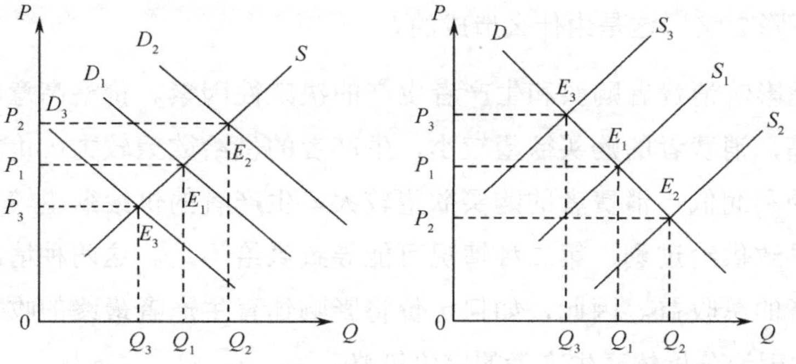


（a）体育需求变化下的均衡价格　（b）体育供给变化下的均衡价格

图 2-16　体育需求和体育供给变化的影响

3）体育需求和体育供给同时变化的影响

除了上述两种情况，当体育需求和体育供给同时变化时，对均衡的影响要根据两者变化的具体情况而定。

体育需求和体育供给同时变化时的均衡价格如图 2-17 所示。假设消费者实际收入的增加引起体育需求的增加，体育需求曲线由 $D_1$ 向右平移至 $D_2$；同时，成本下降导致生产者的供给增加，体育供给曲线由 $S_1$ 向右平移至 $S_2$。$D_1$ 分别与 $S_1$ 和 $S_2$ 相交于点 $E_1$、$E_2$，由此可知，成本下降引起的体育供给增加使均衡价格下降、均衡数量增加。在这两种因素的共同作用下，均衡数量增加，但均衡价格的变化取决于体育需求和体育供给各自的增长幅度。由 $D_2$ 与 $S_2$ 的交点 $E_3$ 可知，因为体育需求增加的幅度等于体育供给增加的幅度，所以最终价格不变。

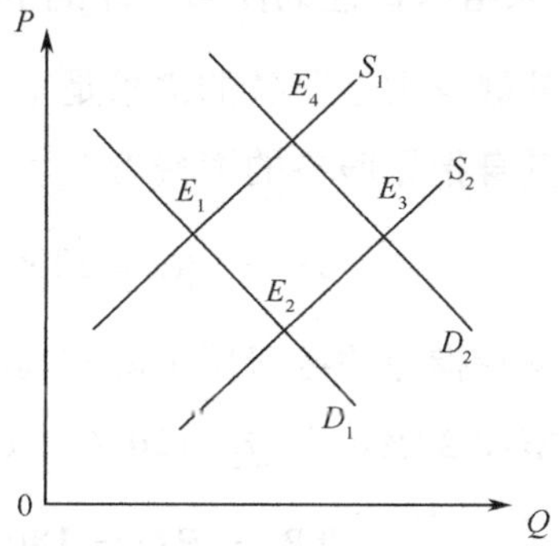


图 2-17　体育需求和体育供给同时变化时的均衡价格

## 2.6　体育生产者的定价策略

市场上会出现一个比较奇怪的现象，有些体育生产者将体育产品的价格提高 10%后，总收益也会提高 10%；有些体育生产者将体育产品的价格提高 10%后，总收益会下降 20%。这是由什么造成的?

价格是影响消费者购买和生产者生产的决定性因素。价格高意味着单件商品的利润高，消费者的购买欲望较小，生产者的供给欲望较大；价格低意味着单件商品的利润低，消费者的购买欲望较大，生产者的供给欲望较小。第一种情况可能导致供给过剩，第二种情况可能导致供给不足。这两种情况都会影响体育生产者的总收益。因此，如何定价将影响体育生产者最终的收益水平。本节结合弹性理论分析体育生产者的定价策略。

### 2.6.1 需求弹性对总收益的影响

因为各种产品的需求量对价格变化的反应程度不同，所以提高价格不一定使生产者的总收益增加，降低价格不一定使生产者的总收益减少。因此，一个明智的体育生产者在制定体育产品的销售价格之前，必须对自己经营的体育产品做出正确的估算。下面对需求富有弹性的体育产品和需求缺乏弹性的体育产品的价格与总收益之间的关系进行分析。

#### 1. 需求富有弹性的体育产品的价格与总收益之间的关系

假设某健身指导服务的需求是富有弹性的，$E_d = 2$。当价格 $P_1$ 为 2000 元/年时，购买健身指导服务的消费者 $Q_1$ 为 100 人，总收益 $TR_1$ 为

$$\mathrm{TR}_1 = P_1Q_1 = 2000\times100 = 200000\text{ 元} \tag{2-14}$$

假设健身指导服务费用下降10%，即 $P_2$=1800元/年。因为 $E_d = 2$，所以消费者数量会增加 20%，即 $Q_2$=120 人，这时总收益 $TR_2$ 为

$$\mathrm{TR}_2 = P_2Q_2 = 1800\times120 = 216000\text{ 元} \tag{2-15}$$

$$\mathrm{TR}_2 - \mathrm{TR}_1 = 216000 - 200000 = 16000\text{ 元} \tag{2-16}$$

上面的结果表明，如果某种体育产品的需求是富有弹性的，那么当该产品的价格下降时，需求量（或销售量）增加的幅度大于价格下降的幅度，总收益会增加，这就是“薄利多销”的原因。反过来，当需求富有弹性的体育产品的价格上升时，需求量（或销售量）减少的幅度大于价格上升的幅度，总收益会减少。

假设健身指导服务费用上升10%，即 $P_3$=2200 元/年。因为 $E_d = 2$，所以消费者数量会减少 20%，即 $Q_3$=80 人，这时总收益 $TR_3$ 为

$$\mathrm{TR}_3 = P_3Q_3 = 2200 \times 80 = 176000\text{元} \tag{2-17}$$

$$\mathrm{TR}_3 - \mathrm{TR}_1 = 176000 - 200000 = -24000\text{元} \tag{2-18}$$

根据上面的分析可以得出结论：如果某种体育产品的需求是富有弹性的，则价格与总收益呈反方向变化，即价格上升时，总收益减少；价格下降时，总收益增加。

**2. 需求缺乏弹性的体育产品的价格与总收益之间的关系**

假设高空跳伞项目的需求是缺乏弹性的，$E_d = 0.5$。

当高空跳伞的价格 $P_4$=40000 元、消费者数量 $Q_4$=100 人时，总收益 $\mathrm{TR}_4$ 为

$$\mathrm{TR}_4 = P_4Q_4 = 40000 \times 100 = 4000000\text{元} \tag{2-19}$$

假设价格下降 10%，即 $P_5$=36000 元。因为 $E_d = 0.5$，所以消费者数量会增加 5%，即 $Q_5$=105 人，这时总收益 $\mathrm{TR}_5$ 为

$$\mathrm{TR}_5 = P_5Q_5 = 36000 \times 105 = 3780000\text{元} \tag{2-20}$$

上面的结果表明，门票价格下降导致总收益减少。如果某种体育产品的需求是缺乏弹性的，那么当该体育产品的价格下降时，需求量（或销售量）增加的幅度小于价格下降的幅度，总收益会减少。

假设价格上升 10%，即 $P_6$ = 44000 元。因为 $E_d = 0.5$，所以消费者数量会减少 5%，即 $Q_6$ = 95 人，这时总收益 $\mathrm{TR}_6$ 为

$$\mathrm{TR}_6 = P_6Q_6 = 44000 \times 95 = 4180000\text{元} \tag{2-21}$$

上面的结果表明，高空跳伞项目的价格上升导致总收益增加。如果某种体育产品的需求是缺乏弹性的，那么当该体育产品的价格上升时，需求量（或销售量）减少的幅度小于价格上升的幅度，总收益会增加。

### 2.6.2　定价策略

降价竞争只作用于需求弹性大的体育产品，对于需求弹性小的体育产品来说，降价竞争是无利的。对体育需求弹性的价格与总收益之间的关系的分析同样适用于体育供给弹性的价格与总收益的关系。对于供给缺乏弹性的体育产品来说，当需求增加时，供给难以立刻增加；当需求减少时，供给难以立刻减少。因此，应当为产品制定合理的价格，通过价格调节市场的需求量，确定最优的供

给规模，以免出现规模小时失去挣钱机会，规模大时能力过剩的局面。体育生产者的定价策略如表 2-6 所示。

**表 2-6 体育生产者的定价策略**

| 需求价格弹性 | 供给价格弹性 | 对总收益的影响 | 定价策略 |
|---|---|---|---|
| 富有弹性 | 富有弹性 | 价格上升，总收益减少<br>价格下降，总收益增加 | 薄利多销策略 |
| 富有弹性 | 缺乏弹性 | 价格上升，总收益减少<br>价格下降，总收益增加 | 保持现有价格不变，略微下调价格 |
| 缺乏弹性 | 富有弹性 | 价格上升，总收益增加<br>价格下降，总收益减少 | 高价格策略 |
| 缺乏弹性 | 缺乏弹性 | 价格上升，总收益增加<br>价格下降，总收益减少 | 保持现有价格不变，略微上调价格 |

## 复习思考题

1. 体育供给和体育产品供给量、体育需求和体育产品需求量的含义有什么区别？

2. 对体育的需求属于人哪个层次的需要？请举例说明。

3. 体育需求价格弹性在数值上与需求曲线的斜率相等吗？体育供给价格弹性呢？

4. 许多忠实的球迷对自己喜爱的球类比赛的需求如何？他们的需求弹性是什么样的？用图形的方式解答。

## 参考文献


[1] 靳英华. 体育经济学[M]. 北京：高等教育出版社, 2004.

[2] 张瑞林, 王会宗. 体育经济学概论[M]. 北京：高等教育出版社, 2016.

[3] 从湖平, 郑芳. 体育经济学（第二版）[M]. 北京：高等教育出版社, 2015.

[4] 曼昆, 梁小民. 经济学原理：微观经济学分册[M]. 北京：北京大学出版社, 2012.

[5] 马歇尔. 经济学原理（上卷）[M]. 北京：商务印书馆, 2011.

## 阅读材料

### 德国大城市和中等城市对体育供给和体育需求的依赖性
### ——采用多层次分析方法

人们认为体育参与对社会有多方面的积极影响，因此应促进体育参与。那么如何有效促进体育参与呢？

可以采用多层次分析方法，分析大城市与中等城市参与体育的决定性因素，并在分析的基础上，回答什么样的体育基础设施才能满足大城市和中等城市居民需求的问题。

当消费者的工资增加时，他们会参与时间短、费用高的体育活动；当消费者的工资减少时，金钱被时间取代，他们会参与时间长、费用高的活动。因此，在某些情况下，时间和收入可能互为替代。此外，还要考虑作为经济形势决定因素的人力资本。通过长期体育教育获得的更高的体育能力，会使在金钱和时间限制下参加体育活动的可能性增加。人力资本影响家庭生产效率，这意味着拥有较高人力资本的人也往往有较高的收入，能够更多地以货币形式参加体育活动。对体育的需求也可能受身体条件的限制，这反映在人的年龄上，因为人的健康状况通常随年龄的增长而变化，年龄往往对体育参与有负面影响。就外部因素而言，人的体育参与由可获得的体育供给决定。因此，必须区分不同类型的体育基础设施，考虑体育馆、运动场、游泳池等体育设施，以及公园等其他体育设施。

通过开展研究，收集个人层面和基础设施层面的数据，分析 5 个城市的体育供需情况。针对大城市和中等城市，对体育参与进行估计。

研究结果包括个人和基础设施层面的描述性结果，以及体育参与的多层次分析结果。研究结果显示，大城市与中等城市的体育参与存在差异。这些差异在个人层面和基础设施层面都有体现。

无论是大城市还是中等城市，年龄对体育参与都有显著的负面影响。性别的影响则不显著，故性别不再是体育参与的限制。城市规模并不影响移民或外籍人士的体育参与。大城市和中等城市在家庭生活、生活方式和历史方面的差异表明，受访者的人口统计学特征各不相同。该研究还得出了一个令人出乎意料的结果：养育孩子和照顾亲属的时间对体育活动有负面影响，会阻碍体育参与。然而，这种影响只在中等城市比较显著，因为人们在这项活动中投入了更多时间。中等城市的居民收入对体育参与有显著的正面影响。大城市和中等城市的人力资本对体育参与有显著的正面影响。在大城市和中等城市，工作时间对体育参与有正面影响，但仅在大城市较为显著。

基础设施层面的研究结果显示，在大城市，居民生活区域内游泳池的供应对体育参与有显著的正面影响。因此，建立游泳池可以扩大居民的体育参与。尽管必须考虑游泳池的维护费用很高这一问题，游泳池仍然是影响大城市体育参与的关键因素之一。在中等城市，游泳池和公园对体育参与的影响虽然不显著，但却是负面的。由于中等城市比大城市小得多，所以通常整个城市只有一两个游泳池，可能会导致游泳池对体育参与有负面影响。

体育场馆和运动场地的供应对大城市的体育参与有不显著的负面影响。对这种现象有不同的解释。首先，城区的实际供给并不是特别重要，也许体育运动不是在人们居住的城区进行的。很明显，需要体育馆或运动场的运动（如足球、手球、篮球、体操、田径）与需要游泳池的运动（如游泳、跳水）及可以在公园里练习的运动（如跑步、散步、滑冰）不同。也许人们更愿意走出他们的城区去体育馆和运动场，而不是去本城区的游泳池和公园。游泳池和公园的良好供应仅有利于那些需要这些设施的人。在德国，为了能够进入体育馆或运动场，人们通常需要成为体育俱乐部的成员。因此，参加体育活动会被限制在这些设施内，这些设施反而成为一种障碍。

相比之下，中等城市的情况则不同，体育馆和运动场对体育参与有显著的正面影响。中等城市的体育俱乐部是社会和社区之间的一种交流方式。因为它们存在的时间很长，所以这些俱乐部大多与市政当局有密切联系，而且许多参加体育运动的人都是体育俱乐部的成员。

个人层面的研究结果显示，在大城市，没有移民背景或外国国籍、受教育程度高、工作量大的人更有可能参与体育活动。在中等城市，没有移民背景或外国国籍、受教育程度高、收入高的年轻人更有可能参与体育活动。大城市和中等城市的体育供给也存在差异。一般来说，中等城市的人均设施比大城市多，体育基础设施对体育参与的影响因城市规模而异。游泳池的供应对大城市的体育参与有显著影响，而运动场的供应对中等城市的体育参与有显著影响。

由于体育活动是居民生活的重要组成，所以在城市中应提供充分的体育基础设施。在中等城市，运动场对体育参与有积极影响，建议加强体育俱乐部的地位，以促进体育参与。此外，应在所有城市制定促进体育参与的方案。世界卫生组织指出，全球有 190 万人因缺乏体育活动而死亡，促进人们积极参与体育活动变得越来越重要。

（本文来自《欧洲体育与社会杂志》，2011 年第 8 卷）

# 第 3 章　体育产品

在日常生活中，带有“体育”二字的产品随处可见，如体育器材、体育服装、体育比赛、体育培训和体育广告等。体育产品是体育市场存在的基础，体育经济学中探讨的供给、需求对象就是体育产品。在具体了解体育市场之前，本章从体育产品的类型、特征和定价等方面认识体育产品。

## 3.1　体育产品概述

### 3.1.1　体育产品的概念

在国内，学术界并未对体育产品形成一个具体的概念，不同学者对体育产品的内涵和外延有不同的理解。主要观点如下：①体育产品是指为满足居民参加体育健身娱乐活动和观赏体育竞赛与表演的需求而生产的各类产品，包括实物产品和服务产品[1]；②体育产品基本包括社会上所有与体育有关的产品[2]；③体育产品是无形的体育劳务[3]；④体育产品是运动者在进行身体练习或运动动作的活动中生产出来的无形的劳动和服务，而不是体育产业提供的产品，更不是“用于体育”的产品或体育活动的投入品[4]。

在国外，对体育产品也有多种解释，如美国的 Matthew D.Shank 认为，体育产品是为给体育观众、参加者和赞助商带来好处而设计的一种实物、服务产品或二者的结合。其中，体育赛事是主要的体育产品，它包括运动员与竞技场两个基本的相关产品。西方发达国家体育产业统计的对象是体育产品[5]。西方多数学者都认为，体育产业是体育物质产品生产和经营与体育服务产品生产和经营的集合体[6]。

体育产品应该服从产品的定义，那么什么样的东西能够称为产品？它必须具备两个条件：一是通过人们的劳动生产出来的；二是必须有一定的使用价值。由此，根据国内外学术界对体育产品的界定并结合产品实物的定义，本书认为，体育产品是指能够满足人们某种体育消费需要的劳动产品。这个劳动产品可以是实物，也可以是一种无形的服务或二者的结合。只要这种劳动产品可以满足人们在体育消费方面的需要，我们就将其界定为体育产品。

### 3.1.2　体育产品的类型和特征

体育产品的种类繁多，不同产品具有不同的特征、作用和价值。下面根据不同的标准对体育产品进行分类，并对它们的特征进行简单分析。

#### 1. 实物型体育产品和非实物型体育产品

有形性是产品的一个重要特征，从这个角度可以对体育产品的特征有一个较好的理解。对于体育产品而言，依据产品的有形性，可以将体育产品分为实物型和非实物型。实物型体育产品被定义为给消费者提供好处的有形的物质产品，亦称为体育用品，如运动服装（含鞋、帽、手套、箱包等）、运动护具、运动器材（有大型和小型、家用和商用之分）、户外休闲运动装备（如渔具、郊游和登山用品等）、运动食品、运动饮料、体育纪念品（包括体育邮票、体育纪念币、球星卡、吉祥物及杂志、图书、音像制品等）。体育用品具有一般物质产品的基本属性，它是体育消费的有机组成部分，是实现体育最终目的不可或缺的必需品。

非实物型体育产品是指向消费者提供的不具有实物形态的体育产品。它的种类繁多，主要以体育服务产品的形式存在，如竞技体育赛事和滑冰课。体育服务产品的生产和消费过程往往是同步的，生产者凭借一定的体育资源和体育设施来提供不同的服务，以满足消费者在体育方面的需求，而消费者往往也需要花费相应的时间来获得此类服务。消费者对体育服务产品的评价大多具有主观性，因此，体育服务产品的供给应具有一定的灵活性。

#### 2. 用于生产的体育产品和用于消费的体育产品

马克思把社会产品的价值划分为 C、V、M 共 3 个部分，在使用价值上划分为生产资料和消费资料两类，也把社会生产划分为两类。一类指产出生产资料的部门，包括生产各种工具、设备、原料、材料的部门，其产品用于生产消费；另一类指生产消费资料的部门，包括生产个人消费品的部门，其产品用于个人生活消费[7]。任何产品进入市场实现交换必然存在消费对象，市场就是买卖双方相互作用并共同决定产品或劳务的价值和交易数量的机制[8]。以往人们仅从个体消费方向对体育消费问题进行研究。有的学者认为，体育产品是最终产品，主要用于消费，属于消费资料。事实上，这种观点是片面的，体育产品的复杂性和多样性，决定了它们除了作为消费资料满足人们在体育消费方面的需要，还有相当一部分体育产品作为生产资料被投入生产，其产品用于生产消费。

用于生产的体育用品指作为生产或营销的资本投入生产过程，以实现再生产的体育用品。赛事转播权、冠名权、广告牌、博彩信息及体育赞助等都属于这类体育产品。以赛事转播权为例，媒体购买电视转播权绝不是为了自己看电视方便，而是为了制作电视节目，出售给电视观众以获得利润。从生产经营的目的来看，媒体为了获得最高利润，总是以比较利益的原则寻求其再生产的生产资料，以实现高效率的再生产，大型赛事的电视转播权已成为各家媒体不惜花重金购买的生产资料。

用于消费的体育产品指作为消费资料供人们消费使用的体育产品。例如，观众花金钱、时间及精力观看体育赛事，少数人是为了参与投资，大多数人是为了满足他们对体育赛事的观赏需要，因而这一过程是典型的消费过程。

在体育产品中，还有些产品既可以作为生产资料用于生产，又可以作为消费资料用于消费。例如，当消费者购买体育器械，用于个人锻炼健身使用时，体育器械属于用于消费的体育产品，而当运动队、健身俱乐部等部门购买体育器械，用于取得商业利益时，体育器械属于用于生产的体育产品。

## 3.2 体育用品

在前面我们对体育产品进行了分类，根据产品的有形性将体育产品分为实物型体育产品和非实物型体育产品，其中实物型体育产品以体育用品为主，本节介绍体育用品的概念、类型，以及我国体育用品的供给现状。

### 3.2.1 体育用品的概念

体育用品是在进行体育教育、竞技运动和身体锻炼的过程中使用的所有物品的统称。在由中华人民共和国国家质量监督检验检疫总局和中国国家标准化管理委员会联合发布的《体育用品标准编写要求》中，体育用品是为体育活动设计、制造的产品。有很多学者对体育用品进行了界定。席玉宝等学者[9]认为，体育用品在狭义上指专门用于体育运动并符合运动项目规则的规定和要求的特殊生活消费品，在广义上指主要用于体育活动并符合体育活动要求的特殊生活消费品的总称。罗赤平、郑志强[10]认为，体育用品是为参加体育活动而购买的产品，包括为参加体育活动和闲暇活动而购买的运动服装、设备等。陈林祥[11]认为，体育用品是指在体育产业中生产、分配和销售的有形产品，包括装备器械、特许商品、收集品和纪念品。欧洲体育产业联合会发表的《欧洲体育用品市场》则认为，体育用品是指为参加体育活动而购买的产品，包括为参加体育活动和闲暇活动而购买的运动服装、鞋帽、体育运动器材及附件、体育健身器材及附件。

因此，体育用品应具有实物型产品的特征，即具有有形性和可体验性。还应满足人们在进行体育活动时的各种需求，即体育用品的设计和制造需要符合体育运动的特征。

### 3.2.2　体育用品的类型

#### 1. 联合国分类标准

2009 年第 4 版《国际标准行业分类》将体育用品的制造分为 13 类，如表 3-1 所示。

表 3-1　《国际标准行业分类》——体育用品的制造

| 3230 体育用品的制造 | |
|---|---|
| 本组包括 | 体育和运动用品的制造（服装和鞋靴除外）<br>用仟何材料制作的体育用品、室外和室内运动用品及设备的制造<br>硬球、软球和充气球<br>网球拍、其他球拍和棒球<br>滑雪板、皮靴固定装置和雪杖<br>滑雪靴<br>帆船和冲浪板<br>钓鱼运动用品，包括抄网<br>打猎、登山等用品<br>皮制运动手套和帽类<br>冰鞋、四轮滑冰鞋等<br>弓和弩<br>体操馆、健身中心或田径用设备 |

续表

| 3230 体育用品的制造 | |
|---|---|
| 本组不包括 | 帆船的制造，见 1392<br>运动衣的制造，见 1410<br>马具和挽具的制造，见 1512<br>马鞭和鞭把的制造，见 1512<br>运动鞋的制造，见 1520<br>运动用武器和弹药的制造，见 2520<br>举重用金属砝码的制造，见 2599<br>自动保龄球馆设备的制造（如整瓶器），见 2829<br>运动车辆的制造，但平底雪橇和类似物品除外，见 29 和 30 类<br>船只的制造，见 3012<br>台球桌的制造，见 3240<br>耳塞和降噪耳塞的制造，如用于游泳或噪声防护，见 3290 |

### 2. 体育产业统计分类

2019 年，国家统计局联合国家体育总局发布了《体育产业统计分类（2019）》，将体育产业分为 11 个大类、37 个中类和 71 个小类。与 2015 年版的《国家体育产业统计分类》相比，内容有所调整，大类和中类数量不变，小类增加了 19 个。将体育用品及相关产品制造大类细分为体育用品及器材制造、运动车船及航空运动器材制造、体育用相关材料制造、体育相关用品和设备制造中类。各中类下还细分了各自的小类，如表 3-2 所示。

**表 3-2 《体育产业统计分类（2019）》——体育用品及相关产品制造**

| | | |
|---|---|---|
| 09 体育用品及相关产品制造 | 091 体育用品及器材制造 | 0911 球类制造<br>0912 冰雪器材装备及配件制造<br>0913 其他体育专项运动器材及配件制造<br>0914 健身器材制造<br>0915 运动防护用具制造<br>0916 特殊体育器械及配件制造<br>0917 其他体育用品制造 |
| | 092 运动车船及航空运动器材制造 | 0921 运动汽车、摩托车制造<br>0922 运动船艇制造<br>0923 航空运动器材制造 |

续表

| | | |
|---|---|---|
| 09 体育用品及相关产品制造 | 093 体育用相关材料制造 | 0931 运动地面用材料制造<br>0932 体育用新材料制造 |
| | 094 体育相关用品和设备制造 | 0941 运动服装制造<br>0942 运动鞋帽制造<br>0943 体育场馆用设备制造<br>0944 体育智能与可穿戴装备制造<br>0945 运动饮料与运动营养品生产<br>0946 体育游艺娱乐用品设备制造<br>0947 运动休闲车制造<br>0948 运动康复训练和恢复按摩器材制造<br>0949 户外运动器材及其他体育相关用品制造 |

### 3.2.3　我国体育用品的供给现状

#### 1. 体育用品产业规模持续扩大

在《体育产业统计分类（2019）》中，体育用品产业涉及体育用品及相关产品制造与体育用品及相关产品销售、出租与贸易代理两类。我国体育用品产业在第一个“黄金十年（2001—2010 年）”后，出现了 3 年低谷期，随着国家相继出台的多项有力政策的引导、居民体育消费水平的提高及体育用品产业的内部调整，我国体育用品产业从 2014 年逐渐恢复增长。国家统计局和国家体育总局《全国体育产业总规模与增加值数据公告》显示，2015—2017 年我国体育用品产业规模恢复增长。2015—2017 年中国体育用品产业总规模和产业增加值分别如图 3-1 和图 3-2 所示。截至 2017 年，我国体育用品产业总规模已达到 17804.4 亿元，增加值为 5880.4 亿元。

此外，我国体育用品产业中的企业数量也在不断增加。截至 2017 年，我国体育用品产业内企业数量增至 1096 家，与 2014 年相比，增加了 246 家。体育用品产业收入持续增加，2017 年达到 1484.9 亿元，利润总额为 81 亿元。

#### 2. 体育用品产业各细分市场的需求不断增加

随着经济的稳定发展，我国居民的体育消费需求不断增加，体育用品产业的发展进入新时期。我国作为全球独立生产体育用品种类最多的国家，众多体育品牌分别针对消费者的不同需求，拓展了各自的体育用品细分市场。例如，以产品性质划分的球类、专项运动器材、训练健身器材、运动防护用具等，以消费者特征划分的儿童、青少年、女性、老年运动用品等。以球类为例，球类产品包括可充气球类（如足球、篮球、排球、手球、水球、橄榄球等）和其他球类（如乒乓球、台球、羽毛球、网球、高尔夫球、门球、棒垒球、保龄球等）。

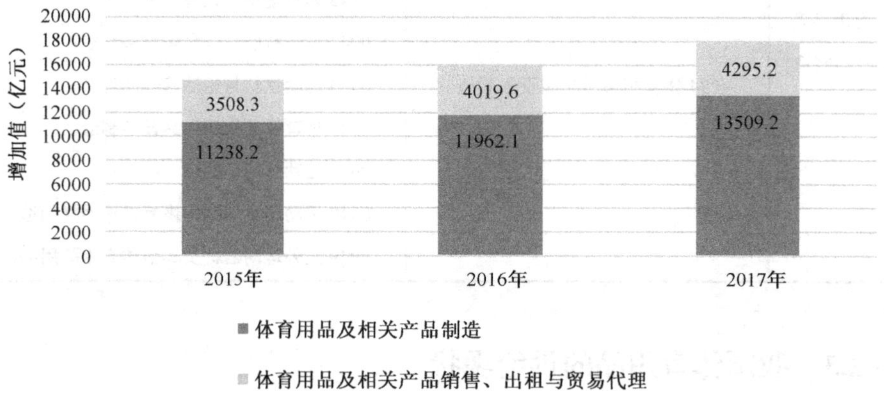


图 3-1　2015—2017 年中国体育用品产业总规模

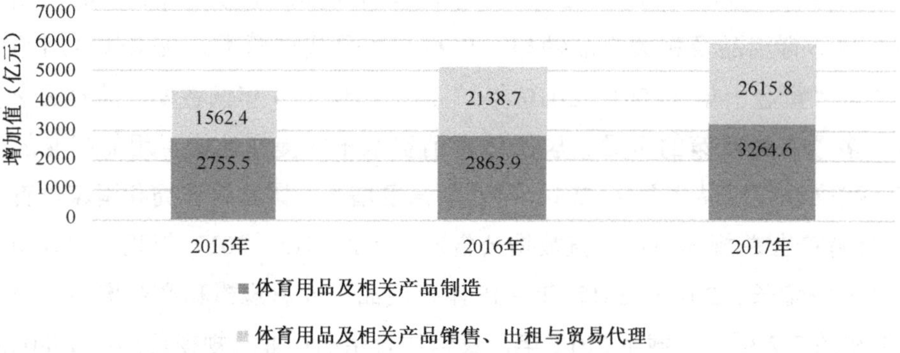


图 3-2　2015—2017 年中国体育用品产业增加值

### 3. 体育用品制造呈现国际化趋势

一直以来，中国体育品牌格局被称为“制造大国、品牌小国”，但在国发〔2014〕46 号文件发布之后，这样的情况发生了变化。越来越多的中国体育用品品牌将视野拓展至全球，如一直以“品牌国际化”为战略的匹克、打造中国化潮流的李宁和实现澳洲计划的太平鸟。中国体育用品品牌正在走出国门，逐渐向全球顶尖运动品牌靠近。当本土市场达到一定规模后，海外扩张将成为驱动企业成长的重要动力和必然选择。

### 4. 户外用品行业知名品牌市占率提高

我国户外用品行业在 20 世纪 90 年代沿海地区代工企业兴起，2006—2011 年，市场规模迅速扩张，从 20 亿元左右快速增长至 100 亿元左右，年增长率超过 35%，高于同期服装行业的增长率。虽然从 2009 年起，受国内外消费环境变化、体育产业结构转型升级、电商冲击传统渠道等因素的影响，中国户外用品行业的增速放缓，进入相对平稳的发展阶段。但在国内经济发展的带动下，截至2018年，我国户外用品行业品牌不断更迭，经过“迅速增长—市场饱和—数量下降”后，实现了稳定发展。2011—2018 年中国户外用品品牌数量如图 3-3 所示。

图 3-3　2011—2018 年中国户外用品品牌数量

从市场份额来看，国内品牌与国际品牌的市场占有率基本持平，但知名品牌的市场占有率逐渐提高，大量中小品牌的市场份额明显下降。小的品牌商被挤出市场，龙头效应不断显现。从 2010—2017 年的户外用品行业前 10 名品牌和前 50 名品牌来看，前 10 名品牌的市场占有率由 38.5%提升至 56.8%，前 50 名品牌的市场占有率由 77.2%提升至 87.3%。

## 3.3　体育服务产品

在前面我们多次提到了体育服务产品，与其他产品相比，体育服务产品有哪些特征？具体可分为哪些类别？消费者消费体育服务产品的动机是什么？我国体育服务产品的供给现状如何？本节运用第三产业经济学理论，对体育服务产品的相关问题进行介绍和讨论。

### 3.3.1 体育服务产品的类型

就功能来看，体育服务产品主要有 3 种类型。

第一，具有观赏功能的体育服务产品，即由运动员、教练员和其他竞赛工作人员提供的供消费者观赏的各种运动竞赛和体育表演，体育工作者主要提供观赏型体育服务产品。

第二，具有指导功能的体育服务产品，即通过组织培训班、学习班、辅导班等方式，指导参加者进行体育锻炼，掌握体育运动的知识、技能和练习方法。体育工作者主要提供教学、训练等体育服务。

第三，具有自娱功能的体育服务产品，即提供游泳池、健身房、球场、旱冰场等体育运动设施和器材给消费者使用。体育部门不仅提供体育设施，还提供相应的服务。

### 3.3.2 体育服务产品的特征

第一，体育服务产品具有无形性。这是体育服务产品与实物型体育产品最大的区别。以实物形式存在的产品通常是肉眼可见的、能占据一定空间的物品，而体育服务产品以看不见摸不着的服务形式存在，往往只能以体育活动的形式出卖[12]。因此，体育服务产品是不固定的、不可视的和无形的。一方面，体育服务产品供应商通常无法像介绍实物型产品等具有确定空间形态的产品一样用语言向消费者介绍体育服务产品；另一方面，体育服务产品的消费者在购买产品之前，往往感知不到消费产品带来的效益，在购买之后也只能觉察到体育服务产品的结果而不是产品本身。正是由于体育服务产品具有无形性，即它“不固定或不物化在一个耐久的对象中[13]”，所以很难对其进行产权划分和法律保护。

第二，体育服务产品的生产、交换与消费环节具有不可分离性。体育服务产品的生产一旦开始，交换和消费也会开始；生产结束时，交换与消费也会完成。生产、交换和消费在时空上是统一的。实物型体育产品具有离开生产者和消费者的独立形式，因而能在生产和消费之间的一段时间内存在，而体育服务产品因为不具有实物形式，所以不能离开服务提供者独立存在。它们的出现取决于被购买的动作，在生产的同时被消费，不留下任何可以捉摸的、与提供服务的人分开存在的结果。在时间和空间上，生产者与消费者必须同时在场，二者缺一不可。例如，比赛哨音一响，就表明体育服务产品开始生产，体育消费也同时进行；比赛结束，体育服务产品生产结束，交换和消费完成。

第三，体育服务产品生产和消费的异质性。一般来说，实物型产品的品质和消费效果是均质的。市面上贩售的运动鞋等实物型产品，在生产和消费环节的结果基本无出入，受外界因素的影响较小，存在明显的同一性。但是，体育服务产品的生产和消费受主客观条件的制约，呈现明显的异质性。例如，在篮球比赛的过程中，运动员的发挥经常受外界因素的干扰，导致竞赛表演类的体育服务产品质量往往不相同，甚至反差较大。另外，由于文化背景不同，不同消费者对同样的体育产品会提出不同的要求，消费的结果也不一样。同一场体育比赛，有的说好，有的说差。例如，在美国拥有大批消费者的冰球运动，在我国却发展缓慢。可见，与实物型产品相比，体育服务产品的生产和消费缺乏同一性，存在较大的弹性空间。

### 3.3.3 体育服务产品的消费动机

体育服务产品是以生产者借助一定的物质条件向消费者提供服务而出现的非物质形态产品。需求引起对体育服务产品的消费，那么究竟何种需求可以引起消费动机？一般来说，消费者的消费动机受生理、心理和外部因素 3 个维度的影响。在这 3 个维度的影响下，消费者会形成一种强烈的愿望促使其选用某种手段和方法来满足需求。

#### 1. 基于生理需求的体育服务产品消费动机

基于生理需求的消费动机是由人的生理需求引起的消费动机，具有明确的指向性。人的本能和人类所具有的动物性，使人在原始状态下就有运动的生理需求。在现代社会，当这种本能被唤醒后，具有经常性、习惯性和稳定性特征。例如，一个经常参加游泳训练的人，每隔一段时间体内就会有反应，促使他去泳池练习。这种行为是由长期养成的习惯导致的，成了生活的一部分。因此，可以认为具备一定运动素养和运动习惯的人具有基于生理需求的体育服务产品消费动机。

#### 2. 基于心理需求的体育服务产品消费动机

心理活动在驱使人的行为方面，和生理本能有同样重要的作用。在体育服务产品的消费过程中，存在各种心理体验。这种心理活动经过认识、感受、经验、推理、判断，逐渐成为体育服务产品消费的主导因素。这种心理活动过程引起的消费动机，即为基于心理需求的体育服务产品消费动机。我们将其划分为 3 个维度，情绪影响维度、理智决策维度和习惯诱导维度。情绪影响维度是由消费者的情绪和情感引起的消费动机。这个层次的消费者常常由一时的喜怒哀乐等情绪引发感情动机，如被一场激烈的比赛感染，自己也心潮澎湃地想要参与这项体育活动。理智决策维度是消费者对将要消费的产品进行系统分析，对产品有了充足的了解后产生的消费动机。这种动机一般不受情绪影响，较为客观和稳定，经常存在于体育从业者中。习惯诱导维度是消费者基于感情和理智的经验，对这类体育服务产品产生特殊的偏爱或狂热的痴迷，形成一种重复的消费习惯，成为该类体育服务产品忠实的消费者。这种消费存在一定的惯性，不会轻易转向或停止。这个维度的消费者有“球迷”单项协会的长期会员、某品牌或球队的粉丝等。

### 3. 受外部因素影响的消费动机

人的消费动机除了受生理和心理需求的影响，还会受个体对社会物质等外部因素产生的各种需求的影响，这种需求受外界群体的影响，由个体习得，不断修正后逐渐形成人的需求。大体可分为如下几类：第一，求实动机。这种动机是为满足实际需求而产生的消费动机。产生这类动机的消费者将注意力集中在产品质量、体育服务产品提供商的信誉等方面，注重产品的实际使用价值，喜爱结实耐用、安全可靠、美观大方、使用方便的产品，这类消费者注重商品的性价比，不过分追求奢华商品。第二，求美动机。这种动机是以追求美观、艺术价值或欣赏价值为主要目的的消费动机。出现这种动机的消费者往往认为体育服务产品应顺应潮流。这类消费者主要是青年和妇女，其衡量产品的主要价值标准就是产品的外在美感。第三，求名动机。这种动机是消费者为追求名牌产品或具有明星效应的产品而产生的消费动机。他们在选择或评价体育服务产品的好坏时，往往以是否是知名企业提供的或是否有明星参与为依据。他们并不十分关心体育服务产品的内核，往往只关心体育服务产品的外延。这类消费者一般收入水平较高、生活条件优越、崇尚名牌，习惯从消费名牌产品中寻找自豪感。第四，从众动机。为保持与别人一致而产生的消费动机。这种消费者往往跟随潮流，希望在消费中与群体保持一致，力求与人同步或超前一步。许多流行事物的形成都与这类消费者有关。

### 3.3.4 我国体育服务产品的供给现状

从数据上看，我国体育产业结构日益完善，体育服务业发展迅速，体育服务业各细分行业发展持续向好且发展潜力巨大：2015—2017 年，体育服务业增加值连续两年超过体育制造业，2017 年达到 4449 亿元，是 2014 年的 3.3 倍。

1. 体育服务业产出总规模增量显著

《体育产业统计分类（2019）》中的体育管理活动、体育竞赛表演活动、体育健身休闲活动、体育场地和设施管理、体育经纪与代理、广告与会展、表演与设计服务、体育教育与培训、体育传媒与信息服务、其他体育服务等都属于体育服务业。国家统计局和国家体育总局的公告显示，体育服务业保持快速发展势头，增加值在体育产业中占的比重持续上升，从 2016 年的 55%上升到了 2017 年的 57%，其中，直接与公众体育消费相关的体育竞赛表演活动、体育健身休闲活动增长突出，分别达到 39.2%和 47.5%。

2. 体育服务产品供给政策环境利好

2014 年起，中国体育产业相关支持政策陆续出台，迅速覆盖了产业的各方面和各环节。2019 年，《国务院办公厅关于促进全民健身和体育消费推动体育产业高质量发展的意见》指出，“力争到 2022 年，体育服务业增加值占体育产业增加值的比重达到 60%。”此外，国家体育总局逐步取消商业性和群众性体育赛事活动审批，推动国内体育服务行业向市场化、专业化发展。政社分开、政企分开、管办分离。体育行业协会与行政机关脱钩的落实，将进一步促进体育服务业发展。

3. 社会资本大量进入体育服务产品市场

随着居民生活水平的不断提高，社会资本逐渐意识到体育服务市场的价值。据调查，2018 年年底，全国共有文化、体育和娱乐业法人单位 56.7 万家，从业人员 4198 万人，分别比 2013 年年底增长 146.4%和 359%。阿里巴巴、万达、腾讯和百度等大型企业开始关注体育服务业。阿里巴巴出资 12 亿元买下恒大足球俱乐部 50%的股权，并与浙江省体育局合作，通过体育大数据分析为浙江省体育领域的宏观管理和微观服务提供数据支撑；腾讯出资 15 亿美元买下 NBA 版权；万达集团出资 10.5 亿欧元牵头并购盈方体育公司。

### 4. 新技术的使用推动体育服务产品升级

资本进入体育服务产品供给市场的同时，必然伴随着先进技术的应用。据统计，截至2019年，中国手机网民数量达到10亿以上的超大规模，利用互联网进行体育服务产品的供给已经成为时代的发展方向。在健身产业，中国产业信息网 2019 年的研究报告显示，中国市场上已经有上千款与健身相关的 App，涵盖种类也非常多，跑步、健身操、瑜伽、广场舞等健身项目都在其中，各类App也在挖掘不同的受众群体。这些 App 运用互联网技术，为用户提供专属的运动指导服务，用户可以在任何地方运动，大大节省了用户的运动成本。体育场馆服务产业也推出了其专属的小程序，用户可以在网络上进行场地预约、查看场地最新动态等，互联网技术的运用在提供更优质服务的同时也节省了场馆运营方的各项成本。2019年，体育竞赛表演活动开始与5G技术结合进行赛事转播，这项新技术的使用极大地提高了观众的体验（提高了转播分辨率、降低了转播延迟等）。

### 5. 体育服务产品供给不均衡

我国体育产业是第三产业，应该以服务业为支撑，但研究发现，我国体育产业仍以传统制造业为主要盈利点，并且没有形成完备的市场体系和产业链，对于其主体产业和相关产业的功能和认知还不够清晰。在体育产业的各业态中，涉及体育健身休闲活动和体育竞赛表演活动的体育服务产品比重较低，而体育用品及相关产品制造的比重相对较高，使得实物型体育产品和非实物型体育产品呈现供给不均衡和结构单一等问题。我国体育竞赛服务的商业化进程十分缓慢，除了足球和篮球拥有相对成熟的产业链条、一定规模的用户基础和较高的商业价值，其他体育项目的赛事开发运营情况仍然未成规模且发展程度不一，成熟度和系统性不足，缺少顶级赛事知识产权。另外，我国的赛事服务至今没有形成完整且稳定的产业消费终端。体育赛事服务业正处于前端价值挖掘+终端消费层培养的开发阶段。

## 3.4 体育产品的定价

体育产品的定价深受市场各环节和要素的影响。根据不同的产品特性，应采用不同的定价方法。

### 3.4.1　体育产品定价的影响因素

#### 1. 体育产品的定价受成本的影响

与其他领域的产品相同，在体育产品的定价阶段，成本是生产者考虑的首要因素，可以说成本是产品价格的经济底线。在大部分情况下，产品的成本高则价格高。产品的成本分为生产成本、销售成本、储运成本和机会成本。一般机会成本不会对企业产品的定价产生直接影响。

生产成本是指企业在生产过程中支出的全部生产费用，它由已经消耗的生产资料的价值和生产者耗费的劳动价值转化而来。我们用规模经济原理解释，当企业的生产规模在一定范围内时，产品的成本最低。但在不同条件下，不同产品有其各自的理想生产规模，若生产超出了这个规模和限度，成本反而会增加。对于球队来说，它的生产成本主要由球员的声望构成，球员的声望越高，俱乐部为其支付的会费就越高，俱乐部的成本也越高。例如，2002 年法国球星齐达内从尤文图斯队转会到西班牙皇家马德里队的转会费为 6620 万美元。

销售成本是指在产品流通领域中用于销售的成本，如广告、推销费用等。销售成本在产品成本中所占的比重不可忽视。例如，随着体育鞋服用品市场的竞争日益剧烈，品牌商为了吸引更多的关注度和获取更高的利润，会使用各种营销手段，加大对体育用品的推广力度。因此，在确定产品价格时必须考虑销售成本这一因素。

储运成本是指产品从生产者手中转到消费者手中的运输和储存费用。产品畅销时，储运成本较少；产品滞销时，储运成本较多。

机会成本是企业从事某项经营活动而放弃另一项经营活动的机会时，另一项经营活动应取得的收益。

#### 2. 体育产品的定价受市场供需状况的影响

对于体育产品来说，居民消费的需求弹性较大，体育产品在生活中属于非生活必需品。除了一些用于日常穿着的体育服装，对其他体育产品的消费均属于中高层次的消费，受居民收入水平的影响。当消费者的经济收入及生活水平还不高时，体育产品的消费比重往往很小，随着消费者经济收入和生活水平的提高，用于体育产品的消费也会增加。而且，当体育产品的价格较高时，人们可以很容易地在市场上买到其替代产品。

除了受收入因素的影响，体育用品需求还受消费者拥有的闲暇时间多少、居住地城市人口结构及传统的消费观念等因素的影响。虽然体育消费是有利于身心健康的消费，但在一般情况下，消费者会根据自己所能支配的时间的多少来决定消费与否。如果用于体育消费的时间成本太高，消费者往往会放弃对体育产品的消费。消费者居住地的城市人口结构也会影响其对体育产品的需求模式。对于中青年人口占比较大的城市，青年人拥有一定的经济基础，出于健身和社交需要，他们对以足球、篮球、羽毛球及各种器械为主的体育场馆的需求较大，以蹦极等为主的户外体育活动对其也有很大的吸引力。对于老年人占比较大的城市，虽然老年人的闲暇时间充足，但他们的身体特征和趋于保守的消费习惯使其对体育场馆、健身会所的需求不大，而是对政府提供的免费体育设施有较大的需求。此外，在一些地方，受体育消费意识淡薄和社会环境的影响，一些人宁愿把时间和金钱用于赌博或购买炫耀性产品，也不愿用于体育消费，因而对体育产品的需求较弱。

**3. 体育产品的定价受市场竞争状况的影响**

企业在对体育产品定价时要考虑市场竞争状况。就国内市场而言，体育投入品经营商面临的是充满竞争的市场。在科技含量高的高端体育用品上，以耐克为代表的国际知名体育用品企业具有绝对优势，市场呈现一种不完全竞争状态。而中端市场的体育产品的科技含量较小，在产品竞争力较弱的体育用品供应商中，以李宁、安踏为代表的国内品牌异军突起，与亚瑟士、阿迪达斯等国外品牌形成了竞争充分的市场。

在这样一个竞争充分的市场中，产品的定价以成本为基础、以市场供需关系为导向，产品的价格趋于合理。价格差异往往受竞争的影响。竞争决定了一定市场容量下各企业的产品销售量和市场地位。体育产品也存在垄断的市场结构，主要体现在体育竞赛表演市场中。虽然主办方是产品的供应方，面临的竞争对手很少，甚至不存在竞争对手，在这种稀缺资源的占有上具有绝对优势，对定价拥有很大的主动权，但是也不能随意定价，需要考虑赛事的公众影响力、观众的平均消费水平及相关约束政策等因素。

**4. 体育产品的定价受企业战略的影响**

体育产品在定价时会受企业一定时期内战略目标的影响。如果企业处于开创期，为了成功占有市场，可能会采用低价策略；但企业也有可能会为了在市场开发初期树立品牌形象而采用高质高价策略。企业的市场定位、发展战略对产品的定价有基本的导向作用。

### 3.4.2　体育产品的定价方法

1. 成本加成定价法

成本加成定价法是一种基本的定价方法，这种方法多用于对实物型体育产品定价。该方法在产品单位完全成本的基础上，增加由企业利润目标确定的加成率，从而制定产品的价格。其基本步骤如下。

第一，根据单位产品直接工时数、直接材料消耗、直接燃料动力消耗等直接投入及它们的价格，计算生产单位产品的直接费用，并将该费用作为企业的平均可变成本 AVC。

第二，估计企业的总固定费用 TFC，主要包括固定资产使用费（如折旧、资产租赁费用）、财务费、修理费等。在将固定成本分摊到单位产品时，因为市场出清的产量取决于价格，所以一般用基准生产负荷计算企业的平均固定成本，即根据企业生产能力 $Q$ 在基准生产负荷 $\eta$ 下的产量确定企业的平均固定成本

$$\mathrm{AFC}=\frac{\mathrm{TFC}}{\eta \cdot Q} \tag{3-1}$$

第三，计算企业的平均成本

$$\mathrm{AC}=\mathrm{AVC}+\mathrm{AFC} \tag{3-2}$$

第四，根据企业的平均成本与目标利润，确定产品价格。企业的目标利润为 PR，成本加成定价为

$$P=\mathrm{AC}+\frac{\mathrm{PR}}{\eta \cdot Q} \tag{3-3}$$

令成本加成率为 $\rho$，成本加成定价为

$$P=(1+\rho)\cdot \mathrm{AC} \tag{3-4}$$

成本加成定价法使用简便、运用广泛。成本加成定价法以企业成本数据为基础，实际上是一种供给定价，适用于体育产品销售有保障的情况，如体育器材服装等的定价。在市场需求信息不确定时，使用成本加成定价法可能会导致定价过高或过低。

### 2. 顾客导向定价法

顾客导向定价法是以体育产品价值为基础的定价方法。在这种方法中，体育消费者的价格公平感知是重要参考因素。价格是决定消费者是否购买的重要因素之一，只有当体育产品价格与消费者理解的价值一致时，消费者才会做出购买判断，在经济能力允许的情况下，实现其购买行为。采用顾客导向定价法有利于体育产品供应企业在市场上获得最高利润，也有利于满足不同群体的需求，实现企业利润最大化。

体育产品提供方需要通过调研，收集顾客对体育产品价值的认同度，并以此来设定目标价格，然后根据目标价格做出产品设计决策及成本决策。因此，使用这种方法制定的产品价格必须与消费者理解的价值匹配，其本质是根据市场需求状况和消费者对产品的感觉差异来确定体育产品的价格。许多世界知名体育企业越来越多地以顾客愿意支付的价格为起点，在此基础上决定企业允许发生的成本。在这里，如何确定顾客愿意支付的价格是关键，如果测试方法使用不当，会带来严重的不良后果，如在对消费者期待价格的调研中，比较普遍的现象是被调查者表示愿意购买高价位的产品，深层次原因是想以此显示其经济实力，但在实际购买时，往往喜欢低价位的产品。因此，在使用这种方法时应注意对调研数据进行修正。

### 3. 差别定价法

差别定价法又称价格歧视，指企业为了获得更高的利润，以不同价格向不同特征的消费者出售相同的产品，如健身房会为特殊人群提供一定的折扣等。

体育产品提供方实施差别定价应具备下列条件。第一，企业对价格有一定的控制能力；第二，存在不同的消费者群体，即企业产品存在不同的需求分市场，每个分市场的需求函数或需求弹性不同；第三，各分市场有效分割，产品与顾客都不能在分市场之间流动。

企业产品需求的分市场很常见，分市场不仅可以按照地域划分，还可以按照消费者收入差异、性别差异、年龄差异、消费时间差异、种族差异、偏好差异、议价能力差异等划分。

差别价格可以分为3种，即第一级差别价格、第二级差别价格和第三级差别价格。

1）第一级差别价格

在第一级差别价格模型中，企业了解市场上每个消费者的需求函数，并按照每个消费者对每单位产品的需求逐一定价。

市场上消费者 $i$ 的需求函数为 $P_i = P_i(Q)$，消费数量为 $Q_i$，则企业对消费者 $i$ 收取的总费用为

$$\mathrm{TR}_i = \int_0^{Q_i} P_i(Q)\mathrm{d}Q \tag{3-5}$$

产品总量为 $Q = \sum_1^n Q_i$，企业面临的消费者 $i = 1, \cdots, n$，企业总收入为

$$\mathrm{TR} = \sum_1^n \mathrm{TR}_i \tag{3-6}$$

实际上，如果企业实行单一价格，即对消费者的所有消费数量收取相同的费用，在产品总量为 $Q = \sum_1^n Q_i$ 时，根据个别消费者需求之和推导的企业需求函数为 $P$。此时，消费者 $i$ 的消费者剩余为

$$\mathrm{CS}_i = \int_0^{Q_i} P_i(Q)\mathrm{d}Q - PQ_i \tag{3-7}$$

企业攫取的消费者剩余之和为

$$\mathrm{CS} = \sum_1^n \mathrm{CS}_i \tag{3-8}$$

企业总收入为

$$\mathrm{TR} = \sum_1^n \mathrm{TR}_i = P \cdot \sum_1^n Q_i \tag{3-9}$$

可见，第一级差别价格的实质是企业利用其价格控制能力，将全部消费者剩余攫取为企业收入。

在现实中，企业无法洞察每个消费者的需求函数。因此，第一级差别价格较为理论化且不具备可操作性，但它能够揭示差别价格的原因与实质。

2）第二级差别价格

第二级差别价格在实践中十分常见，即企业在定价时，将消费数量划分为若干区间，不同消费数量区间的定价不同，消费数量越大，价格越低。

实施第二级差别价格需要了解市场需求函数及市场上具有代表性的典型消费者的需求函数，从而选择适当的价格区间。实际上，第二级差别价格是将第一级差别价格实用化，将消费者剩余转化为企业收入。价格区间划分越细，操作越复杂，实施成本越高，但攫取的消费者剩余越多；价格区间划分越粗，操作越

简便，实施成本越低，但攫取的消费者剩余越少。因此，如何适当划分第二级差别价格的价格区间，取决于企业对实施收益与成本的权衡。

3）第三级差别价格

第三级差别价格又称为分市场价格，即在具有价格控制能力的企业面临不同需求并可以分割和阻隔市场时，对不同的分市场采用不同定价。

在实施第三级差别价格时，企业需要决策的问题有3个：企业的总产量、各分市场的销售量、各分市场的定价。第三级差别价格模型较为复杂，在此不展开说明。

总体来看，企业实施差别定价都是利用其价格能力攫取消费者剩余，增加企业收入，形成社会福利从消费者向企业的转移。但是，差别定价有时也具有一定的合理性，主要包括成本理由与需求理由。成本理由是企业向不同市场（消费者）提供相同产品时具有成本差异，如企业向大商场供货的单位成本低于向小经销商供货的单位成本。在存在成本差异的前提下，对所有用户采用同一价格是无效率且不公平的；需求理由是不同消费群体的效用与收入不同，反映为需求价格的差异，此时，差别定价有助于有限的社会产品在不同社会成员间的有效分配。

## 复习思考题

1. 体育产品是什么，它们具有什么特征？
2. 请选择某一标准，对体育产品进行分类。
3. 体育产品一般由哪些部分构成，每部分有哪些特征？
4. 简单说明消费者消费体育服务产品的动机。

## 参考文献

[1] 赵子江，王必琦. 从消费角度看体育产品[J]. 北京体育师范学院学报，2000，12(3):9-13.

[2] 一东. 我国体育产业化刍议[J]. 财贸研究，1996(5):90-91.

[3] 胡立君. 论体育产品的劳务性质[J]. 数量经济技术经济研究，1999(10):75-77.

[4] 李朝晖. 体育产品新论[J]. 中国体育科技, 2004, 40(1):15-19.
[5] 林显鹏. 关于建立我国体育产业统计指标体系的研究[J]. 体育科学, 2000, 20(4):1-5.
[6] 郭炳德. 体育产业概念理解及分类的研究[J]. 山西师大体育学院学报, 2004 (2):23-24.
[7] 马克思. 资本论（第二卷）[M]. 北京：人民出版社, 1998.
[8] 保罗·萨缪尔森. 经济学[M]. 北京：华夏出版社, 1999.
[9] 席玉宝, 部贻红, 陈永军, 魏万珍. 中国体育用品产业与市场实证研究[M]. 北京：北京体育大学出版社, 2006.
[10] 罗赤平, 郑志强. 体育用品产业结构分析[J]. 山东体育学院学报, 2004, 20(4):37-39.
[11] 陈林祥. 体育市场营销[M]. 北京：人民体育出版社, 2004.
[12] 李江帆. 第三产业经济学[M]. 广州：广东人民出版社, 1995.
[13] 马克思, 恩格斯. 马克思恩格斯全集（第 26 卷III）[M]. 北京：人民出版社, 1965.

## 阅读材料

### 体育商品化：探索体育产品的本质

**Vamplew，Wray**

当消费者愿意花钱参与或观看体育运动，或者体育运动具有潜在的交换价值而不只有使用价值时，体育运动就成了一种产品。体育产品主要有3类：运动员产品、观众产品和相关产品。

**1. 体育产品的分类**

1）运动员产品

可以将运动员产品分为5类：比赛、设备和服装、指导和帮助、设施、俱乐部。为了使比赛成为一种产品，需要通过引入规则使参与者知道什么是规则、什么是必须的、什么是允许的、什么是禁止的。这也表明，当组织体育活动主要是为了参与者而不是为了观众时，可以将其看作运动员产品。设备是参加体育活动的必要条件，服装则没那么重要，一般仅作为一种标识，有时也用于显示身份，属于炫耀性消费。有些人追求运动装的实用性和效率，有些人则把运动装，尤其是鞋子和衬衫，视为时尚物品和非参与性休闲服装，二者有时会发生冲突。因此，作为时尚物品和非参与性休闲服装的运动装是否属于体育产品，是一个存在争议的问题。俱乐部使具有相同目的的人走到一起，为商定共同的规则和条例提供了基础，为竞争性的相互作用提供了框架，并为参与提供了场所。希曼斯基认为，这些都是在欧洲启蒙运动期间，随着国家从对联想活动的控制中退出，在英国自主发展起来的新形式的联想中出现的。俱乐部还鼓励社交，霍尔特将其描述为“体育的核心”。

2）观众产品

运动员产品的供应商关注的是体育参与，而观众产品的供应商则对那些观看比赛的人进行营销，无论是在赛场上，还是在电视或其他设备上。观众产品的生产需要运动员之间的互动，没有团队及个人之间的合作和竞争，就没有体育赛事。这也意味着观众产品的供应不允许在自由市场中运作。体育经济学家经常认为，场外无节制的竞争，尤其是对运动员的竞争，会导致场内的竞争失衡。他们担心最富有的运动队会得到最好的运动员，并主宰比赛。最终，结果将变得可预测，对联赛产出的总体需求将下降。为了避免这种情况出现，联赛往往以卡特尔的形式运作，作为垄断供应商的联盟可以限制俱乐部之间的经济竞争。这需要就收入分配等事项达成集中执行的协议。例如，1901—1961 年，英国足球联赛实行最高工资制，以此来限制俱乐部签约联赛中的多位顶级球星，避免俱乐部之间的差异过大。这一制度提高了比赛的观赏性和公平性。

3）相关产品

最后一类体育产品是与运动员产品或观众产品共同销售的相关产品。这些产品和服务在某种程度上与体育运动有关，但不是观看或参与体育运动所必需的。例如，在体育赛事中提供赌博、餐饮、专业体育报纸和杂志，体育博物馆展示的藏品，以及品牌商品、与体育相关的媒体等。

**2. 关于体育产品的两点说明**

1）体育场是观众产品吗？

两千多年前，雅典人民为举办奥运会，修建了一座全大理石的雅典式体育场；19 世纪后期，公民自豪感刺激了英国人民为足球场建设提供资金；在两次世界大战之间，对地位的追求吸引了许多美国大学投资体育运动设施；近年来，北美的体育俱乐部说服市长们用税金建造体育场。他们建造体育场的主要动机各不相同，但共同的次要动机是观看比赛。如果没有某项运动，就不会有观众，但如果没有体育场，这项运动依然可以完成。因此，体育场应该属于附属的体育产品。

2）运动员是体育产品吗？

运动员在运动时会消费体育产品，如运动装备等。当他们为观众表演时，要负责为观众服务。说明对于俱乐部来说，运动员是他们投资的重要体育产品，世界范围内的俱乐部或赞助商大多以营利为目的资助运动员参与体育活动，并在资产负债表上计算运动员的价值。

（本文来自《体育历史期刊》，2018 年第 5 期）

# 第 4 章　体育市场

在前面的章节中，多次提到了体育市场、体育产品等概念，了解到体育产品的交易行为发生在体育市场中，体育需求与供给也需要在体育市场中进行。那么，体育市场是什么？与其他市场相比，它有什么特征，是如何运行的？本章对体育市场的概念及相关问题进行讨论。

## 4.1　体育市场概述

### 4.1.1　体育市场的概念

在明晰体育市场的概念之前，需要先了解市场是什么。市场的概念出现在社会分工之后，随着商品经济的演进而逐步完善。目前，市场概念的界定主要有两种方式。第一种，在微观经济学中，市场是影响商品价格的所有买者和卖者的总和，买卖双方频繁的交换活动，使相同商品的价格趋于一致。微观经济学抽象概括了市场的概念，市场包括买方、卖方和他们之间的交易活动。经济学家马歇尔曾经说过，市场是一个区域，在那里，买者和卖者交往得非常紧密，市场价格在全区域内趋于一致。第二种，在政治经济学中，市场包括两层含义：一是指商品交换场所；二是指商品交换关系总和。前者着眼于商品交换的空间载体形式，后者着眼于商品交换得以实现的经济关系。市场是商品交换场所和商品交换经济关系的统一，是通过买方和卖方的相互作用决定商品价格和产量的一种制度安排。

体育市场是与体育产品相关的市场，是市场的组成部分。狭义的体育市场指直接买卖体育产品这种特殊消费品的场所，即消费者购买体育用品、观看体育比赛和参与体育活动的经营场所；广义的体育市场指全社会体育产品交换活动及交换关系的总和。

### 4.1.2　国内体育市场

2014 年，《国务院关于加快发展体育产业促进体育消费的若干意见》（国发〔2014〕46 号）的出台，标志着我国体育产业发展进入新阶段。体育产业进入新阶段的特征有体育产业市场化程度提高、产业结构得到优化、消费水平快速提高、人才培养体系不断完善等。

1）体育产业市场化程度提高

近年来，我国体育产业的市场化程度不断提高，在体育场馆服务产业和体育竞赛表演产业最为明显。体育场馆服务产业总规模从 2015 年的 660.3 亿元增长到了 2017 年的 1338.5 亿元，年增长率达到 42.37%。体育竞赛表演产业总规模从 2015 年的 140.2 亿元增长到了 2017 年的 231.4 亿元，年增长率达到 28.47%。协会实体化、取消赛事审批制度等体制机制改革也促进了体育产业的市场化发展。随着体育产业市场化程度的提高，体育产业发展质量提高，主要表现为体育服务业的比重增加，体育用品及相关产品制造产业的服务化转型势头良好，体育产业发展的新业态、新模式不断涌现。

2）消费水平提高，消费渠道多元化

国家发展和改革委员会社会司的数据显示，2018 年我国体育消费市场规模达到 9467.3 亿元，与 2015 年的 8200 亿元相比，增长了 15.5%。经济的发展和居民体育消费观念的变化，使人们更注重体育产品质量，居民愿意且有能力购买高质量的体育产品与服务。面对迅速扩大的体育消费市场，体育用品企业不断扩张消费渠道，如线上销售业务。对于企业来说，通过电子商务渠道销售可以节省成本；对于消费者来说，便于获取产品信息和购买产品。除了体育用品消费，居民体育服务消费也有显著提高，健身培训、体育资讯等服务型消费的比重明显上升。

3）人才培养体系不断完善

体育产业的发展依赖优秀的人才。据统计，目前全国有 33 所体育院校，包括 14 所本科院校和 19 所高职院校，每年输出 3 万名到 4 万名体育类毕业生，主要包括体育教育、运动训练、民族传统体育、社会体育与休闲体育、运动健康与康复、体育新闻与传播、体育产业经济、体育公共管理和体育艺术等专业的人才。此外，近年来一些综合性大学、师范类院校、传媒类院校、财经类院校等也开设了体育相关专业。通过深化学校体育教育和建立跨界融合人才体系，进一步扩大了体育人才储备。

4）市场主体进一步壮大

国发〔2014〕46 号文件发布后，大量资金涌入体育市场，体育市场主体数量迅速增加。与 2016 年相比，2017 年长三角地区体育企业数量净增 8022 家，增幅达到 19.9%；山西、黑龙江、上海、江苏、浙江、湖北、湖南、广西、陕西、青海等省、市、自治区成立了体育产业集团；万达、恒大、华夏幸福、绿地、富力、上港等房地产投资商均投资了体育产业；腾讯、阿里巴巴、新浪、网易、百度、京东等互联网企业也将体育产业作为重要投资领域。可见，在国家加强引导体育产业发展的背景下，体育产业市场主体进一步壮大。

5）体育人口增加推动体育市场繁荣

体育人口是推动体育市场发展的第一动力。据调查，2015—2017 年，全国体育人口规模不断扩大，2017 年体育人口超过 4 亿人，同比增长 1.72%。随着健康观念的改变和大众健身意识的不断增强，人们对健康的投入进一步增加，为体育产业的发展提供了巨大的市场机遇和潜力，进一步推动了体育市场的繁荣。

### 4.1.3 国外体育市场

普华永道预测 2023 年北美体育市场总额将突破 830 亿美元，年均复合增长率为 3.2%。其中，媒体版权板块将继续领跑，年均复合增长率高达 4.6%，是推动北美体育市场持续增长的强力引擎；赞助板块年均复合增长率为 3.8%，高于门票板块（2.5%），并有望在 2030 年之前实现总额反超；占比最小的特许商品板块则相对平稳，年均复合增长率仅为 1.2%。

#### 1. 体育赞助板块

与 2018 年相比，赞助板块的收入增长幅度最大，主要得益于博彩公司的加入。PwC 体育部主管 Michael Keenan 说道："体育博彩合法化之后，涌入了大量博彩资金。"目前美国有 18 个州通过了体育博彩法案，这些地区有超过 120 支职业运动队，其中大部分已与米高梅、凯撒等博彩公司签署了赞助协议。2023 年年底，在美国四大职业体育联盟中，将有半数球场的冠名合约到期，届时博彩公司肯定会参与竞争，推动赞助费上涨。博彩并不是赞助板块唯一的新增收入来源。2017—2018 赛季，NBA 试点球衣广告，即允许球队在球员球衣上一块大小约为 2.5 英寸×2.5 英寸的地方放置赞助商标志，2018—2019 赛季，30 支球队都找到了球衣广告的合作伙伴。MLB 效仿 NBA 推出同样的政策，估计每支球队每年新增 600 万美元至 800 万美元的赞助收入。此外，5G、VR 等科技逐渐应用在体育场景中，科技巨头纷纷加码，也助推了赞助板块的发展。

### 2. 体育媒体版权板块

自 2017 年超越门票成为最大的收入来源后，媒体版权板块一直是北美体育市场的中流砥柱。虽然大部分赛事的版权合约还未到期，但这并不意味着版权收入被牢牢锁死，日益兴旺的流媒体为赛事提供了新的变现渠道。同时，体育博彩的合法化也会给媒体版权板块带来大量流量和收入。去年 Fox Sports 斥巨资打造了 Fox Bet 和 Fox Sports Super 6 两个体育博彩平台，重金聘请知名主持人录制体育博彩节目，方便球迷一边观赛一边下注，这也刺激了 Sinclair 出资 106 亿美元向迪斯尼买下了 21 个地方电视台。

### 3. 体育门票板块

部分赛事的上座率持续下滑，但随着 NFL、MLS 和 NHL 深入新市场，门票板块很可能会开始增长。Michael Keenan 说道："球队在定价方面做得越来越好，借助科技手段，球队越来越了解球迷的消费偏好，越来越懂得满足球迷的个性化需求，增强现场体验。

### 4. 北美体育市场的发展现状剖析

北美体育市场能够保持增长的部分原因是有大量的基础设施投资。许多场馆的所有者都在思考如何延长球迷停留的时间，他们把心思放在了赛场外，例如，新泽西魔鬼队与博彩公司 William Hill 合作在场馆内开设小型赌场，吸引了大批球迷提前入场，运营的关键在于提供合适的产品组合，满足球迷的各种需求。

由于北美市场严重饱和，特许商品板块增长乏力，表现相对稳定，预计将从 2018 年的 146 亿美元增长到 2023 年的 154 亿美元。体育博彩合法化之后，北美体育市场将迎来新的黄金时期，深度娱乐化和数字化的同时将带动更多人关注比赛，提高大众的体育参与度，释放巨大的红利，惠及体育联盟、媒体等利益相关者。

除了体育博彩，最受瞩目的就是年轻消费者的行为转变。IRIS 调研发现，在 35 岁以下的人中仅有 17%通过有线电视观看欧洲足球五大联赛，45%通过手机、平板电脑等方式观看；而在 35 岁以上的人中，有 83%通过有线电视观看比赛。显然，不同年龄消费者的观看方式存在很大差异。在内容类型方面，千禧一代不再满足于赛事直播和精彩集锦，而是对球员、球队和体育迷的原创内容表现出极大的热情。此外，备受年轻人追捧的电竞也对传统体育造成了冲击。体育产业在数字化浪潮中如何乘风破浪，抵挡其他内容对其流量的侵蚀，并吸引当代年轻人日益分散的注意力，是所有体育从业者都应该思考的问题。理解并满足年轻人的消费需求是当务之急，体育内容和媒体渠道也需要根据他们的喜好进行定制。

## 4.2 体育市场的结构

体育市场包括体育生产者、体育消费者及他们之间的关系。体育市场结构是体育市场中生产者与消费者关系的主要体现，合理的市场结构可以实现资源的有效配置，构建有效的供给与需求关系。

### 4.2.1 市场结构的类型和特征

在经济学中，最普遍的市场分类方法是从市场的竞争程度入手，根据市场中存在的生产者数量、产品差异程度、个别生产者对价格的影响等，将市场分为 4 类：完全竞争市场、完全垄断市场、垄断竞争市场和寡头垄断市场。下面介绍这 4 类市场的概念及特征。

#### 1. 完全竞争市场

完全竞争市场，又称纯粹竞争市场，是一种不受任何阻碍、干扰和控制的市场结构，即买者和卖者的购买和销售决策对市场价格没有任何影响。美国经济学家张伯伦认为，完全竞争就是没有任何“垄断因素”的竞争。完全竞争市场的主要特征如下。

（1）市场中有无数生产者和消费者。因为市场中有众多商品需求者和供给者，所以每个人的购买份额或销售份额与整个市场的总购买量或总销售量相比微不足道，如同一桶水中的一滴水。他们中的任何一个人买与不买或卖与不卖，都不会对整个市场的价格水平产生影响。在这种情况下，每个消费者或每个生产者都是市场价格的被动接受者，对市场价格没有任何控制力量。

（2）同一行业中每个生产者生产的产品完全无差别。这里的完全无差别，不仅指产品的质量完全一样，还指产品的销售条件、商标、包装等完全相同。因此，对于消费者来说，购买哪个生产者的产品都是一样的。如果有一个生产者提价，他的商品就会卖不出去。当然，单个生产者也没有必要降价，因为在一般情况下，单个生产者总是可以按照既定的市场价格实现自己的销售量。

（3）生产者进入或退出一个行业是完全自由的，所有的资源都可以在各行业之间自由流动。各行业的生产者规模和生产者数量可以在长期内任意变化。但是在短期内，生产者规模和生产者数量是不变的。

（4）市场中的每个生产者或消费者都掌握与自己的经济决策有关的产品和市场的全部信息。市场中的每个生产者或消费者都可以根据自己所掌握的完全市场信息，确定自己的最优购买量或最优生产量，从而获得最大的经济效益。完全竞争市场不存在由于市场信息不对称而产生一个市场同时存在几种价格的情况。

### 2. 完全垄断市场

完全垄断市场是指一个生产者控制一个行业全部供给的市场结构，该市场的供给者唯一，处于绝对垄断的地位。完全垄断市场与完全竞争市场属于市场结构的两种极端形式。完全垄断市场的主要特征如下。

（1）市场中只有一个生产者，该生产者控制着整个行业的全部供给。在垄断市场中，生产者和行业的概念完全重合，行业中唯一的生产者是垄断生产者，垄断生产者代表了一个行业。

（2）垄断生产者的产品没有十分近似的替代品，它与其他产品的替代弹性非常低。由于垄断生产者控制全部供给，且产品具有永久特色，所以垄断生产者是价格的决定者。

（3）不允许新的生产者进入，垄断生产者控制着市场的进入障碍，这些进入障碍的形成是由政府征收关税、颁发特许证、给予专利及提供其他形式的保护，或由生产者控制着某些自然资源、某些行业需要巨额投资及高精尖技术造成的。

### 3. 垄断竞争市场

垄断竞争市场是一种介于完全竞争市场和完全垄断市场之间的市场结构，在这种市场中，既存在竞争，又存在垄断。垄断竞争市场的主要特征如下。

（1）市场中存在较多生产者，生产者之间存在较激烈的竞争。市场中没有哪个生产者能够控制市场，各生产者在市场中所占的比重较小。

（2）各生产者生产的产品存在差异，但是也有较强的替代性。产品具有差别即产品差异化，是指同一市场的产品由于在物理特征、地理位置、服务、信息提供和消费者偏好等方面存在差异，而形成了产品之间的不完全替代特征。产品差异化是垄断竞争的基础，产品差异越大，垄断程度越高。由于产品具有“特色”，在短期内生产者可以制定高于边际成本的价格，以获得超额利润。

（3）生产者进入和退出市场都比较容易。因此，从长期来看，生产者的超额利润将随新生产者的不断进入而减少，最终消除。

#### 4. 寡头垄断市场

寡头垄断市场是指一种少数生产者控制整个市场产品生产和销售的市场结构，介于完全垄断市场和垄断竞争市场之间。寡头垄断市场中的价格不完全由市场供需关系决定。因此，任何生产者在采取行动前，都必须认真研究对手，并考虑对手可能做出的反应。企业既不是“价格的接受者”，也不是“价格的制定者”，而是“价格的搜寻者”。寡头垄断市场的主要特征如下。

（1）市场中仅有的几个生产者控制着市场的大部分份额。因此，这几个生产者的行为相互影响，生产者的决策必须考虑竞争对手的反应。

（2）寡头垄断生产者生产的产品既可能是同质的也可能是异质的。根据产品特征，寡头市场可以分为纯粹寡头行业和差别寡头行业。在纯粹寡头行业中，生产者生产无差别产品；在差别寡头行业中，生产者生产有差别产品。

（3）在寡头垄断市场中，进入和退出都存在壁垒。

### 4.2.2 体育市场结构的类型

体育市场结构反映了市场竞争和垄断的关系，是决定体育产业组织竞争性质的基本因素。

#### 1. 完全竞争体育市场

完全竞争体育市场是指交换和竞争没有任何阻力和干扰的理想化体育市场。显然，理论分析所假设的完全竞争市场的条件很严格，现实中仅有发达的证券市场和农产品市场比较接近完全竞争市场，在体育市场中很难找出符合条件的完全竞争体育市场。但了解完全竞争市场可以帮助分析某种体育市场的竞争或垄断程度。例如，从商品的供给和需求来看，体育服装市场拥有相对较多的生产者和消费者；从基本功能上看，该市场产品也具有一定的相似性；制造和销售体育服装的生产者可以自由选择进出市场并拥有较充分的信息，所以体育服装市场的竞争较为激烈，比较接近完全竞争市场。当然，由于产品具有品牌、款式等差异，且生产者不可能掌握市场中的所有信息，考虑投入成本、营业许可等因素，进出行业也受一定的限制，所以不能盲目定义，更重要的是要运用这种方法对具体的体育市场进行分析。

### 2. 完全垄断体育市场

完全垄断体育市场是指由唯一生产者供给产品或服务的体育市场。体育市场中如果有一个厂家或一个体育组织能够完全控制市场，并且提供的产品和服务不具有替代性，则该市场就属于完全垄断体育市场。国际奥林匹克运动委员会（以下简称国际奥委会）和国际足球联合会（以下简称国际足联）是完全垄断组织的代表。首先，在国际奥委会市场和国际足联市场中，只有唯一的组织能决定所谓体育产品和服务的供给。以国际足联为例，它可以垄断地决定以下事项：世界杯比赛的地点、参赛队的条件、参赛国的数量及其在各大洲间的名额分配、赞助条件及赞助费、电视转播权价格、比赛收入分配办法等。其次，奥运会和国际足联的世界杯比赛并不互为替代，国际奥委会和国际足联在各自的市场中是绝对的垄断者。并且为了强化各自的垄断地位，避免奥运会和世界杯之间的可替代性，这两个组织将比赛时间的间隔定为两年。

### 3. 垄断竞争体育市场

垄断竞争体育市场是指一种具有一定垄断程度但竞争性比较充分的体育市场，垄断竞争体育市场中大多是规模较小的企业。在一般情况下，新的体育企业很容易进入垄断竞争体育市场，与原有的企业展开激烈竞争。垄断竞争市场在体育市场中较为常见。例如，体育用品市场中用于同一锻炼目的的器材具有品牌、外观、质量等差别，在消费者心中，这些“同质”的器材具有独特性和唯一性。因此，篮球的价格可以从几十元跨度到几百元，并且在不同的价格有不同消费者。对于生产者来说，突出产品的特殊性是加强垄断的必要条件之一。因此，生产者采用价格策略、广告策略等营销方法来强调产品的特殊性，吸引新的消费群体或巩固原有的消费群体。但体育用品市场中的产品易被竞争对手模仿，垄断地位易丧失，这就要求企业不断创新推出差异化产品，以保证其垄断地位。

4. 寡头垄断体育市场

寡头垄断体育市场是指一种介于完全垄断体育市场和垄断竞争体育市场之间的体育市场，即某种体育产品的绝大部分由少数几家大企业控制。在体育市场中，寡头垄断市场并不少见。例如，世界各地几乎同时举行的大型体育比赛、各国的足球联赛、网球公开赛等。这些赛事被不同的体育组织垄断，并为了争取更多观众和获得更多收入而展开激烈竞争。体育市场的寡头垄断具有以下特征：第一，少数大型体育企业或体育组织共同分享市场份额，它们之间既相互竞争，又相互依赖。它们在制定比赛规则、获取赞助收入及电视转播收入时必须考虑竞争对手；第二，各体育组织提供的体育赛事属于有差别的体育产品，由各组织分别控制，并维持一定的市场份额；第三，这些体育赛事的进入和退出都存在壁垒，其他组织希望脱离现有组织并提供新的比赛相当困难，而现有组织也不会轻易退出市场。

### 4.2.3 体育市场结构的影响因素

市场结构反映市场垄断和竞争的关系，主要由市场集中度、产品差别化、进入壁垒及退出壁垒和信息完备程度决定。

1. 市场集中度

市场集中度是测量产业市场结构集中程度的指标，用来衡量企业数量和相对规模的差异，是市场势力的重要量化指标。市场集中度是决定市场结构最基本、最重要的因素，集中体现了市场的竞争和垄断程度，经常使用的集中度计量指标有产业集中度、洛仑兹曲线、赫尔芬达尔—赫希曼指数、基尼系数、熵指数等。通过具体的市场集中度计量指标，可以直观地了解体育市场的构成。

通过分析体育市场集中度，可以总结出以下特征：第一，体育竞赛表演市场和体育用品市场有较高的市场集中度。体育竞赛表演市场中的大多数赛事由一家机构或几家机构举办，形成了鲜明的垄断市场。体育用品市场的集中度较高，经过长时间发展，国内体育用品市场的市场份额已被几家具有较高知名度的企业占据。第二，与其他体育市场相比，体育健身休闲市场的市场集中度最低。其原因在于人们的体育健身休闲消费具有多样性和复杂性，一家或几家机构不能保证同时满足体育健身消费者的不同消费需求。在这种情况下，企业只能在细分市场上做到精益求精，保证在满足消费者需求的同时实现利润最大化。

2. 产品差别化

产品差别化是指同一产业内不同企业生产的同类商品由于在质量、款式、性能、销售、服务、信息提供和消费者偏好等方面存在差异，从而导致产品之间替代不完全的状况。例如，不同厂家生产的运动鞋的质量有好坏、款式有差别，且往往会针对不同运动的特征生产特殊的运动鞋。对于消费者来说，产品差别化提供了更多选择；对于企业来说，产品差别化是它们竞争的主要手段之一，属于非价格壁垒，企业往往会不自觉地强调产品差别化，争夺消费者，实现赢利。

（1）体育产品水平差异，指偏好不同的消费者会对体育产品做出不同的选择。水平差异不应作为评判产品好坏的标准，对同一特征，不同人的评价存在差异。例如，企业生产一双跑步鞋，A 企业着重研发轻量化科技，以此吸引对跑步鞋重量有要求的消费者；B 企业着重研发缓震科技，以此吸引对跑步鞋缓震性能有要求的消费者。在消费者选择的过程中就出现了体育产品水平差异，这些差异是基于消费者对跑步鞋性能的偏好产生的，并不能以此来评价跑步鞋本身的好坏。

（2）体育产品垂直差异，指体育产品本身的质量影响了消费者对产品的选择。消费者对质量的偏好次序是一致的，质量好的产品显然更受消费者欢迎。例如，两家企业各生产了一双跑步鞋，A 企业生产的跑步鞋质量明显好于 B 企业生产的跑步鞋质量，此时就产生了垂直差异，这种差异是由同一类产品在某一特定属性上的优劣决定的。同时要注意，人人都喜欢质量好的跑步鞋，但质量好的跑步鞋往往价格较高，此时收入水平等因素将影响消费者的选择。

（3）体育产品服务差异，指生产者在售前、售中和售后提供的服务在内容和质量方面的差异。对于类似的产品来说，服务差异将在很大程度上影响消费者的选择。例如，在体育竞赛表演市场中，同一城市的两支职业球队在同一天的不同场馆进行主场比赛，A 球队的场馆质量高于 B 球队的场馆质量，消费者往往会选择前往 A 球队的场馆观赛，此时就出现了服务差异。这种差异往往存在于同一类别的产品上，因此，企业需要提高服务水平，以吸引更多的消费者。

（4）体育产品信息差异，指由于消费者和生产者之间存在信息不对称而导致消费者对产品的认识存在差异。解决信息差异最常见的方法就是打广告，但广告中并不能包含所有信息，生产者往往利用广告传递对自己有利的信息。因此，有时广告反而会扩大信息差异。例如，在体育旅游市场中，企业往往通过广告宣传对自己有利的本地旅游优势，隐藏了其余信息，导致消费者在选择旅游目的地时会出现选择错误。

（5）体育产品策略性差异，主要指生产者通过空间先占或选址来遏制潜在生产者进入相关市场而产生的差异。策略性差异属于生产者的一种策略性行为。空间先占是指生产者可以通过生产第一个自身产品的替代品，来预先弥补可能的产品空间，不给潜在生产者留下任何机会，从而达到遏制新生产者进入的目的。但空间先占的成本比较大，选址则不需要像空间先占那样耗费较大成本，只需在选择厂址时适当考虑并选出正确位置，就可以遏制潜在的生产者进入。以体育场馆市场为例，一个地区对体育场馆的需求是有限的，生产者只要率先进入一个地区，建立自己的场馆并提供配套服务，就能在很大程度上控制该地区的体育场馆市场。

### 3. 进入壁垒及退出壁垒

进入壁垒及退出壁垒是影响市场结构的重要因素，进入壁垒是指产业内既存生产者与潜在生产者和新生产者相比所具有的某种优势。换言之，是指潜在生产者和新生产者与既存生产者竞争时的种种不利因素。进入壁垒具有保护产业内已有生产者的作用，也是潜在生产者成为现实生产者时需要首先克服的障碍。退出壁垒是指生产者在退出某个行业时所遇到的困难和付出的代价。具体指生产者在市场前景不好、业绩不佳时欲退出该市场，但由于各种因素的阻挠，资源不能顺利转移出去，要接受规则的惩罚。

体育市场的进入壁垒及退出壁垒存在两个极端，体育竞赛表演市场的进入壁垒及退出壁垒非常高，由官方设定体育竞赛表演市场的准入规则，如运动队水平、资金状况等。体育健身休闲市场的进入壁垒及退出壁垒非常低，企业数量多、规模小，企业很难自行设立进出规则，且政府鼓励资本进入该领域。

### 4. 信息完备程度

信息完备程度也是影响市场结构的重要因素。信息越充分或获取信息越容易，市场结构越趋向于完全竞争市场。在体育博彩市场中，正规体育博彩市场信息基本被当地政府或官方组织持有，则体育博彩市场为完全垄断市场。

根据市场集中度、产品差别化、进入壁垒及退出壁垒、信息完备程度可以更好地对市场结构进行区分，4 种市场结构的特征如表 4-1 所示。

表 4-1 4 种市场结构的特征

| | 市场集中度 | 产品差别比 | 进入壁垒及退出壁垒 | 信息完备程度 |
|---|---|---|---|---|
| 完全竞争市场 | 很低 | 无差别，可完全替代 | 没有任何壁垒 | 非常完备 |
| 完全垄断市场 | 100% | 没有任何替代品 | 非常高 | 非常不完备 |
| 寡头垄断市场 | 高 | 基本同质，但差别大 | 较高 | 很不完备 |
| 垄断竞争市场 | 较低 | 有差别，有替代品 | 较低 | 较不完备 |

## 4.2.4 体育市场的类型和特征

### 1. 体育市场的类型

体育市场有多种分类标准。从逻辑关系上看，消费决定市场，有什么样的消费就有什么样的市场。体育消费有体育实物消费和体育服务消费两类，体育市场也可以分为体育实物产品市场和体育服务产品市场，具体可以分为 9 类，如图 4-1 所示。

1）体育用品市场

体育用品市场是指提供体育器材、设备、设施、比赛用品、运动服、运动鞋帽、箱包、领奖服装等运动器材装备的市场。体育用品的规格、标准及使用功能以体育的各项技术要求为基准，体育用品的生产以广大消费者的体育需求为前提。因为每个人的社会、经济、文化、家庭、年龄、性别及对体育的认识等存在差异，所以消费者的体育用品需求存在差异。体育用品需求除了受支付能力等经济条件的影响，还受消费者的体育兴趣、运动动机等心理因素的影响，同时，消费者的体育价值观也影响体育用品需求。

2）体育健身休闲市场

体育健身休闲市场是指为消费者提供身体锻炼、康复保健、娱乐休闲等体育消费所要求的场地、器材、技术指导及有关服务的市场。随着人类社会工业化和城市化进程的不断加速，涌现了以提高人们生活质量为核心价值的新兴服务市场。由于人人都需要健康，所以体育消费、健康投资成为人们的一种基本需求，形成了市场广、潜力大的体育健身休闲市场。体育健身休闲市场的消费对象既有少年、儿童，又有妇女、老年人，涉及健身、健美、娱乐、休闲、保健、医疗康复等多个方面的内容[1]。

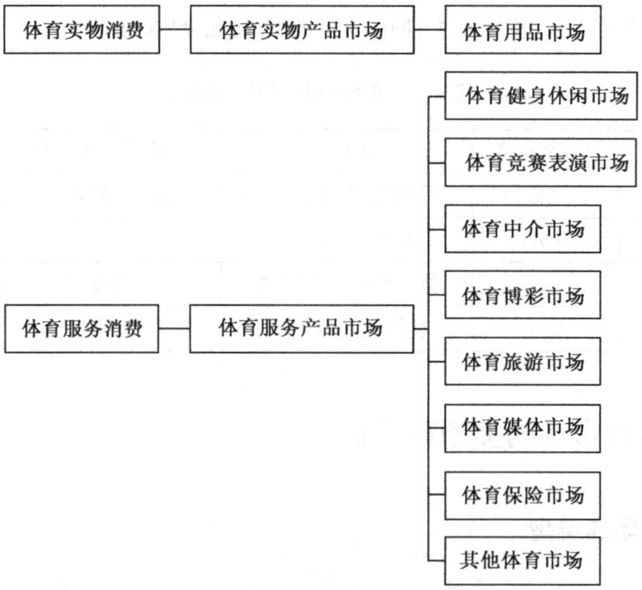


图 4-1　体育市场的分类

3）体育竞赛表演市场

体育竞赛表演市场是指为满足人们的观赏需求而举办的各类体育竞赛和体育表演活动所形成的市场。体育竞赛表演市场的发展程度直接反映一个国家观赏性体育消费品的供给与需求水平，也反映一个国家的体育职业化和市场化程度。在现代竞技体育中，无论是何种级别的赛事，规模都是越办越大，耗资越来越多。由于赛事规模的扩大和竞技水平的提高，举办赛事的国家或地区所耗费的资金也越来越多，企业赞助费成为举办体育赛事的主要资金来源。

4）体育中介市场

体育中介市场是指体育组织或个体为实现体育产品或服务交易而充当媒介所形成的中介活动和产生的各种代理关系的总和。体育中介组织的基本形式包括各项运动协会、体育信息咨询、体育经纪、代理等服务机构。体育中介组织的结构大体上可分为两种：一种是由政府体育管理部门组建的全国性、区域性中介组织；另一种是按国家有关政策法规及要求，自行组建的民营中介组织，具有法人资格和独立的经济利益。体育运动职业化和商业化推动了体育市场与体育产业的繁荣发展，体育中介组织与体育中介活动是活跃体育市场的催化剂。

5）体育博彩市场

体育博彩市场是指消费者自愿购买彩票并按特定规定获得奖励的市场。在世界各国的体育产业中，体育博彩均处于十分重要的位置。2018 年，美国联邦最高法院通过裁决，宣布《美国职业和业余体育保护法》违宪，但各体育组织均发表声明予以反对，认为体育博彩将影响体育赛事的声誉。实际上，欧洲国家的体育博彩产业已有一套行之有效的监管机制。以足球博彩为例，无论是彩票还是赌博，欧洲国家都有一整套公开账务查询和高额税收、高额返利的法律体制，以确保大部分收入能够用来反哺体育运动。

6）体育旅游市场

体育旅游市场是旅游市场的一个分支市场或一种专业旅游市场，体育旅游是以体育健身、娱乐、观赏各类竞赛及尝试体育刺激与挑战等为目的的活动。近年来，随着居民生活水平的不断提高，参与健身、娱乐、探险等体育旅游项目的人数不断增多，推动体育旅游市场形成了一定规模。随着经济的快速、稳定、健康发展和社会的进步，人们参加体育旅游的兴趣会越来越高。

7）体育媒体市场

体育媒体市场是传媒市场的一个分支市场或一种专业媒体市场。体育媒体包含体育电视媒体、体育报刊媒体、体育广播媒体和体育互联网媒体。在我国体育电视媒体市场中，央视体育频道掌握的资源最丰富，拥有奥运会、世界杯等大赛的独家转播权。地方体育电视台则多依靠当地体育资源和特色运营。面临新媒体的崛起，体育报刊媒体正处在探索转型的路上，通过将内容聚焦于深度报道来巩固自身优势。体育广播媒体的体量小，内容更多聚焦在大众体育项目上。体育互联网媒体是近年来发展最快的媒体类型，更多综合门户网站对体育媒体平台的投入增加。此外，以阿里体育、苏宁体育为代表的体育互联网企业也将竞争焦点转移到对体育赛事媒体版权的争夺上。

8）体育保险市场

体育保险市场是指为体育活动提供保险服务而形成的市场。体育运动及其相关产业都有风险，作为一种分散风险的金融手段，体育保险对体育运动及相关产业的发展具有重要意义。体育保险主要包括运动员保险和体育产业保险。西方发达国家的体育保险制度已成为国家体育制度的重要组成，在体育产业的发展过程中扮演“保驾护航”的重要角色。在我国，体育保险市场还处于萌芽期，随着体育产业的发展，未来我国对体育保险市场的关注度将进一步提高。

9）其他体育市场

体育市场不止有以上 8 类，参考国家统计局发布的《国家体育产业统计分类》，体育市场还包括：①体育管理活动市场，该市场涉及各级政府部门体育行政事务管理机构的活动、体育专业团体管理、体育行业团体管理和体育基金会的管理和服务；②体育用品贸易代理与租售市场，该市场涉及体育设备及器材出租服务、体育用品及相关产品贸易经纪与代理活动；③体育场地设施建设市场，该市场涉及体育场馆工程服务、体育健身休闲用房屋建设活动，室内运动地面及室内滑冰、游泳设施的安装施工活动。

### 2. 体育市场的特征

1）市场的全球性

体育市场是全球统一的市场。随着社会经济的发展和生产力的提高，体育活动在全球范围内蓬勃发展。区域性体育市场推动形成了全球性体育市场。体育市场的全球化，使人们可以以较少的时间和费用来满足更多体育需求，使体育消费者可以通过现代通信工具观赏世界各地的体育赛事，促进了世界各国体育产业的发展，也丰富了人们的体育活动。

2）消费主体需求的多样性

体育市场消费者的经济收入水平存在很大差异，再加上文化、职业、年龄、性别、生活习惯、民族和习俗等的不同，使得体育消费需求差异较大。不同消费者对体育产品的偏好不同，同类体育产品在品种、性能、用途等方面也千差万别。

3）以体育文化为内核

体育服务产品在本质上属于精神产品，其内核为体育文化。尽管实物型体育产品有物的外壳，但决定这类产品本质的不是它的物质载体，而是蕴含的体育文化内涵和独特的审美价值，如体育服装、鞋帽区别于普通服装、鞋帽的特质正是其蕴含的体育文化。因此，无论是有形产品，还是无形产品，其内核均为体育文化。体育产品的文化特征是体育市场区别于其他市场的显著特征之一[2]。

# 4.3 体育市场机制

## 4.3.1 体育市场机制的界定

市场机制是市场运行的实现机制，描述供需、价格、竞争、风险等要素之间联系和作用的机理，是一种经济运行机制。市场机制是通过市场价格的波动、市场主体对利益的追求、市场供需的变化调节经济运行的机制。市场机制有一般和特殊之分，一般市场机制是指存在于任何市场中并发生作用的机制，主要包括供求机制、价格机制、竞争机制和风险机制。特殊市场机制是指各类市场中特定的、起独特作用的市场机制，如金融市场的利率机制、外汇市场的汇率机制、劳动力市场的工资机制等。

### 1. 供求机制

供求机制是指产品供给与产品需求之间所具有的内在联系和动态平衡的规律性。在市场体系中，企业在一定时间内向市场提供一定数量的产品和服务，形成产品的供给。消费者用一定数量的货币购买生产或生活需要的产品，形成产品的需求。产品供给与需求的关系，是生产与消费关系在市场中的反映，受多种因素特别是价格因素的影响。在矛盾运动中，供给方与需求方总是力求相互适应。当商品供过于求时，社会要求减少供给、增加需求；当商品供不应求时，社会则要求增加供给、减少需求，从而使供求关系达到平衡。由于受到多种因素变化的影响，这种平衡是暂时的。因此，供求关系总是按照从不平衡到平衡，到新的不平衡，再到新的平衡的规律运行。供求关系的变化往往通过商品市场价格的变化表现出来，当供过于求时，生产者为销售商品争夺买主进行各种各样的竞争，其中价格下调是竞争的重要手段；在供不应求时，购买者在市场上为买到商品而进行激烈的竞争，其中抬高价格是最有效的手段。供求关系变化集中表现为商品价格的波动。

### 2. 价格机制

价格机制是价格及其对生产、消费和供求关系等经济活动的自发调节过程和方式，它是市场机制的主要内容。在市场价格存在的情况下，社会供给表现为一定价值量的产品，社会需求表现为有支付能力的需要，并且反映资源的稀缺程度。当供求关系发生变化时，各市场主体就能从其引起的价格变化中得到信息，自发调节自身的经济行为。某种产品的价格提高会刺激这种产品的生产，从而增加市场的供给，抑制对这种产品的需求和消费；反之，某种产品的价格降低会刺激对它的需求和消费，抑制对这种产品的生产和供给。价格机制能够自发调节资源在社会各生产部门和企业之间的分配，刺激企业改进生产技术，提高劳动生产率。

**3. 竞争机制**

竞争机制是指各市场主体在市场经济条件下争夺自身经济利益的方式。在市场经济下，企业是独立的经济利益主体，为了实现利润最大化和自身的生存和发展，必然要在行业内部和行业间展开各种各样的竞争，包括产品、价格、服务、营销等。行业内部竞争是生产同类产品的企业为争夺有利的销售额和价格而展开的竞争，目的是获取超额利润。行业内部竞争能够刺激企业不断提高劳动生产率，对生产力的发展有重要的促进作用。行业间竞争是不同行业的企业为争夺有利的投资场所和超额收益而展开的竞争。行业间竞争引导生产要素在行业间转移，最终使不同行业的利润平均化。此外，在消费者之间及企业生产者、经营者和消费者之间，为争取使用价值的最大化也存在着各种竞争。竞争机制是市场机制的内在属性和固有规律，是推动经济进步的主要因素。

### 4.3.2 体育市场机制的概念

体育市场机制是指体育市场通过供求的变化、价格的波动及各主体之间的竞争来调节市场内经济运行的机制，受价格机制、供求机制、竞争机制的影响。

以体育健身休闲市场为例，在市场刚开始发展时，健身俱乐部相对较少，呈现出供小于求的状态。此时，消费者的健身费用较高，健身俱乐部的利润高于体育产业的平均利润。但这种状态并不能一直持续下去，庞大的市场空缺将使更多生产者投入健身俱乐部的经营中。随着新生产者的进入，供小于求所带来的超额利润将逐渐降低。同时，由于竞争越来越激烈，为了吸引消费者，健身俱乐部将不得不通过降低价格来吸引自己的客户群体，使利润逐渐趋近于市场的平均利润，达到一种动态的平衡[3]。

体育市场中最基本的是体育产品的供给与需求，市场供求受市场价格和市场竞争状况的制约，形成了“价格—竞争—供求—价格”的循环。即价格通过竞争确定，从而调节供求关系；供求关系的变化又会引起市场价格的变化，这就是一般意义上市场机制的运作过程。

价格是市场机制运作的标志，价格变化既是上一次市场机制要素循环运转结束的标志，又是下一次新循环运转开始的标志，该循环实现了市场运动的自我调节。市场要素自发、自动地循环也可以视为市场的自然机制，在完全竞争体育市场中表现得尤为明显。

### 4.3.3　体育市场失灵与宏观调控

市场机制能够调节体育市场，使其达到一种动态平衡状态。但在现实中，往往会出现市场失灵，导致价格机制、供求机制和竞争机制不能很好地发挥作用。商品价格过分偏离商品价值，市场效率低，市场需求得不到满足。当市场这只“看不见的手”不能很好地发挥作用的时候，就需要政府宏观调控这只“看得见的手”来调节市场。

#### 1. 体育市场失灵

市场失灵的判别标准是市场能否有效实现资源的合理配置。因此，可以从以下 5 个方面判别市场是否失灵：①由于某种原因，交易各方中至少有一方的选择不是自主的，而是被迫的，不能根据自己的利益来决定自身行为；②价格不能或局部不能对市场供求进行调节，偏离了社会资源合理配置的要求；③价格不能及时反映市场信息，即不是有效市场；④整个市场的收入始终无法弥补市场的投入，市场规模无法扩大形成产业，最终导致市场流失；⑤市场无法使福利在社会范围内得到公平分配。这一标准对于体育市场来说同样适用。当前体育市场失灵主要体现在以下 3 个方面。

（1）体育市场竞争管理无序。一个完善的市场体系应该是门类齐全、层次有序、结构合理的组织体系。随着市场经济的发展，体育产业化程度不断提高，体育市场的基本框架越来越清晰。体育竞赛表演市场是我国体育市场的主体。为了推动体育改革，有关部门在摸索中逐步建立体育市场规则。但由于处在体制改革和转轨期，体育市场的发展规模、运作方式及获利途径等同时受到计划经济和市场的制约，对产权归属、经营管理、法规和措施等观念的认识还不能完全适应体育市场发展的需要。导致体育市场的市场环境是市场经济，但发展模式却是计划经济。以全国职业联赛为例，初期组织者决定举办纯粹的职业联赛，照搬国际职业管理方式，强调赛制、参赛形式、赛区管理、资金筹划等直接与国际接轨。但由于对体育市场的认识不清，使得对体育市场的管理措施和管理方式带有浓厚的计划经济色彩，限制了体育市场的发展。

（2）体育市场结构的完善程度有待提高。在市场经济条件下，体育市场发展的重点就是要建立一个与市场体制相适应的体育管理体制和运行机制。实践证明，市场化程度越高则体育事业的发展越有活力。体育市场的发展需要以功能齐备、规范健全、发育完善为前提，体育市场的规模、结构、质量直接决定体育市场的效益和发展水平。我国多数体育队属于省市体育局职能部门管辖下的专业队，而运动员一旦走向俱乐部，二者的价值就会发生冲突。省市体育局要保全全运会，俱乐部要追求市场回报。我国体育联赛的资源在组委会手中，由组委会开发，再分配给俱乐部和主办赛区。因此，既调动不了赛区开发市场的积极性，也影响了赞助商的赞助回报，使得联赛缺少生机，体育市场的价值空间受到制约。

（3）信息不完全。信息不完全经济理论认为，信息不完全所造成的市场失灵主要表现在以下方面：一是信息完全才能保证交易双方都达到自己的目标，实现市场均衡和资源的优化配置，然而信息不完全会造成市场失灵；二是指信息作为一种产品，本身具有公共产品的性质，交易双方为获取信息和处理信息，必然会产生成本。体育市场信息不完全主要表现在以下 3 个方面：第一，市场的基本特征是自愿让渡，即在法律和市场规则的约束下，交易双方采用契约和合作方式实现交换，其结果才是最优的，不至于产生囚犯困境博弈的集体难题。第二，从体育联赛产品需求者的角度来看，该产品属于服务产品、无形资产，而且比赛具有悬念性和不确定性，比赛的质量很难控制和预测，需求者无法确定自己的偏好，导致需求价格和数量出现大幅度波动。第三，从体育联赛产品供给者的角度来看，无形资产的特征和法规不健全，缺乏界定产品产权的标准，导致供给者的权利与义务不对称，如目前联赛的赛事推广权、全国性电视转播权等所有权界定不明晰等。

### 2. 宏观调控

预防及矫正市场失灵需要借助政府这只“看得见的手”。政府管制可以在一定程度上弥补市场失灵的缺憾。因此，政府应在以下几个方面做好管制工作。

（1）建立良好的管理体制，实现市场的有序管理。政府对体育市场实施管理的目的是建立更完善的体育市场体系，制定和实施更科学、更合理的法制化管理措施，使体育市场所涵盖的机构和企业进入自主经营、自负盈亏、自我发展、自我约束和优胜劣汰的良性循环。因此，在现阶段政府应大力发展体育市场，建立和健全体育市场的经营管理制度和各项法规，优化各类市场资源配置，提高其效率和效益，创造良性发展空间。

（2）加大体育市场的开拓力度，改革体育市场结构。政府应破除市场行政壁垒，整合体育商品市场、技术市场、资金市场、人才市场结构，尤其要理顺比赛的商业运作、球队的投入产出、无形资产的开发、体育用品的生产和销售及与广告业等其他行业之间的关系，发挥出体育市场体系的整体功能和整体效率。同时，政府应改革当前的双体制，理顺国家利益和企业利益的关系，以防出现利益之争下的“两损”或“双输”。

（3）规范体育市场的竞争行为，提高信息透明度。各俱乐部投资企业行为短期化是体育市场不规范的重要原因，也是体育市场无序竞争的主要内容。为改变这一现象，除了通过各种合同、条例对其进行有效约束，更重要的是要通过管理制度推动企业与俱乐部之间的长期合作。尽快制定与之对应的法规、政策和制度。并按照市场规律对包括电视转播权出售、特许商品开发、广告和赞助招商、运动员转会、俱乐部经营等在内的商业运作进行规范化管理，形成良性循环。体育市场的相关信息也应纳入相关法律范围，实现最大限度的透明化，以保障体育市场的良性竞争[4]。

## 复习思考题

1. 什么是体育市场？国内体育市场具有哪些特征？
2. 国外体育市场的发展对我国体育市场的发展有哪些启示？
3. 请选择一个具体的体育市场，判断其所属的市场结构，并进行简单分析。
4. 体育市场机制是如何作用的？
5. 什么是市场失灵？如何使体育市场更好地运转？

# 参考文献

[1] 张玉峰. 体育经济学[M]. 上海：华东理工大学出版社, 2007.
[2] 鲍明晓. 体育市场——新的投资热点[M]. 北京：人民体育出版社, 2004.
[3] 张瑞林. 体育经济学概论[M]. 北京：高等教育出版社, 2016.
[4] 王大成. 市场失灵与政府管制——以体育市场为例[J]. 商场现代化, 2006 (474).

## 阅读材料

### 美国山地车旅游案例分析

**Richard J. Buning**

20 世纪 70 年代末，在北加州马林县的山丘上进行了一项冒险实验，一种名为山地自行车的产品诞生了，从此，山地自行车运动逐渐发展成为一项全球性运动，出现了惠斯勒、不列颠哥伦比亚省、犹他州摩押、莱库尔等山地自行车旅游胜地。山地自行车爱好者前往各地寻求不同的体验，对当地的经济发展产生了积极影响。随着户外娱乐在旅游地的商业化，探险旅游产品的生产规模和销售范围迅速扩大。2006—2012 年，美国户外自行车运动的参与人数从 3970 万人增加到了 4230 万人，年均增长率为 1.13%。山地自行车运动参与人数的增长超过了整体自行车运动参与人数的增长，年均增长率为 2.5%，参与人数从 670 万人增加到了 770 万人。对美国自行车产业的影响很大，其产值估计为每年 810 亿美元，其中 710 亿美元与旅游相关，并提供了超过 5 万个工作岗位。

美国山地自行车旅游市场显然是一个增长的市场。越来越多的地区正在投资开发旅游地和增加必要的资源，以吸引山地自行车游客，促进当地的经济发展。然而，目前对山地自行车游客的特征、旅行模式、旅行行为和活动偏好的研究较少，关于山地自行车旅游的研究仅限于行业报告和简单的学术研究，这些研究大多基于旅游支出，往往没有描述当地人的具体情况。这些被忽略的信息对于旅游地的经营来说至关重要，这些信息可以为业务战略决策、旅游产品开发与营销，以及为满足山地自行车游客需求而设计的辅助服务提供依据。目前，对山地自行车旅游的研究主要建立在旅游和休闲领域，学者们很少关注山地自行车旅游的具体需求特征。因此，下面将主要探索美国山地自行车游客的人口统计特征和旅游行为特征，以为未来的研究提供一个平台。

下面介绍 4 个突出的问题，这些问题来自我们对美国山地自行车市场的探索性分析。

#### 1. 美国山地自行车游客的人口统计特征

通过分析山地自行车游客的人口统计特征可以确定潜在的旅游概况和旅游行为的变化。从人口统计学上看，选取的样本为中年男性，他们的收入高于平均水平。在收入方面，84.2%的样本的家庭年收入超过 5 万美元，在一定程度上表明山地自行车游客的收入略高于美国家庭的平均收入。

男性和女性参与山地自行车旅游的巨大差异值得注意，性别差异一直是体育旅游文章讨论的主题。Minello 和 Nixon 呼吁对山地自行车游客的性别进行更深入的调查。在男性主导的山地自行车社交圈中，限制女性参与的观点可能已经根深蒂固，原因可能在于，女性山地自行车爱好者的潜在需求没有转化为现实参与。因此，有必要进行社会学研究，从社会学的角度探索山地自行车参与者的性别构成。

### 2. 市场繁荣具有频繁和分布于短暂休息时间中的特征

在本研究中，山地自行车游客平均每年进行 4.53 次山地自行车旅行。形成了频繁的（最有可能是季度的）分布于短期休息时间中的（即周末或长周末）山地自行车旅游市场。旅行的时间、收入水平、团队规模和旅行距离是影响游客支出的关键因素。

### 3. 异构市场

数据显示，年长的山地自行车游客的旅行时间往往比年轻的山地自行车游客的旅行时间更长，原因在于年长的山地自行车游客正处于财富积累较多的人生阶段，可以进行更长时间的运动。随着年龄的增长，家庭收入往往会增加。年长的山地自行车游客也可能已经退休或正在向退休过渡，因此有更多的空闲时间，而年轻的山地自行车游客可能会受收入、工作和家庭责任的约束。如果年轻的山地自行车游客的平均骑行时间更长，可能是因为年轻的山地自行车游客能够承受的骑行时间比年长的山地自行车游客长。

山地自行车旅游产品的定价要考虑可自由支配的收入和不同年龄的游客的可用休闲时间。可以采用分层定价方式。例如，由于年轻的山地自行车游客的消费受时间的限制，可以开发旅游时间较短的（如一晚到两晚）套餐，以迎合年轻的山地自行车游客的喜好。为鼓励游客再次光临，旅游服务提供方需与游客建立良好的关系。考虑到年轻游客倾向于参与频繁、时间相对较短的山地自行车专项旅行，并且随着年龄的增长，他们的可停留时间越来越长，家庭收入也越来越高，重复访问的山地自行车游客可以为旅游服务方带来长期经济价值。数据表明，年龄在 45 岁到 64 岁之间的山地自行车游客的经济价值最大。Minello 和 Nixon 的研究结果显示，越来越多的男性认为骑山地自行车有益健康。

年龄差异也表现在山地自行车游客的住宿偏好方面。研究发现，对于山地自行车游客来说，除了道路特征和场地设施，住宿也是重要的考虑因素。与 Green 的研究相似，年龄在 35 岁到 54 岁之间的人更倾向于选择旅馆、汽车旅馆和度假村，年龄在 25 岁到 34 岁之间的人有 68.6%更喜欢山地自行车旅行的露营地。有很大原因在于，年龄较大的山地自行车骑行者的收入较高且积累的财富较多。

在年龄为 35 岁及以上的山地车骑行者中，前往海外进行山地自行车旅行的人较多，而 80.6%的受访者从未以骑山地自行车为目的搭乘过飞机。这对美国的山地自行车旅游地来说是一个重大的机遇。在这项研究中，美国山地自行车游客明显不愿意进行海外山地自行车旅行。

**4. 冬季旅游的季节性机会**

调查结果表明，山地自行车游客更喜欢在温暖的季节旅行。美国境内不同地区的首选旅行月份也有显著差异，表明山地自行车旅游是一种季节性活动。季节尤其影响那些严重依赖冬季冰雪运动的旅游地。

Pegg 等人指出，冬季旅游景点的产品组合日益多样化，为了改善季节性，可以将夏季娱乐活动纳入其中。Freeman 和 Thomlinson 指出，通过山地自行车旅游，加拿大不列颠哥伦比亚省的高山旅游景点已经出现多样化。事实上，山地自行车为冬季旅游景点提供了一个理想的机会，可以在滑雪场建造骑行道路，越野山地自行车和滑雪电梯可以用来运输山地自行车下坡。

然而，随着“胖车”（用于雪地旅行的自行车）等新技术的普及，山地自行车旅游的季节性似乎发生了变化。从规划和营销的角度来看，了解游客最有可能的出行时间和他们从哪里来，对于山地自行车旅游地来说至关重要。例如，未来的研究应该探索山地自行车和雪上运动需求是否重叠。一些山地自行车游客可能是交替季节的雪上运动参与者。尽管在一年中的不同时间会有不同的活动，但从战略目标和培养回头客方面来说，这可能会对景点营销和管理产生影响。

调研结果显示，在山地自行车旅行中，徒步旅行和饮食最受欢迎。在山地自行车旅行途中，啤酒、汉堡、墨西哥食品是首选。是否能参加徒步旅行等其他活动或是否有一个好的就餐环境，是山地自行车游客选择景点的关键影响因素。有趣的是“啤酒和自行车”的联系反映了一种趋势，可以通过建立特定的山地自行车骑行中心实现商业化，这样的山地自行车骑行中心将吸引大量山地自行车爱好者。

（本文来自《假日市场》，2019 年第 10 期）

# 第 5 章　体育要素市场

生产要素市场是指生产要素交易的场所及其交换关系的总和，出现生产要素市场是市场经济不同于商品经济的重要标志。本章介绍 3 类体育要素市场：体育劳动力市场、体育资本市场和体育土地市场，并对其基本原理、概念和类型等进行分析，列举相关的案例以介绍各体育要素市场的实际应用。

## 5.1　体育劳动力市场

在任何经济形式中，劳动力都是最重要的生产因素。在体育经济中，职业运动员、教练员、裁判员、体育教学人员、体育经营管理人员等都是劳动力要素。本节重点讨论体育劳动力市场。

### 5.1.1　劳动力市场的基本原理

劳动力市场是在市场经济体制下，以劳动力是商品为前提，依据劳动力供需变化规律对劳动力资源进行自发引导和调节，从而实现劳动力合理配置的机制。

**1. 劳动力需求**

劳动力需求是指企业在一定时期内，在某种工资率水平下愿意且能够雇佣的劳动量。劳动力需求是衍生需求，因为劳动力生产商品和服务是为了满足消费者的需求。企业生产规模是影响劳动力需求的关键因素，企业的生产规模越大，对劳动力的需求越大。当然，企业技术和管理水平、企业利润、其他要素价格、社会生产规模大小、国家经济体制、产业结构状况、科学技术水平等也是影响劳动力需求的因素。

讨论劳动力需求，必须要讨论利润最大化原则。在产品市场中，企业利润最大化原则是产品的边际收益等于边际成本。在要素市场中，这一原则仍然适用，即企业使用要素的边际收益产出等于使用要素的边际要素成本。

边际收益产出（MRP）指每变化单位投入要素给企业带来的收益变化值。每投入单位劳动力所获得的收益，将以劳动者所生产的产品收益来衡量。

劳动的边际产量（MP）指在劳动力市场中每增加单位劳动力，企业多生产的产品数量。在市场中存在边际产量递减规律，又称边际报酬递减规律，指在其他条件不变的情况下，每增加单位劳动力所带来的企业产量的增量减少。这个递减不是在早期就开始递减，而是在边际产量达到一个最大值后才开始递减。作为可变生产要素，劳动力与其他生产要素有一个最佳组合比例，在该比例下会有一个最大的边际产量，当劳动力继续投入，将越来越偏离最佳组合比例，于是边际产量将递减[1]。其中产品的边际收益（MR）就是每件产品的价格。可以得出下列公式

$$MRP = MP \times MR \tag{5-1}$$

劳动力边际产量递减阶段的边际收益产出如表 5-1 所示。假设某产品的边际收益（即单价）为 10 元。

**表 5-1　劳动边际收益产出计算表**

| 增加的劳动力（单位） | 产出（个） | MP（个） | MR（元） | 总收益（元） | MRP（元） |
|---|---|---|---|---|---|
| 1 | 5 | 5 | 10 | 50 | 50 |
| 2 | 9 | 4 | 10 | 90 | 40 |
| 3 | 12 | 3 | 10 | 120 | 30 |
| 4 | 14 | 2 | 10 | 140 | 20 |
| 5 | 15 | 1 | 10 | 150 | 10 |

每增加单位劳动力，可以使总收益增加，但是会使边际收益产出减少。企业利润最大化的劳动力需求在什么时候出现呢？尽管边际收益产出在减少，但是只要大于每增加单位劳动力所带来的成本，企业就将继续增加劳动力生产要素的投入。

边际要素成本（MFC）指每变化单位投入要素所导致的企业总成本的变化值。在劳动力市场中，每增加单位劳动力所付出的成本就是工资（$w$）。

企业根据 MRP = MFC 原则来使用生产要素，可以实现利润最大化。在劳动力市场中则表示为 MRP = $w$。如果 MRP >$w$，则每增加单位劳动力所增加的收益

大于所增加的成本，企业的利润将会提高，企业将增加对劳动力的投入。如果 MRP <$w$，则每增加单位劳动力所增加的收益小于所增加的成本，企业的利润将会降低，企业将减少对劳动力的投入。利润最大化的劳动力需求如图 5-1 所示，$L$ 表示单位劳动力。

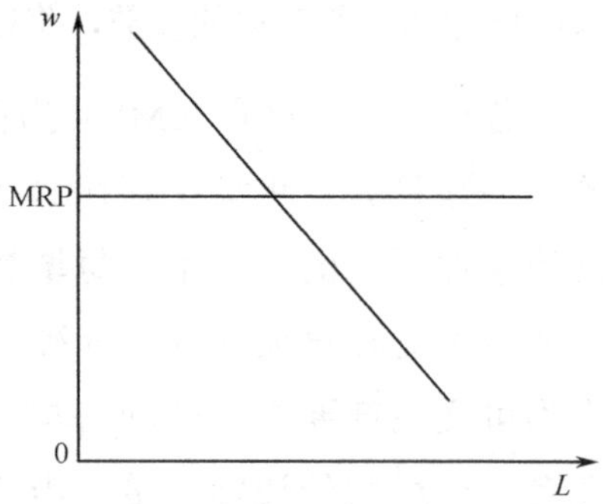

图 5-1　利润最大化的劳动力需求

在 MRP =$w$ 时，劳动力的需求曲线和劳动力的边际收益产出曲线相同，在工资率水平不变的前提下，企业将根据利润最大化原则确定对劳动力的需求量。

### 2. 劳动力供给

劳动力供给是指在一定的市场工资率水平下，劳动力供给的决策主体（家庭或个人）愿意且能够提供的劳动时间[2]。一般来说，劳动会给劳动者带来负效用，也就是带来痛苦的感受；而闲暇则会给劳动者带来正效用，也就是带来快乐的享受。

可以将劳动力供给分为个人劳动力供给和市场劳动力供给。

个人劳动力供给一般受工资的影响，工资越高，个人愿意提供的劳动越多。在其他条件不变的前提下，商品市场中的商品价格越高，商品供给越多。劳动力市场也一样，劳动力其实就是一种商品，工资就是劳动力的价格，因此，工资越高，劳动力供给就越多，与大多数商品供给曲线类似，个人劳动力供给曲线向上倾斜。

但工资变化存在替代效应和收入效应，当收入效应占主导地位时，个人劳动力供给曲线向后弯曲。替代效应是指工资率变化对劳动者选择闲暇与劳动的替代关系的影响，较高的工资率会使劳动者更多地选择劳动，形成向右上方倾斜的个人劳动力供给曲线，如图 5-2 所示。收入效应是指工资率变化对劳动者收入的影响，工资越高，收入越多，劳动者可以选择闲暇并减少工作时间，即减少劳动力供给，形成向左上方倾斜的个人劳动力供给曲线。当工资率较低时，工资率提高对劳动者收入的影响不大，工资率提高的替代效应大于收入效应，因而个人劳动力供给曲线向上倾斜。但是，当工资率上升到一定程度后，工作较少的时间就可以获得较高的收入，能维持较高的生活水平，工资率提高的收入效应大于替代效应，个人劳动力供给曲线向左上方延伸，向后弯曲[3]，如

图 5-3 所示。

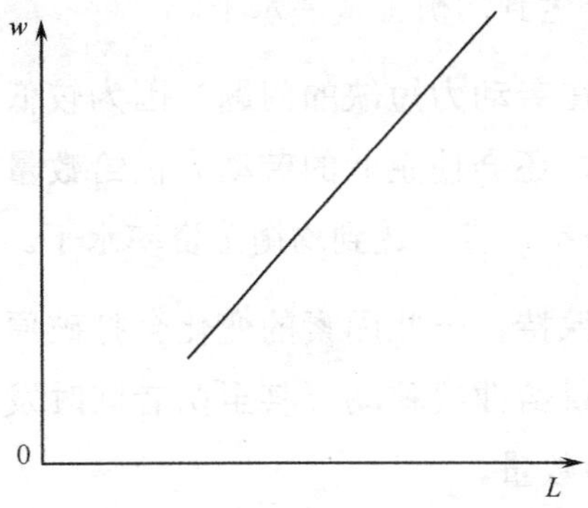


图 5-2　向右上方倾斜的个人劳动力供给曲线

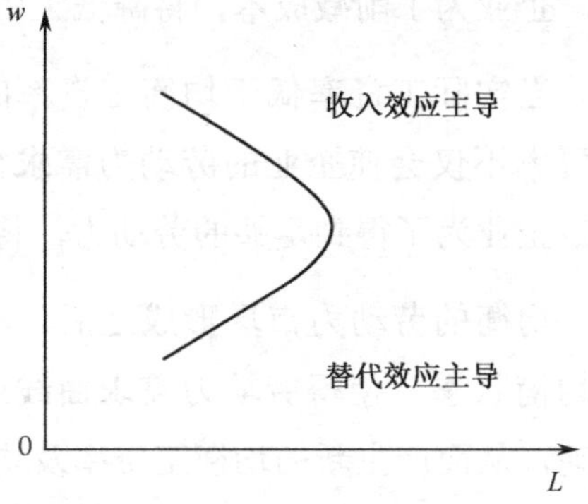


图 5-3　向后弯曲的个人劳动力供给曲线

市场劳动力供给是个人劳动力供给的总和，但需要注意的是，市场劳动力供给曲线是向右上方倾斜的，如图 5-4 所示。这是因为在工资率提高时，虽然个人劳动力供给可能减少，但由于较高的工资率会吸引更多的劳动者进入劳动力市场，使得市场劳动力供给增加。

### 3. 劳动力市场均衡

劳动力市场均衡是指在工资率固定的前提下，劳动力需求等于劳动力供给的状况。这时工资率即为均衡工资率，在这一工资率下的劳动力数量即为均衡就业量。向右下方倾斜的劳动力需求曲线 $D$ 和向右上方倾斜的劳动力供给曲线 $S$ 的交点所对应的工资率和劳动力数量就是均衡的工资率和均衡劳动力数量，劳动力市场的均衡如图 5-5 所示。

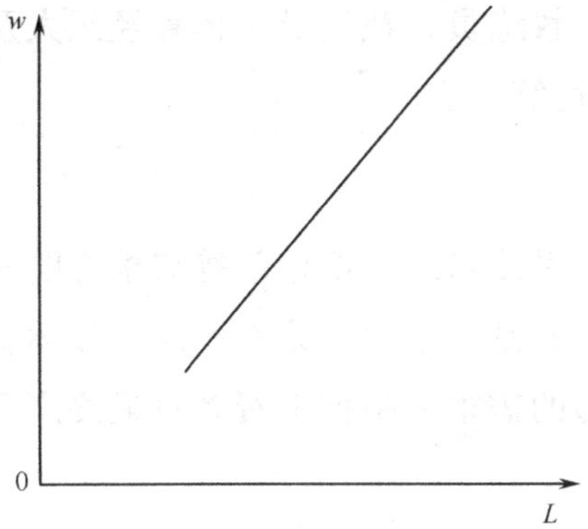


图 5-4　市场劳动力供给曲线

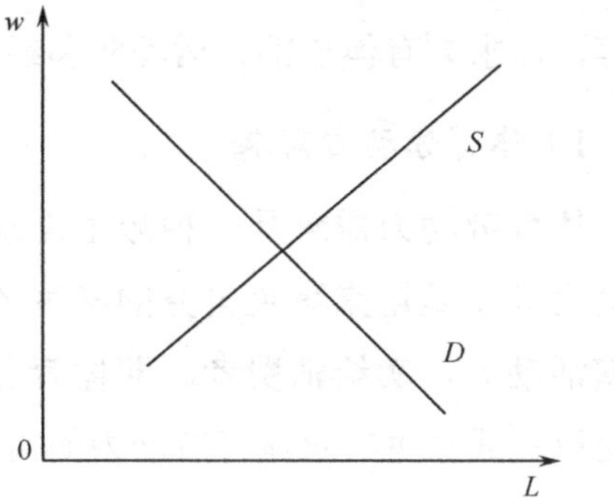


图 5-5　劳动力市场的均衡

当实际工资率高于均衡工资率时，会存在劳动力过剩的问题，因为较高的工资率不仅会使企业的劳动力需求数量减少，还会使企业的劳动力供给数量增加。企业为了削减成本，将降低工资率，直至达到均衡工资率水平。

当实际工资率低于均衡工资率时，会存在劳动力短缺的问题。因为较低的工资率不仅会使企业的劳动力需求数量增加，还会使企业的劳动力供给数量减少。企业为了得到足够的劳动力，将提高工资率，直至达到均衡工资率水平。

均衡的劳动力市场形成之后，不会一直保持，一些因素的变化会打破原有的均衡状态，使得劳动力需求曲线或劳动力供给曲线移动，甚至两者同时发生移动，从而产生新的均衡工资率及均衡劳动力数量。

劳动力需求曲线的移动会对均衡位置产生影响，劳动力需求曲线向左移动表示在工资率不变的情况下，劳动力需求减少；劳动力需求曲线向右移动表示在工资率不变的情况下，劳动力需求增加。劳动力供给曲线向右移动表示在工资率不变的情况下，劳动力供给增加；劳动力供给曲线向左移动表示在工资率不变的情况下，劳动力供给减少。

### 5.1.2 体育劳动力市场的概念和类型

体育劳动力市场是体育劳动力自由、合理流动形成的市场。体育劳动力主要包括运动员、教练员、裁判员、体育科学研究人员、体育教学人员、体育经纪人及经理人等。下面重点讨论运动员市场和教练员市场。

#### 1. 体育劳动力需求与供给

体育劳动力市场的供给方有运动员、教练员、裁判员和体育经纪人及经理人等，需求方有俱乐部、运动队和经纪公司等。

1）体育劳动力需求

体育劳动力需求是一种派生需求，即引致需求。俱乐部等需求方购买体育劳动力并不是用来满足自身的某种欲望，而是为了生产体育产品（如体育竞赛表演活动），卖给消费者。即体育劳动力的需求方根据消费者对最终产品的需求而引致或派生的对体育劳动力的需求。

2）影响体育劳动力需求的因素

（1）市场对体育产品的需求。体育劳动力需求是一种引致需求，是由市场对体育产品的需求引起的。市场对体育产品的需求越多，对体育劳动力的需求就越多。

（2）体育产品的价格。体育产品的价格越高，对体育劳动力的需求越多。消费者消费体育产品，消费者支出就是生产者（体育劳动力需求方）收入，更高的价格则意味着更多的收入和更高的利润，就会产生更多的体育劳动力需求。

（3）体育劳动力的价格。体育劳动力的价格越高，对体育劳动力的需求越少。体育劳动力的价格就是支付给体育劳动者的工资，工资越高，利润越低，需求越少。

（4）运动技术水平。运动技术水平越高，对体育劳动力的需求越多，因为运动技术水平越高意味着观赏性越强，会吸引更多体育消费者。

以篮球为例，市场对篮球比赛（体育产品）的需求越多，篮球比赛门票（体育产品的价格）就越贵，而篮球运动员的工资（体育劳动力的价格）低，篮球又是一项具有高运动技术水平的运动项目，在以上条件都成立的条件下，篮球俱乐部或篮球联盟就会增加对球员（体育劳动力）的需求。

体育劳动力需求的实质是获取利润，根据利润最大化原则，劳动的边际收益产出等于劳动的边际要素成本（也就是工资）时，将获得最高利润，从而确定最优的需求量。

3）体育劳动力供给

体育劳动力供给是劳动供给理论在体育领域的具体应用，其基本分析参见第 5.1.1 节。

### 2. 运动员市场

在竞技体育领域，运动员不仅是赛场上的绝对主导者，也是整个职业体育运动的核心。我国体育市场中的大多数经济活动都以运动员为核心，职业运动员从事的专业训练、竞赛表演等的本质均为运动员独特的劳动形式的体现。因而职业运动员的身价实际上体现了体育消费者对运动员特殊劳动成果的认可[4]。

1）运动员劳动的特点

运动员在体育运动中的劳动具有以下特点。

（1）劳动的长期性和劳动成果的短暂性。一个运动员要达到世界先进运动技术水平需要经过长期的培养，一般认为最有天赋的运动员也需要 5～10 年时间。比赛成绩是衡量运动员劳动成果的最重要标准。运动场上变化多端，胜负常常带有很大的偶然性。一般运动员的运动寿命只有几年，且最关键的比赛很可能只有几场。

（2）劳动产品具有一次性。运动员的劳动价值一般在消费领域实现，通过运动员在运动场上优异的表现满足人们欣赏和享受精神文化娱乐的需要，即生产的是一种精神产品。它是无形的体育产品，消费者在消费之前不可能看到或感觉到这种消费，即使在消费之后，也不能有任何持有物。它不像其他实物型产品一样可以储存并再次出售。运动员劳动产品具有不可预测性，即使某运动员的实力很强，也不一定能取得比赛的胜利，这也是比赛的悬念所在。

（3）劳动价值与体育竞赛表演活动等产品或服务紧密结合。达到一定竞技水平的运动员，会受邀参加各类国内外赛事或演出，并通过结合运动训练和竞赛表演实践，不断提高自身的运动技能和水平，也会提高观众对其所提供的劳动产品或服务的认可程度，从而大幅提升运动员的劳动价值。

（4）运动员的劳动是一种经济资源。职业运动员的劳动是一种含义更丰富的社会资源。参与体育运动的运动员所提供的劳动除了可以带来票务收入等经济效益，还可以扩大体育消费的影响力，直接或间接带来多方面的社会效益。通过充分挖掘优秀运动员的多重效益，可以充分实现运动员的经济资源作用，创造巨大的经济效益和社会效益。

（5）劳动强度的超负荷性。运动训练是对人体潜在运动能力的挖掘，运动员能力的提高是通过人体对外界刺激的不断适应实现的。运动员必须通过大量超负荷训练才能不断实现自我超越，获得更好的运动成绩。这就决定了运动员的职业劳动的本质是超负荷的高强度劳动。

（6）运动员专业训练和文化学习的周期性重叠。随着现代竞技运动的发展，运动员开始从事专业运动训练的时间越来越早，呈低龄化趋势。因而对于职业运动员而言，其个人职业生涯早期扮演的第一个职业角色即为“运动员”。绝大多数职业运动员很早就开始进行专业系统的运动训练，个别项目甚至必须“从娃娃抓起”，而这一时期的运动员正处于生长发育期，必须接受正规系统的文化教育，这使得运动训练和文化学习周期性重叠、相互干扰，并产生冲突。

2）运动员的劳动报酬

运动员是一种特殊的职业，其薪酬遵循一般职业薪酬的结构和规律，还具有一些其特有的内容和特点，即以技能和能力为基础。技能直接体现为运动员的技术水平等级，如我国的专业运动员等级划分；能力则主要体现为运动员的赛场表现和运动成绩，据此又可以将运动员分为普通运动员和明星运动员。普通运动员的薪酬结构更趋近于货币报酬，主要由相对固定的基本工资、出场费和津贴构成。在明星运动员的薪酬中，除了可以用货币直接计算的经济性薪酬，还有大量无法用货币量化的非经济性薪酬，如运动员的个人成就和社会地位所形成的无形资产。因此，明星运动员的薪酬除了工资、津贴、出场费等相对固定的部分外，奖金及广告代言等绩效性收入也在其总薪酬中占有重要份额。

运动员市场的需求与供给是影响运动员薪酬的主要因素，除此之外，以下因素也会对运动员的薪酬产生影响。

（1）运动员的人力资本价值量。运动员的人力资本价值量主要体现为创造效益的能力。这种创造效益的能力主要靠运动员的技术水平和运动成绩实现。一般来说，技术水平越高、运动成绩越好的运动员的人力资本价值量越高，相应的薪酬水平也越高。且这种薪酬水平的提高与运动成绩的提高之间并不是简单的正比关系，运动成绩的提高往往能够带来人力资本价值量数倍甚至数十倍的增长，进而带动其薪酬水平成倍增长。

（2）运动项目的差异。不同运动项目除了市场化程度不同，其观众的数量（市场规模）和支付能力及消费者的习惯和偏好也存在很大差异，与之相对应的运动员薪酬水平也存在很大差异。2019 年《福布斯》全球运动员年度收入排行的前十位如表 5-2 所示，可以看出从事足球、篮球、橄榄球等运动项目的运动员的收入水平相对较高。

表 5-2　2019 年《福布斯》全球运动员年度收入排行的前十位

| 排名 | 运动员姓名 | 收入 | 运动项目 |
|---|---|---|---|
| 1 | 里奥・梅西 | 1.27 亿美元 | 足球 |
| 2 | C 罗 | 1.09 亿美元 | 足球 |
| 3 | 内马尔 | 1.05 亿美元 | 足球 |
| 4 | 苏尔・阿瓦雷兹 | 9400 万美元 | 职业拳击 |
| 5 | 罗杰・费德勒 | 9340 万美元 | 网球 |
| 6 | 拉塞尔・威尔逊 | 8950 万美元 | 橄榄球 |
| 7 | 阿隆・罗杰斯 | 8930 万美元 | 橄榄球 |
| 8 | 勒布朗・詹姆斯 | 8900 万美元 | 篮球 |
| 9 | 斯蒂芬・库里 | 7980 万美元 | 篮球 |
| 10 | 凯文・杜兰特 | 6540 万美元 | 篮球 |

（3）运动员类别。运动员类别主要指运动员是职业运动员还是业余运动员，

是专业运动员还是非专业运动员，是明星运动员还是普通运动员。不同类别的运动员，对应的薪酬结构和薪酬水平不同。

（4）运动项目的市场化程度。运动项目的市场化程度关系运动项目产业的规模与发展水平，进而影响参加各类体育赛事的运动员的薪酬情况。运动项目市场化程度的高低也影响运动员流动的难易程度和运动员在薪酬谈判中讨价还价的能力。运动项目市场化还为运动员无形资产的开发提供了更广阔的空间和舞台。

（5）体育产权的清晰程度。体育产权的清晰程度影响体育赛事及体育无形资产的开发难度和开发程度，特别是运动员人力资本产权界定的清晰程度与运动员薪酬有密切联系。清晰的人力资本产权界定可以使运动员获得附在自己身上的人力资本的“合法权利”，能够产生巨大的激励效应，促进运动员人力资本的整体提升，从而提升运动员的薪酬水平。产权界定不清不但会直接影响运动员各种收益的分配，还可能严重打击优秀运动员的积极性。

### 3. 教练员市场

教练员的劳动过程是综合运用专业知识及相关学科知识，训练、指导运动员创造优异运动成绩的过程[5]。优秀教练员对我国体育产业，特别是体育竞赛表演产业的发展具有重要意义。

#### 1）教练员的劳动特点

教练员的劳动是不同于其他劳动形式的特殊劳动，这种劳动从根本上来说是一种创造活的“产品”的劳动，而“活”的产品的价值是其他任何产品都不能比拟的。

（1）创造性。从外部环境来看，教练员的劳动具有创造性。从运动训练学的发展趋势来看，随着科学技术的迅速发展，训练方法、训练手段的先进化，竞争也日益激烈。教练员想要完成训练任务和提高运动训练水平越来越不容易。一名优秀的教练员不仅需要储备全面的理论知识，还需要积累充足的实践经验，才能提供高质量的训练；教练员只有保持对世界运动技术、战术发展的高度敏感性，熟悉本项目的国内外发展动向，做到及时把握信息、整理信息，适时拟定、更新、实施训练计划，才能有创造性地做好运动员的训练工作；只有不断创新训练方法、手段及战术打法，才能与时俱进。从内部环境看，教练员的劳动更具有创造性。教练员劳动的对象是运动员，每个运动员都是独立的个体，在许多方面存在差异。因此，教练员的劳动过程不可能只有一套在任何情况下都能使用的现成模式，教练员需要根据运动员的具体情况总结出符合不同运动员成长特点的训练方法。

（2）长周期性和风险性。优秀竞技人才的培养必须经过多年的系统训练，这就决定了教练员劳动的长周期性。这是运动训练的客观规律所决定的，不以人的主观意志为转移。从经济学角度分析，投资周期越长，获得收益越晚，风险也就越大，有可能导致支出和收益极端不平衡。教练员的劳动就是风险投资。由于体育运动发生身体伤害的概率要远远高于其他行业，教练员的劳动很可能随着运动员的身体损伤而付之东流。运动员是有思想、有意识、有个性的个体，其成长过程中的一切行为不仅受情感和意识的支配，还受家庭、市场、社会等的多重影响，运动员成长过程中的不可控因素均会增加教练员劳动的风险。

（3）成果的他显性。在长期的劳动后，教练员的劳动成果不是通过教练员自身表现出来的，而是通过运动员的运动成绩表现出来的。教练的劳动成果只有通过比赛才能得到社会的承认，也只有比赛才能体现其真正的价值。

2）教练员的劳动价值

大多数教练员都曾经是优秀的运动员，这里主要探讨的并不是他们曾作为运动员的价值，而是其作为运动员训练指导者的劳动价值。

（1）教练员的劳动价值可以直观地通过运动员运动成绩的提高体现出来。这种价值是经过竞赛过程和成绩确立的，具备可测量性，是一种有形价值。

（2）教练员的劳动价值不仅通过运动员的成绩体现，还会以无形价值的方式体现。通过其吃苦耐劳、奋发图强、对自身严格要求等精神品质对运动员产生潜在的影响，这种价值无法直接测量，而是以意识和能力作为主要表现形式。

（3）教练员的劳动提高了我国竞技运动的水平。众所周知，大型国际赛事等盛会，已经成为展示国家综合实力的重要窗口。国际体育比赛的胜利，关系一个国家、地区、民族的荣誉，既可振奋民族精神，迅速提高国家的国际威望，又能在一定程度上促进该国体育产业的发展。

3）教练员的劳动报酬

作为运动员的“工作母机”，教练员的劳动有其特殊性，其劳动报酬也不能简单按照普通劳动生产者的报酬标准来衡量。目前，教练员的劳动报酬仍未引起足够的重视。长期以来，教练员群体，特别是基层教练员的劳动报酬一直很低，甚至低于普通学校的体育教师收入水平。

部分市场开发较为成熟的运动项目（如足球、篮球等）的巨大的消费市场保障了相关俱乐部教练员的劳动报酬。市场化运作对教练员具有正向的激励作用，可以在一定程度上提高教练员的工作积极性和创造性。

现代竞技体育的竞争已经演化为教练员水平的竞争。培养一支积极进取、业务精通、素质全面的高水平教练员队伍是不断提高运动员训练水平的重要前提和保障。如果优秀教练员的报酬和奖励难以保障，则可能打击教练员的积极性，导致优秀人才外流，对体育发展产生消极影响。

### 5.1.3 案例分析：2019年CBA工资帽改革

2019年，CBA官方发布公告，2020—2021赛季起，对国内球员实施限薪。初始工资帽的基准值为3600万元，初始工资帽的上限为4800万元，下限为2400万元。实际合同工资支出超出工资帽上限或低于工资帽下限的俱乐部，应向联盟缴纳青训调节费（比例逐年递增，2022—2023赛季起为100%）。

为了遏制国内球员薪资增长过快的趋势，新规对球员的顶薪合同也做了规定：单一球员的最高合同工资限额为该赛季工资帽基准值的25%，2020—2021赛季为900万元，暂时不设定外援工资帽。

工资帽的推出意味着CBA又朝NBA的运营形式迈出了坚实的一大步，但实际情况远不是单纯地宣布规定和设定一条基准线，该工作的阻力和难度非常大。换言之，虽然所有人都意识到推行工资帽制度在所难免，但多年迟迟未能真正付诸行动的核心原因在于能否在现有的篮坛局势下，打造出一套完整且行之有效的体系，为未来十年甚至三十年打好基础，并全力实施。目前，CBA还缺乏一个能够和资方平起平坐的劳方代表，即球员工会。球员工会为劳方发言，参与工资帽的制定，并探讨一系列规则，为球员争取最大化的利益。NBA就是一个典型的劳方强势的联盟，球员工会力量强大，为球员挣到了全球同行业的最高平均工资，且球员拥有巨大的话语权。

一旦工资帽顺利推行，将会极大地促进CBA水平的整体提升，能够在多方面形成质变：①工资帽的核心其实是降薪，每个球队的支出有上限（目前的工资帽仅限于国内球员，外援将会在后面再设规定），避免了球队大规模投资导致的实力不均衡；②保证投入的下限，在新版规则里，最低支出不得少于2400

万元，而中国篮协主席姚明也曾在之前的 CBA 大会中强调，将会逐渐清除那些不愿意投入资金的篮球俱乐部，让更愿意促进中国篮球发展的企业进驻 CBA 联盟。工资帽将形成一个良性循环，将 20 支球队作为利益共同体，共同打造一个规范的职业联盟。

工资帽是参考，也是上下两条红线，球队需要为自己的经营考虑。同时，每个球员的身价及薪水将真正由整个联盟来界定：如果一名强队的替补在本队的工资只有 100 万元，而缺乏这个位置的其他中下游球队开出了 300 万元来抢人，母队只能选择匹配或者放弃。运动员的流动对于中国篮球来说，是真正利在千秋的功业。

2020—2021 赛季，完善的联赛规则将逐步推进，CBA 将进入发展的新纪元。

## 5.2 体育资本市场

资本市场又称为“长期资金市场”或“长期金融市场”，是金融市场的重要组成部分。作为与货币市场相对应的概念，资本市场通常指期限在一年以上的各种资金借贷和证券交易的场所[6]。证券交易市场、产权交易市场、基金交易市场等都是体育资本市场的主体。本节重点介绍体育资本市场。

### 5.2.1 资本市场的基本原理

#### 1. 资本

资本的本质是财富，通常形式是金钱或实物财产。资本的概念最早用于解释货币的借贷关系，与贷款的本金、利息对应。1776 年，亚当·斯密在《国富论》中修正了杜阁关于资本的论述，明确资本以生产手段的集合体为限。此后，资本成为与劳动力、土地并列的重要生产要素，并成为经济学理论中最基本的概念之一。随着社会的发展和经济学研究的不断深入，学术界关于资本的内涵与外延的界定越来越丰富。庞巴维克提出资本作为“自然力”，包括社会资本、生产资本等，能够通过劳动储存并获得利息；马克思则将资本定义为能够“带来剩余价值的货币”，并提出在资本家将货币和生产资料作为手段和工具进行剥削和奴役时它们才会转化为资本，资本本身并不是物，而是一个历史范畴。二战后，作为战败国的日本、德国的经济快速复苏，引起了西方经济理论界的高度重视；舒尔茨、贝克尔等经济学家将人力资本引入资本的概念范畴，提出人力资本由投资行为形成，能够对国家经济发展产生重要影响；在20世纪80年代后期，布尔迪厄、普坎南、科尔曼等社会学家提出了社会资本理论，对社会资本分类、内在联系和结构层次的研究进一步拓展了资本概念的内涵；20世纪90年代，环境经济学家皮尔斯明确了自然资本的概念；1995年，世界银行将资本大致划分为4类：人造资本、人力资本、社会资本、自然资本。

21世纪以来，对资本概念的研究逐渐在经济学、社会学、政治学、教育学、环境学等多个学科展开。本书将资本定义为用于投资活动所获得的利润、资产的总和，是人类创造物质和精神财富的各种社会经济资源的总称。

2. 资本市场

在现代市场经济中，生产要素市场的发达主要体现在生产要素的资本化方面。在价值相对独立的基础上，所有生产要素的运动都抽象地反映为资本运动，资本市场成为价值抽象存在的最重要的生产要素市场[7]。文献[7]认为资本市场是指期限在一年以上的各种资金借贷和证券交易的场所，为了满足市场上的长期投资资金需求而进行了资本性资源的交易和配置[8]。

3. 资本市场的均衡

1）资本价格

资本价格能够在价格机制中体现，价格机制是资本市场中最重要的均衡机制。在资本市场中，投资者不会免费为企业提供资本，而是为资本使用权的转让支付相应报酬，即资本价格。资本价格提供了关于稀缺程度和机会成本的信息，用于指示资本配置的流向和渠道。因而资本的有效配置效率在很大程度上受资本价格信息的充分性和有效性影响。资本市场的完善程度与资本价格反映出的资本信息量有正相关关系。资本市场越完善，资本价格反映的信息越全面，越能反映企业的价值。因此，在投资者理性的前提下，资本价格的变化能够反映投资者对企业价值的态度和判断。

2）资本需求

在经济学中，将可以带来利息的资本统称为可借贷货币资本，也称“可贷资本”。一般可贷资本的需求者有家庭、产品厂家和经营者、政府。

家庭需要资本主要是为了消费，大多用于购买耐用型消费品（如房屋、汽车等）或用于意外支出消费（如疾病、事故等），其资金主要是正常家庭的收入总额。而产品厂家和经营者需要资本主要是为了投资，投资的目的是获得利润，其资本可能源于资本市场或自有资本，无论是借贷资本还是动用自有资本都需要一定的利息。对于产品厂家和经营者来说，如果选择不使用自有资本，可以通过资本市场出借自身货币或资产来获得相应的利息。当预期投资收益率固定时，市场利率与产品厂家和经营者的投资代价呈正相关关系，与总收益呈负相关关系。产品厂家和经营者以此来决定自己的资金需求。政府需要资本主要是为了平衡财政收支和进行投资活动。当财政预算出现赤字或受某些政治因素的影响时，政府需要借助公债等募集一定数额的借贷资金。与前两种的资本需求方相比，政府对资本的需求多与政治有关，与资本市场的利率水平关联程度较低。在特定情况下，政府也需要考虑成本、市场价格等因素的影响。在经济萧条时期，当面临资本市场价格低、失业率上升的情况时，政府多采用增加支出的方式刺激经济活动。

家庭、产品厂家和经营者、政府的需求构成了资本市场的总需求。资本市场的总需求量与价格呈负相关关系，市场的总需求量越大，对应的价格越高；反之，对应的价格越低。在其他要素不变的前提下，资本的边际生产率递减。因此，资本的需求曲线是单个主体需求水平的总和，曲线向下倾斜、斜率递减，如图 5-6 所示。

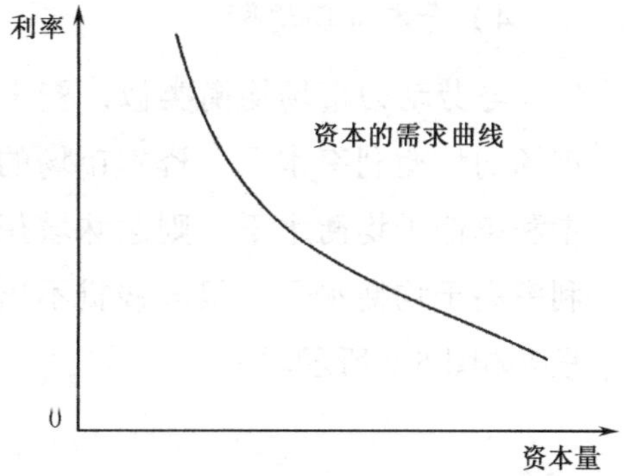


图 5-6　资本的需求曲线

3）资本供给

资本的供给方有家庭、产品厂家和经营者、政府。

家庭对资本的供给主要源于储蓄，当家庭的储蓄资金以流动的方式进入资本市场时，即成为资本供给方的重要组成部分。因此，家庭作为供给方所提供的资本不仅取决于储蓄量和储蓄方式，还受家庭消费与储蓄比例的影响。此外，家庭可供借贷的资本供给量还取决于收入水平和资本市场的价格水平，其中，收入水平与储蓄量成正比，储蓄量与资本市场价格呈正相关关系。

产品厂家和经营者对资本的供给主要源于厂家和经营者的稳定或短期储蓄，既包括设备、厂房等固定资产的折旧及未分配的利润、基金等形成的资本储蓄，又包括产品厂家和经营者剩余的流动资金。当上述资金流入资本市场后，产品厂家和经营者可以获取相应市场价格的利息收入。产品厂家和经营者的储蓄同资本市场价格大致呈正相关关系。与家庭相比，产品厂家和经营者更注重企业自身收益与资本市场价格的关系，在收益低于市场价格的情况下，及时将资金转化为储蓄，反之则减少储蓄、增加投资，以获取更高的收益。

政府对资本的供给主要源于政府对货币供给量的调整，由于政府的地位和功能特殊，需要根据国家经济的发展水平和现实状况通过宏观调控来增加或减少货币供给量，进而达到相应的经济目的或实现发展目标。当资本市场价格上升到一定水平后，政府一般通过增加定额的资本供给来限制资本市场价格的持续走高，使其趋向平稳并呈下降趋势。

总体来说，由于资本源于储蓄，所以总储蓄情况可以反映资本的供给情况，资本的供给曲线如图 5-7 所示。

4）资本市场均衡

与劳动力市场均衡类似，资本市场供给曲线和需求曲线的交点决定了资本市场的均衡利率水平。资本市场的调整过程与劳动力市场的调整过程类似：如果利率低于均衡水平，则意味着想借钱的人借不到，就会提高利率；反之，若利率高于均衡水平，很多钱贷不出去，就会降低利率。均衡利率及市场调整过程[9]如图 5-8 所示。

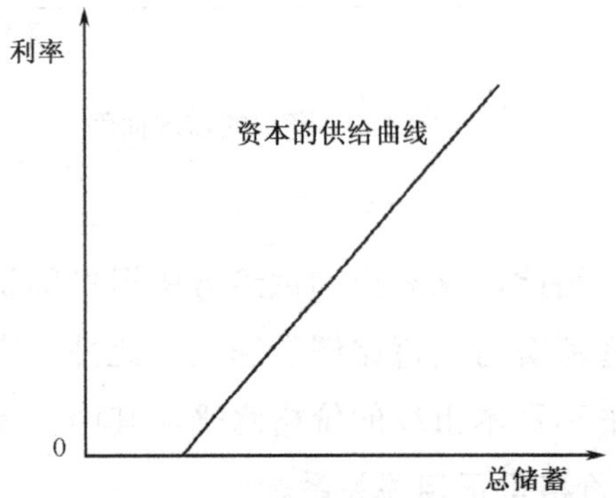


图 5-7　资本的供给曲线

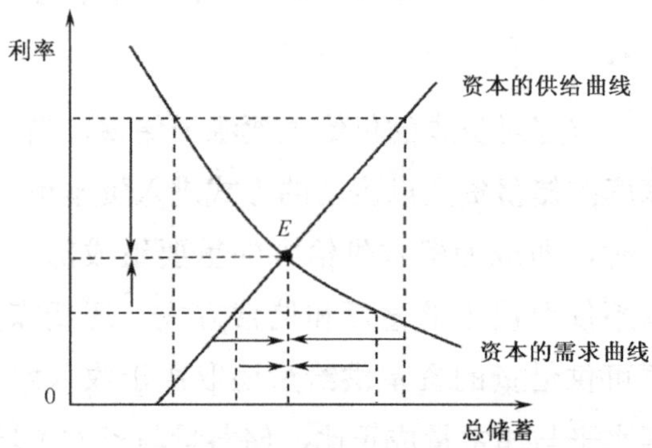


图 5-8　均衡利率及市场调整过程

### 5.2.2　体育资本市场的概念和类型

#### 1. 体育资本

随着体育产业化、市场化的深入，在体育竞赛表演产业、体育用品产业的经营管理中开始引入资本的概念。体育资本在体育产业发展中的作用越来越重要[10]。体育资本是指所有用于体育市场并能为投资者带来财富和利益的各类经济资源的总称。广义的体育资本是在明确资本概念的基础上，存在于体育用品产业、体育竞赛表演产业等产业中的特殊资本形式。既包括货币资本及含体育知识、技术、名称、标志等在内的人力体育资本，又包括体育企业运营所需的设备、材料、产品、厂房等非人力体育资本。

随着体育市场化的不断推进、商业化改革的逐渐深入，以及体育市场法规的日益完善，作为一种极具潜力的绿色资本，体育资本的类型将不断丰富、运作模式将日益规范，其运营效率将进一步提高，发展规模将进一步扩大。

#### 2. 体育资本市场

体育资本市场是以各类包含体育产业概念的资本资产为内容，以相关体育企业、投资机构、中介机构、个人等为市场主体，由多种资本市场行为（如证券交易、产权交易、基金交易、发行彩票、私募股权投资、并购等）构成的一类概念范畴，是金融创新与体育产业结合的一系列资金运作模式的总称。体育资本市场不仅可以帮助企业解决资金短缺的问题，还有利于实现体育产业的市场化运作、企业化管理及社会化改革，从而推动体育生产要素的合理流动和优化配置[11]。

作为一个开放的系统，体育资本市场极大地促进了我国新型中小体育企业，特别是高科技体育企业的发展。例如，我国从事体育产业相关业务的第一家上市公司——北方五环，其经营范围包括体育赛事、文艺演出、文化体育基础设施开发、文化体育健身项目和中西保健药品等的开发经营，1996 年向社会公开发行股票合计 1680 万股，有效募集资金约 1.44 亿元，并将所募金额投入五环运动休闲中心的建设运营中。尽管该公司由于经营不善于 2003 年退市，但北方五环为我国体育资本市场的运作开创了一条新的融资道路。随后青岛双星、中体产业、李宁等企业分别根据各自的优势适时进入体育资本市场，获得了显著的经济效益和社会效益[12]。

近年来，体育产业在现代化经济体系建设、体育强国建设中的作用和价值愈加凸显。随着体育产业规模的扩大、效益的提升，体育产业发展对资本投入数量和质量的要求日益提高，市场化资本配置需求持续加强。传统内部融资、银行借贷等资金供给手段越来越难以满足体育产业主体发展的资本需求。随着资本与产业结合深度和广度的增加，市场化股权融资开始为体育产业发展注入新的活力。作为提供市场化融资、优化资源配置及金融避险的重要市场经济部门，资本市场是保障市场经济机制顺利高效运行的关键力量，发挥着促进资本形成、服务实体经济、推动产业升级的作用。我国体育资本市场在产业基础壮大和快速发展的环境下产生并发展，已成为体育产业发展的重要表征和瞩目焦点。在体育产业加快发展和资本金融环境优化、资本市场建设的多重作用下，我国体育资本市场已经初具规模，并不断迸发活力。

### 3. 体育证券交易市场

1）证券交易

证券交易是体育产业依托资本市场进行资本运作的主要手段之一。可以根据收益将证券分为有价证券和无价证券，其中，有价证券可分为商品证券、货币证券和资本证券。可以根据交易场所将证券分为上市证券和非上市证券，前者可以在交易所等证券市场进行交易，后者只能在场外进行交易。此外，可以根据发行地点将证券分为国际、国内两类；可以根据发行方式将证券分为向特定投资者发行的私募证券和不定向的公募证券。

2）体育证券交易

与资本主义国家主要借助风险投资和证券市场实现体育产业融资不同，目前，我国体育证券交易初具规模，主要通过体育交易所市场、体育公开场外市场、体育私募股权市场实现股权融资；体育债券规模小、品种少，大部分由国家发行，再经由财政拨款投入体育产业；体育产业资产证券化程度相对较低。

（1）体育交易所市场

目前，我国各类体育概念与主营业务上市公司主要分布于境内 A 股、境外香港 H 股、新加坡 S 股、美国纳斯达克等市场，以 A 股市场为主要平台载体的体育交易所市场是能够实际反映体育资本市场基本信息有效性的重要市场[13]。

中体产业是我国最早上市的专业体育企业，于 1998 年 3 月 27 日在上海证券交易所上市，由国家体育总局控股，募集资金 2.5075 亿元。随后莱茵体育、当代明诚、国旅联合、贵人鸟、三夫户外等陆续在深圳证券交易所、上海证券交易所主板上市。

我国国内公司在主板市场申请股票上市，发行主体应是依法设立且持续经营 3 年以上的股份有限公司，并要求近 3 个会计年度的净利润为正且累计超过 3000 万元，或者近 3 个会计年度的现金流量累计超过 5000 万元且最近一期不存在未弥补亏损。总体来说，国内主板市场上市门槛较高且面临严格的监管，在我国体育交易所市场的早期萌芽阶段，大多数体育产业的公司难以通过主板市场融资。自 2004 年李宁选择在香港移动联交主板上市以来，多家内地公司如安踏、特步、361 度、匹克、美克、万达体育集团等体育企业陆续选择在香港 H 股、新加坡 S 股、美国纳斯达克等市场上市。

以 A 股市场为基本平台载体的体育交易所市场的发展，不仅通过制度创新、机制完善等带动了市场效率的不断提高，而且能够发挥引领、示范作用，带动其他层次市场的发展及调动整体体育资本市场的机能，具有持续创新的市场工具和组织形态。

（2）体育公开场外市场

新三板是我国多层次资本市场体系中全国性的公开场外市场，2013 年 1 月正式投入运营，2013 年年底由区域性试点扩大至全国。体育新三板市场是在我国多层次资本市场机制创新、体育产业高速发展的背景下，与国内沪深交易所市场形成补充的基础场外市场。随着我国体育类企业挂牌新三板的数量持续增加，体育新三板市场愈发显现出支持体育产业实体的成长性市场特征，是目前我国体育资本市场整体发展的重要代表[14]。因其特有的市场地位和制度规则，体育公开场外市场在市场准入、融资交易、监管约束、制度创新等方面与其他主要体育资本市场相比，更具包容性、开放性、灵活性[13]。

经过几年的发展，新三板有效促进了实体经济的发展，使体育新三板市场不断壮大。当下，多领域多形态挂牌主体已经成为体育新三板市场推动体育产业创新发展的重要抓手。目前挂牌新三板的企业几乎遍布体育产业的所有门类，除了有力盛赛车、金陵体育等高营收企业，还有中小营收企业，其中体育之窗、体娱股份、英雄互娱、卡宾滑雪等在新三板上市的企业的商业模式、技术水平各具特色和优势。

(3) 体育私募股权市场

在广泛的体育资本市场实践中，体育私募股权市场是适应现阶段体育产业创新投融资工具的重要发展形态，既能连接主要公开市场，又能发挥社会资本投入体育产业高效机制和通道的关键作用。从目前整体体育资本市场体系来看，体育私募股权市场是面向非上市体育类公司的重要投融资空间，是重点体现体育资本增量配置功能的基础级市场，也是提高存量配置效率的必要组成。

**4. 体育产权交易市场**

1）产权交易

产权交易是实现产权有效激励和产权自由流动的重要保证。产权流动是要素自由流动的一部分。从产权交易发生的相关机制来看，交易前资产评估、交易过程高效透明、交易价格合理、交易后结算落实等，是保障产权交易顺利进行、完善产权交易制度的重要内容。

在产权交易所，主要有以下 4 种产权交易方式：①协议转让，即由转让双方通过谈判和协商来确定产权的转让价格、形式等；②拍卖转让，即以公开竞价形式将被拍卖的产权转让给最高竞价者；③招标转让，即由出让方先公开发布出让标的相关信息，再由各潜在买方进行投标，最终出让方根据投标价格及投标方资质决定受让方并完成交易。

2）体育产权交易

目前体育产权大致分为 3 类：有形体育产权、无形体育产权和体育人力资本产权。其中，有形体育产权是指体育有形资本的实体产权，包括各类体育产业的股权、体育俱乐部的股权、体育场馆和体育培训场所的所有权等；无形体育产权涉及所有体育无形资产的产权，包括体育场馆、体育赛事活动等的相关无形产权，以及体育作品著作权、体育场馆的设计所有权、体育组织名称商标等的特许使用权、体育专利技术等相关权利；体育人力资本产权主要包括体育知名运动员、专家的形象代言权、代理权、转会权等。

体育产权交易是指体育资产（体育无形资产和体育有形资产）所有者将其资产所有权和经营权进行有偿转让的经济活动。目前，国内体育产业的产权交易模式受双轨制形式的影响，国家控股比重较大，这与国情和发展模式密不可分。因而体育产权交易在产业发展市场化程度横向比较水平相对较低的情况下，主要有以下 3 种交易模式。

（1）双方协议转让的体育产权交易

双方协议转让方式是目前体育产权交易中最主要的交易模式，主要依靠体育经纪公司等中介机构为体育产权出让方寻找合适的受让方，通过双方谈判协商的方式商定产权价格等交易信息，并在此基础上完成体育产权的转让。这种双方协议转让的方式能够解决产权出让方寻找受让方的搜寻难度大、成本高、效率低等问题，出让方往往愿意支付约占购买金额 10%～15%的中介费。但由于目前我国产权交易市场还没有形成完备的体育板块，且国内有资质的体育经纪公司等中介机构的数量仍然较少，故无法形成良好的竞争机制以降低价格。由于信息公开程度不高、信息不对称，这种交易模式还容易导致中介机构与购买方合谋损害出让方利益。

（2）由政府主导的体育产权交易

根据我国国情和社会经济的发展水平，在体育资本市场中，由政府主导的体育产权交易广泛适用于大部分大型赛事的承办权、冠名权、转播权交易，对我国早期的体育产业发展具有重要的促进作用，如中央电视台第五频道将众多体育赛事的独家转播权、中超联赛股权直接转让给知名国有企业等。这种直接体育产权交易的价格往往由政府决定，缺少市场竞争环节，在一定程度上对体育资源的配置具有负面影响，同时也不利于体育产权交易市场的发展。

（3）招标转让和拍卖转让的体育产权交易

目前，我国体育产权交易只有少部分采用招标转让和拍卖转让的交易方式，主要由国家体育总局和地方体育局牵头实现，民营企业参与度较低。在 2008 年北京奥运会筹备期间，阿迪达斯通过公开竞价获得了北京奥运会和残奥会合作伙伴的资格，李宁以 3 亿元之差获得了赞助商资格。近年来，国家积极倡导体育产权交易的规范化和集中化运作，体育产权交易已经开始走向市场化、集中化道路。截至 2019 年 11 月，通过公开竞价确定的北京 2022 年冬奥会和冬残奥会官方合作伙伴、官方赞助商、独家供应商达到 18 家。随着体育产业规模的不断扩大，积极推行电子竞价、拍卖、招标等产权转让方式，才能满足体育产权交易快速发展的需要。

### 5. 体育基金交易市场

#### 1）体育基金交易

在基金交易市场中，交易主体以基金交易为手段，通过基金投资获取经济效益。基金的募集方式主要有公募和私募两种，二者的主要区别在于，私募是向特定的投资机构或个人募集资金，而公募没有特定的募集对象。国外普遍采用私募方式。因为公募的对象更广，资金的投资牵扯多方利益。相关部门为了保护众多投资者的利益会事先对公募设定较多限制条件以规范其运作，但也降低了公募的盈利能力。相反，受到的法律约束较少，会使公募在投资盈利上更具灵活性，能够满足多方面的投资需求。

在体育资本市场中，作为体育产业投融资的重要形式，体育产业基金不仅能够发挥政府对体育产业的宏观调控，还能够带动社会资本投向体育产业领域，实现社会资本对体育产业投入的规模化和多元化[11]。目前，基金交易正迅速跃升为体育产业依托资本市场进行资本运作的主要方式之一。国外体育产业运作资金交易的手段较为成熟，一般由私人发起成立，通过证券市场公开发行募集社会资金，并由基金托管人托管，由专业基金管理公司管理运作；受市场机制体制的影响，国内的体育基金在一定程度上受国家行政部门监管。

2）体育产业发展基金和投资基金

体育产业发展基金和投资基金是主要由各级政府主导，通过预算安排单独出资或与社会资本共同出资设立，不以营利为目的，采用股权或债权等市场化方式，引导社会各类资本投资体育产业发展的重点领域和薄弱环节，以实现以资本增值为目的的支持体育产业发展的资金。体育产业发展基金和投资基金作为发展体育产业的一种创新型融资工具，同时具有拓宽产业投融资渠道、更新产业投资管理理念和方式的功能。与阿迪达斯、耐克等国际知名体育企业相比，国内多数体育企业在资金规模、经营管理制度等方面都处于弱势。一方面，可以通过体育产业发展基金和投资基金，以股权的形式向目标企业投入资金；另一方面，体育产业发展基金和投资基金又会促进企业制度改革，完善企业的治理结构。

截至 2019 年 3 月，北京、河北、山西、江苏、浙江、山东、河南、海南、青海 9 个省市已设立由政府主导、社会资本协同的省级体育产业发展基金和投资基金。部分省市的体育产业发展基金和投资基金的设立情况如表 5-3 所示。体育产业发展基金和投资基金的发起人除了政府部门，还包括企业。万达、腾讯、阿里巴巴、华人、探路者等企业先后发起创立了不同规模、不同形式的体育产业基金，并获得了一定的经济效益和社会效益，由社会资本主导的体育产业基金如雨后春笋般快速成长起来。部分社会资本主导型体育产业基金如表 5-4 所示。

表 5-3　部分省市的体育产业发展基金和投资基金的设立情况

| 序号 | 名称 | 规模 | 投资方向 | 基金发起方 |
|---|---|---|---|---|
| 1 | 北京市体育发展投资基金 | 1 亿元 | 主要用于国际化品牌赛事落地、体育俱乐部运营、青少年体育培训、体育经纪服务、综合性体育场馆运营、综合性国际体育展会等方面 | 北京市体育局、北京控股集团有限公司 |
| 2 | 河北省体育产业引导股权投资基金 | 不详 | 将冰雪产业及项目作为扶持重点 | 河北省体育局 |
| 3 | 山西省文化旅游体育产业发展基金 | 120 亿元 | 深度开发旅游文化产品和体育发展重点领域，促进旅游、文化、体育融合发展等 | 山西省政府 |
| 4 | 江苏省体育产业投资基金 | 10 亿元 | 重点投资体育本体产业及能够与体育产业融合的健康、养老、教育、文化、旅游、传媒等相关产业领域的优质企业，以及符合“互联网+体育产业”方向的优质项目 | 江苏省体育产业集团、江苏省政府投资基金、省广播电视集团、省文化投资管理集团、省沿海创新资本管理有限公司 |
| 5 | 浙江省体育产业基金 | 50 亿元 | 重点投资“互联网+体育”“全民体育休闲”“体育赛事运营”等领域的企业 | 莱茵体育、浙江黄龙体育发展有限公司、建银国际财富管理有限公司 |
| 6 | 山东省体育产业发展引导基金 | 不详 | 主要投资山东省体育相关产业 | 山东省政府 |
| 7 | 邓亚萍体育产业投资基金 | 50 亿元 | 重点投资赛事和场馆建设及运营、体育用品及相关产品制造、体育培训体育旅游、体育会展等领域 | 邓亚萍团队、中原资产管理有限公司 |
| 8 | 海南省文化体育产业发展基金 | 3.5 亿元 | 60%以上投资海南省游戏、动漫、影视制作、体育等产业。重点支持体育竞赛活动、体育建设项目、体育场馆项目、体育服务贸易项目、体育中介项目、促进体育产业与其他产业融合发展项目、开展体育产业宣传推广、统计分析等项目 | 海南省财政厅、上海云锋投资管理有限公司 |
| 9 | 青海省文化产业发展投资基金 | 20 亿元 | 部分投资广电体育、文化旅游等相关产业 | 青海省人民政府、中国民生投资集团 |

表 5-4　部分社会资本主导型体育产业基金

| 序号 | 名称 | 规模 | 成立时间 | 基金发起方 |
|---|---|---|---|---|
| 1 | 中体鼎新体育基金 | 3 亿元 | 2013 年 1 月 | 中国体育业总社、北京中体鼎新投资管理有限公司 |
| 2 | 北京智美红土体育文化产业基金 | 1.55 亿元 | 2014 年 6 月 | 智美集团、深圳市创新投资集团有限公司 |
| 3 | 探路者和同体体育产业并购基金 | 3 亿元 | 2015 年 1 月 | 探路者、江西和同资产管理有限公司 |
| 4 | 动域资本 | 20 亿元 | 2015 年 6 月 | 贵人鸟股份、虎扑体育、上海景林投资管理有限公司 |
| 5 | 国旅联合—中和资本体育产业并购基金 | 25 亿元 | 2015 年 7 月 | 国旅联合、锦绣中和（北京）资本管理有限公司 |
| 6 | 雷曼凯兴体育文化基金 | 5 亿元 | 2015 年 7 月 | 雷曼光电、北京雷曼凯兴投资管理有限公司 |
| 7 | 光大体育文化产业股权投资基金 | 10 亿元 | 2015 年 7 月 | 光大资本、利得财富、华体集团 |
| 8 | 无锡双象智慧体育产业投资基金 | 1 亿元 | 2015 年 8 月 | 无锡双象超纤材料股份有限公司 |
| 9 | 国旅联合—华设资产体育产业并购基金（现名简称“华旅新绩”） | 10 亿元 | 2015 年 9 月 | 国旅联合、华设资产管理（上海）有限公司 |
| 10 | 冠军 VC | 0.5 亿元 | 2015 年 9 月 | 邢傲伟、王丽萍等奥运冠军、中体鼎新投资基金 |
| 11 | 君联资本文化基金 | 10 亿元 | 2015 年 11 月 | 君联资本 |
| 12 | 鸟巢乐视体育文化产业基金 | 50 亿元 | 2015 年 11 月 | 乐视体育文化产业发展（北京）有限公司、北京鸟巢文化创意交流有限责任公司 |
| 13 | 广东友好海外体育文化产业基金 | 10 亿元 | 2015 年 12 月 | 广东海外友好投资管理有限公司、广东省体育基金 |
| 14 | 青鸟中体投资基金 | 不详 | 2016 年 1 月 | 北京青鸟基金管理有限公司、中体基金 |
| 15 | 新动金鼎体育基金 | 1 亿元 | 2016 年 2 月 | 新动金鼎、众信旅游、天成美盛、安踏体育、光环新网、中信国安 |
| 16 | 北京莱茵文投文化体育产业投资基金 | 10 亿元 | 2016 年 4 月 | 北京市文化中心基金管理公司、莱茵国际体育投资管理有限公司 |
| 17 | 元迅投资体育基金 | 1 亿元 | 2016 年 5 月 | 懒熊体育、华人文化、联科创盈 |
| 18 | 分众方源体育有限合伙 | 4 亿美元 | 2016 年 5 月 | 分众传媒、方源资本 |
| 19 | 阿里体育基金 | 100 亿元 | 2016 年 6 月 | 阿里体育等 |
| 20 | 体育之窗体育产业基金 | 50 亿元 | 2016 年 6 月 | 体育之窗等 |

续表

| 序号 | 名称 | 规模 | 成立时间 | 基金发起方 |
|---|---|---|---|---|
| 21 | 双象体育投资基金 | 1 亿元 | 2016 年 8 月 | 双象股份、无锡金融、双象投资 |
| 22 | 佳兆业凯兴体育基金 | 100 亿元 | 2016 年 9 月 | 佳兆业、凯兴资本 |
| 23 | 体育文化产业并购基金 | 6 亿元 | 2016 年 9 月 | 奥拓电子、松禾资本 |
| 24 | 曜为体育产业基金 | 20 亿元 | 2016 年 11 月 | 姚明、凯雷投资集团 |
| 25 | 中国健腾体育产业基金 | 3.5 亿元 | 2017 年 | 华人文化集团公司、红杉资本中国基金 |
| 26 | 湖北宏泰国旅体育产业投资并购基金 | 2.5 亿元 | 2017 年 4 月 | 国旅联合、上海多道股权投资管理有限公司、湖北宏泰产业投资基金有限公司 |
| 27 | 匹克厦门文广产业投资基金 | 10 亿元 | 2018 年 1 月 | 匹克体育产业集团、厦门文广传媒集团 |
| 28 | 北体大冠军体育产业投资基金 | 10 亿元 | 2019 年 8 月 | 浙江华睿冠创投资管理有限公司、北京体育大学产业集团 |

### 5.2.3　案例分析：山东体育产业资源交易平台

2016 年 1 月 24 日，山东体育产业资源交易平台揭牌仪式在山东产权交易中心交易厅成功举行。该平台是全国首家省级体育产业管理部门与省产权交易中心共同搭建的平台，作为经山东省人民政府批准、由山东省国资委出资设立的集股权、物权、债权、知识产权交易于一体的综合性产权交易平台，山东产权交易中心掌握着山东省的竞技体育、场馆资源等“一手资料”。

山东体育产业资源交易平台提高了体育产权的交易规模和交易效率，降低了交易费用，加快了信息的传递速度，使交易更加公平、公开、公正，且易于监督。平台不仅实现了交易功能，还实现了准确定价功能。许多国有资产实现了保值和增值，有些还实现了溢价。市场在资源配置中的决定性作用得到了更充分的发挥，交易中心市场效应不断凸显。如威海市评估净资产 6103 万元的威海华联商场，最终以 16100 万元成功转让，溢价近 1 亿元，实现了国有资产的大幅增值。济南市高新区火炬大厦实物资产转让项目的挂牌价为 1.27 亿元，最终以 1.56 亿元的价格成交，不仅没有降价，还溢价 2907.20 万元，增值了 23%。

作为体育产业的“迟入者”，山东体育产业资源交易平台的利用率非常高，几乎每天都有省内传统和新型的体育实业通过平台对接，以体育 IP 为工具，进行集成、运行、服务。山东省拥有强大的线下资源，平台将资源整合到线上，是撬动省级体育产业资源的强力杠杆。

目前，山东省首批 32 支优秀运动队通过与山东体育产业资源交易平台进行长期合作来招商。以冠名、资金赞助和装备赞助等形式为主，包括山东省射击队、山东省乒乓球队、山东省跳水队等 32 支“威武之师”，充分展示了山东竞技体育的发展潜力与回报，并与有志于助力山东竞技体育发展的企业携手同行，实现运动成绩、经济效益与社会效益的共生共赢。

山东体育产业资源交易平台正在持续发挥积极作用。推介山东省大量的优质体育产业资源，吸引社会资本支持山东省体育产业发展，山东省体育产业与社会资本的相互助力、共同发展可以通过山东体育产业资源交易平台实现。

## 5.3 体育土地市场

经济学中的土地的概念比较宽泛，泛指一切自然资源。这种生产要素是自然赋予的，并非人为作用的结果[15]。西方经济学把经过人类加工的生产资料称为资本，把自然赋予的物质生产要素称为土地。整个地球的自然资源总量是固定不变的，不会随土地价格的变化而变化。本节重点介绍体育土地市场。

### 5.3.1 土地市场的基本原理

作为一种生产要素，土地也有需求和供给。生产者在决定土地需求时以利润最大化为原则，即使用土地的边际收益产出等于使用土地的边际要素成本。土地是一种商品，其市场需求曲线与其他商品类似，向右下方倾斜。下面主要讨论土地供给、土地市场的均衡及级差地租。

#### 1. 土地供给

土地供给即自然赋予的土地数量，其总额固定不变，毕竟地球所能提供的自然资源有限，土地供给数量与土地价格没有任何关系。需要考虑的是土地的市场供给情况，也就是土地的市场供给与地租的关系。在土地供给市场中进行的交易并不是把土地卖给市场，而是把土地租给市场，以获得一定的租金。

土地所有者在本质上也是消费者，消费者行为的目的是实现效用最大化。

在拥有的土地数量相对固定的前提下，土地所有者要解决的问题是如何合理利用总量有限的土地资源，实现效用最大化。对于消费者来说，土地资源除了可以用来供给市场，还能保留自用，土地所有者要做的就是将土地在这两种用途之间进行分配[16]。

土地所有者向市场提供土地的目的是获得收入，从而购买各种消费品。土地所有者将土地保留自用也可以获得一定的效用。对于土地所有者而言，需要在将土地供给市场获取的收入和将土地保留自用获取的效用中做出选择，其效用函数可以写为

$$U=U(Y, q) \tag{5-2}$$

在式（5-2）中，$Y$、$q$ 分别代表将土地供给市场获取的收入和将土地保留自用的数量。

如果土地不用来供给市场，则可以用来建造房屋、建设绿地、摆放设施等，这些消费性使用可以增加土地所有者的效用。一般来说，土地所有者将土地资源保留自用的比率极低，多用于供给市场。如果不考虑土地所有者保留自用的小部分土地资源，则可以将上述效用函数简化为

$$U=U(Y) \tag{5-3}$$

式（5-3）表明，土地所有者的效用只取决于将土地供给市场获得的收入，与保留自用的土地数量无关。在这种情况下，土地所有者为了实现效用最大化必须使土地收入达到最大，也就是将所有土地资源用于供给市场。土地所有者拥有的土地数量是固定的，假设为$Q'$，那么无论土地价格 $R$ 是多少，土地所有者都将供给$Q'$量的土地。因此，土地所有者的市场供给量始终为$Q'$，消费者的土地供给曲线为在$Q'$位置的垂线。土地供给曲线如图 5-9 所示。

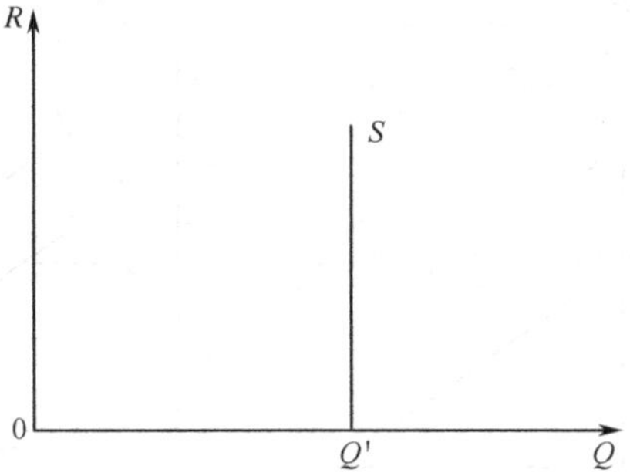


图 5-9　土地供给曲线

在上面的讨论中得到了土地供给曲线是一条垂线的结论，并不是指自然赋予的土地数量是固定不变的，而是指土地资源的自然供给总量是固定不变的，前提是假设土地只有一种用途，即用于供给市场，而不发挥自用用途，得到的土地供给曲线指的是土地的市场供给曲线。如果土地只有生产性用途，则它的供给曲线是一条垂线，因为土地所有者会将土地全部用于出售以获得最多的土地收入，即实现最大效用。可以得出一般性结论：任意一种资源，如果只能用于某种用途，则该资源对该用途的市场供给曲线就一定是一条垂线[17]。

土地供给曲线是一条垂线的前提是假设土地资源只用于供给市场而不保留自用，这个假设并不符合实际情况，因为土地所有者往往会保留一部分土地自用，以获得一定的消费性，尽管这些土地占其拥有的全部土地的比重很小，但如果考虑保留自用的那一小部分土地，则土地供给曲线不再是一条垂线，而是一条略向右上方倾斜的线。

**2. 土地市场的均衡**

整个市场的土地供给曲线是将所有单个土地所有者的土地供给曲线水平相加得到的，也是一条固定在土地总量上的垂线。整个市场的土地需求曲线是一条向右下方倾斜的线。将整个市场的土地供给曲线和土地需求曲线结合即可得到土地的均衡价格，地租的均衡如图 5-10 所示。

横轴 $Q$ 代表土地数量，纵轴 $R$ 代表土地价格。土地需求曲线 $D$ 与土地供给曲线 $S$ 相交，土地市场实现均衡的均衡点为点 $E$。点 $E$ 所对应的土地价格就是均衡价格 $R'$，也就是地租。

因为土地供给曲线垂直且固定不变，所以地租由土地需求曲线决定。地租的变化如图 5-11 所示，当土地需求曲线 $D$ 向上移动时，地租增加；当土地需求曲线 $D$ 向下移动时，地租减少。

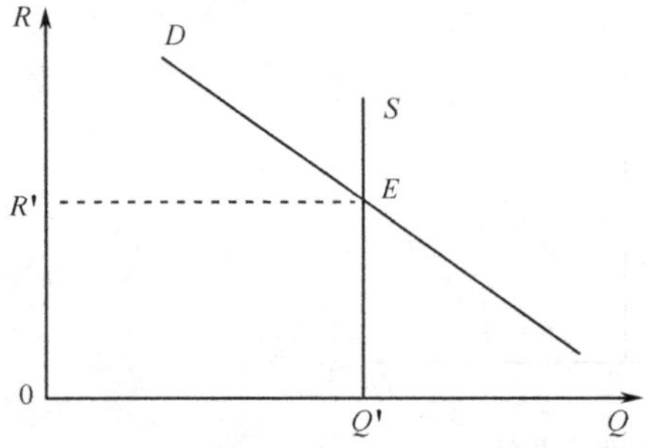

图 5-10　土地市场的均衡

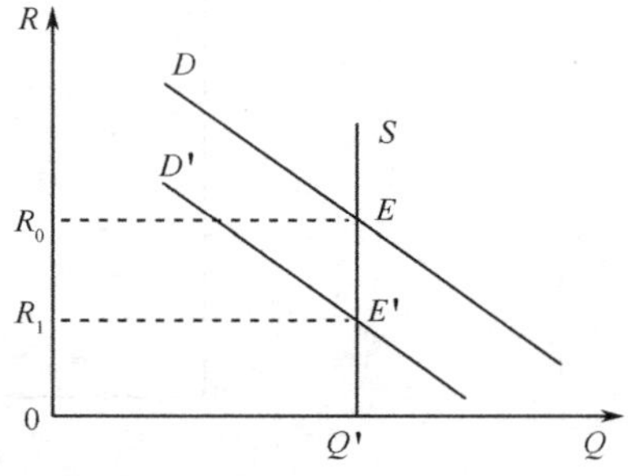

图 5-11　地租的变化

地租产生的根本原因是土地稀少，即土地供给是既定的，不能增加。当土地需求为 0 时地租为 0。地租产生的直接原因是土地需求的产生，因为土地供给不变，所以需求变化导致地租变化。

## 5.3.2　体育土地市场的概念和类型

土地要素对于新兴的体育产业来说非常重要，在瓜分土地这块蛋糕时，优先考虑体育用地，保证体育用地与城市发展、耕地保护、基础服务设施建设等的协调、融合、共生，是体育产业发展的关键。

### 1. 体育用地

体育用地指体育场馆和体育训练基地等用地，包括室内外体育运动用地，如体育场馆、游泳场馆、各类球场及其附属的业余体校等用地，溜冰场、跳伞场、摩托车场、射击场及水上运动的陆域部分等用地，以及为体育运动专设的训练基地用地。

2019 年，《国务院办公厅关于促进全民健身和体育消费推动体育产业高质量发展的意见》指出要“加大对体育产业新增建设用地的支持力度”。

体育土地市场的开发主要对政府划拨的体育用地或公共用地进行与体育产业相关的改造，使其具有体育属性并产生商业价值。例如，体育场馆的商业价值是作为赛事承办的物质载体，为赛事举办提供平台保障，同时作为不动产，保持其在时间维度和空间维度的可重复利用和持续的价值衍生。其除了产生租赁价值，还可以借助赛事等体育项目或演唱会、展览、会议等其他项目产生票务、特许商品售卖的附加价值等，这就是体育土地的市场开放。

体育产业的发展非常依赖土地要素。尽管体育产业被划归为第三产业，以服务业为主体进行发展，但体育产业中的体育用品及相关产品制造产业、体育场馆服务产业、体育健身休闲产业等都离不开土地要素。

### 2. 体育场馆

体育场馆是进行运动训练、运动竞赛及身体锻炼的专业性场所，主要包括体育场、体育馆、游泳馆、健身房、体操房等。与此概念相近的是公共体育场馆，公共体育场馆是指公众开展体育竞赛、训练和健身娱乐等体育活动的公益性体育场馆，包括体育场、体育馆和游泳馆。

体育场馆是体育赛事发展的基础。场馆管理产业发展的土地要素主要在于场馆的建设、租赁及多元化的场馆开发。场馆建设用地一般为商业用地，旨在通过场馆的建设、租赁及场馆本身承担的体育公共服务功能和商业开发功能（赛事和综合体开发）溢价。土地要素是场馆管理业发展的基础要素。

1）体育场馆的分级

体育场馆按照以体为主、多元发展的思路，积极开发商业价值，从过去比较单一的场地租赁转向体育竞赛表演活动、体育培训、体育训练、文化演出、展会等并存的多元发展模式。不仅满足了人民日益增长的体育需求，还为体育场馆带来了较高的经营收入。目前，我国多数大型体育场馆的建设主要是为了满足承办大型综合赛事的场地设施需求，因而在场地规模和建设标准等方面往往超出了普通群众开展体育健身休闲活动、体育竞赛表演活动的实际需求。维护成本高，场馆利用率及营收水平较低，远远无法实现收支平衡。因此，要对公共体育场馆的建设规模进行合理的限制，以座席数为例，一级至五级体育场、体育馆、游泳馆分别对应不同的座席数，公共体育场馆分级如表 5-5 所示。

**表 5-5　公共体育场馆分级**

| 等级 | 一级 | 二级 | 三级 | 四级 | 五级 |
|---|---|---|---|---|---|
| 体育场座席数（座） | 40000～30000 | 29999～20000 | 19999～10000 | 9999～5000 | 4999 以下 |
| 体育馆座席数（座） | 15000～10000 | 9999～6000 | 5999～3000 | 2999～1500 | 1499 以下 |
| 游泳馆座席数（座） | 4000～3000 | 2999～1500 | 1499～1000 | 999 以下 | |

2）体育场馆的功能

体育场馆最主要的功能就是提供各种体育服务，随着体育场馆经营的多元化，提供的服务也越来越丰富，如表 5-6 所示。

**表 5-6　体育场馆的功能**

| 功能 | 简要介绍 |
|---|---|
| 体育赛事服务 | 承办不同的体育赛事是体育场馆的基本功能 |
| 体育培训服务 | 体育场馆有开展培训服务的人力资源优势，以场地设施为基础，可开展相应的体育培训 |
| 体育训练服务 | 体育场馆可以利用自身的资源优势，为各种水平的运动队提供训练服务 |
| 健身休闲服务 | 体育健身休闲活动是人们生活的重要组成部分，随着生活水平的提高，人们对体育场馆的需求逐渐增加 |

续表

| 功能 | 简要介绍 |
| --- | --- |
| 文化演出服务 | 体育场馆的场地设施主要是舞台和观众席，具有举办大型文化演出活动的条件。随着人们物质文化需求的不断增长，体育场馆的文化演出活动越来越频繁 |
| 经济活动服务 | 体育场馆充分利用室内和室外空间，开发会展中心、会议中心、酒店、超市等，与经济活动紧密结合 |

3）体育场馆的发展趋势

随着市场经济的发展，体育场馆的发展将呈现以下特点。

（1）场馆运营市场化。市场在资源配置中具有决定性作用，体育场馆将根据市场需求提供各种各样的服务。现代企业经营的主题词就是市场化，体育场馆经营开发的重要途径也是市场化改革。随着体育场馆运营市场化水平的提高，其为社会提供的体育服务更好、更优质，能够满足人们日益增长的体育需求。

（2）运营主体企业化。目前，我国体育场馆的运营主体主要是事业单位，但是随着体育场馆运营逐渐市场化，越来越多的企业将成为运营主体。国家正推动社会力量进入体育场馆服务产业，体育场馆的所有权属于国家，但是经营权可以划归企业。目前新建体育场馆的主要模式是 PPP（Public-Private Partnership）模式，即政府和社会资本合作模式，在 PPP 模式下，更多社会力量将进入场馆运营领域，政府和社会主体将成为利益共同体。

（3）营销策略差异化。体育场馆服务产业中的竞争激烈，差异化的服务价格和服务水平是体育场馆脱颖而出的重要因素。这要求体育场馆突破传统的营销观念，不断创新营销方法和手段，积极采用会员制营销、体验营销、关系营销、文化营销、服务营销、主题营销等新兴营销方式，灵活运用各种营销技巧，使营销效果最佳。

（4）场馆建设便民化。随着全民健身的开展，“15 分钟体育生活圈”成为城市生活的追求，为了使人们方便快捷地使用体育场地，必须使体育场地供给充足，便民利民的健身休闲场地设施将成为城市建设的重点，未来全民健身空间的拓展将更多利用城市闲置空间，体育场馆中小型化、多功能化将成为趋势。

（5）服务水平标准化。体育场馆提供的产品主要是服务，其服务标准难以统一，各地体育场馆的服务质量参差不齐。2014 年，国家体育总局发布的《体育场所服务质量管理　通用要求》对体育场所的服务保障要求、服务运行管理、服务能力管理及服务质量管理的监督等内容进行了规定，有效促进了体育场馆服务的标准化工作。开展体育场馆服务标准化工作是大势所趋，只有使体育场馆服务流程化、标准化、规范化，才能更好地提高体育场馆的服务质量。

（6）服务内容多元化。2014 年 10 月，《国务院关于加快发展体育产业促进体育消费的若干意见》指出，“以体育设施为载体，打造城市体育服务综合体，推动体育与住宅，休闲、商业综合开发。”打造体育服务综合体是体育场馆的发展趋势。体育场馆除了开展体育竞赛表演活动、进行体育培训和体育训练，还可以根据设施的具体情况举办大型文化活动，甚至可以开展媒体广告招商、举办展会、建设酒店和超市等。体育场馆服务内容的多元化将极大地提高体育场馆的利用率，不仅能满足人们的体育需求，还能满足体育场馆自身的发展需要。

### 3. 体育产业园区

体育产业园区是指由各级地方政府批准成立的、为促进体育及相关产业发展而设置的特定区域。园区主要依托大型体育场馆、大型体育赛事和运动休闲空间，通过税收减免、金融支持等优惠政策，利用房地产业、旅游业、会展业等实现集聚发展。园区通过吸引场馆运营组织、赛事与娱乐公司、培训机构等的进驻，带动体育产业及关联产业的发展，是推动体育产业跨越式、高质量发展的重要载体。

土地要素是体育产业园区发展的前提与基础，体育产业园区的发展主要依赖园区的建设，园区建设需要国土资源局针对专向土地进行划拨。土地要素是园区发展的基础要素，也是第一要素。应通过促进原有无差别的土地（建筑用地、商业用地或工业用地）使用进行体育产业园区建设，形成独具体育产业元素的土地价值，然后通过园区的市场化运营，使土地要素在市场流转过程中增值或溢价，产生经济效益。

可以根据园区规划内容建设具有不同功能的产业园区。《体育产业统计分类（2019）》中将我国体育产业分为 11 个大类。根据产业分类的有形功能，各地建立了各具特色的体育产业园区，大致分为 5 类，不同体育产业园区的土地延伸价值如表 5-7 所示。

表 5-7 不同体育产业园区的土地延伸价值

| 体育产业园区分类 | 土地延伸价值 | 体育产业园区获利来源 | 相关案例 |
|---|---|---|---|
| 体育用品及相关产品制造园区 | 工业价值 | 通过发展制造业获得市场利润 | 成都温江体育产业工业园区、福建晋江体育产业制造基地 |
| 体育休闲旅游园区 | 服务价值 | 通过提供相关服务获得市场利润 | 深圳观澜湖体育产业园区 |
| 体育人才培训园区 | 人才培养价值 | 通过发展培训业获得市场利润 | 河北保定体育产业园区 |
| 体育赛事园区 | 体育赛事价值 | 通过举办体育赛事获得市场利润 | 环青海湖体育产业基地、环太湖体育圈 |
| “体育+互联网”体育产业园区 | 创新价值 | 通过借助互联网发展体育产业获得市场利润 | 无锡智慧体育产业园 |

### 5.3.3 案例分析：浙江省德清县体育产业集群

浙江省德清县是全国体育系统先进集体、全国全民健身活动先进单位、浙江省群众体育先进单位。该县体育产业发达，2014 年实现体育产业销售收入过百亿元，体育产业项目计划投资额达到 12.6 亿元。2015 年确定打造“莫干山体育特色小镇”，县内拥有体育产业活动单位 72 家，以体育健身休闲活动、体育场馆服务及体育用品的销售和制造为主。2016 年，地区体育产业增加值为 23.9 亿元，占 GDP 的 5.2%。2017 年，德清县被国家体育总局评为“德清国家体育产业示范基地”。

德清县在“十三五”规划中，突出发展健康体育产业，规划中心城区体育发展集聚区、莫干山户外运动集聚区和东部水乡体育运动休闲区三大体育产业聚集区。

（1）中心城区体育发展集聚区发展以城市体育竞赛表演活动、体育场馆服务、养生康体运动服务、体育商贸会展、体育影视等为主的体育健身休闲产业，打造体现智慧体育、民生体育、体育创意的集聚区。同时，依托泰普森、五洲体育等户外运动制造企业，强化体育健身设备制造，开发一批现代、智能、高端、健康、环保的体育健身器材，打造一流的特色体育制造业产业功能区。

（2）莫干山户外运动集聚区依托生态及现有度假产业，加快发展探险、骑行、攀岩等户外休闲运动。

（3）东部水乡体育运动休闲区，包括苎溪漾、西葑漾水上体育运动区和民俗体育文化区，发展以水上运动和民俗体育为特色的体育健身项目。

德清县体育产业集群以体育用品及相关产品制造和体育休闲旅游为主。在体育用品及相关产品制造方面，初步形成了泰普森、久胜车业、五洲体育等体育用品产业集群。在龙头体育制造企业的带领下，2016 年全县体育产业企业达到 123 家，销售收入超过 120 亿元。在体育休闲旅游方面，德清莫干山“裸心谷”体育小镇的经营效果显著，包括能进行20种户外探险活动的Discovery探索极限基地，具有宾馆、俱乐部、专业赛道和自行车研发中心的久祺国际骑行营，按国际标准修建的莫干山山地车速降赛道，具有户外休闲体验基地、创意展示、工业设计、国际会展、世界知名品牌商贸 5 大区域的“象月湖”户外休闲体验基地。

德清县发扬传统赛事，积极创建“一镇一节一品”。集群内形成了莫干山竹海马拉松、乾龙舞灯会、下渚湖龙舟赛等群众体育品牌活动。德清县木兰拳学会、安泰时装叠人塔队伍等县内的体育组织积极参加国外赛事。德清县积极开展县运动会、乡村运动会、德清跑步节等，推动全民健身常态化。此外，德清县还打造地方品牌赛事，推出了全国自行车公开赛、TNF100 越野赛、德清国际竹海马拉松、莫干山国际铁人三项赛等品牌活动。

德清县通过规划体育用地突出发展体育健康产业，利用本地资源优势建设了体育产业聚集区，充分利用土地要素促进了体育产业的高质量发展。

## 复习思考题

1. 体育要素市场主要分为哪几类，分类依据是什么？

2. 劳动力市场的均衡是如何形成的？

3. 体育劳动力市场是如何分类的？各有什么特点？

4. 我国的体育资本市场可以分为哪几类？请举例说明。

5. 请举例说明体育基金交易是如何进行的。

6. 地租产生的根本原因是什么？土地需求增加的原因是什么？

7. 我国的体育土地市场可以分为哪几类？具体如何细分？

8. 体育产业园区有哪些延伸价值？请举例说明。

# 参考文献

[1] 陈菲琼, 姜波. 微观经济学[M]. 北京：清华大学出版社, 2004.

[2] 胡学勤, 秦兴方. 劳动经济学[M]. 北京：高等教育出版社, 2004.

[3] 徐教道. 经济学基础[M]. 上海：上海财经大学出版社, 2006.

[4] 王武年. 中国运动员人力资本投资及其产权制度研究[M]. 镇江：江苏大学出版社, 2011.

[5] 郭旭昌. 竞技体育教练员教练行为研究[D]. 福州：福建师范大学, 2008.

[6] 国家工商行政管理局市场监督管理司. 生产要素市场管理概论[M]. 北京：经济管理出版社, 1996.

[7] 钱津. 管理经济学[M]. 北京：北京大学出版社, 2015.

[8] 乔军华. 资本市场对战略性新兴产业研发活动的影响机制研究[M]. 上海：上海交通大学出版社, 2018.

[9] 张维迎. 经济学原理[M]. 西安：西北大学出版社, 2015.

[10] 杨铁黎. 体育产业概论[M]. 北京：高等教育出版社, 2015.

[11] 郑芳, 杨升平. 体育产业经济学[M]. 北京：高等教育出版社, 2017.

[12] 张勍, 张晗. 我国体育产业资本市场融资发展战略研究[J]. 北京体育大学学报, 2008(31):739-741.

[13] 朱启莹. 我国体育资本市场的配置效应研究[D]. 上海：上海体育学院, 2018.

[14] 卢扬. 8 天 3 家体育产业资源交易平台上线[N]. 北京商报, 2014-12-31(4).

[15] 江可申, 刘瑛, 邓晶. 微观经济学[M]. 南京：东南大学出版社, 2006.

[16] 唐立峰. 西方微观经济学[M]. 北京：中国矿业大学出版社, 2004.

[17] 刘说夫立. 地产管理[M]. 长沙：湖南人民出版社, 2001.

## 阅读材料

### 我国体育产业基金的设立与执行

1）北京市

2014年12月26日，北京市体育局与北京控股集团有限公司（以下简称“北控集团”）共同发起设立“北京市体育发展投资基金”，基金首期设立金额1亿元，其中体育产业引导资金出资5000万元，北控集团出资5000万元。体育发展投资基金主要用于举办国际化品牌赛事、引进职业体育俱乐部（足球、篮球、排球、高尔夫项目等）、促进青少年体育发展（后备力量引进及培养、赛事活动等）、推出体育经纪服务、推进综合性体育场馆运营、开展综合性国际体育展会等方面。拟通过市场化手段，最大程度地发挥北京市体育发展投资资金的带动作用，助推北京市体育产业的大发展、大繁荣。

2）河北省

河北省确定河北国控、北京凯兴、河北富勤、河北建融4家基金管理公司为河北体育产业基金首批合作机构，并就组建子基金合伙协议达成了一致意见。2018年6月，冀财基金公司启动了2018年体育产业子基金合作机构征集工作，面向社会发出征集公告。

3）辽宁省

为加速振兴东北老工业基地，辽宁省政府于2015年12月设立了100亿元的“辽宁省产业（创业）投资引导基金”，采用政府和社会资本合作的模式，按照1:3 的配比，推进辽宁省各领域的产业发展。但全省经济下行压力大导致企业投资体育产业的积极性不高。辽宁省体育局与省体育产业集团合作，积极推进体育产业创投基金的创建工作。

4）江苏省

为促进江苏省体育产业的健康快速发展，有效引导各类社会资本向体育产业领域投资，江苏省体育产业集团作为发起人，联合江苏省政府投资基金（有限合伙）、江苏省广播电视集团有限公司、江苏省文化投资管理集团有限公司于2016年9月29日共同设立了“江苏省体育产业投资基金（有限合伙）”，并经过公开评选推选出江苏沿海创新资本管理有限公司作为基金管理人。基金总规模为 10 亿元，首期规模为 35354 万元。基金设立后，沿海资本管理公司积极开展基金储备项目的考察调研，先后完成了对北京环宇盛景体育文化传媒有限公司项目和上海网映文化传播有限公司项目的投资，投资总额为 3594.7 万元。

5）浙江省

2015 年，浙江黄龙体育发展有限公司、建银国际财富管理有限公司和莱茵达体育发展股份有限公司三方签订战略合作协议，浙江体育产业基金正式设立，目标规模为 50 亿元，基金重点关注“互联网+体育”、全民体育休闲、体育时尚等行业及衍生行业的相关项目内容。此外，浙江省设立的每年 150 亿的转型升级产业投资基金，也将民办体育项目作为投资的重点领域。

6）山东省

2015 年 10 月，《山东省体育产业发展引导基金设立方案》经山东省级股权投资引导基金决策委员会研究通过。2015 年 10 月 26 日，山东省财政厅和山东省体育局共同印发《山东省体育产业发展引导基金管理实施细则》。首期募集资金 4.8 亿元，其中省政府出资 1.2 亿元，与信中利、红塔宝诚专业投资机构合作吸引社会资本 3.6 亿元，主要投资对象为山东省优质体育产业企业，重点投向创新型企业、小微企业和体育服务业企业，初步建立 200 多家企业的项目库，并将体育产业纳入省级 PPP 重点项目库。积极协调东方世旗、洪泰资本等国内著名投资机构设立山东省新旧动能转化体育产业母基金，山东体创股权管理有限公司设立山东省体育产业股权引导基金子基金。

7）河南省

经河南省政府批准，2016 年 1 月，河南省体育局与省财政厅联合印发《邓亚萍体育产业投资基金实施方案》，发起设立“邓亚萍体育产业投资基金”。基金总规模为 50 亿元，首期规模为 5 亿元，其中省财政出资 30%，其余部分由社会募资。基金团队目前已储备了 70 余个项目，涵盖体育培训、体育赛事、运动装备、场馆运营、体育旅游、休闲康养等领域。2018 年设立子基金——郑州新发展文体产业股权投资基金，总规模为 6275 万元，重点建设了郑东新区龙湖全民健身中心。

8）海南省

2016 年，海南省设立文化体育产业基金，重点支持体育竞赛活动、体育建设项目、体育场馆项目、体育服务贸易项目、体育中介项目、促进体育产业与其他产业融合发展项目、开展体育产业宣传推广、统计分析等项目。截至 2018 年年底，共签订了 10 个体育产业招商项目框架协议，投资额达到 134 亿元。其中，陵水国际沙滩半程马拉松赛项目已成功运作，三亚体育产业园、国际汽联电动方程式锦标赛、三亚潜水和水上运动特色小镇已确定用地规模和范围。

9）青海省

2017 年 6 月，青海省人民政府和中国民生投资集团合作设立青海省文化产业发展投资基金，总规模为 20 亿元。其中，青海省出资 5 亿元，中民投出资 5 亿元，其余有限合伙份额向社会资本和金融机构募集。青海省文化产业发展投资基金重点用于支持青海省内从事文化生产、提供文化产品和服务的经营性文化产业项目或企业，包括工艺美术、演艺娱乐、新闻出版、广电体育、节庆会展、影视动漫、创意设计、数字文化等政府规划明确优先发展领域的文化资源开发、基础设施建设、企业重组、企业发展等，并积极投资发展文化与旅游、科技、广电、体育、商贸、教育培训、农牧、互联网等相关产业融合发展的新型复合业态，单个投资项目基金原则上不低于 1000 万元。

10）宁夏回族自治区

2015 年 5 月，宁夏回族自治区政府产业引导基金设立，体育产业是其规划支持的领域之一。每年体育产业领域的资金额度不固定。

体育产业发展基金应该在使用过程中及时公开相关信息，有利于提高政府工作的透明度、提高企业的信任度。部分省、市、自治区已经建立了体育产业发展基金和投资基金的专门网站，有助于吸引更多社会资本进入。

体育产业发展基金和投资基金是政府的财政手段，其核心目的是通过投资有发展潜力的体育企业和体育项目，提升基金使用对象的经济效益和社会效益，同时提升体育企业的创新能力，引导体育新兴产业的产生和发展。目前各地响应国家号召，陆续出台了相关政策，设立了体育产业发展基金和投资基金。

# 第 6 章 体育消费

前几章对体育经济基本理论的分析加深了我们对体育经济基本原理的了解。本章使用这些理论探讨体育消费者的行为，以及体育消费的经济效益和社会效益。

## 6.1 体育消费者的行为

亚当·斯密曾经说过："消费是所有生产的唯一终点与目的"。体育需求源于体育消费者在市场中的体育消费行为，而体育消费者进行体育消费的前提是体育消费品的有用性，这种有用性可以用经济学中的效用理论来解释。

### 6.1.1 无差异曲线

消费者都是通过个人偏好选择体育消费品的，偏好无法量化，也不能直接进行比较。因此，在一般情况下需要量化消费者从一种体育产品上得到的满足感并引入效用的概念，即体育消费者倾向于选择他们认为的价值、效用最高的体育产品和服务。

效用是偏好的量化指标，是一个人从消费或活动体验中获得的满足感。例如，李强是一名忠实的利物浦足球俱乐部球迷，也非常喜欢洛杉矶湖人队。我们可以用效用来评价李强从利物浦足球俱乐部和洛杉矶湖人队的比赛中获得的满足感，用效用函数表示李强的满足感。在这里，李强的满足感（效用）取决于观看利物浦足球俱乐部比赛的次数（$F$）和观看洛杉矶湖人队比赛的次数（$B$），所以他的效用函数可以表示为

$$U = u(F, B) = B + F \tag{6-1}$$

李强从足球比赛和篮球比赛中获得的满足感是 $F$ 和 $B$ 的函数，当 $B$=34 场、$F$=82 场时，李强的效用就是 116，如果 $B$ 和 $F$ 对于李强而言没有差异，那么可

以通过 116=$B$+$F$ 画出一条曲线，这条曲线就是无差异曲线。

无差异曲线表示能给一个人带来相同效用的所有产品组合，在无差异曲线上的任意一点，消费者都愿意购买，其偏好是无差异的。无差异曲线的基本特征如下。

1）无差异曲线向右下方倾斜，即斜率为负

在总效用不变的情况下，消费者每增加其中一种体育产品的消费，就会相应地减少一定效用量的另一种体育产品的消费，体育需求表如表 6-1 所示，无差异曲线如图 6-1 所示。

**表 6-1　体育需求表**

| 物品组合 | 洛杉矶湖人队的比赛（场） | 利物浦足球俱乐部的比赛（场） |
|---|---|---|
| $A_1$ | 1 | 6 |
| $A_2$ | 2 | 3 |
| $A_3$ | 3 | 2 |
| $A_4$ | 4 | 1 |

2）离原点越远的无差异曲线所代表的整体效用水平越高

尽管一条无差异曲线上的所有点的效用水平相同，但在一个平面上分布着无数条互不相交的无差异曲线，如图 6-2 所示，无差异曲线 $U_1$、$U$、$U_2$ 代表不同的效用水平。因为离原点越远的无差异曲线代表的消费数量越多，所以离原点越远的无差异曲线代表的效用水平越高，即曲线 $U_2$ 代表的效用水平＞曲线 $U$ 代表的效用水平＞曲线 $U_1$ 代表的效用水平。

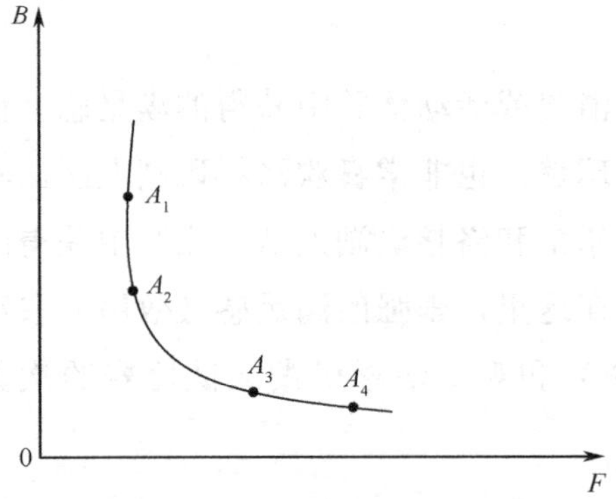


图 6-1　无差异曲线

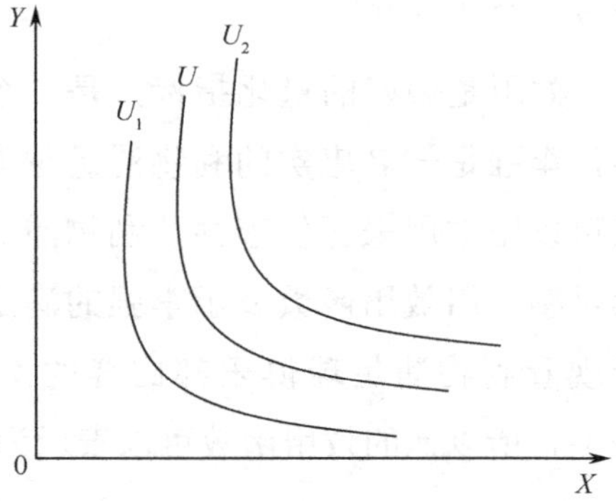


图 6-2　平面上的无差异曲线

3）任意两条无差异曲线都不可能相交

虽然在同一个平面上存在无数条无差异曲线，但是任意两条无差异曲线都不可能相交，否则就会与第 2 项特征矛盾。如图 6-3 所示，假设 $U_1$ 和 $U_2$ 两条无差异曲线相交于 $a$ 点，在 $U_2$ 上取一点 $b$，在 $U_1$ 上取一点 $c$，令 $b$、$c$ 所代表的消费组合中 $X$ 的数量相等。但 $b$ 组合中的 $Y$ 数量比 $c$ 组合多。很显然，$b$ 的效用比 $c$ 的高，即 $U_b>U_c$。但 $b$ 与 $a$ 在同一条无差异曲线 $U_2$ 上，其满足的程度相等，即 $U_b=U_a$；$c$ 和 $a$ 同在另外一条无差异曲线 $U_1$ 上，其满足程度也相等，即 $U_c=U_a$。根据传递性，则 $U_b=U_a=U_c<U_b$，此结论显然矛盾，故两条无差异曲线不可能相交。

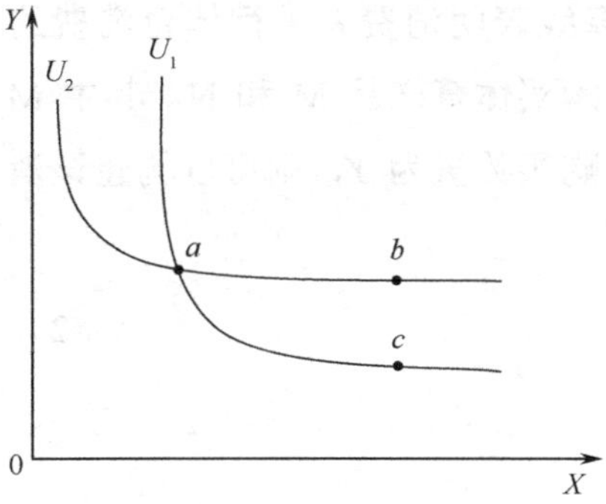


图 6-3　假设两条无差异曲线相交

第 2 章中提到了两种特殊产品：替代品和互补品。由完全替代品或完全互补品组成的产品组合的无差异曲线具有特殊形状，如图 6-4 所示。

（1）完全替代品组合。完全替代品是指替代比例固定不变的两种体育产品。例如，一场利物浦足球俱乐部的比赛和一场洛杉矶湖人队的比赛对李强而言具有相同的效用。因此，在完全替代的情况下，两种体育产品之间的替代比例是一个固定的常数，即无差异曲线的斜率是固定不变的，无差异曲线是一条直线。

（2）完全互补品组合。完全互补品是指两种体育产品必须按照一定比例同时变化。例如，一副网球拍和一个网球。这种产品组合的无差异曲线为直角形。

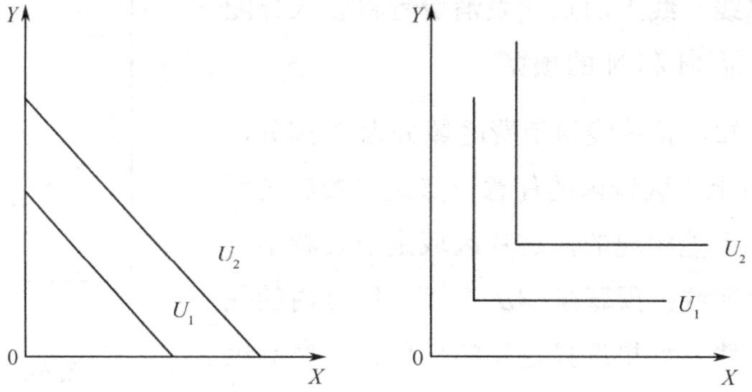


（a）完全替代品组合　　（b）完全互补品组合

图 6-4　完全替代品组合和完全互补品组合的无差异曲线

### 6.1.2 体育消费者的预算约束

**1. 消费者的预算线和预算方程**

消费者的消费行为都是追求效用最大化。但效用不可以无限扩大，效用最大化目标的实现受消费者收入水平及体育产品和服务价格的约束。

这两个约束构成了消费者的预算线。预算线又称为等成本线，是指在消费者的货币收入和产品价格既定的条件下，消费者的全部收入所能购买到的两种产品的所有可能的最大数量组合点的轨迹。预算线表明消费者进行体育消费的限制条件。假设某消费者用其所有的货币收入 $I$ 购买体育产品 M 和 N，其中 M 的价格为 $P_M$，购买数量为 $X$，N 的价格为 $P_N$，购买数量为 $Y$，则可以构建该消费者的预算约束方程，即

$$XP_M + YP_N = I \tag{6-2}$$

也可以将其转化为下面的形式

$$Y = \frac{I}{P_N} - \frac{P_M}{P_N}X \tag{6-3}$$

假设 $I$=100 元、$P_M$=2 元、$P_N$=4 元，代入式（6-2）得

$$2X + 4Y = 100 \tag{6-4}$$

根据式（6-4）可以得到预算线如图 6-5 所示。

在图中，横轴为体育产品 M 的购买数量 $X$，纵轴为体育产品 N 的购买数量 $Y$。直线 $AB$ 是该消费者的一条预算线，线上的点代表消费者将收入分配于消费体育产品 M 和 N 的预算。

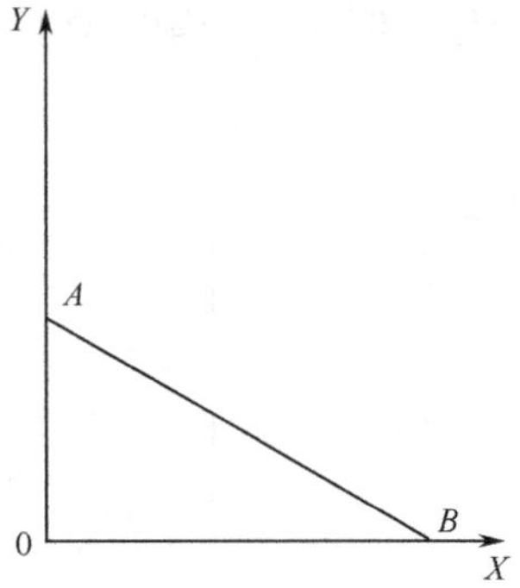

图 6-5 预算线

从图中可知，预算线将消费区域分为 3 部分，预算线 $AB$ 右上方区域内的任意一点是消费者利用全部收入都不可能实现的，这片区域是消费者不可能进行消费的区域；预算线 $AB$ 左下方区域内的任意一点表示消费者如果选择这里的任何体育产品组合，收入还会有剩余。根据效用最大化原则，消费者也不会选择该区域内的体育产品组合；只有在预算线 $AB$ 上的点，才能满足消费者在既定的产品价格和收入水平下实现效用最大化。预算线及预算线内的区

域为消费者的预算可行区域。

另外，$A$ 点表示消费者将全部收入用于购买体育产品 N，这时体育产品 N 可以达到最大数量，$B$ 点表示消费者将全部收入用于购买体育产品 M，这时体育产品 M 可以达到最大数量。

**2. 预算线的变化**

预算线的形状是由消费者的货币收入 $I$ 和产品价格 $P_M$、$P_N$ 决定的。一旦 $I$、$P_M$、$P_N$ 给定，就能确定消费者的预算线。然而，在现实生活中，无论是消费者的货币收入 $I$，还是体育产品价格 $P$ 都会经常发生变化。下面分析这些变化如何影响预算线。

（1）假设体育产品的价格 $P_M$、$P_N$ 不变，如果消费者的收入发生变化，预算线将会平移。因为 $P_M$、$P_N$ 不变意味着预算的斜率 $-P_M/P_N$ 保持不变，于是 $I$ 的变化只能使预算线的横纵截距发生变化，也就是使预算线向左或向右平移，如图 6-6（a）所示。

（2）假设消费者的收入不变，如果体育产品 M 的价格发生变化，预算线将会旋转。当体育产品 M 的价格上升时，预算线将以其与纵轴的交点为圆心顺时针旋转；当体育产品 M 的价格下降时，预算线将以其与纵轴的交点为圆心逆时针旋转。如图 6-6（b）所示。

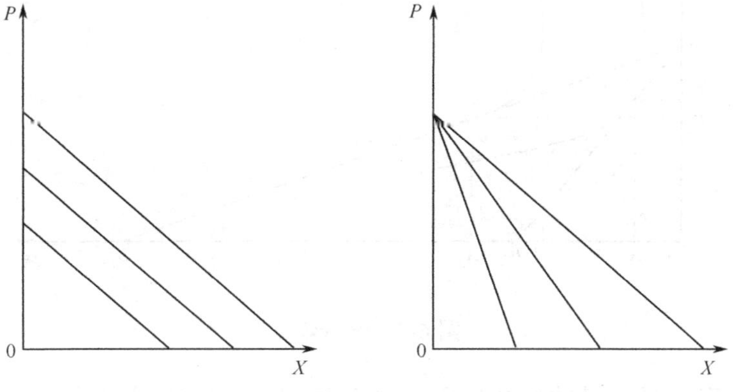


（a）预算线情形 1　　（b）预算线情形 2

图 6-6　预算线的变化

（3）如果消费者的收入与所有体育产品的价格同时发生变化，则消费者预算线的变化较为复杂。当消费者的收入与所有产品的价格按同一比例同方向变化时，消费者预算线的位置不变。当消费者的收入与所有产品的价格按同一比例不同方向变化时，消费者预算线会发生平移。例如，消费者收入上升10%，两种体育产品的价格下降10%，则消费者预算线的斜率不变，但横截距和纵截距都变大，消费者预算线向右上方平移；反之，消费者收入下降10%，两种体育产品的价格上升10%，则消费者预算线的斜率不变，但横截距和纵截距都变小，消费者预算线向左下方平移。如果消费者的收入和所有体育产品的价格按不同比例同方向变化或不同方向不同比例变化，那么消费者预算线的变化取决于收入与产品的价格及两种体育产品价格之间的相对变化率。

### 6.1.3 体育消费价格变化的替代效应和收入效应

前面分析了价格和收入的变化对体育产品需求量的影响。事实上，这两种变化对消费者需求的影响往往是不可分割的。当价格发生变化时，即使货币收入不变，消费者的实际购买力也会发生变化。如图6-7所示，当体育产品M的价格从 $P_1$ 下降到 $P_2$ 时，体育产品M的需求量便从 $X_1$ 增加到 $X_2$，需求量增加是价格变化的结果，被称为价格效应，也被称为价格变化的总效应。

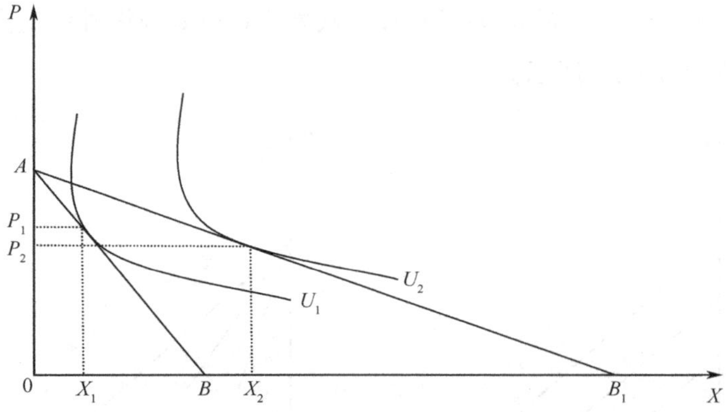


图6-7 价格效应

可以发现，需求量的增加实际上是两种因素共同作用的结果：①体育产品M的价格下降后，虽然体育产品N的价格不变，但与体育产品M的价格相比，体育产品N的价格相对较高。在消费者对体育产品M和N的偏好不发生变化的情况下，消费者会用体育产品M替代价格相对较高的体育产品N，增加对体育产品M的需求量；反之，如果体育产品M的价格上升，消费者就会用体育产品N替代体育产品M。②体育产品M的价格下降，会使消费者的实际消费力增大，使消费者可以用等量的货币购买更多的体育产品 M，获取更大的效用；反之，体育产品 M 的价格上升，会使消费者的实际消费力下降，使消费者降低对体育产品 M 的购买量。第①种为替代效应，第②种为收入效应。一种产品价格变化引起的该产品需求量变化的总效应可以被分解为替代效应和收入效应两部分，即：总效应=替代效应+收入效应。

替代效应与收入效应如图 6-8 所示。在体育产品 M 降价前，预算线为 *AB*，消费者达到效用最大化的均衡点为点 $E_1$。在该点，预算线 *AB* 与无差异曲线 $U_1$ 相切。在产品 M 降价后，预算线变为 $AB_1$。新的预算线与较高的无差异曲线 $U_2$ 相切，切点为 $E_2$。点 $E_2$ 是降价后消费者达到效用最大化的均衡点。

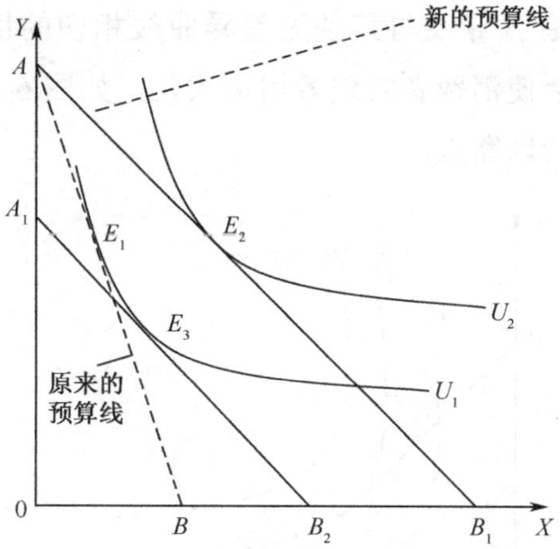


图 6-8　替代效应与收入效应

替代效应是指在实际收入不变的情况下，产品价格变化引起产品相对价格变化，产品相对价格变化引起产品需求量变化。这里所说的实际收入不变是指消费者维持在原来的效用水平上，但要用新的价格比率（用预算线 $AB_1$ 的斜率表示）来度量该效用水平。降价后，为了保持消费者的效用水平不变，必须画一条与预算线 $AB_1$ 平行、与原无差异曲线 $U_1$ 相切的预算线，即预算线 $A_1B_2$。$A_1B_2$ 与无差异曲线 $U_1$ 相切于点 $E_3$。显然，替代效应不考虑实际收入水平的影响，所以替代效应不改变消费者的效用水平。即图 6-8 中的 $E_1$、$E_3$ 在同一条无差异曲线上。

收入效应是指在名义收入不变的情况下，产品价格变化引起实际收入水平变化，实际收入水平变化引起产品消费量变化。收入效应表示消费者的效用水平变化。即图 6-8 中的 $E_2$、$E_3$ 在不同的预算线上。

### 6.1.4 体育消费者的选择：在预算约束下实现效用最大化

我们已经假设消费者的目的是追求效用最大化，消费者均衡是消费者实现效用最大化的一种相对静止的状态。那么，消费者怎样才能实现效用最大化呢？

无差异曲线表示消费者对不同体育产品组合的主观态度，预算线则显示了消费者在其货币收入和体育产品价格的约束下，可能购买到的体育产品数量的客观范围。为了说明消费者均衡的情况，必须把消费者的无差异曲线和预算线结合起来进行考虑。只有消费者的主观意愿和其所面对的客观事实相符时，才能实现消费均衡。

一般认为，消费者预算线与某条无差异曲线相切的切点即为均衡点，在这一均衡点上的购买量会使消费者实现效用最大化，如图 6-9 所示，切点 *E* 就是消费者实现效用最大化的均衡点。

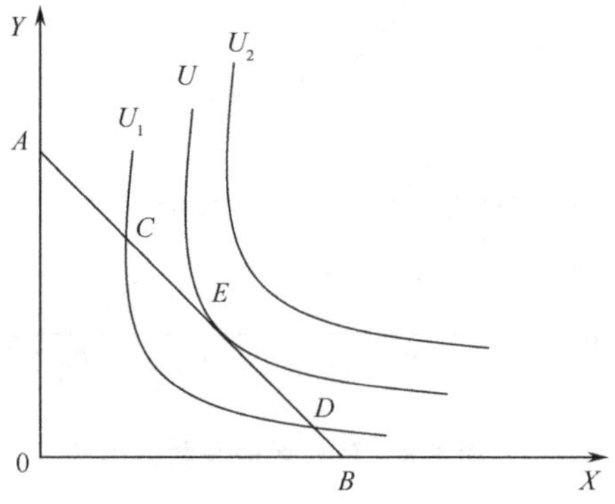


图 6-9 消费均衡点

在图 6-9 中，横轴为体育产品 M 的数量 *X*，纵轴为体育产品 N 的数量 *Y*，*AB* 为消费者预算线。预算线 *AB* 把整个平面划分为 3 个区域：预算线左侧区域中的任意体育产品组合表示消费者的收入没有用完；预算线上的任意体育产品组合表示消费者的收入恰好用完；预算线右侧区域中的任意体育产品组合表示该情况在消费者的收入范围内无法实现。

在分析无差异曲线时，会有无数条无差异曲线表明消费者对两种体育产品偏好的全部情况。为了简便，图中只画出了 $U_1$、$U$、$U_2$ 共 3 条无差异曲线，且 3 条无差异曲线代表的效用关系为 $U_1<U<U_2$。无差异曲线 $U_2$ 的效用水平最高，虽然消费者的目标是实现效用最大化，但是无差异曲线 $U_2$ 上的任意体育产品组合

都落在预算线 $AB$ 的右侧区域，即表明消费者无法实现 $U_2$ 的效用水平。无差异曲线 $U_1$ 与预算线相交于 $C$、$D$ 两点，$CD$ 弧段上的任意体育产品组合都落在预算线 $AB$ 的左侧区域，表明消费者的收入还有剩余。对于 $C$、$D$ 两点来说，消费者的收入刚好用完，且效用水平为 $U_1$。但是，若消费者能改变消费的体育产品组合，选择 $AB$ 线段上位于点 $C$ 右边或点 $D$ 左边的任意组合，则可以得到比 $U_1$ 更高的无差异曲线，获得比点 $C$ 和点 $D$ 处更大的效用水平。这种沿着线段 $AB$ 从点 $C$ 向右和从点 $D$ 向左的运动，最后必定会达到一种状态，任何改变都不可能再使效用水平提高，只会使其减少。显然，只有当既定的预算线 $AB$ 和无差异曲线 $U$ 相切于点 $E$ 时，消费者才在既定的预算约束条件下实现效用最大化。故点 $E$ 为消费者实现效用最大化的均衡点。

在图中，消费者均衡点 $E$ 既是预算线 $AB$ 上的点，又是无差异曲线 $U$ 上的点。因此，若将点 $E$ 视作无差异曲线上的点，则在该点处无差异曲线的斜率为

$$-\mathrm{MRS}_{XY}=\frac{\mathrm{d}Y}{\mathrm{d}X}=-\frac{\mathrm{MU}_X}{\mathrm{MU}_Y} \tag{6-5}$$

式中，MRS 为边际替代率（指在维持效用水平或满足程度不变的前提下，消费者增加单位体育产品 M 的消费时，需要放弃的另一种体育产品 N 的消费数量）。式（6-5）中的 $\mathrm{MRS}_{XY}$ 为体育产品 M 对体育产品 N 的边际替代率，$\mathrm{d}X$ 为体育产品 M 的变化量，$\mathrm{d}Y$ 为体育产品 N 的变化量，$\mathrm{MU}_X$ 为体育产品 M 的边际效用，$\mathrm{MU}_Y$ 为体育产品 N 的边际效用。

若将点 $E$ 视为预算线上的一点，则在该点处预算线的斜率为 $\mathrm{d}Y/\mathrm{d}X=-P_X/P_Y$，其中 $P_X$ 为体育产品 M 的价格，$P_Y$ 为体育产品 N 的价格。则在 $E$ 点处式（6-6）和式（6-7）成立。

$$\mathrm{MRS}_{XY}=-\frac{\mathrm{d}Y}{\mathrm{d}X}=\frac{\mathrm{MU}_X}{\mathrm{MU}_Y}=\frac{P_X}{P_Y} \tag{6-6}$$

$$\begin{cases}\dfrac{\mathrm{MU}_X}{\mathrm{MU}_Y}=\dfrac{P_X}{P_Y}\\[2ex]\dfrac{\mathrm{MU}_X}{P_X}=\dfrac{\mathrm{MU}_Y}{P_Y}\end{cases} \tag{6-7}$$

达到均衡的条件是，边际替代率等于两种体育产品的价格之比，即消费者在购买每种产品时所花费的最后 1 个单位的货币的边际效用均相等。

## 6.2 体育消费概述

6.1 节通过无差异曲线、预算线、替代效应和收入效应等知识对体育消费者消费行为的效用和偏好进行了分析，在此基础上，我们将继续探讨体育消费的概念、类型及影响体育消费的经济和非经济因素。

### 6.2.1 体育消费的概念

人在任何时候都离不开消费。马克思在其著作《资本论》中指出：“人从出现在地球舞台上的第一天起，每天都要消费，不管在他开始生产以前和在生产期间都是一样。”作为消费的重要组成部分，体育消费在市场经济环境中逐渐成为消费者日常消费的重要支出之一。

#### 1. 消费

消费是社会再生产过程中的重要环节，也是最终环节，它是指利用社会产品来满足人们的各种需要的过程[1]。

在经济学中，对消费的分类有两种：一种是生产消费，即通过消耗生产资料（包括原材料及辅助材料）生产新产品的过程，它直接与生产结合；另一种是生活消费，即人们每天消费已生产的消费资料（包括服务消费）来满足自己的物质文化需要。

#### 2. 体育消费

体育消费是生活消费的一种，是指人们通过支付一定数量的货币，在体育活动中获得效用的行为和过程[2]。主要包括用于购买体育服装和运动器材、体育期刊和书报等物品的实物型消费，用于观看各种体育比赛、体育表演、体育展览等所进行的观赏型消费，以及用于参加各种各样的体育活动、健身训练、体育健康医疗等所进行的参与型消费。

### 6.2.2 体育消费的类型

根据体育消费者通过支付货币获得的体育消费品的不同功能，可以将体育消费分为 3 种类型。

### 1. 观赏型体育消费

观赏型体育消费是指人们用货币购买各种入场券、门票，以实现视觉神经满足和精神需求满足的各种消费行为，包括观看各类体育比赛、体育表演、体育电影、体育展览，以及参加体育明星见面会等。消费者的观赏型消费与其自身的消费偏好和消费者对特定球队或俱乐部的忠诚度密切相关。

### 2. 实物型体育消费

实物型体育消费是指人们用货币购买各种与体育活动有关的体育实物消费资料的消费行为。实物型体育消费的消费者可以分为两种，一种是为了直接参与各种体育活动而购买各种运动器材、运动服装等体育实物消费资料；另一种则是为了增加对实时体育动态、体育新闻的了解，关注和订阅各种体育报纸杂志。当然，市场上也存在为了显示对体育的偏爱而购买各种体育实物消费资料的体育消费者。这种人一般不属于直接参与体育活动的消费人群，但也属于“体育消费者”。

### 3. 参与型体育消费

参与型体育消费是指人们用货币购买各种与体育活动有关的体育劳务或服务消费资料的消费行为，包括通过支付一定的费用参加各种体育活动、康养咨询、健身训练等。一般来说，参与型体育消费的消费者在其参与的整个过程中直接消费市场中有关部门提供的各种体育服务资料。因此，对于参与型体育消费的消费者而言，其参与过程就是消费过程。

## 6.2.3 体育消费的影响因素

体育消费的影响因素有很多，可以归纳为经济因素和非经济因素。经济因素是指影响体育消费的具有决定性作用的物质因素，而非经济因素是指影响体育消费的复杂的综合因素。

### 1. 影响体育消费的经济因素

1）消费者可支配收入的数量和构成

消费者可支配收入的数量和构成对体育消费具有重要影响。消费者可支配收入的数量与体育消费需求具有正相关关系。在一定程度上，体育消费是消费者可支配收入的数量达到一定水平后产生的一种消费需求。当消费者可支配收入的数量较少时，需要先满足最基本的温饱等生存需要。当消费者可支配收入达到一定数量后，解决了基本生存需要，就产生了体育消费等高层次的消费需要。消费者可支配收入一般由常规收入和非常规收入构成。由于常规收入是既定的，所以消费者进行消费决策时相对慎重，大部分用于基本生活消费；非常规收入一般指第二职业收入、奖励或他人馈赠等额外收入，消费较随意，这部分收入多用于体育消费等较高层次的消费。

2）体育消费品的价格水平

因为体育消费品的需求价格弹性较大，所以各种体育消费品的价格变化都会影响消费者对体育产品选择的决策，进而引起其消费内容和消费方式的变化。因此，在消费者收入水平和其他产品价格保持不变的情况下，某种体育产品的价格上涨会导致市场上的体育消费者将原本对该产品的消费转移到其他替代性体育产品上；反之，如果某种体育产品的价格下跌，消费者也同样会把对其他体育产品的消费转移为对该产品的消费。

在一般情况下，消费者为了满足自己的体育消费需求，必须根据自己的收入和体育产品的价格来决定体育消费。但消费者对某种体育需求的特殊偏好，使得体育消费者的消费需求在一定价格区域内不会发生明显变化，即在这个价格区间内，体育消费需求缺乏弹性。

3）体育产品的结构

体育产品的结构不仅决定体育参与者的消费水平和消费数量，还影响体育消费方式。合理协调的体育产品结构能够满足不同层次的消费者对体育产品的需求，并带动体育消费的稳定发展；失调的体育产品结构不但不能满足消费者的需求，反而容易导致体育产品供需不平衡，破坏整体协调，也会影响体育产品的市场竞争力。

**2. 影响体育消费的非经济因素**

1）人口数量与人口结构

体育消费的主体是人，人口数量和人口结构对体育消费规模和类型的影响极其明显。在其他条件不变的情况下，一个国家的人口数量越多，体育消费的潜在需求人口越多，体育消费总量越大。人口结构包括年龄结构、性别结构、职业结构、文化结构等。不同年龄、不同性别、不同职业、不同文化背景的消费者对体育消费的需求不同。随着人口老龄化，在体育消费中，老年人的“银色体育消费”需求必然增长。

2）消费者的消费心理和消费习惯

消费心理制约消费者的消费实践活动。消费心理的差异影响消费者对体育消费的态度和决策，正是多元化的消费心理导致产生了丰富多彩的体育消费类型。对于地域广阔的多民族国家来说，消费者的消费心理和消费习惯的差异尤为突出，体育消费在不同消费心理、消费风俗、消费习惯的共同作用下具有不同的形态。

3）体育消费环境

消费环境主要指影响消费者行为的各种外在条件，包括自然环境、人工环境和社会环境，消费环境的差异会导致体育消费类型和数量的差异。在自然环境方面，由于很多体育活动都在室外进行，所以能否选择良好的自然环境以确保体育消费质量就显得尤为重要；在人工环境方面，由于同样的消费发生在不同的人工环境中，消费体验存在很大差异，所以对于各类体育消费而言，如何为不同层次的消费者建立不同标准的人工环境，以及如何收取合理的费用，应是当前研究的重点；在社会环境方面，由于许多观赏型体育消费和参与型体育消费依赖良好的社会秩序和社会风貌，所以能否建立一个良好的社会环境对于满足人们的体育消费需求来说非常重要。

## 6.3　体育消费的效益

消费需求是社会总需求的重要组成部分，对国民经济的发展具有重要作用。随着国民经济的高速发展和居民消费水平的逐步提高，我国的消费结构得到了优化和升级，消费类型由基本生活型消费向发展型、享受型消费转变[3]。作为一种新的消费类型，体育消费在带动国民经济发展方面具有重要作用。

体育消费是增强人的身体素质、调节生活节奏、获取美的享受、维持并强化脑力劳动和体力劳动的一种必不可少的有偿投资，也被称为健康投资、发展投资、享受投资，体育消费能够产生巨大的经济效益和社会效益。

### 6.3.1 体育消费的经济效益

**1. 有助于提高劳动生产力**

体育消费是消除疲劳、增强体质、发展治理、振奋精神、完善人格的有效方式，是劳动力再生产的重要过程，人们能够通过体育消费参与各种各样的体育活动、增强和提高身体素质和智力水平、有效预防职业病、提高工作效率，从而提高整个社会的生产效率。

**2. 有助于推动消费结构转型升级**

从高速增长转向高质量发展，是现阶段我国经济发展方式的重大转变。在发展质量变革、效率变革、动力变革中，服务消费对经济发展的支撑作用日益突出，服务业成为经济增长的主动力是现代经济发展和产业结构转型的必然结果[4]。当前，我国体育消费格局呈现以实物型体育消费为主导、非实物型体育消费丰富发展的态势，大力发展体育消费是顺应国家经济发展与产业结构转型的重要举措，符合市场经济的发展规律，有助于稳定格局，推动整个社会的消费结构转型升级。

**3. 有助于促进各类体育消费资源的匹配、兼容和整合**

各种体育消费资源构成了体育消费市场，在市场经济环境下发挥着重要作用。体育企业是体育产品的生产者和服务的提供者，是体育消费市场的竞争主体，它们能够根据市场的经济杠杆功能，运用企业自身资本进行体育产品的生产经营。政府是体育消费市场的监控者和引领者，其职责是为体育企业创造一个公平良好的竞争环境，并为体育企业的生产经营提供相应的服务。发展体育消费能够促进资源的兼容与整合、减少资源浪费、提高资源的利用效率。

**4. 有助于推动国民经济各部门的稳步发展**

体育消费不仅能促进体育产业的稳步发展，还能广泛影响和刺激其他部门的活动。2025 年，我国体育产业产值将超过 5 万亿元，成为经济社会发展的重要组成部分。2017 年，我国体育产业增加值为 7811 亿元，占当年 GDP 的 0.94%。可见体育产业在促进就业、带动相关行业的发展方面具有重要作用。当前，体育＋旅游、体育＋互联网、体育＋建筑、体育＋医疗、体育＋康养等模式的发展，使交通、通信、建筑、电子、旅游、饮食等行业得到了更多发展机会，体育消费正广泛而有力地推动国民经济各部门的稳步发展。

### 6.3.2 体育消费的社会效益

**1. 有助于增强和促进人民的健康发展**

体育消费能够传播健康思想，增强人们的体育意识，提高整个社会参加体育锻炼的积极性，从而提高社会的运动水平，增加体育人口，推动群众性体育运动的蓬勃开展和体育的社会化进程，有助于全民体育健身战略的实施。

**2. 有助于人民意志品质和精神的培养**

体育消费是一种健康投资、一种精神享受消费，体育消费有助于社会主义精神文明建设，有助于激发人们的爱国热情、增强民族自尊心和自信心、增强振兴中华的决心和信心，推动社会文化建设。

**3. 有助于丰富人民的闲暇生活**

随着社会的进步和生产力的提高及居民物质生活和文化生活水平的不断丰富，人们可以利用闲暇时间参与各类体育活动，如群众性马拉松、群众业余球类比赛、体育旅游、体育康养等，这些体育活动不仅能够填补闲暇时间，还能丰富精神生活。体育产品是一种文明、健康的消费品，体育消费是一项能够扩大生活空间、促进社会和谐发展、丰富生活色彩的消费活动，能够给人们带来物质和精神的双重享受。

**4. 有助于扩大社会就业**

体育消费不仅为国家的经济发展和社会文化发展做出了应有的贡献，还能为轻工、建筑、交通、运输、通信、旅游、饮食等行业提供大量就业岗位。由此可见，推动体育消费也是扩大社会就业的一条重要途径。

**5. 有助于体育强国梦的推进和实现**

只有建设具有中国特色的体育强国，践行具有文化自信的体育发展之路才能为中华民族的伟大复兴提供支持。体育是人民全面发展的重要指标，发展体育消费能够增强人民体质、强健人民体魄、充实人民生活，没有全民健康就没有全民小康，全民健康是全民小康的基础保证，体育强则中国强，体育兴则国运兴，促进体育消费有助于体育强国梦和中国梦的实现。

### 6.3.3 城乡居民体育消费现状——以江苏省为例

江苏省体育局公布的《2018 年度江苏省城乡居民体育消费统计公报》显示，2018 年，江苏省全省的城乡居民体育消费的总规模为 1918 亿元，与 2017 年相比，增长了 17.8%。

2018 年，江苏省城乡居民体育消费支出为人均 2382 元，与 2017 年相比，增长了 17.5%。其中体育用品类（人均 602.51 元）、体育培训类（人均 362.85 元）、体育彩票费用（人均 333.37 元）和俱乐部会员费（人均 227.70 元）为人均体育消费支出额度的前 4 位。围绕健身休闲与竞赛表演的支出共占 70.6%，体育消费内容结构更趋向于服务型、参与型消费。

2018 年，江苏省城乡居民人均体育消费支出的地区差异整体呈现“苏南>苏中>苏北”“城镇>农村”的情况。中青年是体育消费的主力军，体育消费支出水平随学历和收入水平的上升而上升，城市高级专业技术人才的体育消费支出额度最高。

2018 年，江苏省城乡居民参与人数排名前 5 位的体育运动项目为徒步、路跑及马拉松、羽毛球、棋牌类、跳绳。排名后 5 位的则是定向越野、摩托艇、漂流探险类、航空飞行类、皮划艇。2018 年，江苏省城乡居民非现场观看的体育比赛直播、录播、集锦等媒体产品的人数排名前 5 位的为美职篮、世界杯及欧美足球联赛、中职篮、羽毛球世锦赛、女排大奖赛。排名后 3 位的则是电子竞技类、马拉松及跑步类、高尔夫。2018 年，江苏省城乡居民现场观看体育比赛的人数排名前 5 位的为马拉松及跑步类、羽毛球、中超及亚冠、中职篮、网球。排名后 3 位的则是电子竞技类、棒垒球和游泳跳水花游类。

2018 年，江苏省城乡居民体育消费数据显示，江苏省健身休闲服务体系日益完善，体育竞赛表演活动体系不断丰富，体育消费满意度不断提高，抽样调查得到的全省城乡居民体育消费总体满意度为 75.9%，比 2017 年提升了 4.7 个百分点。

2019 年 7 月 25 日，江苏省体育局、江苏省发展和改革委员会共同印发《关于进一步促进体育消费的行动计划（2019—2022 年）》，指出“到 2022 年，全省体育消费结构明显优化，服务性体育消费占比进一步提高，体育消费规模稳步提升，体育消费政策体系和市场环境更加优化，体育消费引领体育产业转型升级能力更加突显，全省体育消费总规模达到 2800 亿元左右，城乡居民人均体育消费达到 3200 元左右。”江苏省将进一步加快新时代体育强省建设，不断提高体育产业发展质量，大力促进全民健身与体育消费，更好地满足人民的美好生活需要。聚焦供给改革，协调推动产业空间要素开放，引导体育设施建设运营，做好学校体育场地向社会开放的工作，努力构建以产业为中心的发展要素供给体系。聚焦消费引领，健全鼓励体育消费政策，优化体育消费环境，推进“体育+”融合发展，持续推进体育消费提质扩容。聚焦载体平台，打造发展载体，壮大市场主体，加强人才培养和体育消费统计与体育产业统计的融通，着力强化体育产业发展支撑。

## 复习思考题

1. 体育消费的含义是什么？

2. 决定体育消费水平的因素有哪些？

3. 试分析我国体育消费增长的原因。

4. 试分析体育消费的经济效益。

5. 对于一个狂热的足球球迷来说，为什么他的体育消费效用不会呈现边际效用递减规律？

## 参考文献

[1] 张涵. 波德里亚关于“消费社会”与“符号社会”的理论[J]. 山东社会科学, 2009(1).

[2] 张瑞林，王会宗. 体育经济学概论[M]. 北京：高等教育出版社, 2016.

[3] 李国，孙庆祝. 城乡居民体育消费结构动态变迁的 ELES 模型分析[J]. 北京体育大学学报, 2019, 42(1):98-110.

[4] 黄海燕，朱启莹. 体育消费的内在逻辑拓展与政策选择[J]. 体育学研究, 2019, 2(4):13-20.

# 阅读材料一

## 生命周期消费理论

生命周期消费理论由美国经济学家弗朗科·莫迪利安尼提出。

生命周期消费理论认为，人们会在相当长时期的跨度内计划自己的消费开支，以便在整个生命周期内实现消费的最佳配置。从人一生的时间发展顺序来看，一个人年轻时的收入较少，但具有消费的冲动、精力等消费条件，此时的消费会超过收入；进入中年后，收入逐渐增加，收入大于消费，其收入既可以偿还年轻时的债务，又可以为老年时代做积累；退休之后步入老年，收入减少，消费又会超过收入，形成负储蓄。下面的例子可以说明生命周期消费理论。

假设一个人从 20 岁开始工作，60 岁退休，预期寿命为 80 岁。他的工作年数 $T=60-20=40$ 年，生活年数 $N=80-20=60$ 年，人生前 20 年受父母抚养的时期不计入生活年数。如果每年的工作收入 $W=24000$ 元，则终生收入 $H=24000\times40=960000$ 元。一生安稳生活的心理与追求，使他在 60 年的生活年数中有计划地、均匀地消费终生收入 960000 元，则每年的消费额为

$$C=\frac{960000}{60}=\frac{TW}{N}=\frac{40\times24000}{60}=\frac{2}{3}\times24000=16000\text{元} \qquad (6\text{-}8)$$

上面的例子表明，此人在生活年数（60 年）内每年消费年工作收入 $W$（24000 元）的 2/3，2/3 正好也是其工作年数 $T$（40 年）占生活年数 $N$（60 年）的比例；另外 1/3 的年工作收入用于储蓄，年储蓄额等于 $W/3=24000/3=8000$ 元，40 年的工作年数累积的储蓄额达到 $8000\times40=320000$ 元，320000 元储蓄用于退休后的 20 年消费，若年消费为 16000 元，则 320000 元储蓄可以使用 20 年，在预期生命结束时正好用完。

例子中暗含了一些假设，如工作时期的年收入保持不变、人生前 20 年没有积累、年储蓄没有利息、不给后代留遗产、人的一生不经历大的社会动荡等。即使考虑现实因素，如储蓄有利息、给后代留遗产等，生命周期消费理论也是成立的。

在考虑更多现实因素后，生命周期消费理论可以表示为

$$C=\beta\times r+p\times W \qquad (6\text{-}9)$$

式中，$C$ 为年消费额，$\beta$ 为财富的消费倾向，即每年消费的财富比例，$r$ 为实际财富，$p$ 为工作收入的消费倾向，即每年消费的工作收入比例，$W$ 为年工作收入。

生命周期消费理论还有另一个结论：社会中不同年龄段人群的比例会影响总消费与总储蓄。例如，社会中的年轻人与老年人较多，则社会的消费倾向偏高、储蓄倾向偏低；中年人较多，则社会的储蓄倾向偏高、消费倾向偏低。

生命周期消费理论也分析了其他影响消费与储蓄的因素，如高遗产税会使人们减少欲留给后代的遗产，增加消费；低遗产税会激励人们储蓄、抑制消费；健全的社会保障体系会使储蓄减少等。

总体来看，生命周期消费理论强调人们在很长一段时间内，甚至在一生中对自己的生活消费做出的长远分析和计划，以达到在整个生命周期内的最大满足。

## 阅读材料二

### 体育与幸福：理解体育消费活动、长期和短期主观幸福感与心理需求的满足之间的关系

**Kim Jeeyoon，James Jeffrey D.**

在体育营销中，通过建立基于增加消费者利益的持久消费关系来推进体育服务，是一种积极影响体育消费者心理体验和幸福感的方式。因此，了解和提高体育消费者的幸福感对于体育管理者和体育管理研究人员来说至关重要。

幸福感可以分为主观幸福感、个人幸福感和社会幸福感，它们分别解释了享乐主义、个人成长和社会关系。在这里我们讨论的重点是主观幸福感（Subjective Well-Being），简称SWB。主观幸福感是一个人对幸福的自我感知，是基于日常生活中的享乐体验而进行的主观评估。通过 SWB，我们可以更好地理解体育消费者的幸福感。

体育消费者主观幸福感研究的基本问题是体育消费是否会带来主观幸福感。在经济学中，体育参与、体育观看和体育媒体观看是体育消费的 3 种主要模式，每种模式都包含了休闲时间的主要部分和需要的享乐体验。然而，对体育参与的大量研究缺乏实证检验，使得关于体育观看和体育媒体观看的 SWB 效应的知识有限。此外，由于 SWB 研究一直集中于短期 SWB 效应，所以我们对这两种活动的长期 SWB 效应了解甚少。

通过了解体育消费与 SWB 效应的心理过程，我们能更好地学习和制定增强体育消费者幸福感的策略。当消费者的需求在有趣且有意义的活动中得到满足时，就产生了享乐主义。对于体育消费者来说，体育参与、体育观看、体育媒体观看都属于这类活动。因此，需求满足可以解释运动消费中的主观幸福感效应。我们认为，超然的心理需求——恢复、自主、成就和归属感可以通过体育消费来实现，能够影响一个人的主观幸福感。

Kim 进行了一项研究，将长期和短期主观幸福感作为解释体育消费主观幸福感影响的关键结构，以评估需求满足。他采用生态瞬时评估和多级结构建模的方法，实现了对长期和短期 SWB 的同时评价。

该研究采用生态瞬时评估和多级结构建模的方法，研究了体育参与、体育

观看、体育媒体观看与长期和短期主观幸福感之间的关系。这些方法允许在自然环境中以最小延时收集与主观幸福感有关的信息，并对短期和长期主观幸福感进行评估。可以通过该方法全面地了解体育消费者的主观幸福感。该研究为体育消费影响短期主观幸福感的观点提供了证据也体现了定期进行体育消费与长期主观幸福感之间的关系。更重要的是，研究发现体育消费与长期 SWB 的意义和方向是一致的，短期 SWB 可以通过重复的体育消费积累实现，并能发展为长期 SWB。

研究表明：①参与体育活动能够对体育消费者产生积极影响，并提高他们的生活满意度；②观看体育比赛能够提高体育消费者的短期主观幸福感，并减少其负面情绪；③体育媒体观看是否对 SWB 有益尚不明确，积极影响和消极影响都在参与活动后增加，该活动一直受到质疑，但目前普遍认为体育媒体观看是一种与幸福感有关的、能够产生积极情绪的活动。

短期 SWB 的意义和方向与长期 SWB 的意义和方向一致，这为短期 SWB 积累和发展成为长期 SWB 的观点提供了支持。定期发生的短期 SWB 可以积累，并改变一个人的基线，进而发展为长期 SWB，即重复参与情绪提升策略活动（通过习惯或训练）会使长期 SWB 产生。该研究为进一步探索体育消费的长期 SWB 提供了方向。

体育消费与短期SWB的意义和方向的关系及其与长期SWB意义和方向的关系基本重复，只有一条例外，即从观看体育比赛到产生积极情绪的过程。也就是说，定期观看体育比赛可能不会使积极情绪增加。在这项研究中，观看体育比赛的频率远低于参与体育运动和体育媒体观看的频率，有限的频率可能阻碍积极情绪的积累。积极情绪的增加往往比消极情绪的增加和生活满意度的提高更短暂。

需求满足是解释大学生体育消费短期 SWB 的关键结构。为了提高体育消费者的主观幸福感，制定有效的需求满足策略至关重要。在该研究中，认为自主性和成就需求满足是更有意义的 SWB 预测因子，影响所有子维度；建议针对这两种需求对大学生的主观幸福感进行干预。当一个人自愿参与一项活动并获得自主性支持时，自主性需求就会得到满足。因此，强调内在奖励（如享受、个人成长）、从本质上激励体育消费、重视消费者的决策意见（如选择口号、球衣设计），可以促进自主性和成就需求的满足。在体育活动中有不同的成就来源（如胜利、技能掌握、体育精神），可以策略性地引导体育消费者将注意力从较低的成就上转移到较高的成就上，以获得更大的成就需求满足。为了提高主观幸福感，建议着重满足体育参与和体育观看方面的成就需求。

在生活中，分离—恢复和归属需求的满足有利于积极情绪的产生。当一个人远离工作时，他的恢复需求会得到满足。“Flow”（心流）是一种全身心投入到活动中的状态，这种活动可以带来愉快的体验，且没有其他顾虑。培养“Flow”（心流）是一种满足分离—恢复需求的有效方式，可以通过尽量减少专注于运动体验时的干扰（如不必要的延迟、无关的评论）来实现，特别要避免与体育消费者提到任何与工作相关的问题。归属需求的满足可以通过强调体育中团队合作和同志情谊的社会价值，以及鼓励体育消费中的社会互动（如组织与体育相关的社交聚会）来实现。对于个人运动员来说，组成团体一起训练可以提高归属感。对于体育观众和体育媒体观众来说，建立球迷社区和使用新兴技术（如实时聊天、社交媒体、应用程序等）可以加强球队和球迷之间的关系。增强球员与球迷之间（粉丝圈）互动的亲密性和互惠性是刺激归属感的方法。

被调查者认为，可以将体育参与和体育观看看作一种综合性活动，并以此来提高主观幸福感。提高体育消费者的主观幸福感和满足其需求不仅能够使其获得满意的消费体验，还能为体育政策制定者和体育营销人员提供思路和方向。这些影响能够为体育消费纳入政策的设计和实施提供有力支持，并为更好地获得 SWB 提供指导。对于体育营销人员来说，这一效应对于留住消费者来说至关重要，他们可以通过理解该效应，将自己定位为体育消费者幸福的赞助人。从这个意义上讲，体育政策制定者和体育营销人员应该更多地关注和理解体育消费者的主观幸福感。

（本文来自《体育管理》，2019 年第 33 期）

# 第 7 章　体育生产

一个国家的实物型体育产品和非实物型体育产品的总产值是衡量其体育产业综合实力的重要标准。第 6 章分析了消费者如何选择他们需要的体育产品，了解了关于体育消费者行为的基本知识。本章讨论与体育消费者对应的体育生产者，并分析体育生产者的行为。

## 7.1　体育生产者

生产又称社会生产，指人类创造社会财富的活动和过程，社会财富包括物质财富和精神财富。体育生产是指体育生产者通过投入劳动要素和资本要素，创造实物型体育产品和非实物型产品的过程。

### 7.1.1　体育生产者的概念

在西方经济学中，生产者也被称为厂商或企业，是指能够做出统一生产决策的单个经济体；体育生产者是指在体育生产领域中，为了生产某种体育产品而做出统一生产决策的单个经济体。

本书将体育生产者定义为从事体育产品的生产和流通、提供体育服务等经济活动、生产体育产品或提供体育服务以满足社会需求，实行自主经营、独立核算的一种依法设立的营利性经济组织。体育生产者是市场经济中体育产品生产组织的基本单位。

### 7.1.2　体育生产者的类型

企业组织形式是指企业财产及企业社会化生产的组织状态，它表明一个企业的财产构成、内部分工协作与外部社会经济联系方式。根据体育生产者的类型和存在的形态，可以将我国的体育生产者分为个人独资企业、合伙企业和公司制企业 3 种形式[1]。

《中华人民共和国个人独资企业法》指出，“本法所称个人独资企业，是指依照本法在中国境内设立，由一个自然人投资，财产为投资人个人所有，投资人以其个人财产对企业债务承担无限责任的经营实体。”个人独资企业的企业主的经营自由度大，对收入的支配权力大，并由个人承担负债。随着体育服务需求的增加，越来越多的体育从业者选择以个人独资的形式开展经营活动，如由个人独资创办健身房或开展运动训练课程等。在浙江、福建等民营经济较发达的地区，作为独资企业形式之一的体育用品家族企业十分盛行。

《中华人民共和国合伙企业法》指出，“本法所称合伙企业，是指自然人、法人和其他组织依照本法在中国境内设立的普通合伙企业和有限合伙企业。普通合伙企业由普通合伙人组成，合伙人对合伙企业债务承担无限连带责任。本法对普通合伙人承担责任的形式有特别规定的，从其规定。有限合伙企业由普通合伙人和有限合伙人组成，普通合伙人对合伙企业债务承担无限连带责任，有限合伙人以其认缴的出资额为限对合伙企业债务承担责任。”因为合伙人对整个合伙企业所欠的债务负有无限责任，所以这种组织的结构较不稳定。体育合伙企业的决策由合伙人集体做出，与个人独资企业相比，其企业决策缺乏自由，但却具有企业的规模优势。体育合伙企业的经营内容种类繁多，涵盖体育文化传播、体育投资、体育培训等领域。目前，国内有许多体育企业都是由具有血缘、友缘、地缘等关系的个人共同投资创办的合伙企业。

《中华人民共和国公司法》指出，“本法所称公司是指依照本法在中国境内设立的有限责任公司和股份有限公司。”有限责任公司和股份有限公司较好地体现了产权清晰、权责明确、管理科学等现代企业的特征，同时具有融资成本低、规模扩大较容易等优点，因而在体育产业中被广泛采用。当前，体育领域的阿里体育有限公司、安踏体育用品集团有限公司、李宁体育用品有限公司、北京中国网球公开赛体育推广有限公司等均为有限责任公司；万达体育集团有限公司、莱茵达体育发展股份有限公司、体育之窗文化股份有限公司均为股份有限公司。

法律规定公司是企业法人，有独立的法人财产，享有法人财产权。公司以其全部财产对公司的债务承担责任；有限责任公司的股东以其认缴的出资额为限对公司承担责任；股份有限公司的股东以其认购的股份为限对公司承担责任。

## 7.2 体育生产者的成本和收入

生产无处不在，生产者进行生产的目的是获取利润，为了获取利润所进行的生产与对成本的预测形影不离。

### 7.2.1 体育生产者的成本

#### 1. 体育生产者的经济成本

在现代西方经济学中，经济成本是生产者使用生产要素时应该支付的成本，包括显性成本和隐性成本。作为体育产品的供给者，体育生产者在生产体育消费者所消费的体育产品时，需要付出一定的成本。

体育生产者的显性成本是其支付给外部资源所有者的成本。例如，俱乐部在进行生产时，需要向雇佣的劳动者（俱乐部的运动员和教练员）支付工资；羽毛球生产者向其他生产者购买或租赁设备和原料时会产生成本；赛事主办方为了获得体育场馆的使用权需要向场馆运营方支付费用。

体育生产者的隐性成本是其在使用自己拥有的生产要素时应该支付的成本。包括体育生产者在生产过程中占用的自有资金、场地、人员和原料等。例如，体育生产者自身机器设备和厂房的固定资产折旧费用等。

#### 2. 体育生产者的短期成本和长期成本

体育生产者在短期内从事生产所发生的成本为短期成本。在短期内，某些生产要素的投入量是固定的，体育生产者为此付出的成本是一次性的，不需要追加。短期成本的变化不能改变产量。例如，体育俱乐部购买场馆的支出。

体育生产者在长期内从事生产所需要的成本为长期成本。在长期内，体育生产者有足够长的时间可以增加短期内固定不变的生产要素。因此，任何生产要素的投入量都是可变的，可以通过改变这些生产要素来改变产量，如扩建体育场。

在短期和长期之间，没有明确的时间划分。但是体育生产者短期成本和长期成本的构成则有明显的区分：短期成本是在一部分生产要素不可变，另一部分生产要素可变的条件下支付的成本；长期成本是在所有生产要素均可变的条件下付出的成本。

**3. 体育生产者的总成本、平均成本和边际成本**

体育生产者的总成本（TC）是其在生产某种特定数量的体育产品时所付出的成本总额。

体育生产者的短期总成本包括两部分：总固定成本（TFC）和总变动成本（TVC）。固定成本不随产量的变化而变化。例如，体育生产者的贷款利息是一种固定成本，生产者在取得贷款时已经承诺在一定时期内按照合同规定的利率支付利息，在此期间，不管其如何生产及产量如何变化，都需要支付规定的利息。体育生产者的变动成本是随产量变化而变化的成本。例如，生产者购买原材料的成本及支付的各种税费等。

体育生产者的平均成本（AC）是单位产量的平均成本，如果用 $Q$ 表示产量，则有

$$\mathrm{AC}=\frac{\mathrm{TC}}{Q} \tag{7-1}$$

因为体育生产者的短期总成本等于总固定成本与总变动成本的和，所以有

$$\mathrm{AC}=\frac{\mathrm{TC}}{Q}=\frac{\mathrm{TFC+TVC}}{Q}=\frac{\mathrm{TFC}}{Q}+\frac{\mathrm{TVC}}{Q}=\mathrm{AFC}+\mathrm{AVC} \tag{7-2}$$

即体育生产者的短期平均成本等于平均固定成本（AFC）与平均变动成本（AVC）的和。

体育生产者的边际成本（MC）是其每增加或减少单位产量导致的总成本的变化。如果用 $\Delta Q$ 表示产量的增量，用 $\Delta\mathrm{TC}$ 表示总成本的增量，那么

$$\mathrm{MC}=\frac{\Delta\mathrm{TC}}{\Delta Q} \tag{7-3}$$

### 7.2.2 体育生产者的收入

在西方经济学中，收入是生产者出售产品获得的收益。可以将这种收益分为总收益（TR）、平均收益（AR）和边际收益（MR）。

体育生产者的总收益是指其出售体育产品或提供体育服务所获得的全部收入。如果用 $P$ 表示某种体育产品或服务的价格，用 $Q$ 表示这种体育产品或服务的数量，则

$$TR = P \times Q \tag{7-4}$$

体育生产者的平均收益（AR）是其出售单位体育产品或服务所获得的收入

$$AR = \frac{TR}{Q} = \frac{P \times Q}{Q} = P \tag{7-5}$$

体育生产者的平均收益就是单位体育产品的价格。

体育生产者的边际收益（MR）是其在市场上每增加或减少单位体育产品或服务的供给时，所带来的总收益的变化。如果用 $\Delta TR$ 表示总收益的增量，用 $\Delta Q$ 表示产量的增量，则

$$MR = \frac{\Delta TR}{\Delta Q} \tag{7-6}$$

在完全竞争市场中，体育产品的市场价格对于单个体育生产者来说是既定的。单个体育生产者不能改变体育产品的市场价格，只能作为市场价格的接受者。如果某个体育生产者单独提高了产品的价格，消费者就会停止购买该生产者的产品，转而去购买其他生产者的产品或相关替代品。因此，体育生产者增加单位产量时所增加的收益只能是这个单位产品的平均收益。也就是说，在理想的完全竞争市场中，体育生产者的平均收益和边际收益相等且保持不变，如表 7-1 所示。按照表 7-1 的数据，用横轴表示体育产品的数量（$Q$），用纵轴表示体育产品的价格（$P$），在收益的坐标系中做出平均收益和边际收益图像，得到体育生产者的平均收益曲线（AR）和边际收益曲线（MR），二者重合且是水平的，如图 7-1 所示。

**表 7-1　体育生产者的平均收益和边际收益**

| 数量（个） | 价格（元） | 总收益（元） | 平均收益（元） | 边际收益（元） |
|---|---|---|---|---|
| 1 | 200 | 200 | 200 | 200 |
| 2 | 200 | 400 | 200 | 200 |
| 3 | 200 | 600 | 200 | 200 |
| 4 | 200 | 800 | 200 | 200 |

1. 体育生产者的利润

体育生产者生产或出售产品和服务的目的是获取利润。显然，如果生产者的总收益大于总成本，就会有剩余，这个剩余就是利润。如果用π表示体育生产者的利润，则其计算公式为

$$\pi = TR - TC \qquad (7\text{-}7)$$

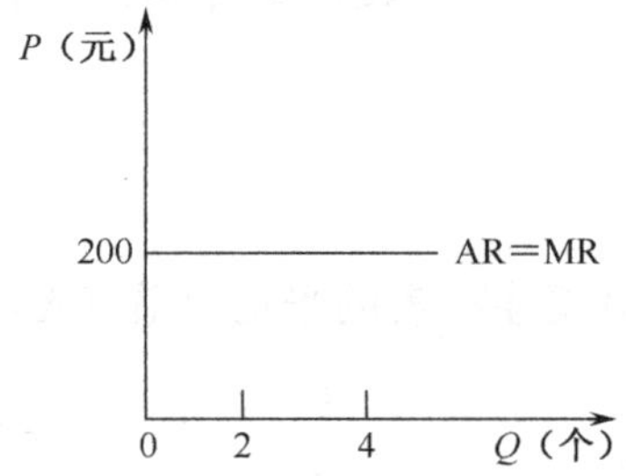

图 7-1　体育生产者的平均收益曲线和边际收益曲线

因为正常利润已经包含在总成本中，所以当 $TR - TC > 0$ 时，体育生产者获得超额利润；当 $TR - TC < 0$ 时，体育生产者亏损；当 $TR - TC = 0$ 时，超额利润为零，但体育生产者可以获得正常利润。

2. 体育生产者的经营成本

体育生产者的经营成本包括原材料费用、员工工资、管理费用、场地器材费用、营销费用。

1）原材料费用

原材料费用是体育用品生产者的主要成本。体育用品生产是体育产业中最接近传统制造业的产业，以生产运动装备、运动器材为主。与其他体育生产相比，这种生产更像制造业与体育产业结合的产物。在制造业中，原材料的采购、运输、管理费用是生产者的主要成本。

2）员工工资

员工是体育服务生产者提供体育服务的核心。对于体育健身俱乐部来说，教练员的优劣直接影响产品和服务的质量，以及生产者的知名度和美誉度，行业中教练员的质量甚至关系整个行业的生存与发展。因此，教练员的工资往往是成本的重要组成部分。

3）管理费用

行政管理及人员经费是体育生产者的基本成本，多数体育生产者的管理费用占成本的比重较小。例如，酒店中的健身休闲部门的支出相对较低；场馆租赁、专业培训及自由职业的经营管理均比较简单，支出更低。

4）场地器材费用

体育服务生产者对场地器材有特殊的依赖，一般情况下，位于城市中繁华

地段的酒店、大型体育设施的高昂土地和建设费用应计入健身娱乐经营成本。但这些场地设施往往由国家和企事业单位进行先期投资，后期兼营体育健身项目，导致这部分成本的折扣率较高，甚至被忽略。专为健身休闲购置的器材、场地设施的水电费支出等，应计入生产者的经营成本。

5）营销费用

广告宣传、市场开发、营销手段等必要支出属于体育生产者经营成本。由于目前我国多数体育生产者并不采用规模化经营方式，故该项费用较少。

### 3. 体育生产者的经营收益

体育生产者的经营收益一般包括产品销售收入、培训服务收入、器材场地出租收入、附属相关产品销售收入等。生产者的生产以利润最大化为目的，关键在于要处理好成本与收益的关系。

除体育用品生产者以产品销售收入为主之外，其他体育生产者的经营收益以培训服务收入和器材场地出租收入为主，因此价格是关键。一般产品的价格是在成本核算的基础上制定的，但在对技能、知识等方面的指导与训练、租赁现有场地设施等体育产品进行定价时，也要考虑消费者的承受能力。《2014 年全民健身活动状况调查公报》指出，“在 20 岁及以上人群中，有 39.9%的人有过体育消费，全年人均消费 926 元。全年消费总额在 499 元以下的人数百分比为 47.6%，在 500～999 元之间的为 24.4%，在 1000～1499 元之间为 11.2%，在 1500～1999 元之间为 4.6%，在 3000 元以上为 6.5%。从年龄来看，20～29 岁年龄组的人消费水平最高，人均消费为 1162 元。随年龄增大消费水平下降，70 岁及以上年龄组，人均消费仅为 422 元。”在体育消费者中，购买运动服装的人最多，占 93.9%。从人均消费金额来看，场租和聘请教练的费用最高，全年人均消费 876 元。针对地区差异、年龄差异、消费档次差异及职业差异等区别定价，根据服务质量、知识层次、教练员水平、场地环境等合理定价，是提高经营收益的最佳选择。

提高经营收益的另一个手段是相关用品的辅助营销。多数健身场所都提供运动服装、餐饮、健身用品、书籍、药品等产品，甚至提供健康诊断和运动“处方”等；部分体育生产者还提供医疗、康复、交通服务等。体育生产者可以加大辅助营销的力度，以实现经营收益最大化。

# 7.3 体育生产者的行为

体育生产者在生产的过程中需要投入各种投入品，如工资、器材、原料等，这些投入品被称为生产要素。在经济学的生产理论中，研究生产要素投入和产出之间的技术关系及变化规律时，需要引入生产函数，并将其作为主要的研究工具。

## 7.3.1 体育生产者的生产函数

投入量和产出量之间具有一定的关系，这种关系主要受自然条件和自然规律的制约，固定的生产要素投入组合只能生产出固定的产量。

将这种规律约束下的体育生产者的所有投入产出编制成表，就构成了在此规律下的所有可行的生产方法，即生产集合。体育产品的生产集合如图 7-2 所示。

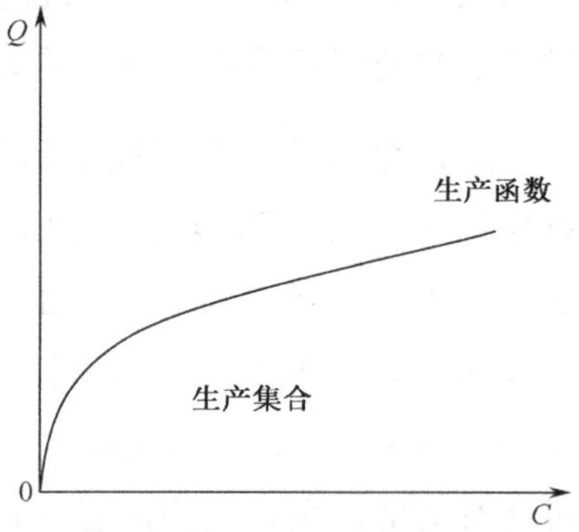


图 7-2　体育产品的生产集合

在一定的技术条件下，体育生产者的各种投入都有一个最大产出水平，该水平构成了体育生产者生产集合的边缘曲线，这条曲线的函数被称为生产函数。任何不在生产集合边界，即不按生产函数进行生产的行为都是低效率的。因此，生产函数表示在一定技术水平下的体育要素投入量与产出量的关系。

尽管任何一种体育产品的生产都需要不同的生产要素组合，但为了研究方便，通常假设一种生产要素变化，其他生产要素保持不变，以研究变化的生产要素的生产函数。

在变化的生产要素为一种（劳动力 $L$）、产出（$q$）为一种的情况下，体育生产者的生产函数为

$$q = f(L) \tag{7-8}$$

在变化的生产要素为两种（劳动力 $L$ 和资本 $K$）、产出（$q$）为一种的情况下，体育生产者的生产函数为

$$q = f(L,K) \tag{7-9}$$

在变化的生产要素为多种（$X_i$）、产出（$q$）为一种的情况下，体育生产者

的生产函数为

$$q = f(X_1, X_2, X_3, \cdots, X_n) \tag{7-10}$$

## 7.3.2　体育生产者的利润最大化原则

体育生产者进行生产的目的不只是获取利润，还力求获取最高利润。体育生产者如何进行生产才能获得最高利润？前面介绍了产量、收益、成本和利润，下面将从这四者之间的关系开始进行说明。某体育生产者（如跑步机生产者）的产量、收益、成本和利润如表 7-2 所示。

表 7-2　跑步机生产者的产量、收益、成本和利润

| Q（个） | TR（元） | TC（元） | π（元） | MR（元） | MC（元） |
|---|---|---|---|---|---|
| 0 | 0 | 11 | −11 | | |
| 1 | 16 | 17 | −1 | 16 | 6 |
| 2 | 31 | 20 | 11 | 15 | 3 |
| 3 | 45 | 22 | 23 | 14 | 2 |
| 4 | 58 | 25 | 33 | 13 | 3 |
| 5 | 70 | 31 | 39 | 12 | 6 |
| 6 | 81 | 42 | 39 | 11 | 11 |
| 7 | 91 | 60 | 31 | 10 | 18 |
| 8 | 100 | 87 | 13 | 9 | 27 |
| 9 | 108 | 125 | −17 | 8 | 38 |
| 10 | 115 | 176 | −61 | 7 | 51 |

体育生产者在进行生产和销售时，一方面要考虑增加产量会增加多少收益

（MR），另一方面要考虑增加产量会增加多少成本（MC）。从表 7-2 中可以看出，当产量为0～5个单位时，MR>MC，即增加产量能提高利润，应该继续增加产量。当产量为 6 个单位时，若继续增加产量，会导致 MR<MC，即增加产量带来的收入的增加小于成本的增加，利润将降低，所以产量不应该再继续增加。

因此，只要产量低于 6 个单位，体育生产者就应该增加产量，当产量为 6 个单位或更多时，体育生产者应该停止增加产量。显然，产量为 6 个单位时，利润达到最高，此时 MR=MC，MR=MC 就是利润最大化原则。因此，利润最大化原则可以表述为：在其他条件不变的情况下，体育生产者应该选择使最后 1 个单位的体育产品所带来的边际收益（MR）等于所付出的边际成本（MC）的产量。

可以用数学方法证明利润最大化原则。$Q$ 为产量、$\pi$ 为利润、TR 为总收益、TC 为总成本，则

$$\pi = \mathrm{TR} - \mathrm{TC} \tag{7-11}$$

$\pi$ 取极大值的必要条件是 $\dfrac{\mathrm{d}\pi}{\mathrm{d}Q}=0$，即

$$\frac{\mathrm{d}\pi}{\mathrm{d}Q} = \frac{\mathrm{dTR}}{\mathrm{d}Q} - \frac{\mathrm{dTC}}{\mathrm{d}Q} = 0 \tag{7-12}$$

因此

$$\frac{\mathrm{dTR}}{\mathrm{d}Q} = \frac{\mathrm{dTC}}{\mathrm{d}Q} \tag{7-13}$$

即

$$\mathrm{MC} = \mathrm{MR} \tag{7-14}$$

因此，当 MR=MC 时，利润最高。

利润最大化的充分条件是 $\dfrac{\mathrm{d}^2\mathrm{TR}}{\mathrm{d}Q^2} - \dfrac{\mathrm{d}^2\mathrm{TC}}{\mathrm{d}Q^2} < 0$，即 $\dfrac{\mathrm{d}^2\mathrm{TR}}{\mathrm{d}Q^2} < \dfrac{\mathrm{d}^2\mathrm{TC}}{\mathrm{d}Q^2}$ 或 $\dfrac{\mathrm{dMR}}{\mathrm{d}Q} < \dfrac{\mathrm{dMC}}{\mathrm{d}Q}$。

实现利润最大化，要使边际成本曲线的斜率大于边际收益曲线的斜率。一般来说，在不同的市场结构中，边际成本曲线的斜率为正值，边际收益曲线的斜率为负值。

体育生产者产出均衡示意图如图 7-3 所示，在点 $E$ 处体育生产者实现利润最大化，点 $E$ 为 MR=MC 的均衡点。此时该生产者的产量为 $Q_1$。

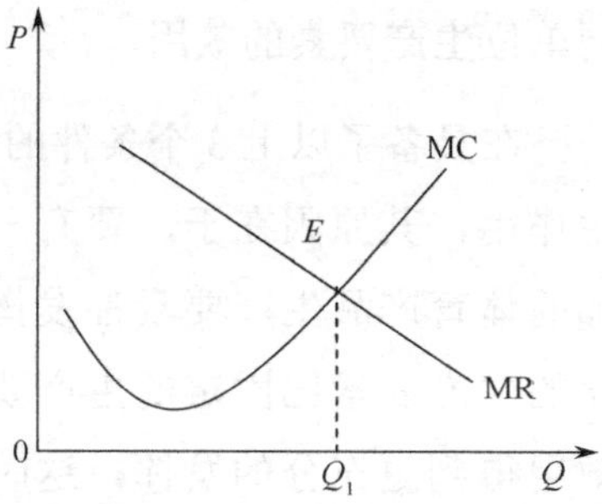


图 7-3 体育生产者产出均衡示意图

在图 7-3 中，如果 MR>MC，表示在现有生产条件下，每增加单位产出所获得的收益大于为此付出的成本，该体育生产者应该增加产出；如果 MR<MC，表示在现有生产条件下，每增加单位产出所获得的收益小于为此付出的成本，该体育生产者应该减少产出；如果 MR=MC，表示现有生产条件下，每增加单位产出所获得的收益等于为此付出的成本，该体育生产者获得最高利润，应该维持现有的产出水平。因此，体育生产者必须根据边际收益（MR）与边际成本（MC）之间的关系，尽可能地选择最接近边际收益等于边际成本的产出水平。

在分析一个体育生产者如何做最后的经营决策之前，还需要解决两个理论知识上的小障碍：一个是边际报酬递减规律，另一个是生产要素的边际替代率。这两个概念对理解体育生产者的生产行为和决策具有积极作用。

### 7.3.3 边际报酬递减规律

体育产品生产要素的边际报酬递减规律是指，在生产者增加一种投入并保持其他投入不变时，每增加单位投入量所引起的体育产品产量增加会在某点后变为下降。

边际报酬递减规律要发生作用必须具备 3 个条件。

（1）体育产品生产要素投入量的比例可变。只有在假设其他生产要素不变，只增加某种生产要素的投入量时，边际报酬才发生递减。如果各要素的投入量按原有比例同时增加，则边际报酬不一定递减。

（2）科技水平保持不变。如果在生产期间，生产技术和工艺出现了翻天覆地的变化，那么在保持体育产品的其他生产要素不变而增加某种生产要素时，边际报酬不一定递减，反而有可能递增。

（3）在体育产品生产过程中增加的生产要素具有相同的效用。如果增加的同一种生产要素有不同的效用，那么边际报酬可能递减也可能递增，取决于不同单位生产要素的效用。

在具备了以上 3 个条件的情况下，体育产品生产的边际报酬递减规律才会发生作用，其原因在于，要有一个能够使保持不变的体育产品生产要素和不断增加的体育产品生产要素都发挥最大效用的最优组合。在达到最优组合以前，变化的生产要素比固定的生产要素少，因此，增加变化的生产要素可以使他们的效用得到更充分的发挥，这时体育产品的边际产量是递增的。但是从达到最优组合开始，如果继续增加变化的生产要素，则与固定的生产要素相比，变化的生产要素过多，边际报酬递减规律会发生作用。在这里，边际报酬不是指每增加单位体育产品的产量时增加的以货币衡量的收益（MR），而是指每增加单位生产要素时增加的以实物衡量的体育产品的产量（MPP）。

### 7.3.4 生产要素的边际替代率

体育产品生产要素的边际替代率是指在产量保持不变的情况下，当某种生产要素变化 1 个单位时，另一种生产要素需要变化的数量。假设体育生产者生产体育产品 A，要用到 X、Y 两种生产要素，它们之间可以相互替代。如果用 $\Delta Y$ 表示生产要素 Y 的变化量，用 $\Delta X$ 表示生产要素 X 的变化量，用 $\mathrm{MRS_{XY}}$ 表示以生产要素 X 替代 Y 的边际替代率，那么

$$\mathrm{MRS_{XY}} = \left|\frac{\Delta Y}{\Delta X}\right| \tag{7-15}$$

对于跑步机的生产者来说，钢和合金金属这两种材料在一定范围内可以相互替代。在产量不变的情况下，如果 1 个单位的钢材能替代 2 个单位的合金金属，那么用合金金属替代钢的边际替代率等于 2。

经济学家认为，如果不断地增加一种生产要素以替代另一种生产要素，那么在产量不变的条件下，单位该生产要素所能替代的另一种生产要素的数量将不断减小，这就是生产要素的边际替代率递减规律。

体育产品生产要素的边际替代率递减是由边际报酬递减造成的。单位生产要素 X（$\Delta X$）之所以能替代若干生产要素 Y（$\Delta Y$），是因为生产要素 X 的增加带来的产量增量（$\mathrm{MP_X}$）正好等于生产要素 Y 的减少带来的产量减量（$\mathrm{MP_Y}$），即

$$\Delta X \times \mathrm{MP_X} = \left|\Delta Y\right| \times \mathrm{MP_Y} \tag{7-16}$$

因此，用生产要素 X 替代 Y 以后产量没有变化。但是，根据边际报酬递减规律，当一种生产要素的投入量不断增加时，它的边际产量将递减。因此，当生产要素 X 不断增加的时候，它的边际产量（$MP_X$）将不断减少。这时，在产量不变的前提下，单位生产要素 X 所能替代的生产要素 Y 的数量将减少。

式（7-16）可以写为

$$\frac{|\Delta Y|}{\Delta X}=\frac{MP_X}{MP_Y} \tag{7-17}$$

用生产要素 X 替代 Y 的边际替代率可以写为

$$MRS_{XY}=\frac{MP_X}{MP_Y} \tag{7-18}$$

只要生产要素是可以相互替代的，则每两种体育产品的生产要素之间都存在边际替代率。

## 7.4 体育生产者的决策

前面介绍了体育生产者产量、成本和收益之间的关系，本节深入研究体育生产者如何选择投入要素的组合来生产一定数量的体育产品。例如，A 公司需要生产一批运动鞋，可以投入 100 个工人和 5 台机器，也可以投入 50 个工人和 10 台机器。那么 A 公司最终会选择哪种方案呢？为什么会做出这样的选择呢？

### 1. 在生产要素可相互替代条件下的等产量曲线

等产量曲线表示在技术水平不变的条件下生产同一产量产品的两种生产要素投入量的不同组合，这条曲线上的各点代表投入要素的各种组合，每种组合能生产的产量相等。

例如，A 公司在生产 100 台跑步机时可以选择的生产要素 X 和 Y 的组合如表 7-3 所示。如果不用生产要素 X，则要用 10 个单位的生产要素 Y；如果不用生产要素 Y，则要用 5 个单位的生产要素 X。A 公司也可以既用生产要素 X，又用生产要素 Y。但是，无论 A 公司如何选择生产要素组合，都要生产 100 台跑步机。根据表 7-3 可以做出跑步机的等产量曲线如图 7-4 所示，图中横轴 $x$ 表示生产要素 X 的单位数量，纵轴 $y$ 表示生产要素 Y 的单位数量，曲线 $xy$ 表示生产同一数量产品的不同生产要素组合，曲线 $xy$ 即为等产量曲线。

表 7-3 跑步机生产要素组合

| 生产要素 X（单位） | 生产要素 Y（单位） |
|---|---|
| 0 | 10 |
| 1 | 6 |
| 2 | 3 |
| 3 | 1 |
| 4 | 1/4 |
| 5 | 0 |

跑步机的等产量曲线具有下列性质。

（1）生产要素 X 的投入量越多，生产要素 Y 的投入量就越少，等产量曲线向右下方倾斜。

（2）等产量曲线上任意一点的斜率等于在这个点处用生产要素 X 替代 Y 的边际替代率。

（3）随着生产要素 X 投入量的增加，用生产要素 X 替代 Y 的边际替代率递减，即用越来越多的生产要素 X 才能替代生产要素 Y，等产量曲线的右端逐渐与横轴平行，等产量曲线的左端逐渐与纵轴平行，等产量曲线为凹函数。

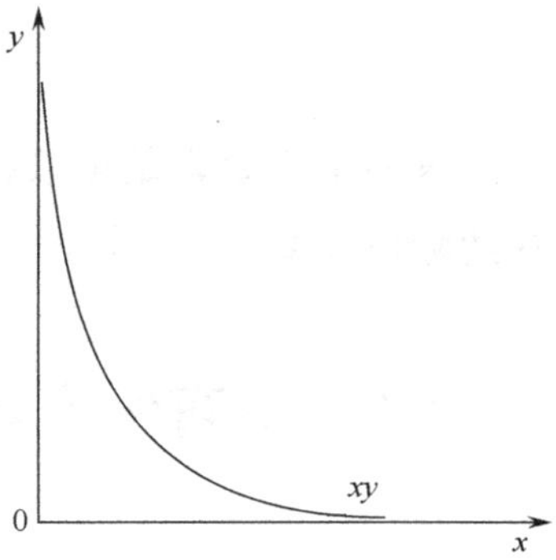

图 7-4 跑步机的等产量曲线

（4）在同一坐标平面上，等产量曲线不可能相交，如果两条等产量曲线相交，则意味着用交点表示的生产要素组合可以生产不同水平的跑步机产量，这种情况在生产技术不变的情况下不可能出现。

因为体育产品等产量曲线的几何特征与体育产品无差异曲线相似，所以它也被称为生产无差异曲线。但是等产量曲线和无差异曲线的特性不同，前者表示产量，后者表示效用；它们的性质也不同，前者客观存在，后者为主观描述。

### 2. 在生产要素不可相互替代条件下的等产量曲线

假设单位某体育产品的生产要素 X 必须与单位生产要素 Y 配合才能进行生产，生产要素 X 和 Y 之间不能出现缺少某种要素的情况，则体育产品的等产量曲线表现为图 7-5 中的曲线 $xy$。$x$ 为生产要素 X 的单位数量，$y$ 为生产要素 Y 的单位数量。直角等边的体育产品等产量曲线 $xy$ 表明，生产要素 X 和生产要素 Y

的比例是固定的。单位生产要素 X 与单位生产要素 Y 配合，可以生产出等产量曲线 $xy$ 所表示的体育产品产量水平。单位生产要素 X 与多单位生产要素 Y 或单位生产要素 Y 与多单位生产要素 X 配合也只能生产出等产量曲线 $xy$ 所表示的体育产品产量水平。从原点到直角的射线的斜率，等于生产要素 X、Y 的固定比率。

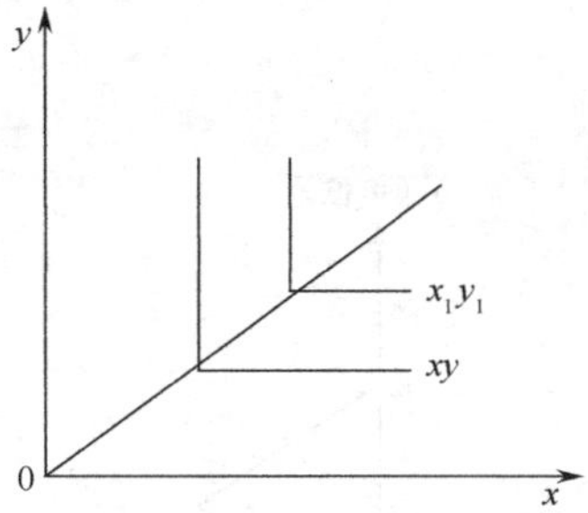

图 7-5 体育产品的等产量曲线

如果生产要素不可相互替代，则等产量曲线为直线。

体育生产者都想用尽可能低的成本生产给定数量的体育产品。为了实现这个目标，需要了解等成本曲线。体育生产者的等成本曲线可以描述生产某种体育产品的数量与总成本之间的关系。因此，等成本曲线是在生产要素价格一定的条件下，体育生产者花费一定的成本所能购买到的生产要素组合。

假设 A 公司要生产某种体育健身器材，生产要素 X 和 Y 的价格分别为 60 元/单位和 30 元/单位，成本总额是 210 元，利用这些给定的量可以得到不同组合的生产要素，得到等成本表如表 7-4 所示。根据表 7-4 可以得到等成本曲线如图 7-6 所示。

**表 7-4 等成本表**

| 生产要素 X（单位） | 生产要素 Y（单位） |
|---|---|
| 3.5 | 0 |
| 2.5 | 2 |
| 1.5 | 4 |
| 0.5 | 6 |
| 0 | 8 |

用 $x$ 和 $y$ 表示生产要素 X 和生产要素 Y 的购买数量，用 $P_X$ 和 $P_Y$ 表示生产要素 X 和生产要素 Y 的单价，则

$$P_X \times x = P_Y \times y \quad (7\text{-}19)$$

即

$$\frac{y}{x}=\frac{P_X}{P_Y} \tag{7-20}$$

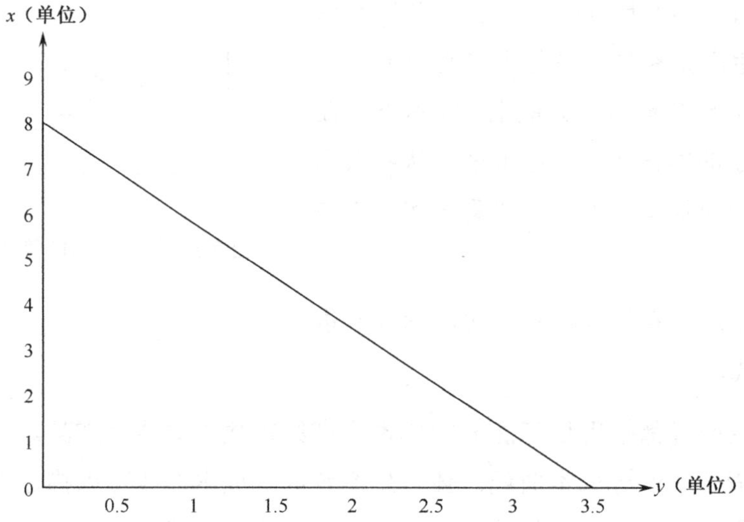


图 7-6　等成本曲线

等成本曲线的斜率等于生产要素 X 和生产要素 Y 的价格比率。在上面的例子中，A 公司单独购买生产要素 X 的成本等于单独购买生产要素 Y 的成本，等成本曲线的斜率等于生产要素 X 和生产要素 Y 的价格比率。

如果此时生产成本总额发生变化，并且生产要素 X 和 Y 的价格没有发生变化，那么生产要素的数量就会发生变化。当成本总额增加到 270 元时，等成本曲线向外平移；当成本总额减少到 190 元时，等成本曲线向内平移。

### 3. 体育生产者的最优化生产

A 公司有多种工人和机器组合，且达到了既定的产量水平。然而，在这些组合中，只有一种组合能使总成本最低。有两种方法可以实现利润最大化，一种是用最低成本生产出最多产品，另一种是使单位产品消耗的原料最少。因此，进行生产资源的有效组合是体育生产者合理生产的关键。

上面介绍了体育生产者的等产量曲线和等成本曲线，将这两条曲线组合，可以得到最低成本生产既定产量的最优生产要素组合，成本最小化原则如图 7-7 所示。

在图 7-7 中，假设有 3 条等成本曲线 $xy_1$、$xy_2$、$xy_3$，分别表示成本为 15 万、21 万和 27 万元。等产量曲线 $Q$ 表示生产 100 台跑步机。等成本曲线 $xy_3$ 与等产

量曲线 $Q$ 相交，表示用 27 万元购买交点 $A$ 和 $B$ 所表示的生产要素可以生产出 100 台跑步机。但 27 万元并不是生产这批跑步机的最低成本。从图 7-7 中可以看到，当成本降低时，等成本曲线向左下方移动，在一定范围内也会与等产量曲线 $Q$ 有交点。等成本曲线 $xy_1$ 与等产量曲线 $Q$ 既不相交也没有切点，表示虽然 15 万元的成本最低，但是所购买的要素组合不足以生产出 100 台跑步机，如果要满足生产 100 台跑步机所需要的生产要素，就必须在 15 万元的基础上继续增加成本，在图上表现为等成本曲线向右上方移动。只有当等成本曲线与等产量曲线相切时，才能既实现成本最小化，又达到既定的产量。因为等成本曲线向右上方移动，成本将提高；向左下方移动，无法达到既定的产量，所以切点即表示用最低成本生产出跑步机既定产量的最优要素组合。在这个例子中，最低成本为 21 万元（$xy_2$），最优生产要素组合为$(a,b)$。

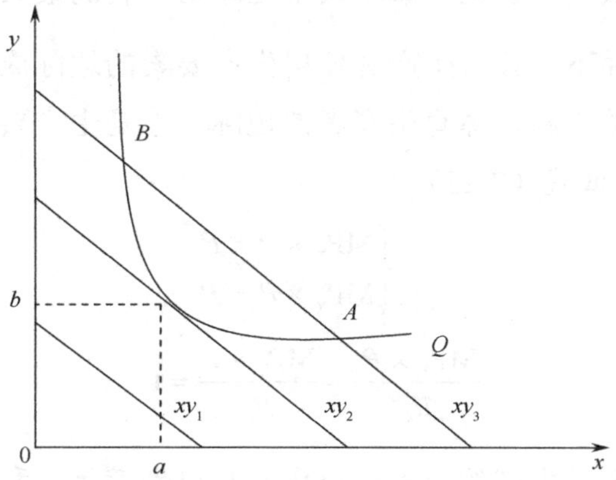


图 7-7　成本最小化原则

用公式表示体育产品生产的成本最小化原则。在等成本曲线与等产量曲线的切点，二者斜率相等，即

$$\frac{P_X}{P_Y}=\frac{MP_X}{MP_Y} \tag{7-21}$$

或

$$\frac{MP_X}{P_X}=\frac{MP_Y}{P_Y} \tag{7-22}$$

因此，成本最小化原则为两种生产要素的边际产量与自身价格的比相等。

如果将此结果应用于多种生产要素，则为

$$\frac{\mathrm{MP_X}}{P_\mathrm{X}}=\frac{\mathrm{MP_Y}}{P_\mathrm{Y}}=\frac{\mathrm{MP_Z}}{P_\mathrm{Z}}=\cdots \tag{7-23}$$

下面讨论体育产品生产的利润最大化原则。虽然在实际生产过程中，体育产品生产的成本最小化原则和利润最大化原则是相通的，但这两个原则并不完全一致。成本最小化原则说明了对一特定产量来说如何使成本降到最低，但这个产量不一定使体育生产者获得最高利润。在这个产量水平上，如果边际报酬大于边际成本，体育生产者需要增加产量才能获得最高利润。也就是在各种产量水平上，按照成本最小化原则都可以使成本最低。但是只有一个唯一的产量水平能够使体育生产者获得最高利润。因此，成本最小化原则不是利润最大化原则的充分条件。但是，当体育生产者实现利润最大化时，这一产量一定会使体育生产者实现成本最小化，即满足成本最小化原则。如果成本没有达到最低，那么利润肯定不是最高。因此，成本最小化原则是利润最大化原则的必要条件。

在完全竞争条件下，体育生产者使用生产要素的边际成本等于体育产品边际产量与产品价格的乘积，体育生产者的边际成本是生产要素的价格。因此，可以写成式（7-24）或式（7-25）

$$\begin{cases}\mathrm{MP_X}\times P=P_\mathrm{X}\\ \mathrm{MP_Y}\times P=P_\mathrm{Y}\end{cases} \tag{7-24}$$

$$\frac{\mathrm{MP_X}\times P}{P_\mathrm{X}}=\frac{\mathrm{MP_Y}\times P}{P_\mathrm{Y}}=1 \tag{7-25}$$

说明即使体育产品生产的成本最小化原则得到满足，利润最大化原则也不一定能得到满足。成本最小化原则不是利润最大化原则的充分条件。但是，在式（7-25）中同时除以产品价格 $P$，可以得到

$$\frac{\mathrm{MP_X}}{P_\mathrm{X}}=\frac{\mathrm{MP_Y}}{P_\mathrm{Y}}=\frac{1}{P} \tag{7-26}$$

即每种生产要素的边际产量与它们的价格的比相等。表示成本最小化原则是利润最大化原则的必要条件。只有体育产品生产要素的边际产量与它们的价格之比相等且都等于产品价格的倒数时，体育产品的成本最小化原则才正好与利润最大化原则一致。

**4. 扩展线**

任何体育生产者都有扩大生产规模从而获取更高利润的内在需求，扩展线指明了体育生产者扩大生产规模的最优途径，如图 7-8 所示。

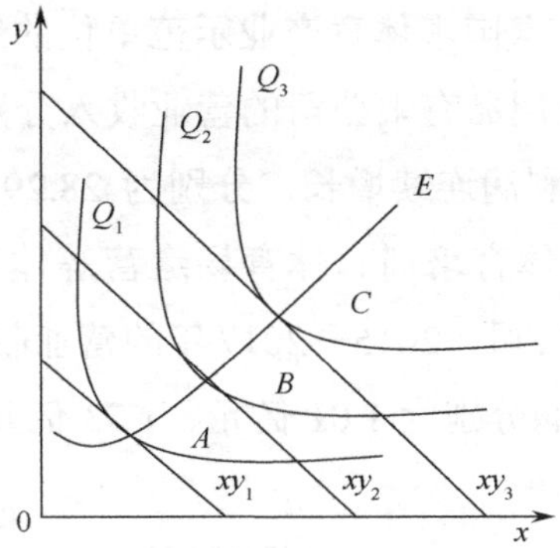


图 7-8 扩展线

在图 7-8 中，如果体育生产者增加成本支出，则可以看到 $xy_1$ 向 $xy_2$ 和 $xy_3$ 移动。假设他们分别与曲线 $Q_1$、$Q_2$ 和 $Q_3$ 相切于点 A、B、C，这些点均表示用最小成本生产既定产量的最优生产要素组合。把点 A、B、C 连接起来，就得到了扩展线。因为在扩展线上的任何一点都可以用最低成本生产一定的产量，所以扩展线表示体育生产者扩大生产的最优途径。

## 7.5 体育生产者概况

2014 年，《国务院关于加快发展体育产业促进体育消费的若干意见》（国发〔2014〕46 号文）的出台极大地鼓舞了中国体育产业的发展。体育竞赛企业、互联网企业、地产商和金融企业看准机遇纷纷加入。在资金政策环境良好、市场需求不断增加的过程中，体育企业的数量不断增多。2017 年，全国体育产业总规模为 2.2 万亿元，同比增长 15.7%，实现增加值 7811 亿元，同比增长 20.6%。

国家体育产业示范单位是我国体育产业组织的杰出代表，展现了我国体育产业各类市场主体的发展水平，为落实供给侧结构性改革、推动经济发展新旧动能转换、实现高质量发展和现代化经济体系建设贡献了重要力量。截至 2018 年年底，国家体育总局共认定国家体育产业示范单位 55 家，覆盖全国 24 个省、市、自治区，具有引领示范作用。体育企业的发展具有以下特点[2]。

### 1. 经营效益显著提高

2015—2017 年，面对复杂的国内外经济形势，体育企业采取多种经营手段，取得了良好的经营成果。营业收入从 2015 年的 3288068.24 万元增至 2017 年的 4214356.13 万元；营业利润从 2015 年的 522156.34 万元增至 2017 年的 774463.71

万元。2015—2017 年 51 家国家体育产业示范单位的经营效益如图 7-9 所示。2015—2017 年，安踏体育用品有限公司的营业收入分别为 111.26 亿元、133.46 亿元、166.92 亿元，营业利润连续增长，分别为 28.29 亿元、33.11 亿元、43.11 亿元。以体育版权交易、体育培训、体育场运营等体育服务业为主营业务的武汉当代明诚文化股份有限公司，2015—2017 年的营业收入分别为 4.13 亿元、5.69 亿元、9.12 亿元，营业利润分别为 1.01 亿元、1.73 亿元、1.90 亿元。

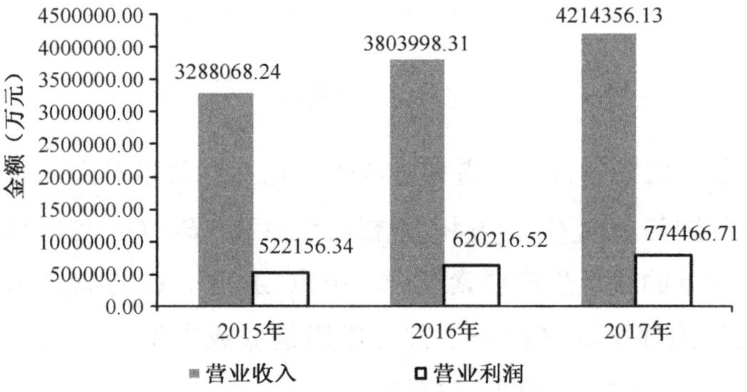


图 7-9　2015—2017 年 51 家国家体育产业示范单位的经营效益

## 2. 创新投入及产出显著增加

2015—2017 年国家体育产业示范单位创新投入及产出如图 7-10 所示。2015—2017 年，55 家企业的研发投入分别为 64993.24 万元、110703.15 万元、134995.63 万元，3 年研发投入共 31.07 亿元。作为创新活动的主导者，研发人员

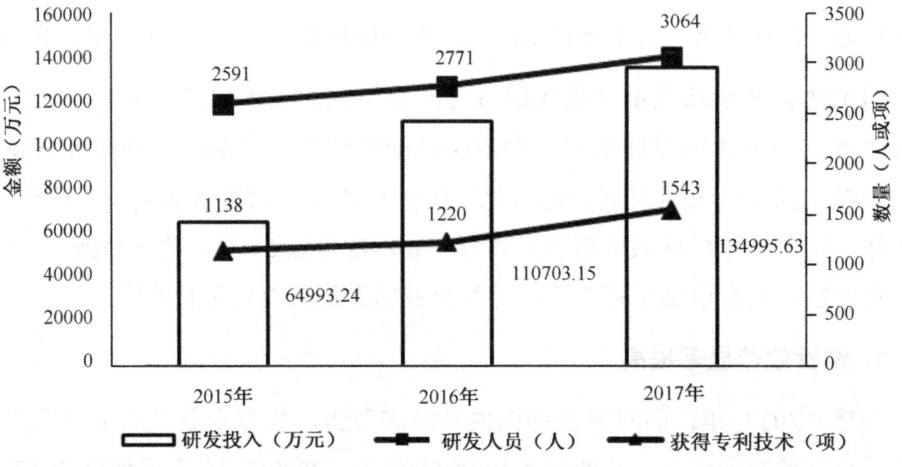


图 7-10　2015—2017 年国家体育产业示范单位创新投入及产出

是实施创新的载体。2015—2017 年，这些企业中的科研人员分别为 2591 人、2771 人、3064 人。体育生产创新的研发投入和研发人员的增加，促进了企业创新活动的开展。统计数据显示，2016 年，55 家企业获得各类专利 1220 项，同比增长 7.21%；2017 年，获得各类专利 1543 项，同比增长 26.48%。各企业积极开展创新活动，取得创新成果，为企业的可持续发展培育科技力量，提高自身的市场竞争力。

#### 3. 品牌创建异常活跃

为了提高知名度，扩大产业影响力，体育生产者积极创建知名品牌。体育用品领域的品牌创建活动异常活跃，成为国家体育知名品牌的主力军。2017 年，55 家体育企业共创建体育用品类知名品牌 162 个。体育企业不断加强品牌建设，2017 年共创建体育服务品牌 47 个。打造知名品牌成为国家体育产业示范单位的重点发展任务。创建品牌能够有效提高体育产品服务的附加值，促进我国体育产业高质量发展。

#### 4. 社会效益明显提高

在纳税方面，2015—2017 年，55 家体育企业共纳税 1116786.70 万元，2015 年的纳税额为 314638.72 万元，2016 年的纳税额为 350751.90 万元，2017 年的纳税额为 451333 万元；在创造就业方面，2015—2017 年，55 家体育企业每年共吸纳就业人员超过 5 万人；在为社会创造福利方面，济南奥体中心提出了“公益为民，体育惠民，服务亲民”的发展理念，大力推进场馆免费低价开放，在劳动节、国庆节等重要节假日和全民健身日、全民健身月开展场馆免费开放活动，共发放免费健身体验券 20000 余张；天津奥林匹克体育中心场馆群坚持低收费对外开放的原则，大力开展全民健身活动，场区及训练场（限时）全年向社会开放。

#### 5. 积极承担社会责任

2015—2017 年，55 家企业共向社会捐赠 11158.35 万元。示范单位还以带动地区相关产业发展等形式反哺当地经济，积极承担社会责任。安徽兴茂置业有限公司致力打造“六安南山运动休闲特色小镇”，以项目带动当地农民增收，提供就业岗位；宜昌百里荒山生态农业旅游开发有限公司充分挖掘“万亩高山草原，千亩华山松林，百里生态乡村”的自然优势，通过吸纳农民工就业、农民工承建工程等方式，提供固定就业岗位 305 个、临时就业岗位 85 个，间接带动周边农家乐、商贸物流等市场主体创造就业岗位800余个。同时，各示范单位主动实施“造血式”扶贫，激发贫困地区内生动力，增强贫困村及贫困人口的自我发展能力。

## 复习思考题

1. 体育生产者的边际成本曲线为什么在平均成本曲线的最低点相交？
2. 为什么在MR=MC的条件下体育生产者的利润最高？
3. 体育产品生产要素的边际报酬为什么会递减？
4. 体育生产者的成本最小化原则就是利润最大化原则吗？
5. 体育生产者的成本最小化原则是怎样推导出来的？

## 参考文献

[1] 王建华. 现代财务管理[M]. 合肥：安徽人民出版社, 2002.
[2] 许寒冰. 国家体育产业示范单位发展态势与展望[R]. 北京：社会科学文献出版社, 2019:55-58.

## 阅读材料

### 安德玛的发展现状与困境

#### 1. 发展迅速

安德玛成立于 1996 年，创办者是前马里兰橄榄球队队长凯文·普朗克（Kevin Plank）。他发明了一种能使人在剧烈运动中保持身体清爽和轻盈的涤纶材料，并用它制作出了干燥排汗的强力伸缩运动 T 恤。

凭借产品出色的性能，安德玛正式进入运动服装设计行业，并在专业运动员群体里迅速炒热，向健身房用户群体扩张。安德玛于 2003 年推出了女子服装产品线，2004 年推出了儿童及户外产品线，当年其销售额突破了 2 亿美元，并于2005年11月18日在纽交所顺利上市，募集资金1.57亿美元，当日股价翻倍，由 13 美元/股升至 26 美元/股。

在成立后的前 10 年，安德玛一直将重点放在运动紧身衣市场，这种专注于细分市场的策略帮助它确立了在利基市场中的龙头地位。2006 年，安德玛开始进入运动鞋领域，推出了专业橄榄球比赛用的钉鞋。3 年后，它又依托 NBA 球星资源，涉足在美国具有更大市场的篮球鞋。较低的基数使该品牌的运动鞋销量暴涨，特别是在 2015 年安德玛代言人 NBA 球星斯蒂芬·库里（Stephen Curry）爆红后，2015—2016 年鞋类营收占比增长明显，2016 年更是达到了 21%。

除了产品的专业性和功能性强，安德玛的定位也与大众运动品牌存在明显的差异，即“Athlete”（运动员）和“Sportsmen”（运动的人）。用普朗克的话来说，就是让每个消费者都能成为运动员。专业性、功能性和科技性都使安德玛具有独特的竞争力。准确的定位及爆款产品的推动，为安德玛带来了爆发式增长。2014 年 9 月，安德玛的总营收超过 30 亿美元，一举超越阿迪达斯，成为美国第二大运动品牌。2015 年，安德玛的总营收达到 39.633 亿美元，与上一年相比，增长了 28.5%。2016 年，其营收规模进一步扩大，且自 2012 年以来，其营收增幅一直在 20%以上。

#### 2. 营销出众

除了产品本身具有优越的属性，安德玛的营销也十分成功。在崇尚力量和体魄的美国，体育明星的影响力和号召力不输娱乐明星，他们同样能通过影响消费群体带来显著的“粉丝经济”。2013 年，安德玛以每年 400 万美元的“白菜价”从耐克手中签走了受脚踝伤病困扰的斯蒂芬·库里。这个混迹于 NBA 二线的球员两年后一飞冲天，2015 年率领勇士队夺得 NBA 总冠军并当选 MVP，打破了联盟历史的三分纪录，成为 NBA 当红球星。随着库里的大热，安德玛的篮球鞋销量猛增。2016 年，摩根士丹利分析师在报告中指出：签约库里前，安德玛在美国的篮球鞋市场份额仅占 0.35%，但在一年时间内，安德玛球鞋的销量就增加了 350%；库里的商业价值仅次于乔丹。

安德玛还从非体育途径招揽消费者，特别是其对品牌植入营销的重视在很大程度上提高了品牌的影响力。1999 年，奥斯卡影帝杰米·福克斯在电影《挑战星期天》中身穿安德玛的运动衣；2006 年，在橄榄球题材电视剧《胜利之光》中，安德玛为剧中球队 Dillon Panthers 冠名，在球衣上印上自家 LOGO；2013 年，《速度与激情 6》中巨石强森穿着其标志性的黑色紧身衣出场，让更多人认识了安德玛。而《美国队长 2》和《复仇者联盟 2》中出现的身着安德玛紧身衣拯救世界的超级英雄们，也使随后推出的超级英雄系列紧身衣热销。

此外，Facebook、Instagram、Snapchat 等社交媒体的兴起也在一定程度上助燃了粉丝经济。一方面，安德玛已有的明星代言人通过在社交网络上的互动，使品牌影响力最大化；另一方面，身着安德玛的明星或政要照片，在社交网络上发酵，进一步扩大了宣传效果。特别是 2011 年，在一次篮球训练后，时任美国总统的奥巴马怀抱着定制版美国色（红蓝）的安德玛篮球鞋“POTUS”出现在大家的视野中，“奥巴马穿安德玛”的照片在社交网络上迅速扩散。“总统的选择”不仅让品牌看起来更加高端，更让安德玛的影响力再次扩大。

安德玛能在美国取得成功并不是巧合。除了自身定位准确和明星营销，安德玛在产品细分上的努力也是原因之一。由于美国体育产业发展完善，消费者对专业装备的需求越来越高，而耐克和阿迪达斯走的都是“大而全”路线，从跑步到篮球、从运动到休闲，覆盖品类全面，导致它们的产品对一些专业型消费者的吸引力不够，给了像安德玛这种更细分、功能性更强的运动品牌很大的成长空间。抓住了市场缝隙的安德玛一路高歌猛进，成了细分市场的领头羊，超越阿迪达斯成为美国第二大运动品牌，更是缔造了连续 26 个季度涨幅不低于 20%的神话。

### 3. 浮现危机

然而安德玛的上升势头仅维持了两年。2017 年 1 月，安德玛公布 2016 年年报和第四季度财报，首次出现上市以来业绩增长低于预期的情况，结束了连续 6

年平均每季度 20%的增长率，该季度财报被认为是它最糟糕的成绩单。

安德玛增长放缓、业绩下滑其实不难理解。早期安德玛的快速增长得益于它专注巨头无暇顾及的细分市场，但因为紧身衣生意的原始规模较小，高速发展后市场趋于饱和。原本作为安德玛增长利器的“细分市场”反而成为限制其发展的瓶颈。安德玛的收入来源非常集中，服装品类占比超过 50%，2015 年高达 71%，鞋类收入只占 17%，配饰占 9%；虽然 2016 年服装品类占比有所下降，但依然达到了 67%，一旦安德玛的紧身衣市场稳定，其业绩增速放缓也就成了必然。

其次，运动市场的发展一向变幻莫测，安德玛最初能吸引消费者，除了紧身速干衣的功能性强，硬朗、冷峻的设计感也是重要原因，但运动休闲（Athleisure）风的大火，使缺少时尚感的安德玛黯然失色。2017 年，运动休闲风兴起，耐克、阿迪达斯、彪马等品牌纷纷跨界时尚，尤其是一度被安德玛“拉下马”的阿迪达斯推出了 Ultra Boost、Yeezy Boost、NMD 等爆款，使得阿迪达斯的市场份额回归，重新夺回了“老二”的位子。一直不温不火的彪马也在聘任新生代流行歌后蕾哈娜（Rihanna）为创意总监后，通过推出的 Fenty X PUMA 系列及 Heart 等复古鞋，驱动鞋类销量大涨 17.6%，达到 4.16 亿欧元，超额完成了 2016 年的业绩。

美国运动零售市场的不景气也导致安德玛的业绩承压。2016 年，美国大型鞋类零售商 The Sports Authority 和 City Sports 的破产，使安德玛的分销渠道受到了极大的冲击——安德玛 80%以上的收入来自北美市场，2012—2013 年，这一比例甚至高达 94%，虽然近年来有下降趋势，但与耐克、阿迪达斯这种深度布局全球市场的品牌相比，对美国本土市场依赖较强的安德玛的抗风险能力较弱。

**4. 现状**

为了应对这一挑战，安德玛采取了一系列措施，如积极开拓海外市场。2019 年 7 月，安德玛公布的第二季度财报显示，其国际业务同比增长 12%，达到 3.39 亿美元，约占总营收的 28%。另外，安德玛还加大了对鞋类等其他品类的技术研发、赞助、销售等投入。2019 年第二季度，安德玛净亏损 1730 万美元，而上年同期净亏损高达 9550 万美元。虽然没能扭转亏损局面，但安德玛在北美销售额的减速已经放缓。

（本文来自《安德玛：从逆袭阿迪到一年蒸发 50 亿市值》，《新财富》2018 年第 2 期）

# 第 8 章　体育产业政策

体育产业政策是政府促进体育产业发展的重要方式，体育产业政策能够体现政府在一定时期内的产业发展导向。为产业发展提供必要的环境是促进体育产业发展的重要手段。当前，我国体育产业发展迅速，但与成为国民经济支柱性产业还存在一定距离。特别是在旧有体制的消极影响尚未完全消除的情况下，亟须科学合理地制定和完善促进体育产业发展的相关产业政策，加大政策扶持和引导力度。本章对体育产业政策的概念、类型，以及国内外体育产业政策进行介绍。

## 8.1　产业政策

### 1. 产业政策的概念

产业政策一词最早出现于 1970 年日本通产省代表在 OECD（经济合作与发展组织）大会上所做的题为《日本的产业政策》的演讲。以此为出发点，产业政策的相关研究内容成为各国学者和政界的关注热点之一。但产业政策的定义不尽相同、各有侧重。普遍认同如下观点：产业政策是国家、政府为实现某种经济目的的对全产业的保护、扶植、调整和完善，积极或消极地参与某个产业或企业的生产、营业、交易活动，以及直接或间接干预商品、服务、金融等市场形成和市场机制的政策的总和[1]。

### 2. 产业政策的主要理论依据

从当前与体育产业政策有关的研究成果来看，产业政策形成的理论依据主要涉及市场失灵理论、后发优势理论、规模经济理论和国际产业转移理论等[2]。

#### 1）市场失灵理论

市场失灵（Market Failure）指市场机制无法实现资源要素的最优或有效配置。此时运用产业政策之一——非市场调节手段，可以发挥政府的经济职能，弥补市场机制的缺陷。市场失灵为现代产业政策的产生提供了相对合理的经济依据。对于大多数发展中国家来说，市场本身不完善，不能完全用市场失灵来解释。因此，针对不同的发展中国家，经济学家从其他角度补充了产业政策的理论依据。

2）后发优势理论

后发优势理论强调产业政策是政府在市场机制的基础上更有效地实施“赶超战略”的需要。它是总结后发国家实现赶超目标的成功经验而得出的理论认识，较好地揭示了“后发国家在实现赶超目标的过程中比发达国家运用的产业政策更多”的奥秘。由于后发国家可以直接引进和吸收发达国家的技术，技术成本比发达国家低得多，在同样的资金、资源、技术条件下，还具有劳动力成本低等优势。因此，完全可以通过制定和推行较为合理的产业政策，来实现经济的超常规发展，减少追赶发达国家所需要的时间。

3）规模经济理论

规模经济理论在西方经济学中的基本内容为受生产成本中的固定成本和可变成本的构成及市场开辟过程性因素的影响，产业发展在客观上存在生产成本最低的最优经济规模。在达到最优经济规模以前，处于生产成本递减阶段，继续扩大规模是有利的[2]。国家利用产业政策在一定程度上优先保证某些工厂的规模达到最优，即使出现寡头也可以暂时忍受，以此来保证产业的迅速成长并获得国际竞争力。而当某产业的国际或国内市场被外国企业垄断时，政府也应该通过产业政策担起振兴这些产业的重任，打破“先行利益者”的垄断，冲破壁垒。

4）国际产业转移理论

国际产业转移是指发生在国家之间的产业转移，即某些产业从某国家或地区转移到其他国家或地区的现象，即某国家或地区的企业按照区域比较优势原则，通过跨国的直接投资和国际贸易，把部分产业的生产、销售甚至研发转移到其他国家或地区，使得该产业的空间分布发生迁移，该行为主要通过国际贸易和资本在国际上的流动实现。

### 3. 产业政策的作用

1）弥补市场缺陷，有效配置资源

市场主要通过价格机制对社会资源进行配置。但由于现实生活中的市场存在不完全竞争、垄断和外部经济性等情况，所以有时候价格机制并不一定能对相应的资源实施有效配置，体现了市场机制的局限性。此时需要通过政府的产业政策来保证社会资源的有效配置，这也是产业政策最基本、最普遍的作用。

2）保护幼小产业或民族产业，提高国家经济实力

对于关系国计民生和对提高经济发展具有重要作用的产业来说，当其处于新兴期和发展期时，不具备或缺乏竞争力，需要国家制定一定程度或一定时间的保护政策，为产业的发展提供足够的支持，并为发展创造条件。

3）实现快速发展，缩短赶超时间

充当贯彻国家经济发展战略的工具，是产业政策的逻辑起点。例如，发展中国家在经济快速发展时碰到的基础设施和基础工业薄弱的制约瓶颈，凸显了这些部门较强的“外部性”。它们对整个经济的发展具有重要的促进作用，而本身却投资巨大、营利性低、资金回收期长，仅依靠市场无法在短期内实现经济的快速发展。

4）防止经济震荡，维护社会经济的稳定发展

当前，产业结构升级变化的步伐快，经济的快速发展往往伴随着经济结构的剧烈变化，导致某些行业在急剧扩张后生产能力过剩，甚至使整个行业的发展陷入困境。政府制定和推行有效的产业政策，能够有效防止出现资源浪费的经济问题和失业增加的社会问题。产业政策具有维护社会经济稳定发展的作用。

## 8.2 体育产业政策概述

### 1. 体育产业政策的概念

有学者认为体育产业政策是一种干预体育产业发展的经济政策。以体育产业政策为核心，组织政策、区域政策等多种形式的配合，共同组成了体育产业发展目标和发展手段体系[3]；也有学者认为体育产业政策是国家为实现一定历史时期的体育产业路线而制定的行动准则，是一种干预体育产业发展的经济政策，也是国家宏观指导、调控、优化和监督体育产业发展和运行的重要依据和手段[4]。

尽管在表述上存在一些差异，但其中的共同点显而易见，体育产业政策的概念既要符合一般性的产业政策概念，也要体现其特殊的政策目标、政策主体、政策依据和政策手段。本书倾向于用集合的概念来定义体育产业政策，即体育产业政策是一国政府为了体育产业的整体发展和长远利益而实施的，以影响体

育产业的结构、行为及成果为直接目的的政策，主要包括体育产业结构政策、体育产业组织政策、体育产业布局政策、体育产业技术政策和体育产业规制政策等[5]。

### 2. 体育产业政策的基本要素

体育产业政策的基本要素包括政策主体、政策客体和运行环境。立法、税收和财政拨款等政策手段及其所处的特殊运行环境决定了政策主体主要是立法机关和行政机关。在发达国家，政策客体主要指体育产业政策，包括产业运行和产业发展方面的政策，且以产业发展政策为主，较少有产业关系方面的体育产业政策。发达国家的市场经济体制运行主要依靠市场的自发调节，其调节手段一般是经济和法律手段，较少运用行政手段。但是体育在国民经济中具有特殊地位，各国政府经常把部分体育活动作为其增进社会福利的政策手段。因此，不可避免地需要政府在财政支出等方面予以扶持。在市场机制有待提高的国家，体育产业政策的制定和实施主体主要是各级政府部门，政策手段主要是行政手段。

### 3. 体育产业政策的目标

政策目标和政策内容是政策的重要组成部分，体育产业政策目标以体育产业的发展目标为基础，促进体育产业化。在各国经济发展的不同阶段，产业政策目标的侧重点各不相同。一般来说，产业政策目标包括 3 个方面：①实现产业结构合理化、高度化和协调化；②增强本国产业的国际竞争力；③实现经济振兴。结合实际情况来看，虽然发达国家大多没有明文规定本国体育产业政策的政策目标，但在实践过程中往往都以市场机制为导向，促进体育产业结构合理化、高度化和协调化，将把体育产业建设为强化国民身心素质、带动关联产业发展、拉动社会经济增长的重要行业作为推行体育产业政策的指南[4]。

据此，可对当前体育产业政策的目标总结如下。

#### 1）实现体育资源合理配置

体育资源的配置主要包括体育生产资料的分配和使用、体育人才的培养，以及体育投资和经费的走向，必须根据体育产业发展目标和市场的需要，有计划、有权重地配置资源，确保体育产业发展的计划性和合理性。

#### 2）促进体育产业各行业协调发展

在努力做到合理配置体育资源的基础上，要采用多种手段保护和促进新兴体育产业的发展，在注重群众体育和竞技体育发展的同时，也要确保体育产业各行业的协调发展，才能有效提高体育产业的总体发展水平，满足大众对体育的多样化需求。

3）提供适宜的发展环境

发展环境对于产业的发展来说至关重要，可以通过开放多种信息渠道，及时发布有关体育产业发展的供需信息，举办各类促进产业交流的活动，如展销会、交流会等，来提供适宜的体育产业发展环境，以繁荣和活跃体育市场、吸引国内外投资、促进体育市场的公平竞争，引导和调控体育产业的协调发展。

4）提高体育产品的质量和水平

体育产品的质量和水平是体育产业发展的重要体现，提高体育产品在世界体育市场中的参与度和竞争力是推动我国体育产业发展的目标之一。要不断提高体育产业的科技含量和生产经营管理水平，提高体育产业的集约化程度，通过体育产业政策的实施，促进体育产业生产效率和效益的不断提高。

由此可见，体育产业结构政策的制定和实施必须明确体育产业的总体目标及细分目标。以细分目标推动体育产业发展总体目标的实现，在尊重市场功能的基础上，对市场不能调节和无力调节的部分实施政策性引导。

**4. 体育产业的政策特征**

体育产业的政策特征主要体现在时代性、民族性、政治性及市场功能弥补性 4 个方面。

1）时代性

当今社会高速发展，政策的时代性特征要求体育产业政策要与时俱进、适时调整。体育产业政策的内容、目标和手段都必须符合时代发展的要求，要与不同时期的体育产业发展状况相适应。经济全球化和大数据时代为世界带来了巨大的机遇与挑战，向各国政府制定体育产业政策提出了更高的要求。趋避利害、提高自身国际竞争力、保证本国经济安全，是各国必须解决的问题。体育产业政策的制定与实施也必将适应各国的发展，体现出鲜明的时代性特征。

2）民族性

维护本国的利益是产业政策的目标之一，只有这样，才能在日益激烈的国际竞争中获得切实利益。因此，各国的体育产业政策在内容、目标、手段等方面都要与本国国情相适应，其实施和效果也会受本国国情的影响和制约，具有鲜明的民族烙印。

3）政治性

体育产业政策属于政府行为，本质上是一种政治手段，由政府主导。其目标是获得国家和全局的整体利益，由政府机构制定，以行政主权为基础实施，因而受政治因素的影响较大，且影响超出政治范畴，指向经济范畴的政治体制和政治过程的产物。

4）市场功能弥补性

弥补市场失灵是产业政策的重要功能之一，体育产业政策也不例外。在市场经济时代，强调这一功能的目的是希望体育产业政策的实施以间接干预为主，强调市场机制，维护市场功能，发挥市场在体育资源配置中的决定性作用，用体育产业政策集中解决体育市场不能解决的问题。

**5. 体育产业政策制定的基本思路**

1994 年 3 月，国务院发布《90 年代国家产业政策纲要》，并将其作为今后制定各项产业政策的指导和依据。《90 年代国家产业政策纲要》指出制定国家产业政策必须遵循以下原则：①符合工业化和现代化进程的客观规律，密切结合我国国情和产业结构变化的特点；②符合建立社会主义市场经济体制的要求，充分发挥市场在国家宏观调控下对资源配置的基础性作用；③突出重点，集中力量解决关系国民经济全局的重大问题；④具有可操作性，主要通过经济手段、法律手段和必要的行政手段保证产业政策的实施，支持短线产业和产品的发展，对长线产业与产品采取抑制政策。

根据文件的相关精神，得到制定体育产业政策的基本思路是：①制定体育产业政策要符合中国特色社会主义市场经济体制的具体要求，在立足于我国国情和体育产业发展特点的基础上，将改革与发展有机结合起来；②以体育产业总体目标模式为基本着眼点，并朝这个目标逐步迈进。在相关部门的领导下，实现包括资本、体育人才、体育劳动、信息、技术和产权等一切体育产业生产要素的流动市场化和经济关系的法律化；③体育产业政策的制定和实施要一致且相互衔接，综合使用价格、财政、分配、税收等调控手段，重视这些手段的合理性、透明性；④体育产业政策的制定和实施必须与政府职能紧密结合，以适应市场经济体制的需要[6]。

### 6. 体育产业政策调整的基本原则

1）适应社会发展

体育产业政策调整是改革开放的结果，也是促进和深化体育改革、优化体育产业运行机制的重要手段。制定体育产业政策要充分考虑社会转型这一背景，以及第三产业发展的普遍规律，要从第三产业及其他产业的发展中发现问题并总结经验，使体育产业政策的效力最大化，实现体育改革与体育产业化之间的良性循环，更好地适应社会发展。

2）遵循市场导向

在市场化改革进程中，体育产业政策必须通过市场机制发挥其政策效应。体育主管部门要加快行政管理体制改革、转变政府职能，推进政企分开、政资分开、政事分开、政府与市场中介分开，充分发挥市场在资源配置中的决定性作用，为体育产业的健康、合理、有序发展创造有利的制度环境。

3）追求系统全面

体育产业政策的制定必须涵盖体育产业的各门类和层次，尽量减少甚至避免不必要的重复。政策在内容上要相互衔接，杜绝出现片面的、假大空的政策弊端，使政策全面配套且操作方便。

4）重视产业关联性

体育产业与其他产业之间存在相互依存、相互制约的关系。因此，体育产业政策的调整要充分考虑“产业关联效应”，要遵循产业间发展的内在规律和外在规律，并依据实际情况确定不同类型的行业或项目的发展顺序及扶持力度。

5）政策手段多样化

为更好地制定体育产业政策，应坚持政策手段多样化原则，通过计划、制度、财政、税收、投资、价格和行政干预等手段丰富各项政策的内容，增强体育产业政策的完整性、可行性、适用性、时效性和权威性。

6）坚持经验借鉴

“取其精华，弃其糟粕”是发展的重要指南。从古至今，经验借鉴是一个国家快速发展的有效方式，各行各业的先进经验及各国的优秀体育产业政策制定经验都值得有关部门借鉴和学习。通过借鉴学习可以少走弯路，实现体育产业的高速发展。

7）体育产业政策的实施

体育产业政策一经采纳必将付诸实施，即把政府规定的内容转变为现实。体育产业政策的实施过程包括组织、宣传、实施，还包括监督、协调、服务等内容[7]。因此，实施体育产业政策是一项系统工程。

体育产业政策的实施应顺应体制变化。在计划经济下，体育产业政策的贯彻完全依赖体育系统的计划财务系统，具有独立和封闭的特点。在市场经济下，体育产业政策则与整个市场经济体制吻合，与市场经济同步运行，具有相关性和开放性。相关性是指特定的体育产业政策与整个市场经济政策既有可比性，又有操作上的联系。例如，与市场经济体制的资源配置相关联，具有一定的体育产业优惠政策，社会就会产生向体育产业投资的倾向。体育产业政策是各类产业政策要素在体育产业发展方面的运用，在空间上分配、重组、展开和运动，其中任何一个要素的发展变化及要素的根本方式、比例、组合结构等变化，都会影响政策的执行进程。因此，各有关部门在执行过程中必须善于运用各种政策要素，使整个体育产业政策的执行过程成为一个要素得当、结构合理、功能优化的动态系统，以最佳的方式和途径实现政策目标。体育产业政策的贯彻实施应该有特定的运行机制[8]。

同时，体育产业政策的具体贯彻落实离不开良好的宣传机制，只有充分解释和宣传体育产业政策，才能实现普及，使政策便于操作。例如，在推行全民健身的过程中，把社会体育纳入产业化轨道，对必须制定的体育产业政策进行宣传，使广大国民的体育观念从根本上发生改变，以适应现代经济社会的发展要求。

## 8.3　体育产业政策的类型

体育产业是一个涵盖众多门类、涉及多种层次的复杂产业系统。就现实情况来看，体育产业的高质量发展离不开科学合理的产业政策引导，完整的产业政策体系是推动体育产业发展的重要保障，它要求全面系统地针对体育产业的总体发展、各主要因素及发展层次等制定实施相应的政策，从而对体育产业进行有效的管理和调控。专家和学者从不同角度对体育产业政策进行了分类：赵炳璞等学者认为可以根据体育产业政策的内容，将其分为一般经济政策、体育本体产业政策、体育相关产业政策和体育内部产业政策[9]；张林玲、戴朝认为体育产业政策包括体育资源配置政策、体育产业结构化政策、体育消费刺激政策、体育产业集群与融合促进政策等[10]；韩文星在《体育经济学》一书中明确提出，我国体育产业政策的内容包括产业组织政策、产业结构政策、区域体育产业发展政策、财政税收政策、投融资政策、配套与保障政策等[11]；从湖平认为我国的体育产业政策应包括产业组织政策、产业结构政策与产业发展政策[12]。下面根据经济学的传统划分，着重对体育产业政策包含的体育产业结构政策、体育产业组织政策、体育产业布局政策和体育产业技术政策进行介绍。

### 8.3.1 体育产业结构政策

#### 1. 体育产业结构政策的概念

产业结构政策是政府根据产业结构的发展规律和一定时期内的变化趋势制定的，以促进产业结构向协调化和高度化方向发展为目的的有关部门之间资源配置方式、产业间及产业部门之间比例关系和协调手段的经济政策的总和[13]。目前，对体育产业结构政策的定义尚未统一。本书认为体育产业结构政策是指政府制定的干预体育产业内部资源配置过程的以促进体育产业向协调化、高度化和科学化方向发展为目的的体育产业政策，是体育产业政策的核心。

#### 2. 体育产业结构政策的目标

为了促进经济的快速、持续、稳定发展，体育产业结构政策的制定和实施必须明确体育产业结构调整目标，根据经济发展阶段、体育产业发展状况、科技水平、人口规模等，对体育产业结构进行动态调整，以保持体育产业协调化、高度化和科学化发展。产业政策具有明显的导向性特点，对产业的发展具有重要作用。因此，在制定体育产业政策时需要考虑产业发展的实际情况，充分总结和借鉴其他国家的发展经验。实事求是地制定体育产业政策是制定产业政策的重点。

#### 3. 体育产业结构政策的内容

从《中国体育及相关产业统计》及国家统计局等官方网站发布的数据资料来看，体育产业结构政策主要包括体育竞赛表演产业、体育健身休闲产业、体育中介产业、体育用品产业、体育建筑产业等的政策[14]。这些体育产业结构政策对于体育产业的发展来说至关重要。

在制定和实施我国体育产业结构政策的过程中，要做好以下内容。

（1）选择主导行业，安排产业发展序列。一方面要依赖产业组织政策，通过企业兼并、改组、集团经营等方式，促进体育资源各要素的配置组合；另一方面要依赖产业结构政策和投资政策，通过安排主导行业、一般行业的产业发展序列和采取相应的结构措施，将资本增量调整到产业结构的合理化和高级化层次，实现体育要素的合理配置[15]。

（2）分析并确定制约体育产业发展的瓶颈产业部门。在产业发展过程中，往往会出现某些产业部门给其前向关联产业部门提供的投入品数量远远大于这些产业部门的最大生产能力的现象，导致这些产业部门的前向关联部门投入品数量严重不足、规模经济效益无法发挥、产业发展受极其严格的供给约束。这些制约前向关联产业部门发展的产业部门就是瓶颈产业部门。瓶颈产业部门通常无法通过进口来解决供给不足的问题，只能通过实施有效的产业政策来解决[16]。

（3）明确不同体育产业部门、不同时期、不同地区的体育产业结构政策导向。积极保护和扶持主导产业部门，促进产业的成长，不断强化产业的波及效应和辐射作用；优先发展瓶颈产业部门，使其尽快适应其他产业部门的发展要求，能够有力支持主导产业部门的发展，弱化对其他产业部门发展的制约作用；对处于衰退期且没有发展前途的产业部门采取限制发展的政策，积极地进行结构调整和优化。体育产业结构调整政策可针对一定时期内体育产业发展的需要或从社会目标出发，对某类产业进行干预和扶持。

**4. 制定和实施体育产业结构政策的原则**

在制定和实施体育产业结构政策时，需要遵循以下原则。

（1）要具有较广阔的市场前景，能够对当前和今后较长时间内的市场需求做出准确、科学的评判。

（2）能够满足大众日益增长的体育需求，有助于形成新的经济增长点。

（3）供给能力相对滞后，提高供给能力有利于体育产业结构的合理化。

### 8.3.2 体育产业组织政策

1. 体育产业组织政策的概念

产业组织政策以产业组织理论为基础，指政府制定的干预市场结构、市场行为、调节企业间关系的产业政策，它的目的是获得理想的市场效果。产业组织政策是市场经济实践的产物，在市场经济条件下，存在大企业凭借其垄断地位，采用串谋、卡特尔和价格歧视等不正常手段获取高额垄断利润并导致过度竞争的情况，这种情况会使市场经济丧失活力、资源配置效率低下，此时政府通过立法的形式制定市场规则、规范市场行为，能够在一定程度上解决这些问题，从而获得理想的市场效果。

体育产业组织政策是产业组织政策在体育产业领域的具体运用，是政府为优化体育产业资源的合理配置而制定的干预市场结构和市场行为、调整体育企业之间关系的公共政策的总和，其实质是协调竞争与规模经济之间的矛盾，促进体育产业健康发展，促进有效竞争态势形成，从而维护正常的市场秩序。

2. 体育产业组织政策的目标

制定和实施体育产业组织政策是为了形成有效的竞争环境，通过竞争促进企业不断提高经济效益，从而推动体育产业整体的发展。具体可以分为以下两个目标。

（1）竞争的有效性。市场竞争是市场经济的基本特征，是在市场经济条件下，各企业从各自的利益出发所出现的相互抗衡、较量的行为。有效竞争必须维护市场的竞争环境，保证竞争市场的公开透明，让每个竞争者都能了解其他竞争者的技术和成本、了解市场的发展方向，让每个消费者都能准确地评价体育产品和服务，适当定位自己的选择。通过有效竞争，能够实现企业的优胜劣汰和生产要素的优化配置。

（2）组织的经济性。体育产业化是体育产业的发展方向。一般来说，任何企业要发展，都应先达到一定的生产规模，产业的情况也是如此。产业形成后，将在利益和竞争压力的驱动下，通过各种方式进行扩张，逐渐走向成熟和强盛，成为国民经济支柱性产业。有活力的竞争可以使企业尽可能地按照最优组合利用经济资源，以实现一定产出条件下的投入最小化。体育产业组织政策应保障市场在向需求倾斜配置和向效率倾斜配置的同时，实现企业组织的经济性[17]。

### 3. 体育产业组织政策的内容

通常将体育产业组织政策分为两类：一类是反垄断和反不正当竞争政策，另一类是体育产业合理化政策。反垄断政策是产业组织政策的重点，通常用于体育产业化程度较高的国家，属于典型的政府干预政策。体育产业合理化政策是改善体育产业组织结构，促进规模经济形成、提高产业利润、实现体育产业振兴的基本政策。

1）反垄断和反不正当竞争政策

一般来说，当市场出现问题时，政府会通过立法的形式制定与反垄断和反不正当竞争有关的法规来解决问题、协调企业之间的关系、处理竞争和规模经济之间的矛盾。从现实情况来看，由于发达国家的体育产业化程度较高、市场机制相对完善，主要问题来自垄断势力对市场效率的破坏和由此造成的社会经济矛盾激化。因此，制定和实施反垄断和反不正当竞争政策就成了体育产业组织政策的重点。以美国的体育产业政策为例，美国第一部反托拉斯法是 1890 年出台的《谢尔曼法》，该法第一次明确公布了美国对垄断的公共政策，构成了美国反托拉斯法的基础，其目的是打破超级垄断、限制贸易壁垒。在美国，反垄断的最高仲裁机关是美国联邦最高法院，司法部则是政府反垄断的执行机构。此外，为了进一步贯彻执行反垄断政策，美国还按产业设立了许多独立于行政部门的专业委员会，负责对特定产业实施反垄断政策，维护市场秩序。

美国反托拉斯法在体育产业领域的运用，在总体上以有利于体育产业发展为基本原则。作为美国的第一部反托拉斯法，《谢尔曼法》在对美国职业体育和美国全国大学生体育协会（NCAA）的诉讼中获得了不同程度的成功。在 1984 年发生的 NCAA 电视转播权案中，美国最高法院根据相关的反托拉斯法对案件进行了裁决，判定 NCAA 对橄榄球电视转播权的垄断是合法的，在一定程度上保障了学校的权益，使学校能够自行谈判转播合同。

随着美国体育市场的发展，反托拉斯法在美国职业体育的发展中遇到了前所未有的挑战，各运动项目的职业联盟几乎控制着每个运动项目的市场份额，这与美国的反托拉斯法形成了较为尖锐的对立，一旦职业联盟的托拉斯垄断罪判定成立，各联赛、职业联盟、职业球队等会面临难以估量的损失。美国体育产业的发展与业余体育组织有密切联系，随着业余体育组织的盈利能力不断提高，反托拉斯法对这一领域的检查和监管力度也不断加大，法院主要根据业余体育组织的垄断行为（商业性行为或营利性行为）进行裁决。

2）体育产业合理化政策

作为一种政府对经济的干预手段，产业合理化政策在一些工业化先行国家的建设中发挥了重要作用，更是广大后发国家实施赶超战略必不可少的基本政策，对于解决后发国家在发展过程中面临的企业规模小、产业集中度低、缺乏竞争力等问题来说有突出作用。体育产业合理化政策可以表现为产业组织的合理化和高效化。实施体育产业合理化政策，对我国从“体育大国”向“体育强国”转变有重要意义。

**4. 体育产业组织政策的实施手段**

体育产业组织政策的实施手段主要有以下 3 种。

（1）控制市场结构。即监督和控制体育产业市场结构的变化，保障其合理性。具体措施包括依法分割处于垄断地位的巨型体育企业、降低体育市场集中度、降低体育市场进入壁垒、建立体育企业合并审批制度、对中小体育企业实施必要的扶持政策等。

（2）控制市场行为。即监督和控制体育企业的市场行为，遏制垄断势力的扩大，保障公平竞争。具体措施包括禁止和限制竞争者的共谋、卡特尔及不正当价格歧视；对生产者的价格、质量实行全面监督，提高体育市场信息的透明度；对欺骗、行贿和中伤竞争者的各种不道德行为和非法行为进行必要处罚。

（3）直接改善不合理的体育资源配置。这里主要指政府对市场失灵的直接干预。例如，政府直接投资体育基础设施部门或“瓶颈体育产业”，对盈利不多或风险较大的重大体育开发项目提供资金援助，增加对体育教育、体育科研和体育技术推广的公共投资等。

### 8.3.3 体育产业布局政策

**1. 体育产业布局政策的概念**

体育产业布局政策是指在全国体育产业的总体布局下，政府机构按照体育产业的经济特性、国情国力状况和各地区的综合条件，对体育产业的空间分布进行科学引导和合理调整而采取的政策总和。体育产业布局政策能够实现体育产业资源在空间上的优化配置，促进全国体育产业结构和地区体育产业结构的双优化。从本质上看，体育产业布局合理化的过程也是建立合理的地区间体育分工的过程。产业布局政策既是产业政策体系的重要内容，又是区域政策体系的重要内容，后者侧重于建立和完善地区间的产业分工关系。

### 2. 体育产业布局政策的目标

体育产业布局政策的目标与经济发展水平有非常密切的关系。因此，可以根据经济发展程度对体育产业布局政策的目标进行划分。

（1）在经济发达阶段，政府出台政策的目标是维护经济公平、维护社会秩序和保持社会稳定。因此，在这一阶段，体育产业布局政策的目标是实现地区体育经济的平衡。

（2）在经济不发达阶段，政府通常会鼓励优先发展某些地区的特色或优势体育产业，通过这些地区的体育产业发展带动其他地区的体育产业发展，通过特色或优势体育产业的发展带动一般体育产业的发展，促进各地区和整个国家的经济发展。在这一阶段，政府出台体育产业布局政策的目标是实现体育产业布局的非均衡性。

### 3. 体育产业布局政策的内容

我国是地域辽阔的大国，各地区的实际发展情况不同，在制定体育产业布局政策时，需要从各地的实际发展情况和综合条件出发，选择发展的重点，制定本地体育发展战略，推动体育产业的发展。体育产业布局政策的主要内容如下。

（1）按照统筹规划、协同发展、因地制宜、发挥优势、分工合作的原则，制定合理有效的地区体育产业政策，梯度推进地区体育产业发展。日前我国体育产业的发展依然存在地区间发展不平衡的状况，这与各地区的资源要素禀赋、经济发展状况、社会文化氛围等有很大关系。因此，在制定和实施体育产业布局政策时，需要从地区的实际情况出发，因地制宜地选择本地区的发展重点和优势产业，分层次发展体育产业。主要包括：①在北京、上海、广州等经济发展水平较高的城市创建体育产业的优先发展区，依托城市资源大力发展体育市场，促进体育服务业的发展；②计划单列城市和沿海开放城市，基于对地区现实情况的考量，将体育产业作为重点发展产业，带动国民经济和社会的发展；③可以将大众体育、民族体育产业作为地级城市和少数民族地区的发展方向，形成地区特色体育产业，推动地区经济的发展。

（2）加快发展西部地区的体育产业。我国西部地区的发展相对滞后，体育产业发展面临规模不大、基础设施建设相对不足等现实问题，体育产业的发展面临的挑战较大。因此，在制定西部地区和少数民族地区的体育产业布局政策时，可以考虑在赛事承办、基础设施建设、体育人才培养等方面予以积极支持，把握时代机遇，促进西部地区的体育产业发展。

（3）进一步推进落实经济发达地区对经济欠发达地区的支援，实现地区间的分工协作、共同发展。经济发达地区可以加强与经济欠发达地区的合作，共同开发利用人力、物力资源，降低生产成本，促进资源在全社会的优化配置，提高生产效率。

**4. 体育产业布局政策的实施手段**

体育产业布局政策主要决策区域的发展方向，实施体育产业布局政策的主要手段有以下几种。

（1）制定国家产业布局战略。规定国家重点支持发展的地区，并对重点发展地区的体育发展模式和发展思路等做出战略设计。

（2）国家直接投资。以政府投资的方式介入地区体育产业的发展过程，支持重点发展地区的体育基础设施建设，促进各地的体育产业发展。

（3）差别性的地区经济政策。利用差别性的地区经济政策，凸显重点发展地区投资环境的优越性，吸引资金和人才，进一步加快地区体育产业的发展。

## 8.3.4 体育产业技术政策

**1. 体育产业技术政策的概念**

体育产业技术政策是指为了保障体育产业技术的适度和有效发展，国家对体育产业技术发展实施指导、选择、促进与控制的政策总和。体育产业技术政策是体育产业政策体系的一部分，它以体育产业技术为直接政策对象，对体育产业的科学合理发展具有重要作用。

**2. 体育产业技术政策的目标**

（1）引导体育技术标准的制定和实施。

（2）推动体育技术水平持续提高。

（3）保障体育产业技术产品和服务所有者的正当权利。

（4）培育体育技术产品生产的运行机制。

（5）将技术进步作为引领体育产业持续发展的动力。

**3. 体育产业技术政策的内容**

（1）确定体育产业技术的发展目标和具体计划，包括制定各种具体的技术标准、技术发展计划，公布重点发展的核心技术和限期淘汰的落后技术项目清单。

（2）体育技术进步促进政策，包括技术引进政策、技术扩散政策、技术开发扶持政策。体育技术引进政策是后发国家通过直接引进别国的成熟技术赢得后发优势的重要手段。但仅有引进技术不足以摆脱技术落后的状况，必须在鼓励技术引进的同时，重视对引进技术的消化、改造和提高。

**4. 体育产业技术政策的实施手段**

体育产业技术政策的实施手段主要有直接和间接两种。

（1）直接干预手段。直接干预手段指由政府直接依据体育产业技术政策相关规定实施的行政干预，包括：①对引进技术实施管制，保障国内体育市场的正常运转；②直接投资开发和推广体育产业技术，提高体育科技含量；③参与或主持体育产业技术开发项目，吸引资金和人力投入体育技术市场等；

（2）间接干预手段。政府往往在补助金、税费、融资方式等方面提供便利和支持，利用经济杠杆对企业活动进行引导，或对体育产业技术发展前景、战略目标、项目重点等提供指导，实现对体育产业技术的干预。

## 8.4　国内体育产业政策

产业政策是一种供给型管理政策。在产业形成和发展的初期，因为市场调节尚不充分，且存在“市场失灵”现象，所以产业政策的支持尤为重要。

世界各国的体育发展表明，政府对促进体育发展具有不可替代的作用。主要体现在以下 4 个方面：①公共体育场设施与配套公共服务建设；②体育专业队伍培养与体育科研教育投资；③体育市场规范与管理；④体育产业政策制定和执行。

目前，我国由于体育市场机制运转不充分而存在“市场失灵”问题，严重影响体育资源配置和体育要素的合理流动，通过体育产业政策促进体育产业结构调整和建立体育市场竞争秩序的任务非常艰巨。为了促进体育经济发展和提高体育产业的竞争力，政府职能部门应当发挥管理和调节体育产业的作用，需要通过产业政策扶持具有动态发展优势的体育产业部门，使潜在的能量迅速发挥出来。只有将制定和落实体育产业政策作为重要的政策手段，才能促进我国体育产业的快速发展。

### 8.4.1 国内体育产业政策的发展沿革

经济基础决定上层建筑，良好的经济实力是体育产业发展的必要条件，只有当社会、经济发展到一定阶段，体育潜在的产业属性才能显现并逐步走向成熟，才有可能形成体育服务业的产业形态。我国社会、经济的迅速发展，必然会引起人们对体育产业的关注，进而加深对体育产业的政策研究。虽然各时期的发展侧重点不同，但是其发展轨迹存在一定的规律，大致如下：①政策内容从简单到复杂，从零散到系统，政策对象从个别到整体；②政策手段从以直接干预为主转变为以间接干预为主，政策推演方式从以日常行政为主转变为以法治为主；③政策目标从单一化到多元化、从局部到全局、从短期到长期、从聚焦纯竞技领域到深入体育综合领域；④政策决策方式逐步向民主化和科学化发展。这些演变规律体现了经济发展和时代进步对体育产业政策的总体要求。纵观 1978 年后我国的体育产业发展及产业政策演进，可以将我国体育产业政策的发展分为萌芽期（1978—1992 年）、初创期（1992—1998 年）、规范期（1998—2008 年）、发展期（2008—2014 年）和转型升级期（2014 年至今）。

#### 1. 萌芽期（1978—1992 年）

在计划经济时代，我国依靠国家管理体制发展体育产业，体育活动的组织、管理和运作都由体育主管部门负责。体育系统各部门围绕国家体育事业开展工作，不存在体育经营与产业开发，因而没有促进体育产业发展的相关政策。

党的十一届三中全会把重点转向社会主义现代化建设，我国进入经济快速发展期。1984 年，党中央在总结新中国成立以来特别是改革开放后我国体育工作基本经验的基础上，发布《关于进一步发展体育运动的通知》，提出了加快我国体育产业发展的指导思想[18]、主要任务和工作措施。1986 年，国家体委发布《关于体育体制改革的决定（草案）》，明确提出体育场馆等要“实行多种经营，由行政管理型向经营管理型过渡”的要求，我国体育产业开始向社会化、产业化发展。萌芽期的体育产业政策着力点主要集中于以下方面：①鼓励有条件的体育事业单位由事业型向经营型转变，扩大服务范围，增加经营种类，积极创收节支；②吸引社会资金，通过赞助和联办的方式，资助体育竞赛活动、高水平运动队及国家体育事业，以缓解体育事业发展资金不足的问题。在这一时期，体育产业的主体地位还未真正确立，体育产业政策还停留在附属于一般体育事业发展政策的阶段，社会尚未形成有利于体育产业发展的条件和环境。据不完全统计，1978—1992 年，全国体育产业收入达到 16 亿元，1992 年，体育系统创收仅占体育总投入的 1/10[19]。这一时期是我国体育产业政策由点到面、由单方面向多方面发展的准备阶段和起步阶段。

**2. 初创期（1992—1998 年）**

可以将这一时期的体育产业政策分为 3 类。

1）关于确立体育产业地位的政策

1992 年，国家体委在“中山会议”上将体育产业问题作为体育改革的重要内容，体育产业的地位得到了国家体育部门的承认。同年，中共中央、国务院《关于加快发展第三产业的决定》将体育列入第三产业中的第三层次，将体育计入提高科学文化水平和居民素质的服务部门，这一规定明确了体育的产业属性。

1993 年 10 月 14 日，全国足球工作会议召开，此次会议制定、公布了《中国足协俱乐部章程》等 20 个文件，正式提出了《中国足球事业十年发展规划》，全面推进中国足球的职业化改革。1994 年 3 月，经中央机构编制委员会批准，国家体委乒乓球运动管理中心成立，随后射击射箭、自行车、摩托运动、水上、足球、网球、武术等运动管理中心和社会体育指导中心相继成立。体育产业化成为体育体制改革的重要内容。

1995 年 6 月，国家体委颁布了《体育产业发展纲要（1995—2010 年）》，明确了体育的经济属性和产业性质，对体育产业进行了分类，界定了体育产业的边界，提出了我国体育产业发展的指导思想、目标及政策措施。

2）与体育事业改革相关的体育产业发展政策

1993 年 4 月，全国体委主任会议制定了《国家体委关于培育体育市场、加速体育产业化进程的意见》，指出体育事业要面向市场、走向市场，以产业化为方向。1993 年 5 月，印发了《国家体委关于深化体育改革的意见》，提出要“建立与社会主义市场经济体制相适应，符合现代体育运动规律，国家调控，依托社会，有自我发展活力的体育体制和良性循环的运行机制，形成国家办与社会办相结合、集中与分散相结合的格局。”1996 年，第八届全国人民代表大会第四次会议通过的《国民经济和社会发展“九五”计划和 2010 年远景目标纲要》明确提出“进一步改革体育管理体制，有条件的项目要推行协会制和俱乐部制。形成国家与社会共同兴办体育事业的格局，走社会化、产业化道路。”这是第一次在国家五年规划中提及体育的产业化问题，确定了体育产业发展的政策导向。这类政策主要见于与体育整体改革相关的文件中，将产业化、市场化作为改革的发展方向，尽管不直接针对体育产业本身，但对于体育产业的发展来说至关重要，确保了体育产业化的大方向。

3）专门针对体育产业或体育产业部门的政策

1994 年，国家体委发布了《1994—1995 年度体育彩票发行管理办法》和《关于加强体育市场管理的通知》，各省市也先后颁布了一些体育经济法规，将体育产业的发展重点从经营创收转变为推动体育事业产业化，并争取了一系列优惠政策。1997 年 11 月 24 日，国家体委在总结 10 年来运动项目管理体制改革实践经验的基础上，发布了《国家体委运动项目管理中心工作规范暂行规定》，按照“精简、统一、效能”的原则，撤销了具体管理运动项目的一、二、三司，组建和调整了 9 个运动项目管理中心，在运动项目管理体制上彻底实现了政事分开、管办分离，结束了运动项目管理的双轨制。截至 1998 年，共成立了 20 个运动项目管理中心。这些体育产业政策的出台，标志着体育产业政策逐渐从一般性体育政策和经济政策中独立出来。这一阶段明确了对体育产业政策的进一步探索，体育产业的发展初见成效。

### 3. 规范期（1998—2008 年）

1998 年 3 月 24 日，国家体委改组为国家体育总局，列入国务院直属机构。1998年4月6日，国家体育总局挂牌，标志着新的机构正式开始运行。2001年，北京市获得第 29 届夏季奥林匹克运动会主办权，我国体育产业迎来重大发展机遇。在筹备举办北京奥运会的背景下，体育消费持续活跃，体育市场体系不断健全，体育产业发展得到各级政府部门的高度重视，国家体育总局体育产业发展与管理工作不断深入，体育产业规模不断扩大。

在这一阶段，体育产业政策的发展主要表现为 4 个方面。

1）在体育整体改革中继续坚持和明确产业化大方向

1999 年 3 月，第九届全国人民代表大会第二次会议的《政府工作报告》提出“积极引导居民增加文化、娱乐、体育健身和旅游等消费，拓宽服务性消费领域。”从倡导体育健身消费的角度肯定了体育产业发展的意义。2000 年 9 月 18 日，国家体育总局发布《中国体育彩票全民健身工程管理暂行规定》，体育彩票管理规范化。

2002 年 7 月，《中共中央国务院关于进一步加强和改进新时期体育工作的意见》（中发〔2002〕8 号）明确指出要“大力发展体育产业，积极培育体育市场，不断增强体育发展的动力和后劲。”体育产业的发展程度成为衡量一个国家经济与文化发展水平的重要标志。

2003 年 10 月，中国共产党第十六届中央委员会第三次全体会议通过了《中共中央关于完善社会主义市场经济体制若干问题的决定》，提出要“深化体育改革，构建群众体育服务体系，健全竞技体育体制，促进体育产业健康发展，增强全民体质。”2007 年 3 月，《国务院关于加快发展服务业的若干意见》（国发〔2007〕7 号）提出要“大力发展旅游、文化、体育和休闲娱乐等服务业，优化服务消费结构。”这些体育产业政策深化了体育改革，为体育产业发展提供了政策支持。

2）重点推动体育产业发展

2000 年 7 月，经国务院批准，国家发展计划委员会、国家经济贸易委员会发布了《当前国家重点鼓励发展的产业、产品和技术目录（2000 年修订）》，将服务业中的大众体育设施建设列为当前国家重点鼓励发展的产业。2001 年 3 月，《中华人民共和国国民经济和社会发展第十个五年计划纲要》进一步提出要“开发健康有益大众化的娱乐、健身项目，发展文化和体育产业。”2001 年 12 月，《“十五”期间加快发展服务业若干政策措施的意见》提出要“积极发展房地产、物业管理、旅游、社区服务、教育培训、文化、体育等需求潜力大的行业，形成新的经济增长点。”中华人民共和国国家发展和改革委员会令（第 40 号）《产业结构调整指导目录（2005 年本）》，列出了鼓励类、限制类和淘汰类产业，体育设施建设及产业化运营被列入鼓励类的其他服务业。从这些政策来看，体育产业的作用和价值越来越受国家相关部门的重视。

3）专门性体育产业政策进一步发展和成熟

2007 年 1 月，国家标准委《关于推进服务标准化试点工作的意见》（国标委农联〔2007〕7 号）将体育标准化列为其试点内容，提出要“以健身休闲、竞赛表演和运动训练等体育活动为主要内容，制定实施体育场所开放条件、体育场馆等级划分和体育活动组织等服务标准，保证体育服务安全，提升体育服务质量水平，创造体育服务市场健康有序的竞争环境，推动群众体育和竞技体育协调发展。”专门性体育产业政策的成熟与完善意味着体育产业政策作为一个独立的政策系统逐渐完善和发展起来。

4）发布针对体育产业发展的整体规划性政策

2000 年，国家体育总局发布《2001—2010 年体育改革与发展纲要》，提出了近 10 年的体育产业发展目标、基本战略及加入 WTO 后的发展策略，并指出应尽快着手制定科学的体育产业发展规划和相应的政策法规，加速培育体育市场。2006 年 3 月，通过了《中华人民共和国国民经济和社会发展第十一个五年规划纲要》，第十七章第六节《发展体育事业和体育产业》中提出要“深化体育改革，鼓励社会力量兴办体育事业和投资体育产业。规范发展体育健身、竞赛表演、体育彩票、体育用品，以及多种形式的体育组织和经营实体。”2006 年，国家体育总局公布《体育事业“十一五”规划》，分析了“十一五”时期我国体育事业发展面临的形势，指出了“十一五”时期体育事业发展的指导思想、总体目标和基本原则。改革体育产业的管理体制，加强对体育市场的规范管理，进一步完善体育产业政策，加强对体育产业的指导与服务。这是我国第一次以五年规划的形式对体育产业的发展进行总体性指导。它标志着我国体育产业政策逐步走向正规。

### 4. 发展期（2008—2014 年）

经过 10 年的规范期发展，中国体育产业形成了较好的发展态势。在 2008 年北京奥运会成功举办后，我国体育产业逐渐走向成熟，进入了平稳发展的新阶段。

2009 年 4 月，国务院第 58 次常务会议通过了《彩票管理条例》，加强了彩票管理，维护了彩票市场秩序，规范了彩票市场发展，保护了彩票参与者的合法权益，有效促进了社会公益事业的发展。

2010 年 3 月，《国务院办公厅关于加快发展体育产业的指导意见》（国办发〔2010〕22 号）提出了体育产业发展的基本方针、主要目标和重点任务，还提出了推动体育产业发展的投融资、税费、无形资产开发保护、管理人才培养等方面的主要政策和措施。这是我国首份从国家层面对体育产业进行规划梳理并提出目标任务的政策性指导意见。

2011 年 4 月 29 日，国家体育总局印发《体育产业“十二五”规划》，指出了我国体育产业发展面临的新形势，并提出了“十二五”期间我国体育产业的发展目标。这些以“规划”形式出现的体育产业政策，标志着我国体育产业整体体系形成并逐步走向完善。

2011 年 5 月，国家体育总局颁布了《2011—2020 年奥运争光计划纲要》，明确了奥运会目标及 2011—2020 年中国竞技体育的其他任务，包括实现竞技体育重点突出、内部各门类均衡发展，提高竞技体育人才队伍综合素质，推进竞技体育体制改革和探索中国特色的职业体育发展道路等。

2013 年 10 月，国务院发布《国务院关于促进健康服务业发展的若干意见》，支持发展健康体检、咨询等健康服务，以及全民体育健身、健康文化和旅游等多样化健康服务。

我国体育产业的快速发展在很大程度上得益于政策激励。2008 年以来，体育产业政策基本都由多个部委联合签署发布，表明体育产业开始走出体育部门，在更广泛的范围内发挥作用，体育产业的相关政策也逐渐走向成熟，与娱乐业、旅游业和制造业等产业的政策实现融合。

**5. 转型升级期（2014 年至今）**

随着体育治理体系和治理能力现代化，体育产业政策科学化也逐渐被纳入规划范围。2014 年，《国务院关于加快发展体育产业促进体育消费的若干意见》（国发〔2014〕46 号）的发布，标志着我国体育产业政策的新里程，将着重强调政策的现代化、科学化内涵。对政府职能转变提出具体要求，政策内容明确了未来政府在体育产业发展中的管理模式将从以往的全能型管理模式转向注重提供规划与标准的引导型治理模式。

《国务院办公厅关于加快发展健身休闲产业的指导意见》（国办发〔2016〕77 号）、《国务院办公厅关于加快发展体育竞赛表演产业的指导意见》（国办发〔2018〕121 号）、《体育强国建设纲要》和《国务院办公厅关于促进全民健身和体育消费推动体育产业高质量发展的意见》等文件都对我国体育产业的发展具有积极的推动作用。在多项国家级政策的驱动下，各级政府部门积极落实政策并出台相关配套政策，推动我国体育产业快速发展，产业基础日益夯实，产业规模不断扩大，产业质量大幅提高。

总体来看，近年来体育行政部门在体育产业政策建设方面做了许多努力，并取得了初步成果。但是目前因缺乏相关的政策扶持，我国体育产业中许多方面的发展仍受到一定的约束和限制。体育产业主管部门需深入了解我国体育产业的发展时机，及时建立和完善一套包括政府财政投入政策、产业项目基本建设投资政策、税收政策、社会集资政策、体育彩票和体育基金政策的较为完整、系统的体育产业发展政策，形成全方位、多层次的政策体系，为我国体育产业的发展创造良好环境。

以史为鉴，可以知兴替。纵观我国体育产业的政策历程，可以发现，在产业环境逐渐稳定的今天，体育产业政策面临的是更加碎片化的市场，对产业政策的运用要更加科学化、系统化，要与时俱进；要站在一定的高度看体育，让体育产业政策为体育产业发展服务、为体育强国建设服务。

### 8.4.2 国内体育产业政策的发展情况

#### 1. 发展过程

产业政策是引导体育产业高质量发展的有效手段。在我国体育产业的发展进程中，体育产业政策具有关键作用，尤其是 2010 年以来我国体育产业发展政策供给充裕。当前，我国从体育市场培育、体育健身休闲产业发展、体育竞赛表演产业发展等方面对相关产业政策进行规范引导，还出台了相关运动项目的产业发展规划，以促进运动项目产业化、延伸体育产业链条、拓展我国体育产业业态，对我国体育产业实现高质量发展具有积极的促进作用。

2010 年 3 月，《国务院办公厅关于加快发展体育产业的指导意见》（国办发〔2010〕22 号）提出“到 2020 年，培育一批具有国际竞争力的体育骨干企业和企业集团，形成一批有中国特色和国际影响力的体育产品品牌。”并将大力发展体育健身市场、积极培育体育中介市场等作为体育产业发展的重点任务。2014 年，《国务院关于加快发展体育产业促进体育消费的若干意见》（国发〔2014〕46 号）明确了我国体育产业的发展目标，“到 2025 年，基本建立布局合理、功能完善、门类齐全的体育产业体系，体育产品和服务更加丰富，市场机制不断完善，消费需求愈加旺盛，对其他产业带动作用明显提升，体育产业总规模超过 5 万亿元，成为推动经济社会持续发展的重要力量。”体育产业成为我国经济发展的重要支撑，是新时期推动我国经济转型升级的重要动力。

国家对体育产业的重视使体育产业呈现井喷式发展态势。为规范体育产业市场秩序、培育体育产业市场主体，国务院、国家体育总局、国家发展和改革委员会等部门颁布了一系列体育产业发展政策。国家层面的政策包括《国务院办公厅关于加快发展健身休闲产业的指导意见》（国办发〔2016〕77 号）、《全民健身计划（2016—2020）》《“健康中国 2030”规划纲要》《国务院办公厅关于进一步扩大旅游文化体育健康养老教育培训等领域消费的意见》（国办发〔2016〕85 号）、《完善促进消费体制机制实施方案（2018—2020 年）》（国办发〔2018〕93 号）、《国务院办公厅关于加快发展体育竞赛表演产业的指导意见》（国办发〔2018〕121 号）等，国家层面的一系列体育产业政策明确提出了体育产业的发展目标，刺激体育消费，培育市场主体，为我国体育健身休闲产业、体育竞赛表演产业的发展指明了方向。为落实国家政策，国家体育总局联合多部委制定和实施了《冰雪运动产业发展规划（2016—2025 年）》《航空运动产业发展规划》《山地户外运动产业发展规划》《水上运动产业发展规划》《汽车自驾运动营地发展规划》《自行车运动产业发展规划》《击剑运动产业发展规划》《马拉松运动产业发展规划》等运动项目产业规划，有利于促进我国运动项目产业化，补齐我国体育产业的发展短板。

为了培育体育消费市场，解决体育产业发展的供给与需求矛盾，我国出台了一系列体育消费政策，以促进体育消费。2016 年 11 月，《国务院办公厅关于进一步扩大旅游文化体育健康养老教育培训等领域消费的意见》（国办发〔2016〕85 号）指出要大力促进体育消费，提高体育场馆使用效率，盘活存量资源。2018 年 10 月，国务院办公厅印发《完善促进消费体制机制实施方案（2018—2020 年）》（国办发〔2018〕93 号），指出要“推进体育赛事制播分离，积极打造国家体育传播平台，引导有条件的地方电视台创办体育频道。打破大型国际体育赛事转播垄断，引入体育赛事转播竞争机制，按市场化原则建立体育赛事转播收益分配机制。”2019 年 1 月，国家体育总局与国家发展和改革委员会发布《进一步促进体育消费的行动计划（2019—2020 年）》（体经字〔2019〕13 号），提出“到 2020 年，人民群众的体育消费观念显著提升，体育消费习惯逐步养成，体育消费设施更加完善，体育消费环境更加优化，体育消费产品和服务供给更加丰富，体育消费政策更加健全。全国体育消费总规模达到 1.5 万亿元，人均体育消费支出占消费总支出的比重显著上升，体育消费结构更为合理。” 2019 年 9 月，国务院办公厅发布《体育强国建设纲要》，提出“到 2050 年，全面建成社会主义现代化体育强国。人民身体素养和健康水平、体育综合实力和国际影响力居于世界前列，体育成为中华民族伟大复兴的标志性事业。”2019年9月，《国务院办公厅关于促进全民健身和体育消费推动体育产业高质量发展的意见》指出“在新形势下，要以习近平新时代中国特色社会主义思想为指导，强化体育产业要素保障，激发市场活力和消费热情，推动体育产业成为国民经济支柱性产业，积极实施全民健身行动，让经常参加体育锻炼成为一种生活方式。”

梳理 2010 年以来我国的体育产业政策可以发现，我国体育产业政策先培育体育产业市场主体，后刺激体育消费，即先从供给侧开发满足市场需求的体育产品及服务，后出台一系列体育产业消费政策刺激体育消费，实现体育产业发展的供需平衡。

### 2. 特征

结合我国体育产业政策的发展过程，可以发现我国体育产业政策具有以下特征。

#### 1）体育产业政策主体多元化、清晰化

政策主体包括政策的制定、执行和评估主体，对体育产业政策的贯彻和落实有直接影响。发达国家的体育产业政策主体比较单一，主要是立法机关和政府。我国体育产业政策涉及的政府部门较多，包括国务院、国家体育总局、国家发展和改革委员会、国家标准化管理委员会、财政部、国家税务总局、海关总署等多个部门。很多政策往往需要由几个部门联合制定。政策体系对政策主体的界定渐趋清晰，政策主体进一步明确是整个体育产业政策发展的鲜明特征，对政策的落实、政策目标的实现及避免责任主体缺位具有关键作用。因此，我国体育产业政策主体具有多元化、清晰化特征。

#### 2）体育产业政策具有层次性

我国体育产业政策大致分为3类。第一类是国家整体的发展规划，对体育产业的发展具有战略高度的指导；第二类是国家和地方各部门出台的与体育产业有关的政策内容，不直接由体育部门制定，但经常针对体育产业的某方面，往往与专门性的体育产业政策配合，共同发挥作用；第三类是体育主管部门出台的专门针对体育产业的政策，这类体育产业政策由相关体育部门制定，具有很强的针对性，也是体育产业政策的主体部分。总体而言，这三类政策具备政策效力上的层次性，共同构成了我国体育产业政策特有的政策体系。

3）体育产业政策演化具有协同关联性

从我国体育产业政策的发展历史来看，在体育产业发展早期，体育产业政策与其他政策主要为附属关系，体育产业政策依附于其他政策，特别是依附于一般性体育改革政策或经济政策。政策多由体育主管部门单独制定。但是改革开放的深入和市场作用的不断增强使体育产业得到发展，体育产业政策逐渐从一般性的体育政策和经济政策中独立出来，形成一种独立的政策体系。同时，越来越多的部门投入制定体育产业政策，使得体育产业政策的演化越来越具有多个部门的协同关联性。

**3. 落实情况**

政策落实就是体育产业政策的有效实施，是政策充分发挥作用的重要保障。体育产业政策从制定到实施是一个多重执行的复杂过程，涉及诸多因素，中央掌控体育产业发展的重要方针和基本方向，地方贯彻中央政策导向目标的分区与执行，其实际效果与政策目标的落脚点在于地方政府对国家体育产业政策的贯彻与执行。经过 40 多年的发展，我国形成了一系列助推体育产业发展的政策体系[20]。近年来，国发〔2014〕46 号文件、国办发〔2016〕77 号文件及国办发〔2018〕121 号文件是国家指导地方落实体育产业政策、促进体育产业发展的重要文件，对引导各地发展体育产业和促进体育消费具有重要作用。此外，为了加快推动体育产业成为国民经济支柱性产业，在中央政府的引导下，各省、市、自治区陆续出台了运动项目产业专项规划、支持体育消费政策、鼓励金融支持体育产业政策、体育旅游政策等。

### 8.4.3 完善体育产业政策的若干建议

目前，国际体育产业现代化的基本特征主要为集群化、融合化、生态化。集群化是国际体育产业发展的高度集聚趋势；融合化是国际体育产业发展的相互渗透趋势；生态化是国际体育产业发展的良性循环趋势。为了把控国际体育产业现代化的发展趋势，我国应做出以下努力。

1）提高中国体育产业的国际竞争力

努力建立公开公平的体育市场秩序，转变政府职能，端正政府行为，正确发挥政府在体育产业结构调整中的作用；建立体育市场的准入规则，加强行业管理；通过企业重组、企业并购等方式，形成和壮大一批龙头企业，使体育产业形成规模，提高体育产业经营效率；发挥地区优势，因地制宜地发展体育产业，提高我国体育产业的国际竞争力。

2）进一步发挥市场在体育资源配置中的决定性作用

经济体制是体育产业政策制定的基础，不同经济体制下的体育产业政策不同。在完善体育产业政策时，经济体制是首要因素。社会主义市场经济体制逐步完善是我国经济体制改革的方向，要进一步发挥市场在体育资源配置中的决定性作用，充分挖掘体育的经济功能，加快体育产业的社会化、市场化进程，特别是足球、篮球、网球、高尔夫球等项目的职业联赛的发展。引导体育产业朝更好的方向发展，促进我国体育产业健康、协调、快速发展。

3）制定和实行多元化投资政策

首先，从我国社会经济转型期的内涵与特点出发，我国的体育发展模式正在从传统的集中型国家行政垂直管理的体育发展模式调整为由政府宏观调控的社会自我协调体制的发展模式。国家仅从宏观层面对体育发展进行指导和控制，微观层面主要由社会各级体育部门、各类体育集团、体育企业和社会化体育市场机制协调。因此，根据体育事业转型期的需要，应加快制定并实行多元化的体育投资政策。其次，随着社会体育需求的增加，体育消费日渐活跃，国家不再具有独立承担体育发展的能力，实行社会化的体育产业政策是体育产业发展的重要举措。其重点是要改变国家财政包办的旧模式，更多地依靠市场、社会资源等多方力量推动体育产业的发展。最后，从我国实行结构调整的体育产业政策来看，在社会主义经济条件下，要形成国家办和社会办相结合的格局，政府投入要突出重点，改变管理模式，在政策上进行较大调整，即社会能办的，政府应当积极鼓励和放手让社会去办；社会办起来有困难的，政府可以给予一定的资金补助；社会办不了且国家有需要的，政府应当投入更多的资金将它办好。从上述范围界定来讲，社会共同事务由国家承担，其他事务则由市场处理。

4）健全多元化的体育消费机制

在我国市场经济对宏观经济的调控日渐成熟的情况下，为了实现经济的快速增长，体育产业发展应立足于扩大内需，在扩大体育投资需求的同时采取有力措施引导和扩大体育消费需求，使投资和消费带动经济增长，同时要解决好供需矛盾，积极引导居民增加娱乐、健身和旅游等消费，拓宽消费领域。消费需求能够刺激社会各方投资体育产业。体育产业是一种高劳动力投入和高资金投入的产业，体育竞赛、体育广告在全球都有良好的投资效益，一直是海内外投资者关注的热点。因此，要允许一些业绩好、规模大、市场拓展良好的集团共同参与体育产业的投资、经营、销售和管理。

## 8.5　国外体育产业政策

不同类型的产业政策在一定程度上能够反映不同国家的体育发展情况，在市场经济发达的国家，体育产业已经成为国民经济支柱性产业，并且以其强大的国际竞争力带动本国其他产业的发展，有关支持、扶植、鼓励、控制体育产业发展的政策已成为国家经济政策的内容之一。体育产业的发展离不开产业政策的引导和支持，由于各国的经济体制、运行机制和经济政策不同，各国制定实施的产业政策也存在一定的差异。本节选取了部分体育产业发展水平较高或地域代表性较强的国家，总结了其体育产业的发展概况和政策特征。

### 8.5.1　美国的体育产业政策

在经济发展的不同阶段，美国不同程度地推行过体育产业结构政策、体育产业组织政策、体育产业布局政策、体育产业技术政策等，取得了一定的成效。20 世纪 60 年代后期，美国体育产业进入快速发展阶段，约 18 个项目逐渐走上职业化道路，不仅获得了巨大的商业收益，竞技水平也得到了提高。20 世纪 80 年代初，美国体育产业总产值已经达到631亿美元，约占国民生产总值的1.3%。20 世纪 90 年代以后，美国体育产业持续快速发展，产值逐年增加，并且带来了大量的就业岗位。

#### 1. 美国在体育产业领域的反垄断豁免

按照《谢尔曼法》的最初看法，棒球运动不是商业活动。因此，在职业体育联盟建立初期，美国对体育运动的反垄断豁免就是针对棒球运动。美国联邦最高法院决定让一些职业体育项目不受反托拉斯法的制约，做出了一系列有利于职业体育联盟的决定，也就是给予所谓的反垄断豁免，这一司法决定带来的影响主要包括以下内容。

（1）对职业体育运动的反垄断豁免，限制了运动员自由流动的权利，职业体育联盟垄断了运动员的转会市场。为了保持职业运动队的相对稳定而实施的反垄断豁免，实际上给予了职业体育联盟独占市场和独立制定各种规则的权利，使得职业体育联盟的权力被无限放大，职业运动员成为联盟的巨大资产，不能自由地从所属球队转会到另一支球队。这一决定最初确实起到了一定的作用，到后期弊端逐渐显现，面临了来自球员工会的压力，1970 年，最高法院取消了部分职业体育项目的反垄断豁免，运动员才拥有了自由转会的权利。

（2）对竞技体育赛事和表演活动电视转播权的反垄断豁免，保证了美国职业体育的整体利益，促进了美国体育产业的发展。体育比赛电视转播收入在美国职业体育联盟和各俱乐部收入结构中的比重非常高，如果由职业体育联盟下属的各家俱乐部对体育比赛转播权进行处理，可能会使交易谈判标准不一、各俱乐部的收入水平差异较大，从而影响总收入。因此，由联盟代替分散的各球队与媒体展开谈判，能够最大限度地保障联盟的整体利益。总体来看，美国对电视转播权的反垄断豁免及《版权法》对体育比赛的版权保护，给予了职业体育联盟独一无二的优惠，对 20 世纪 70 年代以后美国职业体育乃至体育产业的发展具有重要的促进作用。

（3）对职业体育联盟在俱乐部进入和退出方面的反垄断豁免，保证了竞技体育市场的稳定性。按照美国反托拉斯法的要求，除了特殊规定，美国任何行业都无权限制新产商的进入和退出，如果严格按照这一规定实施，职业体育联盟就无法限制有意加入联盟的新俱乐部，一旦这种情况发生，不仅会使职业联赛的竞技水平和观赏性大大降低，还会使职业运动队和职业体育市场陷入一种无序的状态。20 世纪 80 年代以来，美国国会针对职业体育的现实状况，对参加美式足球和篮球职业联赛的运动队实行反垄断豁免，职业体育联盟拥有了控制参赛运动队数量和空间分布的特权。此外，职业联盟还可以根据反垄断豁免，向新加入的球队收取巨额入会费，这在一定程度上限制了职业运动队的数量，确保了联盟内的每支球队都能获得足够的球迷支持，保护相应的市场。

### 2. 美国对体育产业发展的支持政策

（1）税收优惠。美国的税法非常复杂，对不同行业有不同规定。20 世纪 60 年代，美国体育产业进入高速发展阶段后，政府鼓励投资者积极投资体育产业，并提供了相当大的税收优惠。美国的体育产业尤其是竞技体育产业，能够广泛吸引体育爱好者观看比赛，不仅促进了本区域的产品销售和税收增长，直接带动了就业，还提高了居民的自豪感和社会认同感，以及居民的生活质量，受到地方的广泛认同，许多州都制定了体育产业发展的税收优惠政策，以支持体育产业的发展。

（2）财政支持。美国对体育产业的财政支持体现在支持体育场馆的建设方面。1935—1941 年，美国政府先后出资 15 亿美元建设社区体育场馆和设施；1965 年起，联邦政府每年投入 7.8 亿美元建设大众体育场馆和设施；目前，美国公共体育场馆和设施的建设依然在很大程度上依赖公共资金。另外，美国对体育产业的财政支持还体现在对奥林匹克运动的支持方面。1978 年，美国《业余体育法》颁布以后，美国政府资助美国奥委会 3600 万美元运动员强化费，开创了联邦政府向奥林匹克运动会拨款的先例，随后美国奥委会的活动经费持续增长，这与政府的财政支持密不可分。

（3）公私合作。西方国家在 20 世纪 70 年代末掀起了私有化浪潮，单纯由政府出资举办国际赛事和建设体育场馆设施的模式受到了很大质疑，公私合作模式被越来越多的人认可。以体育场馆和设施的建设和管理为例，体育场馆设施建成后，投资建设方通过公私合作的方式把这些公共设施的管理和运营承包给私营的管理公司，一方面能够减轻政府建设体育场馆设施的公共财政压力，另一方面能够让专业的团队做专业的事，使场馆的管理运营更加科学和专业[16]。

### 8.5.2　日本的体育产业政策

与欧美国家相比，日本的体育产业发展起步较晚，但发展速度快，尤其是体育用品产业，1964 年东京奥运会举办后，日本的经济快速发展、居民收入大幅提高，极大地促进了日本体育健身休闲产业的发展。为了更好的发展体育产业，日本制定了一系列支持体育产业发展的政策，对体育产业的发展产生了重要影响。

**1. 体育健身休闲产业的发展政策**

日本与美国的体育产业发展政策存在很大差异，主要体现在提高公民健康水平、改善生活质量的体育健身休闲产业方面，这与日本政府对体育产业的非营利性产业定位密切相关。2000 年，厚生劳动局提出了“21 世纪国民健康促进运动”，促进了体育健身休闲产业的发展，不仅培养了一大批健康运动指导员，增加了就业岗位，还使居民对健身场地设施和用品的需求不断增加，推动了体育用品及相关产品制造产业和体育健身休闲产业的发展。1987 年，日本颁布《综合休闲用地发展法》，也称为《度假区法》，这是日本发展体育健身休闲产业的重要政策，不仅带动了度假区相关产业的发展，还推动了日本体育旅游业的发展，为国民提供了健身休闲场所。

1998 年，日本颁布《特定非营利活动促进法》（简称 NPO），凡是开展组织文体活动，谋求文化、艺术集体与振兴的团体和组织，只要符合一定的条件，都可以授予其 NPO 法人资格，并为其提供税收优惠。把体育运动归为以全社会利益为目的的非营利活动，并设立了非营利体育组织法人资格，对日本的体育健身休闲产业产生了广泛而深远的影响。

**2. 竞技体育产业的发展政策**

1961 年，日本颁布了第一部体育法律《体育振兴法》，指出日本的体育振兴是为了促进国民的身心健康发展，不得将体育活动用于其他任何用途，反映了日本体育产业发展的核心理念。因此，日本的体育产业政策主要体现在体育健身休闲产业，与竞技体育产业发展有关的政策较少。此外，1989 年日本政府还专门成立了“体育产业研究会”，负责研究日本体育产业的发展前景，培养体育专业人才。

### 8.5.3 德国的体育产业政策

德国有一整套发展体育产业的优惠政策，对不同性质的体育组织采用不同的发展政策，主要包括以下几类。

**1. 非营利性体育组织的减税政策**

德国联邦政府对非营利性体育俱乐部和体育协会实行减税政策。从德国的整体发展情况来看，这意味着大多数俱乐部都可以不用交税，个人向体育俱乐部或体育协会捐赠时，可以按要求减免个人所得税。政府为了支持体育俱乐部开展志愿体育活动，一般会支付预算开支的20%，同时还允许俱乐部免费使用活动场地。

**2. 体育博彩政策**

德国的相关法律规定，从体育博彩中获得的收益会返还25%给各种社会组织，如福利机构。还有 25%的收入返还给博彩者，体育组织获得另外 50%。

**3. 商业性体育企业**

德国的商业性体育企业是指以盈利为目的的私人体育俱乐部，包括各类健身中心、体育学校等，这类私人俱乐部的出现体现了德国体育的商业趋势，从根本上改变了德国体育俱乐部的非营利性，为政府增加了可观的财政收入和大量就业岗位。

### 8.5.4　其他国家的体育产业政策

从欧盟各国的体育产业发展历程来看，意大利、西班牙和法国的体育产业发展各有特色，在举办足球和篮球职业联赛方面的经验较为成熟。

意大利的体育产业政策如下。

（1）意大利体育产业发展资金来自体育彩票收益，因此，要保证体育博彩产业为意大利的体育支柱性产业。

（2）为了推动竞技体育产业的发展，需要制定相关法案，减轻竞技体育产业的税收负担。

（3）意大利的体育产业管理活动主要依靠各俱乐部，意大利国际奥委会只对体育产业进行间接管理，主要负责全国的体育事务。

（4）意大利体育信贷所是进行体育投资的公共专业银行，以资助体育场馆、设施为主。

在职业体育方面，为了促进足球产业的发展，意大利、西班牙和法国从与联赛相关的各环节入手，出台了大量体育产业政策，以保证联赛的发展，主要包括电视转播权、俱乐部所有权、场馆建设及赛场安全等方面的政策。此外，针对本国的实际情况，西班牙还对外籍球员实施了税收优惠政策，极大地提高了球队的整体实力，企业向运动员或体育组织提供赞助费均免征所得税；法国政府的体育政策以提供体育公共服务为主，将大部分财政经费用于体育场馆、设施的修建和维护；法国还针对职业体育的发展制定了特殊的减免税政策，规定职业体育俱乐部上市 3 年内可减收 30%的税。

## 8.6　体育产业政策的发展方向

体育对增强人民体质、培养意志品质、丰富文化生活、振奋民族精神等具有重要作用，体育产业是“朝阳产业”，其具有不断发展的潜在动力。体育消费将随着经济的发展和体育产业化的深入而不断增加，体育逐渐成为人类生活的必需品，体育产业在 21 世纪出现加速发展态势。随着我国“十四五规划”的全面启动，各地政府部门都将体育产业作为文化产业的重要组成，将体育产业作为重点扶持和发展的产业。各政策文件的颁布与实施，进一步体现了我国体育产业政策在体育产业发展进程中的重要引领作用。体育产业政策不是孤立的，其制定和实施不是体育部门单个部门的任务，也不是单靠体育部门就能搞好的。只有使体育部门与财政、税收、金融、法律、工商、劳动等多个部门密切配合，使体育产业政策与财政政策、税收政策、金融政策、价格政策、外贸政策及国家法律法规配合，才能充分发挥出其应有的作用。

一项正确的体育产业政策只有在其他经济政策的积极配合下，才能发挥出最大效用，否则可能会出现各种体育经济政策之间“政出多门”、相互冲突、相互抵消的现象。因此，运用体育产业政策指导体育产业发展是政府引导的基本手段。目前，我国以经济建设为中心，并不代表可以不惜一切代价发展经济。我们制定体育产业政策的同时也要兼顾国家其他经济政策目标，只有在其他经济政策创造出的适合经济发展的稳定社会环境下，体育产业政策才能发挥最大作用。我国的体育产业政策也必将逐步适应市场经济发展规律，完成我国体育产业发展目标，形成具有中国特色的体育产业政策体系。

## 复习思考题

1. 体育产业政策的含义是什么？
2. 简述我国体育产业政策的发展历史。
3. 体育产业政策的类型是什么？
4. 如何制定和实施体育产业政策？

## 参考文献

[1] 下河边淳，管家茂. 现代日本经济事典[M]. 北京：中国社会科学出版社，1982:192.
[2] 梁开竹. 产业政策的独立性、逻辑起点及理论依据[J]. 经济师, 2002(5):41-42.
[3] 周小洪，曹缔训，杨永德，等. 体育产业结构政策初探[J]. 武汉体育学院学

报, 1994(1):14-18.
[4] 鲍明晓. 体育产业政策论纲[J]. 北京体育师范学院学报, 1996(3):5-10.
[5] 吴超林，杨晓生. 体育产业经济学[M]. 北京：高等教育出版社, 2004.
[6] 王亚丽，刘春艳，孙明. 浅谈体育产业政策的制定及实施[J]. 首都体育学院学报, 2004, 16(4):35-37.
[7] 陈晓峰. 国家治理视阈下体育产业政策的价值分析[J]. 成都体育学院学报, 2019, 45(4):23-28.
[8] 柴萍. 我国体育产业政策应用研究[J]. 北京体育大学学报, 2010, 33(12):27-29, 36.
[9] 赵炳璞, 蔡俊五, 李力研, 等. 体育产业政策体系研究[J]. 体育科学, 1997(4):1-7.
[10] 张林玲，戴朝. 基于钻石模型的我国体育产业政策体系研究[J]. 成都体育学院学报, 2012, 38(2):24-27, 32.
[11] 韩文星. 体育经济学[M]. 北京：中国建筑工业出版社, 2008.
[12] 丛湖平. 我国体育产业政策重点内容的选择[C]. 2010（第 26 届）中国国际体育用品博览会暨体育产业与依育用品业发展论坛论文集, 2010.
[13] 曹可强. 体育产业概论[M]. 上海：复旦大学出版社, 2004.
[14] 王俊敏. 中国体育产业政策体系研究[D]. 北京：北京体育大学, 2014.
[15] 丛湖平. 体育经济学[M]. 北京：高等教育出版社, 2004.
[16] 卢嘉鑫, 张社平. 体育产业发展：理论与政策[M]. 北京：北京大学出版社, 2011.
[17] 骆秉全. 体育经济学概论[M]. 北京：高等教育出版社, 2014.
[18] 王子朴，原玉杰，詹新寰. 我国体育产业政策发展历程及其特点[J]. 上海体育学院学报, 2008(2):15-19.
[19] 许燕耿. 发行体育彩票的回顾与建议[J]. 体育文史, 1994(5):6-8.
[20] 王家宏，蔡朋龙，刘广飞. 我国体育产业政策实施执行的分析研究[J]. 武汉体育学院学报, 2019, 53(9):5-14.

## 阅读材料

### 第一部反托拉斯法——《谢尔曼法》

《谢尔曼法》于1890年通过，它的提出者是俄亥俄州的约翰·谢尔曼议员。谢尔曼是美国参议会经济委员会的主席。初审通过以后，法案于1890年4月8日在元老院以51比1通过，后又于1890年6月20日在众议院以242比0全票通过。

《谢尔曼法》是世界上第一部限制和维护公平交易的反托拉斯法，也是最早的消费者权益保护法。该法指出，任何契约，用托拉斯形式或其他形式的联合或共谋来限制州际间或与外国之间的商业贸易，是非法的。另外，任何人垄断或企图垄断，或与他人联合，共谋垄断州际间或与外国之间的商业贸易，是严重犯罪。任何因反托拉斯法所禁止的事项而遭受财产或营业损害的人，不论损害大小，一律给予其损害额的3倍赔偿及诉讼费和合理的律师费。

《谢尔曼法》确实为反垄断做了一些事情。立法者通常将那些意图使反垄断普通化的条例称为“竞争条例”。法案的目的在于处罚潜在伤害竞争公平的实体，如垄断部门或联合企业。但《谢尔曼法》也指出，靠个人价值获得的垄断完全合法。但不自然地保护私有财产，或者为了垄断而发生的行为构成违法。

# 第3篇　体育实践经济学分析

体育经济学是一门实践性和应用性很强的学科，依托经济学在体育领域应用的各种理论，指导体育赛事、体育赞助、体育转播和体育产业投融资等体育产业核心环节在经济领域的实践，也解决了其在发展中遇到的问题。解决这些问题所积累的经验帮助体育经济学形成并丰富了其学科理论。本篇基于第2篇介绍的体育经济学基础理论，着重对体育赛事、体育赞助、体育转播和体育产业投融资等体育产业的核心环节进行经济学分析，帮助读者了解体育产业的发展规律及最新动态。

# 第 9 章　体育赛事及其经济学分析

体育经济学是运用经济学相关理论解释体育领域相关现象的学科，是经济学在体育领域的延伸。作为体育产业的核心，体育赛事是体育经济学研究的重点。本章从经济学的角度介绍体育赛事，并分析其经济影响。

## 9.1　体育赛事概述

### 9.1.1　体育赛事概念的界定

体育赛事是现代竞技体育发展到一定阶段的产物。我国体育赛事的概念界定经历了漫长的时间。虽然体育竞赛在我国广泛开展，各运动项目的职业化也在不断推进，但以“体育竞赛”代替“体育赛事”的现象却始终没有变化。用体育竞赛的内涵代替体育赛事的概念有明显的缺陷和局限，概念的混淆割裂了体育竞赛与人类社会的联系，使体育赛事失去了最重要的属性。

目前，对体育赛事概念的界定尚没有形成统一的定义，学者们大多根据自己的理解对其进行界定。田麦久认为运动竞赛是指在裁判员的主持下，按统一的规则要求组织与实施的运动员个体或运动队之间的竞技较量[1]。国外则把体育赛事当作特殊事件，即一次性事件。Getz 在其研究中提供了两个定义，一个是从组织者的角度出发，将特殊事件定义为一次性的或很少发生的事件，不同于惯常的节目或以赞助商和组织者为主体的活动；另一个是从消费者或客人的角度出发，对于他们来说，特殊事件是一次休闲、社会或文化经历，不同于惯常范围的选择，超出了日常经历[2]。姚颂平指出，体育赛事的特征是围绕高水平体育竞赛活动，通过市场运作吸引观众、赞助商和媒体的广泛参与，把原来相对单一的体育竞赛扩展为集竞赛、经济、文化、休闲、娱乐于一体的大活动、大舞台和大市场[3]。还有很多学者从不同角度对体育赛事进行了界定，李南筑等学者认为体育赛事以人体运动为载体，用比较决定胜负，最终给出公开排名。王守恒则认为体育赛事是一种提供竞赛产品和相关服务产品的特殊事件，其规模和形式受竞赛规则、传统习俗等多种因素的制约，具有项目管理的特征、组织文化背景和市场潜力，能够迎合不同参与者分享经历的需求，对社会和文化、自然和环境、政治和经济、旅游等多个领域具有冲击和影响，能够产生显著的社会效益、经济效益和综合效益[4]。

通过各位学者对体育赛事属性和特征的分析可以发现，体育赛事的内涵界定应从体育竞赛和社会效益出发。即体育赛事应当是一种以体育竞技活动为主题的综合性社会活动，除了体育比赛，还包括商业性体育表演。体育赛事具有许多价值，如竞技价值、健身价值、观赏价值、商品价值、宣传价值等[5]。

### 9.1.2　国内体育赛事的发展现状

2008 年，北京奥运会成为中国现代化发展道路上的一个重要历史性事件，为中国体育赛事的发展开启了新征程。2002 年 7 月 22 日，中共中央、国务院发布《关于进一步加强和改进新时期体育工作的意见》，指出“全国运动会是推动我国竞技体育发展的重要环节，要全面、科学安排国内各项赛事，改革完善竞赛制度，充分发挥竞赛的功能和效益，为实现‘奥运战略’目标服务。举办赛事要弘扬中华体育精神，有利于出成绩、出人才，有利于促进社会稳定和民族团结。”该意见从政策层面为我国体育赛事的发展奠定了基础。2012 年，我国实际举办体育赛事 1616 项，涉及 90 个运动项目，在东部地区举办体育赛事 1045 项，占全国体育赛事数量的 64.91%。2004—2019 年国家体育总局竞赛计划如图 9-1 所示。

2011 年 4 月，国家体育总局发布《体育事业发展“十二五”规划》，指出要“改革和完善运动竞赛体系。对全运会的赛制、设项等进行合理调整，完善政策，充分发挥全运会在推进赛制改革、促进竞技体育发展等方面的引领作用。加大政策引导，促进体育竞赛社会化，调动地方体育部门和社会力量办赛的积极性。建立符合青少年成材规律的分层次、分等级的青少年竞赛体系和制度。逐步建成具有中国特色的、适应社会主义市场经济要求的竞赛管理体系。”该规划为我国体育赛事的改革和发展指明了方向。

2014 年 12 月，国家体育总局发布《体育总局关于推进体育赛事审批制度改革的若干意见》，指出“取消审批，依法管理。除全国综合性运动会和少数特殊项目赛事外，包括商业性和群众性体育赛事在内的全国性体育赛事审批一律取消。”以鼓励社会力量参与体育事业，充分调动社会各界组织和承办体育赛事的积极性。2018 年 10 月，国务院办公厅印发《完善促进消费体制机制实施方案（2018—2020 年）》，指出要“加快制定赛事审批取消后的服务管理办法，建立体育、公安、卫生等多部门对商业性和群众性大型赛事活动联合‘一站式’服务机制。修订彩票公益金资助开展全民健身赛事和活动有关办法，研究制定向社会力量购买全民健身赛事活动服务的办法。推进体育赛事制播分离，积极打造国家体育传播平台，引导有条件的地方电视台创办体育频道。打破大型国际体育赛事的转播垄断，引入体育转播竞争机制，按市场化原则建立体育转播收益分配机制。”商业性、群众性体育赛事等全国性体育赛事审批的取消，以及相关部门联合“一站式”服务机制的建立，标志着我国体育赛事进入市场化阶段。

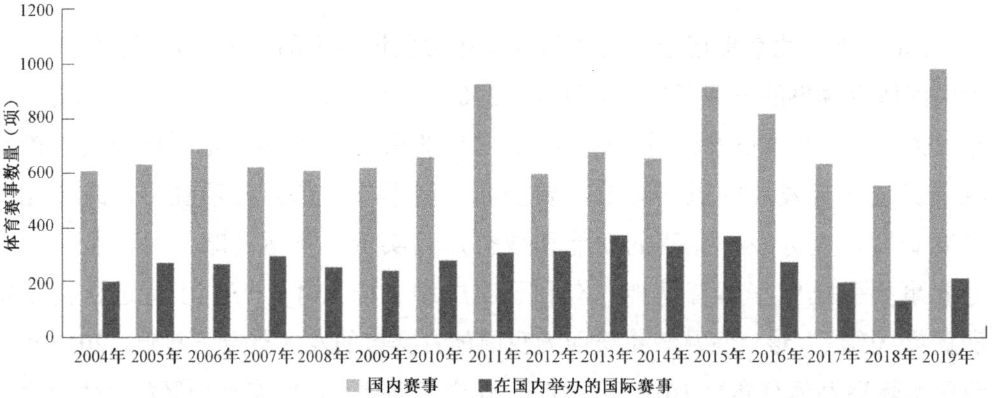


图 9-1　2004—2019 年国家体育总局竞赛计划

2018 年 12 月，《国务院办公厅关于加快发展体育竞赛表演产业的指导意见》指出“体育竞赛表演产业是体育产业的重要组成部分，表现为体育竞赛表演组织者为满足消费者运动竞技观赏需要，向市场提供各类运动竞技表演产品而开展的一系列经济活动。发展体育竞赛表演产业对挖掘和释放消费潜力、保障和改善民生、打造经济增长新动能具有重要意义。” 在此基础上，提出各省、自治区、直辖市人民政府，国务院各部委、各直属机构要丰富赛事活动，完善赛事体系；壮大市场主体，优化市场环境；优化产业布局，加强平台建设；强化协调配合，加强资金保障。2019 年 9 月，《国务院办公厅关于促进全民健身和体育消费推动体育产业高质量发展的意见》指出要通过深化全国性单项体育协会改革、完善赛事管理服务机制、深化场馆运营管理改革、推动公共资源向体育赛事活动开放，来深化“放管服”改革，释放发展潜能。

### 1. 国内优秀体育赛事案例

当前，我国体育赛事基本形成了职业联赛、商业性比赛、综合性比赛和各项目单项竞赛共同存在的格局。越来越多的体育消费者开始关注国内体育赛事，如中国足球协会超级联赛（Chinese Football Association Super League）、中国男子篮球职业联赛（China Basketball Association）、中国网球公开赛、北京马拉松、环青海湖自行车赛等。

#### 1）中国足球协会超级联赛（Chinese Football Association Super League）

中国足球协会超级联赛（以下简称“中超联赛”）始于2004年，是中国最高级别的职业足球联赛，其前身是1989年成立的中国足球甲A联赛。国际足球历史和统计联合会的数据显示，2017年，中超联赛在世界排名第36位、在亚洲排名第3位。中超联赛积极适应世界足球的发展趋势，逐渐从计划经济体系过渡到了现代足球模式。

中超联赛是由中国足球协会主办、由中国足球协会超级联赛委员会组织管理的足球联赛。目前，中国足球协会由秘书处管理，下设主席办、综合部、党务人事部、纪检监察部、市场开发部、对外交流部、媒体与公共关系部、财务部、国家队管理部、女子部、男足青训部、女足青训部、青少部、竞赛部、裁判管理部、准入审查部、注册管理部、中超联赛部、中甲联赛部、中乙联赛部、业余联赛部、女足联赛部、技术部、规划部、法务部、会员协会部、社会足球部、五人制与沙足部共 28 个部门。中超联赛有限责任公司由中国足球协会（占全部股份的36%）和16家中超俱乐部（各占全部股份4%）共同出资组建，主要负责全面经营管理中超联赛商务平台和商务资源，依托中超联赛构建专业的营销和服务团队，采用国际化、专业化管理模式，全面提高中国足球产业的资源管理水平，为中超联赛、中超俱乐部的发展提供保障。

从赞助的角度来看，中超联赛的商务开发体系由冠名赞助商、合作伙伴、供应商、媒体合作伙伴、游戏、图片、公益合作伙伴组成，赞助商涉及金融、汽车、电商、物流、啤酒、腕表、饮料等领域。从上座率来看，2017 赛季，中超联赛的总上座人数达到5703421人，场均观众数达到23764人；从电视转播的角度来看，2017 赛季，传统电视共有包括中央电视台体育频道在内的 15 个电视频道参与电视转播，观看人数达到 5.58 亿人。网络转播累计收视人数达到 4.34

亿人。海外转播覆盖5大洲、24个频道、96个国家和地区的近亿个家庭用户。

2）中国男子篮球职业联赛（China Basketball Association）

中国篮球协会（简称“中国篮协”）成立于1956年6月，是具有独立法人资格的全国性群众体育组织，是由各省、自治区、直辖市篮球协会，各行业篮球协会及解放军相应的运动组织为团体会员组成的全国性非营利联合组织，是中华全国体育总会的团体会员，是中国奥林匹克委员会承认的奥运项目组织，是代表中国参加国际篮球联合会和亚洲篮球联合会的唯一合法组织。2017年3月，国家体育总局办公厅发布《关于篮球改革试点有关事项的通知》，将国家体育总局篮球运动管理中心承担的业务职责自2017年4月1日起移交中国篮球协会。2017年6月，中国篮协将中国男子篮球职业联赛（以下简称“CBA”）的竞赛权、商务权授予中职联篮球俱乐部（北京）股份有限公司（以下简称“中职篮公司”）。中职篮公司由各参赛俱乐部作为股东出资，独立运营CBA，中国篮协负责对该赛事进行监管，真正做到管办分离。

CBA设有综合部、国家队管理与外事部、青少年发展部、社会发展部、联赛部、三人篮球部、竞赛部、技术部、公关与市场部共9个业务职能部门，以及党委、纪委、财务、法务和外事办公室，并成立或换届了10个专项委员会。

CBA成立以来，先后有31支球队加入，并在赛事影响、球队数量、竞赛组织、球星打造、外援级别、裁判管理、教练组成、赛场文化等方面都有显著提高。2018—2019赛季常规赛场次增至46场，共20支球队分4组进行比赛，咪咕、优酷和腾讯3家新媒体版权费总和达到4.5亿元。五级赞助商有17家，招商赞助收入约为8亿元，CBA的赞助费、版权费相加首次突破10亿元。

3）北京马拉松

北京马拉松始于1981年，是经国际田径联合会（IAAF）认证、国际马拉松和公路跑协会（AIMS）备案的国际田联锦标赛事。也是中国田径协会市场化程度最高、规模最大、最具代表性的单项赛事。初期的北京马拉松与初期的伦敦马拉松相似，都是非常专业的比赛，只设男子全程一项比赛。2001—2011年的比赛基本维持了全程马拉松、半程马拉松、10公里赛、小（迷你）马拉松4项比赛。2012年起，北京马拉松进一步走向专业化，取消了10公里项目的设置，扩大了全程项目选手的规模。2014年更是取消了小马拉松（5公里），与国际主流接轨，只保留全程马拉松和半程马拉松两项比赛。2018年，北京马拉松报名人数突破 11 万人，成为世界十大马拉松赛事，并入驻希腊马拉松博物馆。

北京马拉松由中国田径协会和北京市体育局共同主办，中央电视台联合主办，北京市公安局、天安门地区管理委员会、国家奥林匹克体育中心、北京市委宣传部等 7 个赛事相关部门协办，中奥路跑体育管理有限公司和北京市运动竞赛管理委员会承办。北京马拉松的管理体制形式为组织委员会，2015 年，在组织委员会机构中的办公室有 16 人、竞赛委员会有 22 人、运动员委员会有 9 人、安保交通委员会有 23 人、广告宣传委员会有 13 人、电视委员会有 16 人、医疗救护委员会有 10 人、志愿者委员会有 15 人。为进行有效管理，北京马拉松赛事组织委员会还设立了名誉主任 2 人、主任 4 人、副主任 29 人、秘书长 2 人、副秘书长 6 人、委员 22 人。在这样的管理体制下，北京马拉松运营三十多年来，除去必要的交通管制、安保、医疗卫生等措施，几乎可以依靠赛事承担资金筹备问题[7]。

2006 年起，每届北京马拉松的参加人数都控制在 3 万人左右。2019 年，共有约 16 万人参与预报名，与 2018 年相比，增加了 48%。2017 年，北京马拉松赛事收入约为 6150 万元，其中，赞助收入达到 5500 万元，报名收入超过 600 万元。

### 2. 国内体育赛事的发展环境

体育赛事的发展环境包括体育赛事的社会环境、经济环境和政策环境。赛事运作的内环境是指体育赛事的经营运作，如赛事的策划、赛事的管理制度等；赛事运作的外环境是指对体育赛事发展有重要影响，但本身不从属于体育赛事的环境，如媒体、企业赞助商、经济环境、社会环境和政策环境等。

目前，国内体育赛事运作的内环境正在不断完善。北京奥运会成功举办后，我国为承办一般性体育赛事及世界性大型体育赛事积累了一定的经验，有能力承办好大型体育赛事。国内体育赛事的经济环境、社会环境和政策环境利好，但还存在一些问题，表现在企业赞助商对体育赛事的赞助动力不足，如 2015 年在北京举办的世界田径锦标赛中，无论是国际田联带来的官方合作伙伴，还是转播商、供应商、国内合作伙伴、国内供应商都鲜见中国体育元素。

除此之外，我国应该广泛培养体育赛事所需的人才和体育赛事组织机构，使我国体育赛事能够利用好体育发展的环境优势，推动体育竞赛表演业持续健康发展。

### 9.1.3 国外体育赛事的发展现状

国外有很多体育赛事的国际影响力很大，这些赛事历史悠久，拥有较周全的运营体系，也有较高的风险抵御能力。如美国职业篮球联赛、英格兰足球超级联赛、环法自行车赛、澳大利亚网球公开赛等，这些体育赛事都有稳定且忠诚的支持者。下面详细介绍 3 个运营较好的国际体育赛事。

**1. 美国职业篮球联赛（下文简称“NBA”）**

在北美地区，NBA 并不是影响力最大的体育赛事。北美四大职业体育联盟分别是美国职业橄榄球大联盟（简称“NFL”）、美国职业棒球大联盟（简称“MLB”）、美国职业篮球联赛（简称“NBA”）和国家冰球联盟（简称“NHL”）。从创立年代、球队数量、联盟收入、场均上座率方面来看，NBA 均不是第一，北美地区几大体育赛事的数据如表 9-1 所示。与此同时，创立于 20 世纪 90 年代的美国职业足球大联盟（简称“MLS”）更有追赶 NBA 的态势。然而，NBA 却是美国在世界范围内最具影响力的体育赛事。NBA 拥有很多知名度高的篮球明星，且在全世界拥有很多忠实球迷，这是其他联盟无可比拟的。一方面是因为篮球运动是全世界范围内普及程度最高的运动，另一方面是因为 NBA 赛事在世界范围内积极推广。

**表 9-1 北美地区几大体育赛事的数据**

| 联赛 | 项目 | 创立年代 | 球队数量 | 2018—2019 赛季收入 | 2018—2019 赛季场均上座人数 |
|---|---|---|---|---|---|
| NFL | 橄榄球 | 20 世纪 20 年代 | 32 支 | 87.8 亿美元 | 67100 人 |
| MLB | 棒球 | 20 世纪初 | 30 支 | 103 亿美元 | 28830 人 |
| NBA | 篮球 | 20 世纪 40 年代 | 30 支 | 58.7 亿美元 | 17974 人 |
| NHL | 冰球 | 20 世纪 10 年代 | 30 支 | 37 亿美元 | |
| MLS | 足球 | 20 世纪 90 年代 | 24 支 | | 21873 人 |

1）全明星周末

NBA 全明星赛始于 1951 年，由 NBA 总部前公关部负责人哈斯克 · 科恩提出。最初只是模仿 MLB 的全明星赛。MLB 全明星赛在每个赛季的中期举办，NBA 全明星赛也沿袭了这个习惯。

经过演变，现在的全明星赛已经发展为“全明星周末”，为期 3 天，包括“全明星联欢会”“新秀全明星挑战赛”“扣篮大赛”“三分球远投大赛”“篮球技术挑战赛”“投篮接力赛”和“全明星赛”。其中，最精彩的是“扣篮大赛”和“全明星赛”。此外，“全明星周末”还为球迷和记者举办各种竞赛和表演活动，包括“百万美元超远投大赛”。

每年的 NBA 全明星赛都会受到世界各地篮球球迷的追捧。在夏洛特举办第68届 NBA 全明星赛时，全世界有 215 个国家和地区通过电视、网络、照片和数码技术转播了此次全明星赛。比赛用 48 种语言进行转播，有 2800 多名记者采访了这项比赛，除美国媒体之外的媒体有超过 300 家。有 110 家国际广播电视公司参与转播，其中 13 家广播电视公司首次转播全明星赛。

我国于 1987 年开始转播 NBA 全明星赛，已经顺利合作了 20 多年。NBA 前总裁大卫·斯特恩先生在北京凛冽的寒风里站了很长时间，目的就是向中国推广 NBA。那一年免费转播的 NBA 全明星赛让中国的电视观众领略到了篮球运动的激情。之后，中国中央电视台开始转播 NBA 季后赛。现在国内众多电视台全方位、多场次地转播 NBA 常规赛、季后赛、全明星赛等。

2）常规赛和季后赛

自从斯特恩先生将全明星赛以免费的形式推销到中国，篮球就在我国产生了巨大的影响，深受广大电视观众的喜爱，同时也带来了季后赛的转播需求。季后赛是在常规赛中，东西部排名前 8 的球队为争夺本区冠军及东西部总冠军而开展的比赛。与常规赛相比，季后赛更残酷、竞争更激烈、观众的关注度更高。姚明加入休斯敦火箭队后，中国观众对 NBA 常规赛也投入了较高的热情。除了中央电视台，众多地方电视台也会每周转播 NBA。

3）季前赛的国际推广

季前赛是在常规赛开始前，各队间举办的以磨合训练为主的比赛。目前，欧洲国家众多俱乐部球队和 NBA 球队已经举办了多次 NBA 季前赛，一方面可以满足欧洲球迷亲眼看到 NBA 球星的愿望，吸引更多的欧洲球迷。另一方面可以促进 NBA 向欧洲推广。当前，有许多欧洲球星在 NBA 球队效力，成为二者连接的纽带。

中国也举办过多次 NBA 季前赛。几乎每场比赛都座无虚席、一票难求。2004 年 10 月，NBA 季前赛首次来到中国，休斯敦火箭队和萨克拉门托国王队分别在上海体育馆和首都体育馆进行了两场季前赛。自此，每年 NBA 季前赛都会有球队来中国比赛。2004 年，当时的 NBA 中国区总经理马富生说：“这不是一场简单的篮球比赛，这两场季前赛是 NBA 历史上影响最大的季前赛，也是 NBA 历年来投入最多的季前赛。这是两场向全世界 177 个国家和地区以 8 种语言转播的季前赛，也有可能是历史上观看人数最多的篮球比赛。这不是一场简单的篮球比赛，它为中美两国打开了更多的交流渠道。”当时的北京市体育竞赛管理中心主任张衡抱有与马富生相同的看法。张衡说：“NBA 代表着当今世界最先进的篮球技术水平，而目前中国篮球市场的发展势头很好。随着姚明等中国球员加盟 NBA，中国篮球得到了全世界的关注。季前赛在中国的举办就是证明。”

季前赛不仅促进了各球队的融合及技术和战术演练，还有效推广了 NBA。

4）持续发展与融资能力

NBA 强大的融资能力为其持续有效的发展提供了可能。NBA 强大的融资能力基于 NBA 在球迷心目中树立的良好形象，以及赞助商和球队老板的良好合作关系。NBA 一直非常注重自己的形象，一方面严惩赛场内外一切不法行为，严格规范球员、教练员、球队负责人的职业道德，并用法律法规来约束其行为，还鼓励球员在比赛之余参与社区、社会的多种社会慈善公益活动；另一方面坚决维护赞助商及广告商的合法权益，出台明确的规章制度，有效保障经营者的利益。

NBA 完善的经营运作体系和规范的管理，使其在世界范围内拥有众多忠实球迷，良好的声誉吸引了众多赞助商赞助 NBA 赛事，提高了 NBA 的融资能力。

### 2. 英格兰足球超级联赛

英格兰足球超级联赛与西班牙足球甲级联赛、德国足球甲级联赛、意大利足球甲级联赛、法国足球甲级联赛合称为欧洲足球五大联赛，但英格兰足球超级联赛却是世界上拥有最多支持者和球迷的联赛。一方面是因为英格兰足球超级联赛球队的战术更简捷、对抗性更强、比赛节奏更快；另一方面是因为英格兰足球超级联赛是最早开始向全世界推广的足球联赛，其通过球星效应和商业性比赛吸引了大量球迷。

1）广告和冠名权

职业足球俱乐部的广告经营主要指场地广告和队服广告的经营。商业广告赞助费在俱乐部的收益中所占的比例呈逐年上升趋势。2018—2019 赛季，英格兰足球超级联赛的曼彻斯特联足球俱乐部、切尔西足球俱乐部、利物浦足球俱乐部的胸前广告赞助费均超过 4000 万英镑。2018 年，20 家英格兰足球超级联赛俱乐部的胸前广告赞助费达到 3.136 亿英镑，比上个赛季增加了 3600 万英镑。雪佛兰每年赞助曼彻斯特联足球俱乐部 4700 万英镑，该赞助费排在所有球队的赞助费之首，曼彻斯特城足球俱乐部、阿森纳足球俱乐部和利物浦足球俱乐部的胸前广告收入也分别比上个赛季增加了 1000 万英镑、1000 万英镑和 1500 万英镑。3 支球队的胸前广告赞助费分别达到 4500 万英镑、4000 万英镑和 4000 万英镑。

俱乐部能够获得丰厚广告赞助费的原因在于，其在各种比赛中取得了优异成绩，以及具有在全世界范围内稳定的球迷。同时，球队良好的经营管理体系也是赞助商愿意为其提供赞助费的主要原因。冠名权经营是职业俱乐部以球队、球衣等标的物寻找赞助商冠名的过程，它的开发过程和经营技巧与体育组织寻求赞助商的过程及运作技巧一样，是职业俱乐部最主要的经营内容。俱乐部的冠名收入包括球队、球衣广告等[6]。

随着英格兰足球超级联赛影响力的增大，世界众多知名企业都试图竞争英格兰足球超级联赛的冠名权，包括卡菱、百威、可口可乐及百事可乐等跨国企业。同时，众多英格兰足球超级联赛俱乐部也将自己的主场冠名权出售给大型企业。

除了冠名权，英格兰足球超级联赛也与国内外电视台签订出卖电视转播权的合约，允许电视台转播比赛，并播放精彩片段和比赛集锦。随着比赛激烈程度的不断增加，转播权的价格也不断攀升。

2）商业性比赛

商业性比赛开发已成为职业体育俱乐部最重要的经营内容，当前，越来越多的俱乐部会在休赛期到世界各地寻找商业伙伴并举办商业性比赛。举办商业性比赛是为了通过比赛扩大海外市场、提高俱乐部知名度和赢得更多球迷。中国的足球市场吸引了众多欧洲俱乐部到中国进行商业性比赛。

3）球迷产品

球迷是体育赛事运作的先决条件，决定了体育赛事能否健康有序地经营和运作。同时，球迷也是赞助商赞助赛事的基础条件，决定了赞助商是否愿意赞助及愿意付出的赞助费。因此，球迷产品的开发也是俱乐部经营的重要内容。

俱乐部的球迷产品主要是标志性商品，包括围巾、帽子、纪念章、玩具、队服、球星卡等。随着俱乐部经营的国际化，众多俱乐部在国外设立了俱乐部专柜，以促进俱乐部球迷产品的销售。

英格兰足球超级联赛俱乐部一直注重与球迷建立良好的关系，通过球迷互动、球迷协会联谊活动、青少年活动改善了俱乐部的经营服务，吸引了更多人关注足球运动。世界范围内的商业性比赛也使英格兰足球超级联赛俱乐部在海外拥有了庞大的球迷群体，直接促进了球迷产品的销售。

**3. 环法自行车赛**

环法自行车赛是世界上影响最广、规模最大、比赛水平最高的自行车比赛，1903年创立，距今已有超过百年的历史。环法自行车赛为多日赛，一般从每年7月初到7月底，每天进行一个赛段的比赛，共有21个赛段，总赛程为3200公里左右。赛段按比赛形式分为个人计时赛和大组赛，按比赛道路分为平地赛段和山地赛段，海拔最高可达 2200 米。每年环法自行车赛的起点都不同，大多在北方城市，有时也在邻近的国家，围绕法国一圈后，到达终点巴黎。总成绩领先的车手穿黄色领骑衫，冲刺积分领先者穿绿色领骑衫，爬坡成绩最佳者穿圆点衫，首次参加环法自行车赛的成绩最好的车手穿白色领骑衫。

环法自行车赛是全世界自行车赛爱好者的节日，每到比赛日，法国本土及邻近国家的自行车爱好者就聚集在自行车车手经过的街道、广场，为他们摇旗呐喊。吸引了众多亚洲、大洋洲、非洲的自行车赛爱好者前往法国观赏自行车比赛，并游览法国的风景名胜，购买法国的特色纪念品，喝法国特产的葡萄酒，购买法国的奢侈品。环法自行车赛虽然历史悠久，但每年都会有创新，并推出层出不穷的营销活动，以吸引各国游客去法国观光。

中国车手计成所在的车队捷安特—禧马诺车队（太阳网车队的前身）成功入围了 2014 年环法自行车赛，计成成为中国环法第一人，创造了多项纪录。每年在转播环法自行车赛的过程中，法国媒体都会通过拍摄一些法国当地的风土人情来吸引中国的消费者。环法自行车赛的组织者也非常希望能有一支中国的自行车队或中国自行车运动员参加环法自行车赛，这将对环法自行车赛在中国的推广产生重要影响。

## 9.2 体育赛事分类

分类是划分的特殊形式，是根据对象的本质属性或显著特征进行的划分，具有较高稳定性。分类要求以对象的一般本质属性或显著特征为划分标准。另外，列举也是划分的特殊形式，是揭示部分概念外延的方法。对体育赛事进行分类，是进行体育赛事研究的重要前提[8]。

### 9.2.1　体育赛事的分类原则

目前，国内外的体育赛事纷繁复杂，正确并合理地对体育赛事进行分类是体育赛事研究首先要解决的问题。按逻辑学的分类标准，分类必须做到结构严谨、逻辑清晰，要抓住事物或现象之间的必然联系和继续深入的必然趋势[9]。下面总结了 3 种主要的体育赛事分类原则。

**1. 按“周期与主体”交替主导分类的原则**

“周期”对于研究包括体育赛事在内的大量社会现象具有重要作用。因为在人类社会生活中，许多社会现象都呈现一种规则或不规则的周期运动。从宏观角度分析，体育赛事周期是指横跨赛事前中后，对赛事本身和社会经济领域有深远影响的一段时期[10]。

“主客体”指直接或间接参与体育赛事活动的主体人群，可以分为主体和客体两类。体现了赛事或活动中的主客体界限是否分明，并直接决定了体育赛事的类型，主客体不同则赛事的性质和特征不同[11]。

**2. 按赛事规模和水平分类的原则**

虽然体育赛事的种类繁多，但每种体育赛事的规模和水平都不同。体育赛事的规模不同，则对其投入的人力、物力、财力不同，赛事本身运作的复杂程度也不同。体育赛事的水平千差万别，包括以国家为单位参与的综合性赛事、单项顶级运动员参与的单项竞技体育赛事、业余爱好者参与的群众性赛事。不同水平体育赛事的管理、经营、运作方法不同。

**3. 按竞赛目的和任务分类的原则**

不同体育赛事有不同的竞赛目的，按照竞赛目的和任务可以将体育赛事划分得更加详细。

### 9.2.2　体育赛事的类型

根据上述分类原则，对体育赛事进行分类。

### 1. 根据按“周期与主体”交替主导分类的原则可以将体育赛事分为 5 类

1）周期性综合赛事

周期性综合赛事指根据一定的期限，有时间、有规律地举办两个或两个以上运动项目的综合性体育赛事。特点为具有相对固定的周期，且活动内容的综合性较强。

2）周期性单项赛事

与周期性综合赛事相比，周期性单项赛事的特点是赛事活动中的运动项目仅有一项，该特点决定了其赛事水平相对较高，参赛方和观众的关注度较高。周期性单项赛事有其特定的参与者及观众，这是由该类赛事的高竞技水平与强刺激性决定的。

3）联赛

联赛在体育赛事活动中具有重要地位，联赛的主要特点是区域性和项目性较为明显，管理组织模式相对固定。由于此类赛事的模式较为固定，在高水平、职业化的联赛中，多采用主客场制，且赛事周期长，所以市场开发程度相对较深。

4）临时性赛事

临时性赛事的特点是时效性强、市场化特征比较明显、策划组织比较灵活等。因为临时性赛事的准备周期短、运作难度大、市场风险高，所以从体育赛事营销的角度分析该类赛事更为科学。

5）主体参与型赛事

主体参与型赛事是当前体育赛事研究的重要内容。既包括形成制度的大型群众体育竞赛活动，又包括以社区、家庭等为单位的小型、经常性群体活动，形式多种多样、内容丰富多彩、群众参与广泛。还有不少地区将全民健身与生产、生活结合起来，既能有效提高广大群众参与体育赛事的积极性，又有利于促进精神文明、物质文明建设，深受群众的欢迎。

### 2. 根据按赛事规模和水平分类的原则可将体育赛事分为 6 类

1）超大型综合赛事

超大型综合赛事指周期性明显，并影响举办城市和举办地区整体经济，在全球范围内具有巨大影响力的体育赛事，如亚运会、奥运会等。超大型综合赛事的规模大、水平高，参与和出席的人数较多，媒体覆盖面广，公共财经参与度高，市场目标广，能为举办城市和社区带来显著的社会效益、经济效益和综合效益，对社会、文化、政治、经济、旅游和城市设施建设等具有深远影响。

2）大型综合赛事

大型综合赛事指周期性明显，并对举办城市和举办地区具有较大影响，能够引起众多媒体关注且产生较高经济效益的体育赛事，如城市运动会、大学生运动会等。

3）单项顶级赛事

单项顶级赛事指周期性明显的世界单项锦标赛，如世界杯等。

4）单项品牌赛事

单项品牌赛事指周期性明显的职业联赛，如 NBA、F1 等。

5）单项商业赛事

单项商业赛事指由企业和中介机构组织举办、政府部门协调、媒体参与、提供竞赛产品和相关服务产品的体育赛事，如 NBA 中国季前赛、邀请赛等。

6）一般赛事

一般赛事指能够吸引较多观众、新闻报道和产生一定经济效益的体育赛事，如热身赛、交往性的比赛（邀请赛）。目前，许多顶级的国际体育锦标赛都属于大型赛事，许多国家的体育组织，特别是体育经纪机构热衷于举办这种赛事，原因在于其具有潜在的市场吸引力，这种赛事与某种文化或公众兴趣结合会带来很大的市场效益。一般赛事的形式规模多样、组织机动灵活、参与人员广泛、市场亲和力强、易于推广，能为举办方带来较大的综合效益。

**3. 根据按竞赛目的和任务分类的原则可将体育赛事分为 13 类**

1）锦标赛

为检查某单项运动的发展情况和训练成绩定期举行的比赛。国际锦标赛由各运动项目的国际组织定期举办。国家锦标赛由国家主管体育运动的机关或各项运动的全国性协会定期举办。

2）冠军赛

按规定的报名标准组织的单项比赛。冠军赛只计单项名次，不计团体总分。

3）联赛

在多人比赛中（如足球、排球、篮球、乒乓球等），3 个以上同等级的运动队之间的比赛。

4）邀请赛

由东道主发起，邀请其他队在主办单位所在地进行的比赛。

5）选拔赛

为挑选优秀的运动队或运动员参加更高级别的竞赛而专门组织的比赛。

6）表演赛

为宣传、推广某项运动，活跃文化生活而组织的比赛。

7）对抗赛

级别相同且水平相当的运动员或运动队之间的比赛。

8）友谊赛

为交流经验、增进友谊而举办的双边比赛。

9）通信赛

在规定时间内，不同单位在不同地点进行的同一项目的比赛。

10）达标赛

当参加某项竞赛的运动员数量过多时，先举办达标赛，达到预定成绩标准或在规定名额以内的人，才能正式参加的比赛。

11）杯赛

20 世纪 80 年代中期，为鼓励社会办体育而兴起的将体育竞争与企业竞争融为一体的比赛。

12）段位赛

某运动的专用等级制度，按照特殊规定，根据运动员胜负场次决定段位高低的比赛。

13）等级赛

按国家体育总局颁布的各项运动等级标准，为运动员专门举办的达等级比赛。

具体清晰的分类，有利于深入研究某类赛事和发现这类赛事的特点，以便在之后的组织运营过程中充分抓住它的特征、掌握它的规律。同时，也能与其他类型的赛事进行区分，不同类型的体育赛事之间存在明显的区别。如果混淆了赛事的分类，可能会造成举办赛事的组织产生巨大损失。

因此，不管按什么原则进行分类，都是根据赛事的特征区分纷繁复杂的赛事，只要按特性划分赛事，各类赛事没有重复即可。但从目前国内和国外赛事的组织运营状况来看，根据按“周期与主体”交替主导分类的原则进行分类更具有代表性。

## 9.3 体育赛事的实施过程

举办体育赛事需要经过漫长的组织筹划过程，因为任何一项体育赛事都会牵扯大量人力、财力、物力。成功举办体育赛事可以带来巨大的社会效益，但组织策划不好也会带来巨大的社会负担。因此，需要对体育赛事的整个实施过程进行严格的评估。

体育赛事的实施过程包括体育赛事的申办、体育赛事的策划、体育赛事的筹备、体育赛事的执行及体育赛事结束后的总结。

### 9.3.1 体育赛事的申办

在申办体育赛事前期，有很多事情需要讨论，大型体育赛事的申办更需要认真讨论各方面的工作，这些讨论对于完成体育赛事申办后续工作十分必要。

一般可以将体育赛事的申办分为两类。第一类是成熟赛事，需要面向全社会甚至全世界寻找下一届的承办方；第二类是创新赛事，由创新者做出方案、预算，向目标城市、政府部门推荐该赛事。

以第一类为例。我国在申办北京奥运会之前，先通过民意调查，考察民众对举办奥运会的态度。在获得绝大多数民众的同意后，北京奥申委才向国家提交关于申办奥运会的方案，并最终向国际奥委会提出申办意向，开启申办流程。另外，在申办国内赛事时，注意要事先查阅相关单位制定的与赛事相关的管理办法和组织标准，以分析该赛事的申办要求、限制和政策。

#### 1. 体育赛事的申办动机

申办体育赛事是一把双刃剑，虽然体育赛事的举办能带来巨大的社会效益和经济效益，但是也会带来巨大的经济负担。因此，在申办体育赛事之前应该明确申办动机及举办过程中的得失。

体育赛事的申办动机通常有 4 个。

（1）展现举办城市或举办国良好的公众形象，并以此提高其社会影响力和社会地位。2008 年的北京奥运会就是让全世界人民认识北京和认识中国的最好窗口。在奥运会期间，志愿者的微笑及北京市民对奥运会的全力支持给世界各国人民留下了深刻印象。

（2）依托赛事吸引各方资金，重新规划城市建设，改善城市基础建设。在北京奥运会筹办期间，北京的公路、机场、地铁都得到了不同程度的完善，促进了北京的基础设施建设。

（3）扩大城市间、国家间在不同层次、不同领域的交流与合作，包括政治、经济、文化等方面的交流合作。国际交流与合作是共同发展的最好途径，不仅表现在解决国际争端等问题上，还表现在和平友好、共同繁荣等方面。在北京奥运会期间，北京和部分国家进行了安全和反恐的多次合作，以确保北京奥运会的安全举办；还进行了关于兴奋剂的各项研究，以保证奥运会的公平公正。除此之外，还有许多文化交流，这种交流不仅发生在国家与国家之间，还发生在人与人之间。

（4）形成健康和谐的社会生活。现在很多国家都面临人民体质下降的问题，体质下降表现为肥胖和健康水平降低，各国都在着手改善人民的身体状况。申办体育赛事可以提高人民的体育意识，有利于改善健康状况。

从北京奥运会申办开始，人民对体育的关注度明显提高，北京市的健身场馆出现了人员爆满的情况。

**2. 体育赛事的前期筹划**

在明确体育赛事的申办动机后，开始筹办体育赛事。

申办有较高关注度的大型国际性体育赛事往往会面对很多实力很强的竞争对手。因此，在体育赛事筹划过程中要准确评估自己的优势和劣势。优势是自己具备但竞争对手不具备的申办条件，在申办过程中应该充分发挥自己的优势以打动评委，可以在一定程度上弥补自己的劣势。劣势分为两种，一是竞争对手具备而自己不具备的申办条件；二是申办条件不能完全满足申办需要。应该在前期筹划过程中就想好如何弥补自己的劣势。

#### 3. 体育赛事的申办结果

做好准备工作之后就开始等待申办结果。申办结果是不可控的，但在申办之前要做好准备。如果申办成功就要进入准备方案期，投入到赛事的组织运营中；如果申办失败就要总结经验教训，完善不足之处，为下次申办积累经验。

### 9.3.2　体育赛事的策划

体育赛事的策划是精密而复杂的，是体育赛事举办过程中最重要的部分，决定了体育赛事该怎么办及能办成什么样。

体育竞赛的策划主要包括以下几部分。

（1）组织竞赛的全过程，对具体竞赛工作进行规划和管理，确保赛事能够顺利完成。

（2）组织裁判参与赛事的仲裁工作，制定裁判守则，监督裁判执法，表彰裁判，使整个赛事公平、公正、合理、合法。

（3）组织颁奖，选择颁奖嘉宾，对获得优异成绩的运动队、运动员按计划进行表彰。

（4）落实场地器材，确保场地的标准性及器材的质量和安全性，避免运动员受到潜在的伤害，允许运动员提前适应场地和器材。

（5）招商，主办方通过宣传等方式吸引企业赞助体育赛事，与赞助商合作创造投资环境，保证赛事的正常运行，赞助商在此过程中也会获得相关权益。

（6）后勤保障，内容如下。

饮食：体育赛事食堂必须在短时间内准备充足的原料，能够随时满足就餐者的用餐需求，提供新鲜可口的饭菜饮品，并提供足够的座位，营造和谐的就餐环境。

住宿：主办方应为运动员和教练员提供集中住宿服务管理，为赛事活动的成功举办提供重要保障。

交通：在赛前做好相关交通宣传，为参与者和观众提供有效的交通信息并进行合理的交通引导，在场馆区域采取人车交通分离的方式，避免必要路段拥挤，保证良好的交通秩序。

安保：在赛前做好安全情报收集工作，加强安保对外宣传，进行有计划的、合理的安保预演，提高安保队伍的专业性，进行赛前预警、赛中控制、赛后沟通的全过程安保工作。

保险：在赛前制定合理的保险制度，评估各方面的风险因素，包含运动员、教练员、志愿者及赛事管理者的安全问题。为举办赛事修建的场馆，各种先进的设施，赛会停办、延办，以及赛会的门票、电视转播权、赞助等都需要购买保险，保证对风险进行有效的管理。

（7）合理做好兴奋剂检测工作，取消没有通过兴奋剂检测的运动员和运动队的比赛资格，并取消其比赛成绩。

（8）在体育赛事申办后，要做好体育赛事的财政预算，以避免经济浪费和重复性建设，合理利用有限的资金，确保资金利用效益最大化。

（9）做好风险分析和管理，做好规避、转移风险的准备工作，做好体育赛事的各项保险工作，使赛事的风险降到最低。

（10）合理配备体育赛事的人力资源，确保各项工作能够顺利完成。

（11）做好体育赛事的后勤保障工作，尽可能满足各运动队、运动员、教练员的需要，促进体育赛事各项工作正常、有序地进行。

（12）充分利用体育赛事新闻宣传工作对扩大体育赛事影响力的巨大作用，做好体育赛事的各种新闻报道。

（13）做好体育赛事市场营销计划及营销运行模式，提高体育赛事的质量，实现体育赛事经济效益最大化。

### 9.3.3 体育赛事的筹备

体育赛事策划完成后，按照策划筹备体育赛事。策划体育赛事是筹备体育赛事的前提条件，筹备体育赛事是体育赛事策划成功的必要步骤。

合理有效地筹备体育赛事是体育赛事能够顺利开展的根本途径。在体育赛事的筹备过程中，如果发现策划的不足应当及时修改和更正，避免体育赛事在执行过程中出现问题。

### 9.3.4　体育赛事的执行

完成体育赛事的策划和筹备后，就可以开始执行体育赛事了。体育赛事的策划和筹备是体育赛事的开端，体育赛事的执行是体育赛事的发展，是体育赛事举办过程中最重要的部分，决定了体育赛事举办的最终结果。

要严格按照体育赛事的策划和筹备来执行体育赛事，各组织和部门各司其职。在竞赛过程中，竞赛组委会要进行监督和管理，以确保比赛顺利进行。

对于体育赛事执行过程中的突发事件或在计划及组织过程中没有考虑到的问题，应该积极寻求各种解决方案和措施，尽可能降低由此带来的损失。

### 9.3.5　体育赛事结束后的总结

要想了解体育赛事最终是否完成预期计划，以及体育赛事的举办是否成功，需要对体育赛事的全过程进行系统性评估，总结体育赛事在举办过程中的优点和缺点。对于赛事举办的优点，应该总结经验并将经验应用到下次赛事或其他赛事中；对于赛事举办过程中的缺点，应该总结教训，在举办其他赛事的过程中尽量避免和完善。体育赛事的实施过程如图 9-2 所示。

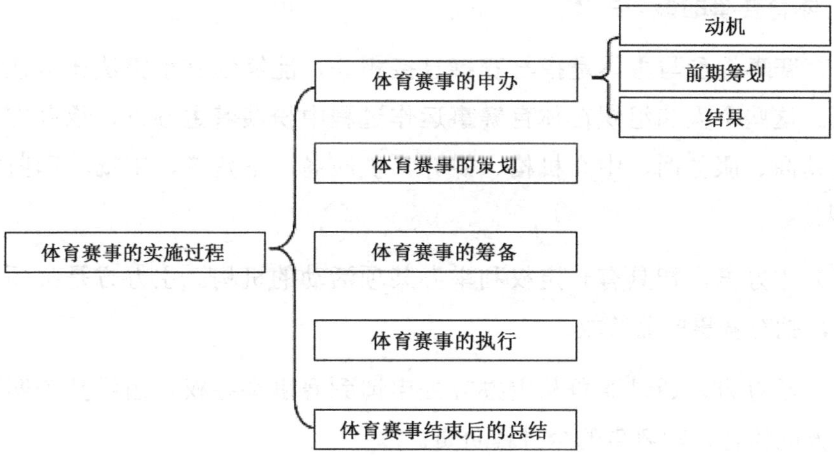


图 9-2　体育赛事的实施过程

# 9.4 体育赛事的经济学分析

## 9.4.1 体育赛事的参与主体和客体

体育赛事的核心是体育竞赛，当其在市场中用于交换时，体育竞赛便成为体育赛事中的商品，观众成为交换过程中的购买者，既是体育竞赛的服务对象，又是消费者。

体育竞赛的承担者是竞技体育运动员，载体是运动竞技，也就是运动员之间与身体运动有关的对抗。这种对抗源于运动员的劳动，并在劳动过程中产生了娱乐性和观赏性，使体育赛事有成为商品的可能。为了提高娱乐性和观赏性，使体育赛事成为商品并提高其价值，必须使竞技更激烈。因此，教练员开始参与体育赛事，并为体育赛事成为商品付出了劳动。裁判员评定体育赛事的尺度，维护比赛的公平性。运动员、教练员、裁判员都是与体育赛事直接相关的人员。

体育赛事的主办方虽然没有参与体育竞赛，但是负责组织运营整个体育赛事，并要承担体育赛事举办过程中的风险。主办方在对体育竞赛的监管过程中负责组织运营整个赛事。

### 1. 体育赛事的参与主体

体育赛事的参与主体是指与赛事直接相关，能够独立承担法律责任的个人和组织。这些个人和组织在体育赛事运作过程中扮演着主办方、承办方、协办方、赞助商、服务商、中介机构、媒介、供应商、消费者、审批者和监管者的角色[12]。

（1）主办方，指具有一定权利举办某项活动的机构。主办方是某项赛事的发起者，拥有赛事的监管权。

（2）承办方，通过竞争从主办方处申请到赛事举办权，组织整个赛事，接受主办方的监督，对赛事的全过程负责。

（3）协办方，主办方和承办方的合作单位，指在体育赛事的举办过程中提供协助或赞助，并参与组织及管理赛事活动的单位或个人。

（4）赞助商，根据企业发展需要，为体育赛事的发展提供一定资金，通过赛事扩大自己的知名度，享有体育赛事的广告权。

（5）服务商，指为体育赛事的发展提供相关服务的企业，能够促进体育赛事的发展，为体育赛事带来快捷、优质的服务。

（6）中介机构，指依法通过专业知识和技术服务，向委托人提供公正性、代理性、信息技术服务性中介服务的机构，如经纪代理类中介机构、咨询代理类中介机构和监督类中介机构等。

（7）媒介，负责对体育赛事进行采访、报道，宣传体育赛事。

（8）供应商，指为体育赛事提供各类必需品的企业。

（9）消费者，购买体育赛事的相关商品，包括体育竞赛及体育赛事衍生商品。体育赛事的消费者是体育赛事的观众。

（10）审批者，为保证体育赛事公正、公开、公平的发展，对体育赛事的申请者、申办者进行考察，确保体育赛事健康有序的发展。

（11）监督者，在体育赛事的开展过程中，对每个部分、每个组织、每个过程进行监督管理，以确保体育赛事的顺利开展。

任何一项体育赛事，尤其是在国际范围内有一定影响力的大型体育赛事，其举办过程需要复杂、完整的组织运营体系。因此，体育赛事的主体既纷繁复杂，又缺一不可。要成功举办体育赛事，并最终实现其应有的效益，必须组织管理好各主体的具体任务，并保证各主体之间的联系。

**2. 体育赛事的参与客体**

体育赛事的参与客体是指本身没有直接参与体育赛事，但却为体育赛事提供了发展环境，对体育赛事的成功举办具有重要影响并发挥了举足轻重的作用的个人和组织。

内环境主要包括政府和市场。举办体育赛事需要政府的支持，政府是各项事业发展的指挥棒，政府支持包括政策支持和财政支持。政策支持是指政府在管理体育赛事的过程中，提出的与体育赛事相关的辅助政策；财政支持是指政府在承办体育赛事的过程中，直接用于举办体育赛事或对举办体育赛事具有辅助作用的资金投入。例如，政府支持中包括政府本身对体育赛事的组织、管理、协调和规划。奥运会是国家性质的大型体育赛事，在北京奥运会期间，北京市政府及中央政府高度重视奥运会的举办，为北京奥运会的成功举办提供了一系列相关的政策支持。国家对奥运会的资金投入主要在场馆建设、公用设施完善、财政补贴等方面。市场是体育赛事经济效益得以实现的基本媒介。体育赛事涉及的体育赛事市场有很多，在举办大型国际性体育赛事的过程中几乎涉及了所有体育赛事市场。

（1）体育赛事承办权市场。体育赛事承办权包括体育赛事的经营权和收益权。

（2）体育赛事门票市场。体育赛事门票是体育赛事收益中最基础的部分，也是最重要的部分。体育赛事门票是将体育竞赛作为商品直接与体育赛事的消费者交换，因此，体育赛事的质量决定了体育赛事的门票收益。

（3）体育赛事广告市场。随着体育运动在全球的广泛开展，部分体育赛事在全球具有了较大的影响力。体育赛事的影响力是体育赛事广告市场的决定性因素，比赛越重要，场次越关键，越要对市场进行有序的运营和维护。

（4）体育赛事场馆租赁市场。大型体育赛事在比赛前都会筹集资金，新建、改建或扩建体育场馆。但是也有部分赛事需要租赁比赛场馆。随着体育赛事和各类体育活动的广泛开展，体育赛事场馆租赁市场已具有了一定的规模。

（5）体育赛事人才市场。目前我国体育人才缺乏，尤其是体育管理人才。人才缺乏直接阻碍了体育竞赛表演产业的发展。培养优秀的体育人才与形成我国体育赛事人才市场相辅相成。

（6）体育赛事资本和资金市场。体育赛事资本和资金是体育赛事成功举办的根本条件。随着体育赛事支出的不断增加，以及国际范围内的经济萎缩，举办体育赛事需承担巨大的资金风险。因此，更需要通过体育赛事资本和资金市场的良好运作来保证体育赛事的组织运营。

（7）体育赛事中介服务市场。体育赛事中介服务市场为体育赛事的成功举办提供了巨大的支持，涉及体育赛事举办的方方面面。强大的体育赛事中介服务市场是体育赛事成功举办的坚强后盾。

（8）体育赛事纪念品市场。体育赛事纪念品是纪念体育赛事举办及宣传体育赛事、扩大体育赛事影响力的特许商品。

（9）体育赛事保险市场。竞技体育赛事的激烈性、对抗性都在不断提高，在挑战人类极限的过程中，竞技体育运动员的伤病问题需要得到妥善处理，体育赛事保险的重要性不言而喻。有效规避、降低、转移在体育赛事举办过程中的风险，是体育赛事保险市场形成并能够有效维护体育赛事发展的根本原因。

（10）体育赛事博彩市场。体育赛事博彩市场为体育赛事提供了大量公益资金，很多体育赛事都会通过体育赛事博彩市场筹集资金。但是体育赛事博彩市场需要政府严格的操控和监管，以避免出现各类问题。

## 9.4.2　体育赛事的经济特征

### 1. 体育赛事的本质特征

体育赛事属于第三产业，体育竞赛是体育赛事的商品，以竞赛表演的形式提供给消费者。因此，体育赛事的本质特征包括表演业和服务业的特征，以及体育竞赛表演产业的特征。

1）表演业的特征

表演业提供的不是有形商品，而是通过表演者的现场表现提供给观众一种精神上的沟通和交流。它具有以下特征。

（1）表演的价值取决于观众对于表演的认同度和自身的喜好，无法用具体模式进行评定和测量。观众喜欢的表演形式和喜欢的程度等决定了表演的价值。

（2）表演并不是人们日常生活的必需品，它在人类文明发展到一定阶段且生产力发达的情况下才会出现。表演受各种因素的影响，如经济发展水平、人们的需求等。因此，表演的需求弹性较大。

（3）表演是一种无形商品，无法用具体的模式对其进行测量和评价，评价的差异主要基于消费者的主观认同程度。由于每个人的欣赏角度不同，观众对表演质量的评价因人而异，观众的满意度差别较大。

（4）表演具有较强的时效性，在比赛结束后，表演的价值会大大降低。因此，要想使表演不失去价值，就必须保持表演的时效性。

（5）培养观众对表演的忠诚度，是表演业不断发展壮大的基础。要让不喜欢某项表演的观众喜欢表演及让已经喜欢的观众持续喜欢，是某项表演深受观众追捧的关键。

2）服务业的特征

（1）服务的无形性。作为一种劳动产品，服务与其他有形产品最本质的区别在于服务的主体是无形的，看不见、摸不着，无法用具体的要求对其进行评定和审核。

（2）服务和接受服务的同时性。服务与其他有形商品不同，当服务作为商品时，服务和交换是同时发生的，当服务出现时，交换也随之出现。其他有形商品先通过生产成为产品，然后出现在商场里或通过其他途径用于交换，当交换发生时，产品才成为商品，中间会经过很多程序。但服务的生产过程就是服务的交换过程，这个过程不能停滞或储存。

3）体育竞赛表演产业的特征

（1）体育竞赛的结果具有不可预知性。该特性能吸引观众，也导致了体育博彩产业的产生。体育竞技比赛吸引人的地方在于比赛结果具有不确定性，这种不确定性吸引观众通过观看比赛过程来获知结果。表演是一种纯粹的欣赏，没有比分和输赢，但是竞技比赛有输赢，这种输赢使不同的球队、不同的运动员拥有不同的支持者。体育博彩产业可以吸引体育爱好者，但也会导致假球、操控比赛等有违体育道德的事件发生，破坏体育竞赛的公平性。

（2）体育俱乐部在体育竞赛中形成的球队作风、球队战术特点、优异的竞赛成绩，会演变为俱乐部的无形资产，使球迷忠诚于俱乐部，并带来巨大的经济效益。

### 2. 产品角度的经济特征

体育赛事不是一个单独具体的产品，从体育赛事中会衍生出很多相关商品和附属商品，将体育赛事构建成一个复杂的产品系统，产品系统中的每个具体产品都对体育赛事的发展具有重要作用。

1）体育赛事的核心产品

体育赛事的核心产品就是体育竞赛，而观众是消费者，观众购买门票的目的是观看体育竞赛。体育竞赛也会衍生出其他商品，相关商品就是与体育竞赛直接相关的商品，如电视和网络的转播、保险等；附属商品是本身与体育竞赛无关，但依附于体育竞赛的商品，如广告、赞助和纪念品等。

根据体育赛事的市场化形式，可以将体育赛事分为两类：商业性比赛和竞技性比赛。由于这两类体育赛事在市场中成为商品的目的不同，所以其实现经济价值的手段也不同。

（1）商业性比赛。举办商业性比赛的目的是获得最大的经济利益，因为社会中有对竞技体育赛事的观赏需要，所以举办者可以通过满足这种需要来获得经济利益。随着竞技体育的发展，各类商业性质的比赛层出不穷。例如，纯商业性质的比赛有欧洲各大豪门足球俱乐部在休赛期间的商业性比赛、大奖赛、巡回赛等。

（2）竞技性比赛。竞技性比赛与商业性比赛不同，其目的是比拼运动技术水平，并以此发展体育运动，推广体育文化，其常采用市场运作的方式，如奥运会、亚运会、全运会和各种杯赛、锦标赛等。由于这些比赛耗资巨大，所以举办者不得不通过市场运作的方式来提高比赛质量，同时获得巨大的社会效益和经济效益。

2）体育赛事的相关产品

市场不是通过单一产品的买卖实现的，体育赛事衍生的各种附属商品使体育赛事市场形成了完整的市场运作系统。其中，体育赛事中介服务市场和体育赛事广告市场具有举足轻重的地位。一方面，体育赛事中介服务市场和体育赛事广告市场必须依托于体育赛事，只有水平高、受广大体育爱好者喜爱的赛事才能够拥有强大的体育赛事中介服务市场和体育赛事广告市场；另一方面，体育赛事中介服务市场和体育赛事广告市场的发展能够进一步推广体育赛事。两者相互依赖、相互促进。

### 3. 成本角度的经济特征

1）各项成本的特征

体育赛事的会计成本大多是为了比赛的正常进行而支出的费用，如承办费、运动员奖金、场地租赁费、赛事组织管理费等，任何体育赛事都会涉及这些费用。

（1）场地费是举办各项赛事的必要经费支出，尤其在重大比赛中，如奥运会、世界杯等。筹资建设新型现代化体育场馆是各国赛事组委会面临的首要问题。如何在赛后维护好比赛场馆也是棘手的问题。很多国家在承办大型赛事之后都会因场馆维护问题而背上沉重的经济包袱。

（2）运动员奖金。为了扩大赛事的影响，赛事组委会都会通过提高运动员奖金来吸引世界上最好的运动员参加比赛，运动员奖金的数额成为衡量一项赛事等级的重要指标。

（3）承办费和赛事组织管理费。承办费和赛事组织管理费是每项赛事必须投入的资金，但在举办过程中占比较小，可以通过合理的组织管理运作减少在赛事运作过程中不必要的浪费。

（4）其余产品（如转播权、广告权等）的边际成本很低，价格受边际成本的制约小，主要受需求的影响。

从赛事成本的角度看，还应该考虑赛事的社会成本。不同级别体育赛事的社会成本不同，但是，在体育赛事的举办过程中，只要涉及政府资源就会有社会成本，需要计算公共产品收益和外部收益，导致赛事价值评估困难。

2）生产要素的特征

从生产要素构成的角度来看，体育赛事是以人力资源为主的知识密集型产业。举办体育赛事要重视人力资源的管理和开发。从资本构成的角度来看，大多数赛事的固定投入少，资本主要是流动资金且周期不长。

### 9.4.3 体育赛事的经济效益

#### 1. 含义

在 1981 年召开的第五届全国人民代表大会第四次会议中开始使用“经济效益”一词。此前，我国经济部门及经济理论中均使用“经济效果”一词。经济效果是指经济活动中取得的有效成果，即产出有用成果与投入劳动的比率。经济效益一般指人们在经济生活中由于贯穿经济原则，以尽量少的劳动消耗和尽量少的资源占用，生产出尽量多的使用价值量和价值量，即劳动消耗或占用与劳动成果对比的增值额[13]。从内涵上看，经济效益指人们进行经济活动的效率、效果和收益。从外延上看，经济效益包含宏观效益、中观效益和微观效益，直接效益和间接效益，眼前效益和长远效益[14]。主要通过对产品的生产和销售、劳动要素的获取和利用、生产消耗和产品成本、产品销售利润和利润总额及资金来源、运用和利用效益的分析，找出影响经济效益的各种因素及影响程度，分析和预测经济效益的发展趋势。

体育赛事的经济效益可以分为体育赛事的直接经济收益和间接经济收益。直接经济收益指赛事主办机构在举办赛事期间的直接收益（如门票、赞助等）与直接成本或投入相比的增值额。间接经济收益指举办赛事期间的消费和投资通过乘数效应带来的经济增量及赛事产生的巨大影响带来的赛事品牌提升、举办城市影响力提升及赞助商产品形象提升导致的增值额[15]。

#### 2. 评价指标

为了全面评价经济效益以达到提高经济效益的目的，需要设置多种指标，从不同的角度评价经济效益。经济效益评价指标是社会经济指标的一种，它反映了经济效益的数量特征。在设计经济效益评价指标时应该遵循科学性、实用性、可比性、可操作性和通用性原则。可以按照不同的分类标准对经济效益评价指标进行分类。例如，按指标的表现形态可分为实物经济效益指标和价值经济效益指标；按指标包含的范围可分为单项经济效益指标和综合经济效益指标；按指标包含的经济内容可分为生产经营成果指标、生产经营消耗指标和生产经营资金占用指标，以及生产经营消耗效益指标、生产经营资金占用效益指标；按指标的用途可分为绝对数量指标和相对数量指标；按指标的方向性可分为正向经济效益指标和逆向经济效益指标[13]。

### 3. 分析方法

目前国内外分析体育赛事经济效益的方法有很多，包括对比分析法、因素分析法、平衡分析法等，如表 9-2 所示[14]。

**表 9-2　体育赛事经济效益的分析方法**

<table>
<tr><th>名称及概述</th><th>具体分析</th><th>操作及应用</th></tr>
<tr><td rowspan="3">对比分析法：指利用相互联系的经济效益评价指标进行对比的方法，如投入与产出比等。可以帮助认识客观事物特征、揭示事物差异，为进一步分析指明方向</td><td>实际指标与计划指标对比</td><td>在检查某项经济效益评价指标计划的执行情况时，要对比实际完成数与计划完成数。在检查长期计划完成程度时，要对比累计完成数和计划累计数。一般使用表示总量的指标，如总产值、净产值、利润额等</td></tr>
<tr><td>报告期实际指标与基期实际指标对比</td><td>当检查报告期与过去实际完成数之间有差别或经济效益发生变化时，可以对比在不同时间状态下的同类指标</td></tr>
<tr><td>本企业分析指标与同类先进企业指标对比</td><td>对比本企业的经济指标（如成本利润率、劳动生产率、资金利润率等）与同类先进企业的经济效益评价指标</td></tr>
<tr><td rowspan="2">因素分析法：测定被研究对象中各因素的影响程度，找出主要矛盾。<br>应用步骤为：①确定指标；②根据指标拟定分析提纲；③收集相关资料；④鉴别并整理资料；⑤按因素分析法进行具体分析和计算</td><td>差额分析法：固定一个因素，用两个结果的差来确定某因素对总体的影响</td><td>分析劳动生产率的升降对产品产值的影响，可分析总产值的职工人数增减和劳动生产率的升降</td></tr>
<tr><td>连锁替代法：用来分析多个因素相乘的情况</td><td>分析步骤为：①确定经济效益评价指标的组成因素；②用报告期因素数值依次替代各基期因素数值，计算出第一个因素变化所得的结果；③对比替换一次因素的结果与替换此因素前的结果，差额就是报告期因素与基期因素变化产生的影响数值；④将各因素的影响数值相乘或相加（减），得出该经济效益评价指标受各因素影响的总数值</td></tr>
</table>

续表

| 名称及概述 | 具体分析 | 操作及应用 |
|---|---|---|
| 因素分析法：测定被研究对象中各因素的影响程度，找出主要矛盾。<br>应用步骤为：①确定指标；②根据指标拟定分析提纲；③收集相关资料；④鉴别并整理资料；⑤按因素分析法进行具体分析和计算 | 综合指数分析法：相对数能够综合说明复杂社会现象的一般规律，进而分析各组成因素的影响程度 | 应用综合指数分析法时一般会有两个因素的总指数分析，如劳动量与劳动生产率相乘的总产值、总产量与单位产品成本相乘的总成本。此外，还有 3 个因素的总指数分析及 4 个因素以上的总指数分析 |
| | 平均数指数分析法：将综合指数转换成平均数指数进行分析的方法 | 平均数指数分析法的应用主要体现在加权算术平均数指数的计算、调和平均数指数的计算和平均指标指数分析的分析方面 |
| 平衡分析法：根据客观存在的经济联系与数量对等关系来测定各经济要素的平衡关系 | 平衡关系分析法：分析研究对象的数量对等关系。通过各方面的对等平衡关系，揭示不平衡状态 | 分析步骤为：①确定分析对象的平衡关系；②选择正确的、可比的、对应的指标；③根据已选定的指标设计平衡表；④对平衡关系进行计算和分析 |
| | 速度比例分析法：运用发展速度的指标来分析比例关系是否协调 | 应用速度比例分析法的基本指标包括平均发展速度和增长速度、结构比例、速度比例、经济比例等 |
| | 优化作业法：运用作业平衡表，逐步对照和计算得出作业最优方案 | 分析步骤为：①确定平衡的指标并列出各项数值；②编写初始方案；③根据最优检查得出最优方案，并调整或确定最优方案 |

### 4. 体育赛事的经济影响

“影响”是指相关实物之间的作用及结果。在广义上，体育赛事的经济影响是指体育赛事对举办地经济领域的作用；在狭义上，体育赛事的经济影响是指举办体育赛事引发的举办地基础设施投资、宾馆和餐饮消费、商业贸易等需求的变化，以及通过直接效应和乘数效应对举办地的产出、收入、就业水平等经济指标产生的影响[16]。下面利用狭义概念分析体育赛事的经济影响，包括体育赛事为举办地带来的新消费、体育赛事对举办地宏观经济指标的影响及体育赛事对相关产业的带动作用。

#### 1）体育赛事为举办地带来的新消费

体育赛事十分复杂，具有涉及主体众多、人流量和资金流量大的特点。现阶段我国体育赛事为举办地带来的新消费主要体现在场馆设施和城市基础设施建设、本地区以外的赛事相关群体、赛事运作和本地区经济系统内由于体育赛事的举办而产生的额外消费等。体育赛事的举办为当地带来的新消费可以从赛事相关人员（如观众、媒体等）带来的消费额和赛事组织在本地的支出额两个方面进行分析。具体内容如下。

（1）赛事相关人员带来的消费额。赛事相关人员带来的消费额等于赛事为举办地带来的赛事相关人员数量与每位赛事相关人员的消费额的乘积，公式为

$$C = e_1 q_1 + e_2 q_2 + e_3 q_3 + \cdots \quad (9\text{-}1)$$

式中，$C$ 为赛事相关人员带来的消费额；$e$ 为每位赛事相关人员的消费额；$q$ 为赛事相关人员数量。

（2）赛事组织在本地的支出额。除了赛事组织在本地的支出，赛事组织的总支出还包括该赛事组织者在举办地之外的支出，如申办费等。在实践过程中，赛事组织在本地的支出额相关数据可以从该赛事的预算或决算中获取。

2）体育赛事对举办地宏观经济指标的影响

体育赛事对举办地宏观经济指标的影响可以从对举办地 GDP、居民收入、就业及政府税收等方面的影响进行分析。具体分析方法如下。

（1）乘数系数计算。乘数理论由英国经济学家卡恩提出，后由凯恩斯进行了完善，指在一定的边际消费倾向下，投资的增加（减少）可导致国民收入和就业量增加（减少）若干倍。目前常用的乘数有销售乘数、收入乘数、产出乘数、就业乘数、税收乘数。计算公式如下。

$$\text{销售乘数}=\frac{\text{赛事对举办地销售的直接影响+间接影响+引致影响}}{\text{赛事为举办地带来的新的消费额}} \quad (9\text{-}2)$$

$$\text{收入乘数}=\frac{\text{举办地总收入的增加额}}{\text{赛事为举办地带来的新的消费额}} \quad (9\text{-}3)$$

$$\text{产出乘数}=\frac{\text{赛事对举办地产出的直接影响+间接影响+引致影响}}{\text{赛事为举办地带来的新的消费额}} \quad (9\text{-}4)$$

$$\text{就业乘数}=\frac{\text{赛事对举办地就业的直接影响+间接影响+引致影响}}{\text{赛事为举办地带来的新的消费额}} \quad (9\text{-}5)$$

$$\text{税收乘数}=\frac{\text{举办地税收的增加额}}{\text{赛事为举办地带来的新的消费额}} \quad (9\text{-}6)$$

（2）投入产出法。投入产出法由经济学家 Wassily Leontief 于 1936 年提出，是用来研究经济体系中各部分与产业结果之间的内在关系、直接关系、间接关系及平衡关系的分析方法。具有模型应用简单、快捷、灵活及数据获取相对容易的特点。投入产出法的核心工具是投入产出表，表格内容可分为中间使用部

门、中间投入部门、最终需求部门及原始部门。

运用投入产出表进行体育赛事宏观经济影响分析的完整步骤如下。

第一步：确定与体育赛事相关的组织和团体。

第二步：估算这些组织和团体的总支出。

第三步：剔除不举办体育赛事时该经济体的消费，得到净支出。

第四步：将净支出与投入产出表进行联系。

第五步：计算体育赛事对举办地宏观经济指标的影响数值。

运用投入产出法评价体育赛事对举办地宏观经济指标的影响时，要确定体育赛事为举办城市带来的新的资金流入，也要注意追踪这些流入的新资金在举办地经济体系中的流转对该地区生产和消费的影响。

（3）一般均衡模型（CGE）。一般均衡模型（CGE）实际上是一组用来描述供给、需求和市场平衡关系的方程。从 CGE 模型所描述的经济结构和所依据的一般均衡理论来看，CGE模型的方程组主要包括需求、供给和供求关系3部分。模型的需求部分主要描述了消费者行为及其优化条件，如消费者的消费方程、约束方程、生产要素方程、中间需求方程及优化条件。模型的供给部分主要描述了商品和要素的生产者行为及优化条件，如生产者的生产方程、约束方程、生产要素方程及优化条件。一般将需求分为总需求、中间产品需求和投资需求，将消费者分为居民、企业和政府。模型的供求关系主要由一系列市场出清条件和宏观平衡条件组成，如商品市场出清、劳动力市场出清、资本市场出清、储蓄投资平衡、政府预算平衡和国际收支平衡。运用一般均衡模型分析体育赛事对举办地宏观经济指标的影响的具体步骤如下。

第一步：计算不同部门的净支出。

第二步：确定描述市场经济行为和市场中消费者、中间需求和生产要素的方程，包括确定市场结构和调节市场平衡。

第三步：对上述市场行为做出明确的理论假设，如假设家庭效用最大化。

第四步：获取方程的相关数据，求得最初的平衡，包括投入产出表和相关参数。

第五步：选择变量（内生变量和外生变量）并确定外生变量值。

第六步：输入内生变量并运行模型，得到最终结果。

3）体育赛事对相关产业的带动作用

体育赛事对相关产业的带动主要通过产业联动和波及效应和体育赛事的联动和波及效应产生。产业联动是经济活动过程中各产业的实物形态或价值形态的技术经济联系。一般将产业联动对国民经济体的影响称为产业波及效应。体育赛事具有综合性和复杂性，举办体育赛事可以吸引大量媒体和观众，从而刺激商品和服务的消费需求，推动旅游、餐饮、酒店、房地产、新闻等产业的发展。然而，体育赛事在发挥产业联动和波及效应时也会受一些条件的制约，如举办地应该具有较为成熟的经济条件、完善的市场机制、浓厚的商业文化、良好的城市形象，以及较为完善的现代化体育场馆和基本设施等。

赛事对相关产业的带动作用一般可以从赛事对相关产业 GDP 的贡献率入手进行分析，这一数据的获取与体育赛事对举办地宏观经济指标影响的数据的获取方式相同，研究者能够将体育赛事给举办者带来的新消费合理分配到具体行业，再通过投入产出法和一般均衡模型（CGE）得到相关数据。

## 复习思考题

1. 什么是体育赛事？

2. 体育赛事的类型及特点是什么？

3. 体育赛事的实施过程是什么？

4. 体育赛事的经济特征是什么？

## 参考文献

[1] 田麦久. 运动训练学（第二版）[M]. 北京：高等教育出版社, 2017.

[2] Donald Getz. Event Management and Event Tourism[M]. New York: Cognizant Commnunication Corporation, 1997.

[3] 姚颂平. 体育赛事原理和市场[M]. 北京：北京体育大学出版社, 2015.

[4] 王守恒. 体育赛事管理[M]. 北京：高等教育出版社, 2007.

[5] 马铁. 新编体育经纪人[M]. 北京：中国经济出版社, 2007.

[6] 郑卸撮. 英超足球俱乐部经营状况之研究[J]. 体育与科学, 2006, 27(3).
[7] 富佳. 北京马拉松赛事管理体系研究[D]. 北京：北京体育大学, 2015.
[8] 王守恒, 叶庆晖. 体育赛事管理[M]. 北京：高等教育出版社, 2007.
[9] 中国人民大学逻辑教研室. 逻辑学[M]. 北京：中国人民大学出版社, 1996, 27.
[10] 王子朴, 杨铁黎. 体育赛事类型的分类及特征[J]. 上海体育学院学报, 2005, 29(6): 24-28.
[11] 张洪凯. 近年来主体性问题讨论评述[J]. 社会科学战线, 1994(3):58-59.
[12] 李南筑, 袁刚. 体育赛事经济学[M]. 上海：复旦大学出版社, 2006.
[13] 嵇忠. 企业经济效益分析[M]. 北京：北京经济学院出版社, 1993:1-28.
[14] 马俊林, 林皇杜. 经济效益定量分析方法[M]. 南京：南京工学院出版社, 1987: 1-171.
[15] 申丽萍, 王跃. 大型体育赛事经济效益评估体系的构建[J]. 企业经济, 2007(3): 94-96.
[16] 黄海燕. 体育赛事综合影响事前评估[M]. 北京：社会科学文献出版社, 2017: 129-170.

## 阅读材料

### 世界杯的经济影响

**斯特凡·西曼斯基**

世界杯是全球主要的体育盛会之一。2002 年，世界杯由韩国和日本共同主办，两国都计划利用这次机会为其他国家提供一个了解本国的窗口，并借此机会促进两国足球运动的发展。与夏季奥运会和冬季奥运会类似，世界杯的举办对于相关国家协会及中央和地方政府来说都是一项对公共关系的重大投资。政府为此次活动相关的大部分投资提供资金支持，并希望获得实质性回报。其中最重要的是希望世界杯的举办能够为在 1960—1980 年增长率惊人而在 1992—2002 年艰难维持的经济体带来巨大的经济提升。当时，两国著名的经济预测机构都对 2002 年韩日世界杯可能产生的经济影响进行了研究。

日本电通研究所（Dentsu Institute）预测，日本在 2002 年韩日世界杯期间共产生 1.4 万亿日元的收入，从长期视角出发，能为日本带来 3.3 万亿日元的收入，相当于 GDP 增长 60%。考虑到 1992—2002 年日本 GDP 平均每年仅增长 1.1%，世界杯的举办对日本经济发展的意义可见一斑。

韩国发展研究院（KDI）提出了一个更乐观的预测。他们预测需对体育场馆投资 15.4 亿美元，总投资为 26 亿美元，与此次活动相关的支出为 61.8 亿美元，对经济的影响总额为 88 亿美元，相当于 GDP 的 2.2%。即使韩国 1992—2002 年的经济增长较快（平均每年增长 5.6%），世界杯对经济的影响仍然十分显著。这些预测是如何制定的？它们有多可靠？有什么证据表明举办大型体育赛事会产生这样的影响？下面将会对这些问题进行详细阐述。

#### 1. 模拟体育赛事的影响

1）乘数效应

体育赛事对市场注入的需求量是衡量体育赛事影响的基本标准。这种影响不仅包括活动前的投资（如体育场馆的建设）和活动期间消费者的支出（如购买门票）等直接影响，还包括直接影响刺激他人经济活动所产生的间接影响。假设体育赛事为热狗供应商带来了 100 美元的收入，这些收入的一部分（如 50%）将用于购买其他供应商提供的商品和服务，并为这些供应商带来 50 美元的经济收益。如果这些供应商也拿出其收益的50%进行消费，那么就会产生新一轮经济刺激（25 美元）。这个过程将会无休止地继续，经过数轮后，经济刺激的增量可以忽略不计。在上述假设中，观众消费100美元产生的直接刺激和间接刺激的总和为 100+50+25+12.5+…，每轮消费对经济的刺激等于上轮刺激的一半。还可以表示为总刺激等于直接刺激乘以 1+0.5+(0.5×0.5)+(0.5×0.5×0.5)+…。计算得到，观众购买热狗这一消费行为对经济的总刺激等于直接刺激的两倍，即200美元。算式中决定刺激规模的分数之和被称为乘数。

任何研究过经济学的人都熟悉乘数的概念，凯恩斯用它来解释政府如何用一笔小额的初始支出向经济注入需求，并最终产生较大的经济效益。凯恩斯甚至提出，如果政府只是花钱在地上挖洞，然后把洞填满，也会产生经济效益，因为支付的钱将会继续流通并刺激经济。乘数很有价值，但它容易被滥用。从宏观经济需求管理的角度来看，政府支出可以产生巨大乘数效应的观念被广泛质疑。其根本原因是，乘数的概念依赖经济中闲置产能的概念（这些资源是闲置的，只等待必要的刺激措施发挥作用，满足已经创造的需求）。政府支出产生的任何需求都倾向于将资源从替代活动中转移出去。因为转移的支出不再为个人提供收入，所以无论乘数效应有何积极影响，都必有负倍增效应与之平衡。因此，政府支出的乘数效应可能接近零。

一旦允许政府从其他领域转移支出，人们就会开始考虑新的支出是否与原支出一样有效，并考虑扩大需求对整体经济的影响。总体来看，政府支出问题是目标问题（支出是否用于最具生产力的活动？如果不是，则可以假设它通过降低经济潜力来降低国家生产力）。政府支出的钱与流离失所的人本应收到的钱相比的值越大，这笔钱的影响就越有可能是积极的。此外，政府支出方案可能会产生副作用。如果需求增加，由于增加供给的能力有限，则只能使价格提高。政府的刺激计划最终可能导致通货膨胀。政府增加投资可能会提高利率，使一些投资项目无利可图。这种方式会排挤私营企业的投资行为，不利于经济的长期增长。因此，政府支出的乘数效应可能是负面的。

2）乘数和体育赛事

与大型体育赛事的投资和服务相关的支出无疑会刺激经济，因此，凯恩斯的乘数效应分析是适用的。从体育赛事的角度来看，需要确定受赛事影响的地区的边界。宏观经济的需求管理通常关系着整体经济的运行。大多数体育经济影响的研究模型都趋向于在某个区域内构建，这个区域可能是国家或城市。区域越小，赛事的刺激作用越大，因为区域越小，来自区域外的游客越多，所以带来的刺激越大。本地游客一般不会带来很大刺激，因为他们为该赛事支出的资金大部分是他们本该用于其他活动的资金。

假设一个人决定花 500 美元购买世界杯门票，为了分析该支出的影响，需要考虑购买门票的钱从哪里来。如果这笔钱原本用于购买棒球比赛的门票，那么该消费就没有资金注入和乘数，即观看世界杯对经济带来的积极影响会被不观看棒球比赛带来的负面影响抵消。消费者购买的产品和服务必须有一部分来自当地，其支出才能对当地的经济产生乘数效应。否则，任何支出都只是增加对区域外产品和服务的需求，以及外部人员的收入。因此，人们应该对那些认为政府投资会产生巨大乘数效应的研究持怀疑态度。但从日本和韩国的角度来看，需求向外部泄露的可能性很小，因为两国的大部分商品和服务都由国内供应。虽然他们的进口额可能会增加，但外国游客的大部分需求会转化为两国人民的收入，这些收入又将在国内被消费。

世界杯对经济刺激的乘数有多大？如果将每轮收入的一小部分 $c$ 用于消费（$c$ 介于 0 和 1 之间），则总刺激等于 $1/(1+c)$。当 $c$=0.5 时，乘数为 2；当 $c$=0.9 时，乘数为 10。消费占收入的比重越大，乘数就越大。政府以所得税的形式分得一部分收入，这部分收入不能进一步流通。因为日本和韩国的所得税税率约为 25%，所以 $c$ 不能大于 0.75。然而，各种研究表明，在日本只有 55%的可用收入转化为消费，22%的可用收入用于购买进口商品，进一步降低了日本经济刺激的连锁反应。因此，$c$ 的值约为 0.32（0.78×0.55×0.75=0.32），乘数约为 1.47。

3）预测经济影响

对设施的投资规模和游客的消费支出是举办大型活动的经济刺激来源。其中，设施的投资规模最容易衡量，2002 年韩日世界杯最引人注目的便是设施的投资规模。

（1）投资规模

韩国和日本各使用了 10 个比赛场馆，有 17 个场馆是为世界杯专门建造的。在韩国产生了约 15 亿美元的投资，在日本产生了约 30 亿美元的投资。相比之下，1998 年法国世界杯只有法兰西体育场是专门建造的，体育场建设总投资不超过 5 亿美元。

2002 年韩日世界杯的总投资高于体育场馆的建设投资，因为新场地的建设带来了额外的交通基础设施建设需求，还有一些与赛事筹备相关的其他投资。根据体育场馆的建设投资可以推测，韩国和日本的总投资分别为25亿美元和50亿美元。

（2）消费支出

如果能够刺激经济的消费支出仅来自外国消费者，那么对外国消费者数量的预测至关重要。1998年法国世界杯的外国游客为50万人；2006年德国世界杯的外国游客为110万人，其总消费为8亿美元。2002年韩日世界杯韩国的外国游客为40万人，日本的外国游客为35万人。假设这些观众都是参赛国的球迷，每个参赛国的球迷约为25000人，他们会产生多少消费？日本的物价较高，为了观看比赛，很多游客需要长途旅行，预计的停留时间和支出可能比德国高得多。如果德国的消费为每位游客700美元，那么韩国的消费为德国的2~3倍，日本的消费为德国的4倍。此外，游客的交通成本也很高，其中很大一部分将支付给日本和韩国的航空公司，如果游客在韩国和日本的人均消费分别为2000美元和3000美元，那么外国消费者在韩国和日本的总消费分别为8亿美元和10.05亿美元。

（3）总体影响

上述计算表明，韩国举办世界杯的新增支出额约为33亿美元，日本的新增支出额约为60.5亿美元，乘以乘数1.47可得，韩国的新增支出总额为48.5亿美元，约为GDP的1.2%，日本的新增支出总额为88.9亿美元，约为GDP的0.2%。

该分析的最大弱点是仅假设投资支出会产生乘数效应，而不会在经济中的其他地方产生抵消作用。例如，我们假设建筑部门一直在等待工作，且默认如果没有世界杯体育场馆建设计划，就没有其他事情可以做。即使在日本建筑业因经济危机遭受损失的情况下，也可以合理地假设企业已经从其他项目中转移出来，并在一定程度上提高了价格。这种影响不仅会减少净影响，还可能导致排挤原本可以营利的项目。

人们有理由对预测的外国游客数量表示怀疑。一方面，尽管会有大量球迷前往韩国和日本观看世界杯，但毫无疑问，许多潜在的游客可能并不会去一些特定的国家观看比赛（如果这些潜在游客只是推迟行程而不是完全取消行程，这一点可能不太重要）；另一方面，许多原本计划去日本旅行的游客也很可能会选择将时间改为在世界杯期间。在这种情况下，世界杯带来的额外访问人数可能会大大减少。1995—2000年前往法国的外国游客人数如图9-3所示。

总体来看，1998年法国世界杯吸引的游客数量并未显著增加。在图9-3中，

1998 年的外国游客数量的确高于 1997 年，但每年的外国游客数量都有增加，且通常以更大的百分比增加。

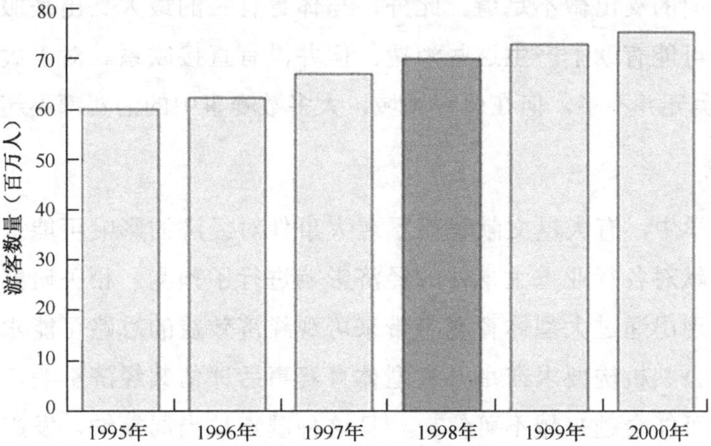


图 9-3 1995—2000 年前往法国的外国游客人数

## 2. 大型体育赛事的影响是否在统计上可见？

重新审视并确认赛事是否真的带来了显著的经济影响并提供具体证据，比预测经济影响要困难得多。

通常评估此类影响的方法是考察举办大型体育赛事（如世界杯或奥运会）对区域经济增长的影响。随着时间的推移，这些影响会涉及许多国家。为此，对多年收集的数据进行总结，得到举办大型活动对经济增长的影响如表 9-3 所示。

**表 9-3 举办大型活动对经济增长的影响**

| 时期 | 对经济增长的影响（%） | t 统计 |
|---|---|---|
| 前一年的经济增长率 | 24.9 | 6.271 |
| 举办世界杯的上一年 | 21.8 | 0.198 |
| 举办世界杯当年 | −235.3 | −2.160 |
| 举办世界杯的下一年 | −9.9 | −0.096 |
| 举办夏季奥运会的上一年 | 41.5 | 0.376 |
| 举办夏季奥运会当年 | 119 | 1.086 |
| 举办夏季奥运会的下一年 | −64 | −0.534 |

在表 9-3 中，最需要关注的是最后一列的 t 统计，t 统计是对影响程度显著性的度量。为了具有统计学意义，通常 t 统计的绝对值要大于 1.96。从表中可以看出，除了第一项数据和举办世界杯当年的数据，其他数据的绝对值都远小于 1.96。

大型体育赛事产生的影响不涉及国家层面，虽然体育是人们生活的重要组成部分，但它仍然是一个相对较小的产业。与消费者在食品方面的支出相比，其在体育方面的支出微不足道。此外，与体育有关的最大支出是服装和鞋。虽然重大事件可能有助于产生这些消费，但并没有直接联系。对于大多数经济体来说，1 亿美元并不多，但在体育领域，大多数赛事中的消费都不超过 1 亿美元。

### 3. 结论

在经济学中，有大量文献解释了重大事件对经济的影响可能很小的原因，还有许多文献对各行业重大事件的经济影响进行了预测。相关研究者试图通过这种方式表现出通过大型体育赛事带来可观经济效益的思路可能永远行不通。越来越多的公共机构要求在举办大型体育赛事后评估其经济影响，而举办前的大规模预测可能会越来越不可信。一旦这种观点被当局接纳，发起人将如何获得政府的支持？

发起人可以提出以下两种论点。第一，发起人要表明立场，即使大型体育赛事产生的经济影响可能很小，其宣传价值也会很高。而且，发起人必须说服政府，举办一次大型体育赛事比其他方式产生的推广效果更好。第二，我们不能把举办一场大型体育赛事单纯看作即刻产生经济回报的投资，应该视其为一种公共消费。虽然纳税人是否愿意将他们的税款用于这种消费是一个悬而未决的问题，但是该问题似乎可以得到肯定的答案，否则，活动组织者只能越来越多地依靠私人赞助商的资助而不是政府的资助来举办此类活动。

# 第 10 章　体育赞助及其经济学分析

体育赞助是一种行之有效的现代企业营销方式，是提升企业形象、增加产品销售量、提高市场竞争力的有效方法，也是体育赛事的主要收入来源之一。如今，体育赞助已经成为体育竞赛表演产业发展的重要组成部分。本章从体育赞助的概念、类型、特征和现状入手，介绍体育赞助的实施过程和体育赞助的评估等实际问题。

## 10.1　体育赞助概述

### 10.1.1　体育赞助的概念

#### 1. 赞助

从经济学的角度来看，赞助是一种市场经济行为。赞助支出是指企业发生的与生产经营活动无关的各种非广告性质支出。美国学者米勒汉认为，赞助是指以现金或以货代款的形式进行的投资行为，该行为追求与赞助活动相关的一切可以利用的商业机会和权力。蔡俊五认为，赞助是一种由赞助者和被赞助者以支持和回报为等价交换的平等合作、共同得益的营销沟通手段[1]。

赞助的目的是开拓市场，企业希望通过资金、产品、技术来换取能够帮助其赢得市场的资源。赞助是一种打造品牌的方法，可以实现品牌创建的组织动员和文化建设，为客户提供体验，展示新产品或新技术，开发品牌关联性，创造品牌展示机会。

#### 2. 体育赞助

体育赞助是最活跃、规模最大、效益最高的赞助之一。数据分析和体育营销机构 Two Circles 的报告显示，2019 年，全球品牌的体育赞助支出同比增长 4%，达到 350 亿英镑。奥运会中各企业的赞助支出从 1985 年的 9500 万美元上升到了

2016 年的 10 亿美元。国际奥委会公布的 2015 年市场手册显示，2012 年伦敦奥运会的奥林匹克全球伙伴计划（TOP 计划）赞助商有 11 家，共赞助 9.5 亿美元，平均每家赞助商的赞助费约为 8636 万美元。2004 年雅典奥运会 11 家 TOP 计划赞助商共赞助 6.63 亿美元，平均每家赞助商的赞助费约为 6000 万美元。

体育赞助在现代体育发展中具有重要地位。鲍明晓认为，体育赞助是以体育为题材，以支持和回报为内容，以利益交换为形式，以达成各自的组织目标为目的的一种特殊商业行为[2]。许永刚认为，体育赞助是指企业或个人为体育赛事或运动队提供现金、实物或相关服务等支持，而体育赛事组织者或运动队以允许赞助者享有某些属于他的权利（如冠名权、标志使用权及特许销售权等）或为赞助者进行商业宣传（如广告）作为回报，以达到企业或个人赞助的目的[3]。俞诚士认为，体育赞助是一方为实现其预定的商业或社会目标，向另一方提供物质支持，并期望获得回报的一种现代市场交易方法[4]。胡利军认为，体育赞助是企事业单位或个人向体育系统内的组织机构、体育活动或个人提供金钱、实物、劳务或技术等支持，以赞助者转让自己的部分权利为回报，双方平等合作、共同得益的一项经济活动[5]。张颖慧将体育赞助定义为体育赛事活动中权益标的物的交换（包括交易）[6]。还有学者认为，体育赛事是指以人体运动为载体，用比较决定胜负，最终给出公开排名的事件。由相关概念可知，体育赞助是一种基于体育权利的商业行为。

综上所述，本书将体育赞助定义为在赞助者和被赞助者之间的一种以体育为渠道，实现现金、实物、服务、权利等交换的商业行为。它是现代企业进行体育营销的重要组成部分。由于体育赛事、活动等具有正面、健康和积极的形象，体育赞助实质上是一种软广告，可以使受众自然而然地将赞助者与体育项目联想到一起，能够促进品牌的推广，使品牌更容易被目标沟通对象接受。当前，世界知名企业都倾向于利用体育赛事赞助来推动企业的国际化发展。例如，可口可乐长期入围 TOP 计划赞助商，耐克一直致力于推广篮球和田径运动，一批中国的家电、日用品企业通过赞助 2008 年北京奥运会和 2022 年北京冬奥会开拓了更大的市场。

### 3. 体育赞助系统

体育赞助涉及赛事、被赞助者、赞助者、中介方、媒体、目标受众 6 个方面，这 6 个方面共同构成了体育赞助系统，体育赞助系统的关系如图 10-1 所示。

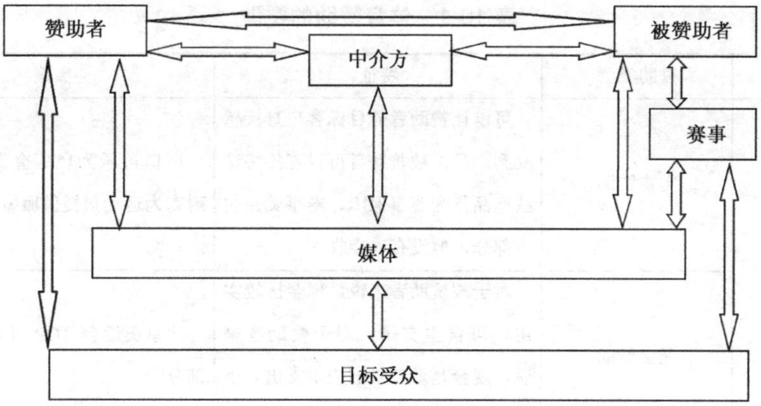


图 10-1　体育赞助系统的关系

被赞助者指体育组织、体育部门、体育从业者（运动员、教练员等），其进行比赛、训练等需要的资金、技术、服务等一般需要从外界获取。

赞助者指为追求利益最大化，通过体育赞助为自己带来经济和社会效益的赞助单位或个人。

中介方指为赞助者和被赞助者提供专业化的策划、评估等服务的体育经纪人和体育经纪公司。

媒体指报道体育赛事、宣传赞助者信息的传播方。

目标受众指通过相关媒介、转播或门票等方式享受赛事服务的群体，也是赞助者瞄准的潜在消费者。

### 10.1.2　体育赞助的类型

体育赞助可以提升企业或品牌形象及增强消费者购买企业产品或服务的意愿，体育组织也可以利用企业赞助顺利举办体育赛事，实现双赢。常见的体育赞助形式有实物赞助、现金赞助，以及赞助体育明星、赞助体育场馆。可以根据内容、性质、时间、赞助对象将体育赞助分为不同的类型，如表 10-1 所示。

**表 10-1 体育赞助的类型**

| | 赞助类型 | 特征 | 实例 |
|---|---|---|---|
| 内容 | 实物赞助 | 可以让赞助者的目标客户直接感受到产品，被赞助者可以直接将这些产品作为赛事保障、赛事奖品的一部分，但没有现金收入 | 可口可乐为奥运会提供饮料，耐克为运动员提供服装 |
| | 现金赞助 | 对于被赞助者来说，现金比较实用，可自主安排；对于赞助者来说，现金是最直接的成本支出。小型赛事获取现金赞助的难度较大 | 北京奥运会 TOP 计划赞助现金部分 |
| | 技术赞助 | 体现赞助者的水平，能解决主办方的技术难题 | 水晶石为全球采访北京奥运会的记者提供专业影像服务 |
| 性质 | 冠名赞助 | 企业产品或名称被大众媒体频繁报道，提高企业知名度 | 2019 华夏幸福北京马拉松 |
| | 独家赞助 | 唯一性，体现企业的实力 | 李宁具有对中国男子篮球职业联赛的赞助权 |
| | 指定赞助 | 满足被赞助者的特定需求，同时扩大赞助者的相关权益 | 东风悦达起亚是中国之队指定赞助商 |
| | 联合赞助 | 满足被赞助者不同方面的需求，同时减少每个赞助者的负担 | F1 车队一般有十多个赞助者 |
| 时间 | 短期体育赞助 | 满足特定时间的需求，在短期内提高赞助者的名气或销量 | 中小品牌赞助职工比赛 |
| | 长期体育赞助 | 有利于赞助双方建立密切关系，互动合作，实现长期双赢 | 可口可乐赞助奥运会 |
| 赞助对象 | 赞助体育赛事 | 与赛事结合，宣传赞助者 | 喜力赞助欧洲冠军联赛 |
| | 赞助体育明星 | 通过明星的桥梁作用，实现企业与球迷之间的有效沟通 | 安踏赞助NBA球星克莱·汤普森 |
| | 赞助体育场馆 | 可以长期而稳定地宣传企业形象 | 青岛天泰集团冠名天泰体育场 |
| | 赞助体育公益事业 | 树立企业的良好形象，凸显企业的社会责任感，建立良好的社会公共关系 | 联想选拔“联想奥运圆梦团”，可以亲临现场观看北京奥运会 |
| | 赞助体育组织 | 具有权威性 | 2006 年盈方赞助中国足协 |

### 10.1.3　体育赞助的特征

作为一项经济活动，体育赞助具有其经济特征，包括商业性、服务性、多元性、广泛性、风险性、赋予性、自主性。

**1. 商业性**

体育赞助多以企业投放为主，作为企业的营销手段之一，体育赞助的商业性得到了发挥。利润最大化是赞助者的首要目标，他们试图利用与体育相关的各种途径开发潜在市场，树立企业的良好形象，提高企业的产品销量。被赞助者也可以得到赞助费、实物或其他服务。企业与体育组织（或个人）之间通过合同明确了各自的权利和义务。运动场上激烈的比赛和运动场外赞助者的角逐已经成为每届奥运会的重头戏，各大跨国企业通过奥运会这个平台来拓展国际市场和稳固国内市场已经成为营销惯例。高额的赞助费并没有浇灭企业的热情。2017 年，国际奥委会在瑞士达沃斯宣布，阿里巴巴加入 TOP 计划，成为“云服务”和“电子商务平台服务”的官方合作伙伴，以及奥林匹克频道的创始合作伙伴，合作期限至 2028 年。

**2. 服务性**

体育赞助的服务性决定了体育赞助的产业性质。体育赞助服务体育，也服务参与体育的人。这种服务是互动的、可逆的，赞助者与被赞助者必须进行实时、充分的沟通，才能提高赞助活动的价值。特别是对于实物赞助和技术赞助来说，只有双方商讨得完善，才能将需求和供给有效结合。当前的体育赞助市场是买方市场（指商品供过于求，卖主之间竞争激烈，买主处于主动地位的市场）。因此，做好赞助需求策划和提高自身魅力成了体育组织的难题。体育赞助的质量不仅影响赛事的运作，还间接影响受众体验。

**3. 多元性**

体育赞助的多元性体现在 3 个方面，①赞助者的多元化选择及其得到的多元化回报。赞助者根据产品的类别、性质等因素，结合体育竞赛的项目、规模、地点等选择赞助的形式、内容，并从赞助活动中得到媒体宣传、产品形象和地位、现场促销等方面的回报。②体育赞助产生了多元化效应。体育赞助不仅能在经济上实现赞助者与被赞助者的双赢，其在社会、文化方面也具有一定的影响。通过赞助大型赛事，可以增强人们的体育意识和社会责任感，丰富人文精神，形成一种独特的赞助文化，推动社会文化的发展。③体育赞助活动是多因素的综合。赞助双方必须考虑产品营销、关系营销、运筹学、市场预测和管理等方面的因素。

4. 广泛性

体育在休闲活动中的地位已经超过了大多数文化活动。世界大型体育赛事（如奥运会、世界杯等）的观众遍布世界各地，就连一些国内大型赛事的现场观众和媒体受众都成千上万，这些赛事为赞助者提供了广泛的选择。赞助者可以根据赛事规模、影响力，以及局部目标和全球战略目标的定位，选择合适的赞助计划。体育赞助的受众广泛，在全球一体化的今天，许多大型企业通过体育赞助开拓国际市场、打造国际品牌。2002 年，现代汽车斥资 15 亿欧元，成为世界杯唯一指定的汽车类合作伙伴；2002 年韩日世界杯，现代汽车的赛场广告牌全球观看人数达到 400 亿人次，品牌关注度提高了 14%，2002 年现代汽车的销售量增长超过 30%；2018 年，宝马（BMW）新能源车型在中国赞助厦门、成都、沈阳、兰州、上海 5 站城市马拉松赛的官方计时车。新能源汽车与马拉松赛完美契合。宝马赞助马拉松赛具有持续性，与其他持续赞助体育赛事的汽车品牌每年将营销车型换成当年的重点冲量车型不同，BMW 坚持将新能源车型作为营销的重点，仅 2018 年 9 月，宝马集团就在全球范围内交付了 14559 台新能源汽车，与上一年同期相比，增长了 35%，创造了宝马新能源汽车的单月销量纪录。

5. 风险性

体育赞助是一项经济活动。由于体育产品的生产和销售具有同步性，所以赞助者在提供赞助服务的过程中面临许多不确定因素。对于赞助者和被赞助者来说，赞助活动的前期、中期和后期都存在一定的风险。体育赞助实际是一种风险很大的行为，只有管理顺畅才能带来收益。在赞助前或赞助后，不可抗力或不确定因素都可能影响活动的正常开展，需要双方有较强的风险意识，在合作中尽量考虑到各种风险事件，做好评估及相应的应急预案，使风险降到最低。对于赞助者来说，由于其本意是追求最大的经济效益，所以更应该做好风险评估和应急预案[1]。

6. 赋予性

体育赞助的本质是赞助双方资源交换的过程。体育赞助者得到的回报是一种赋予，这种赋予来自赞助者的需求，社会也会赋予赞助者一定的名誉、社会尊重、社会认同等精神产物。赞助者获得的是有价值的无形资产，有助于赞助者销售量的增加和长期经营，最终将赞助赋予的无形资产转化为利润。耐克、阿迪达斯，国产品牌李宁、安踏等都与各种体育赛事紧密合作，让热爱体育运动的人对这些运动品牌产生深刻的理解，促进品牌的成长。这些都是社会对赞助者的回馈，使赞助者实现了经济效益和社会效益的双丰收。

7. 自主性

体育赞助按照市场客观规律运作，通过对企业自身成本收益的核算，做出理性选择。因此，体育赞助排斥行政性强制决策，如果政府机构强行要求企业赞助赛事，可能会实现社会效益，但往往会使企业产生经济损失，甚至拖垮企业。体育赞助的经济合作模式是签订合同，应明确双方的职责权利，特别应重点明确违约责任。

### 10.1.4　体育赞助的现状

1. 国外体育赞助的现状

大规模且正式的体育赞助始于 20 世纪 60 年代的英国，三大石油公司投资 1000 万马克赞助汽车大赛，取得了很好的效果，开创了体育赞助与产品关联的先例。1984 年，经过尤伯罗斯的商业运作，洛杉矶奥运会将赞助者与奥运会紧密联系起来，实现奥运会首次盈利 2.25 亿美元，1985 年催生了最高级别的体育赞助——TOP 计划。

世界广告研究中心（WARC）提供的《全球广告趋势报告》显示，2018 年，全球广告客户在赞助方面的支出达到 660 亿美元，这些资金中的大部分都流向了体育产业。北美的赞助费达到了总量的 36.8%，为 231 亿美元；欧洲紧随其后，为 176 亿美元；亚太地区为 166 亿美元，然后是拉丁美洲、中东和非洲。橄榄球是北美获得商业赞助最多的项目，其在 2015 年的收入为 130 亿美元[7]。美国的体育产业发达，体育产业已经成为其三大国民经济的 3 大支柱性产业。无论是职业体育、业余体育还是学校体育的赞助活动都开展得如火如荼。不过大部分的赞助都集中于职业运动，如美国职业橄榄球大联盟（NFL）、美国职业棒球大联盟（MLB）、国家冰球联盟（NHL），其赞助费不断创下新高。赞助已经成为公认的促进体育发展和商业营销的“香饽饽”。

事实上，被称为“世界第一运动”的足球才是真正的“吸金王”。在全球范围内，足球每年带来的收入超过 200 亿美元。目前，橄榄球等项目也无法像足球一样实现“全球化”，只有足球能将全世界的体育人联系在一起。作为全球第 17 大经济产业，足球产业的全球总产值已经达到 5000 亿美元，占体育产业总产值的 43%。世界杯的影响力、商业价值和转播覆盖率有时甚至会超过奥运会。

**2. 国内体育赞助的现状**

1）体育赞助全国化

体育赞助在我国起步较晚，但后劲较大。1980 年 10 月，广州成功举办了“万宝路网球精英赛”，仅靠门票、场地广告和比赛冠名就平衡了全部成本。1983 年，在上海举办的第五届全运会改变了完全由政府财政拨款的运作方式，出现了赞助性广告，虽然赞助费仅为 11.36 万元，占支出的 1.16%，但实现了历史性跨越。20 世纪 90 年代后期，联赛的活跃导致商业性比赛和体育赞助兴起。1998 年，全国排球联赛冠名“维达杯”，获益 800 万元。中国篮球协会将中国男子篮球甲 A 联赛的冠名权和推广权（75%的赛场广告权）整体转让给国际管理集团，每年获益 300 万美元。各排球俱乐部的冠名权收入也在 100 万元到 500 万元之间。2017 年，安踏体育用品有限公司与北京 2022 年冬奥会和冬残奥会组织委员会在首都体育馆正式签约，成为北京 2022 年冬奥会和冬残奥会官方体育服装合作伙伴，跻身 2022 年北京冬奥会最高级别的赞助层级。

2）体育赞助国际化

2012 年，赞助伦敦奥运会的中国企业数量超过 60 家，赞助费约为 30 亿元。随后，体育赞助费不断增加。2018 年，在俄罗斯世界杯期间，各国企业投入的广告费共 24 亿美元，中国企业在世界杯期间的广告支出达到 8.35 亿美元，超过了美国支出的 4 亿美元，远高于东道主俄罗斯支出的 6400 万美元，排名全球第一。2019 年，农夫山泉正式成为国际泳联的全球合作伙伴，合作范围包括 2019 年第 18 届 FINA 世锦赛等数十场国际赛事。

3）体育赞助多元化

随着经济的发展，体育赞助的形式更加多元化。从最常见的体育赛事赞助扩展到了对体育组织、体育栏目、体育明星的赞助。体育明星已经成为赞助者最青睐的赞助对象。我国的体育明星、教练员利用自身商业价值开发了广告赞助市场，项目有篮球、足球、排球、乒乓球等，宣传产品主要集中在家电、食品、服装、交通、通信等行业。

### 3. 体育赞助的发展趋势

1）体育赞助市场规范化

随着我国体育产业市场化的推进，政府行政力量对体育产业发展的干预将淡化，形成真正的产业化运作。从“大政府、小社会”向“小政府、大社会”转变。体育产业政策法规的日益完善，将为体育赞助市场的发展提供可靠保障。赞助者与被赞助者应更加注重体育赞助的商业运作，做好策划、评估，提高赞助意识和赞助风险意识，促进市场的健康发展。参与体育赞助的赞助者、被赞助者、媒体和中介机构应密切合作，为体育赞助创造良好的经济效益。

2）体育赞助战略多元化

随着体育经纪公司的发展和壮大，体育赞助专业人才将更加充足，能够有效提高体育赞助的专业水平。应当引进国际级赛事，借鉴国际先进经验，促进体育赛事与社会、经济、文化、教育等的融合，进而提高体育赛事的赞助效益。国际体育赛事的市场细分，如冰雪、冲浪等极限运动的兴起，推动了我国体育赞助行业的多元化。例如，2015 年以来，特步加大了对体育营销的投入，围绕“跑步”和“足球”两个品类展开大力营销，推动品牌向专业运动方向转型。2015—2018 年，特步共赞助了 143 场重要的马拉松及跑步类赛事。2016 年起，特步每年举办“特步 321 跑步节”，冠名赞助北京奥林匹克森林公园特步跑道，邀请短跑选手谢震业、奥运会 20 公里奖牌得主王镇和蔡泽林、全国室内田径锦标赛总决赛男子 60 米决赛冠军得主许周政等为体育代言人。截至 2018 年年底，特步共成立了 6 个跑步俱乐部，会员达到 12.3 万人。特步 2018 年的营业收入增长了 24.8%，约为 63.83 亿元。此外，李宁 5 年赞助了 CBA 20 亿元，直接带动了李宁篮球产品的发展。

3）体育赞助理念公益化

体育多元化价值的凸显，促进了体育消费需求的增长。体育不仅承载了强身健体的基本功能，还作为一种文化渗透到人们的日常生活中，“体育就是生活”是对其最精练的概括。企业处理好与社会公众的关系不仅依赖企业向消费者提供的统一商品和服务价值，更依赖企业为社会公众提供的额外价值，这种额外价值主要体现在企业对社会公众和公益事业的关心方面。

## 10.2 体育赞助的实施过程

体育赞助是一项注重实践的活动，丰富的经验和资源是体育赞助实施的根本。每项体育赞助都有其特殊的个性，但体育赞助的实施过程也存在共性。因此，体育赞助应利用前期赞助经验随机应变。

### 10.2.1 制订赞助计划

#### 1. 分析必要性

体育赞助的必要性论证是制订赞助计划的基础。首先，需要统一组织内部的思想，尤其要获得拟赞助单位行政领导的首肯与全力支持。在赞助的动机和目的方面达成共识、取得各方面的配合才能使赞助计划顺利展开。其次，要系统地对提供体育服务单位的自身资源进行综合分析，包括规模、历史、社会形象，以及组织的人才、资金与其他资源的情况，分析组织目标是否与企业目标契合及赞助后能在多大程度上掌握主导权。再次，应对活动本身进行分析，尤其是大型赛事，应从赛事性质（竞技体育或群众体育）、成熟度（新兴项目或传统项目）、规模（国际性、全国性或地区性赛事）、主控权（主办、承办、协办）等方面进行分析。

#### 2. 组建专门团队

体育赞助涉及众多繁杂的工作，必须有相应的工作团队才能顺利推进赞助计划。体育赞助团队大致可分为3个部门：①行政管理部，负责沟通、协调、进度控制、资料保存等行政性事务；②市场开发部，负责设计赞助提案、寻找赞助者，以及联络、谈判、签约、执行、审核、落实等工作；③会计财务部，负责管理与赞助有关的资金往来。工作团队的规模应根据活动规模和难易程度来确定，可以考虑雇用中介机构的专业人才来运作，以减轻体育组织自身的压力。但一些体育组织往往会疏忽赞助合同的条款落实情况，使赞助效果大打折扣，赞助者也无法获得应有的回报。因此，应由专人负责监督并落实赞助合同的各项条款。

#### 3. 收集分析资料

收集与赞助相关的资料才能在赞助者面前拥有主动权。

1）企业的资料

尽可能收集潜在赞助者的资料，企业的目标、理念要与组织目标契合。可以使用各种统计报表、年鉴和中介赞助资料等建立详细的资料库。

2）类似活动的赞助资料

可参考类似活动的体育赞助成功案例。总结成功案例的经验和失败案例的教训，全面地考虑赞助中的各种问题，挖掘更多的潜在赞助者。

3）分析赞助的时机

赞助时机在很大程度上取决于赛事或活动的举办时间。赛事或活动应尽可能地避免与其他重要活动冲突，以发挥赞助的最大作用。

**4. 拟定赞助目标**

将赞助目标具体化，使赞助目标具备可操作性，成为事后评估的重要依据。赞助目标包括资金目标、实物目标、服务目标、媒体参与目标等。

**5. 设计赞助产品**

为赞助者提供可选择的菜单才能提高赞助的成功率。设计赞助产品需要注意以下内容：①设计不同的产品组合，供不同的企业选择；②注重与媒体的合作，通过造势活动来吸引赞助者；③除了考虑活动的核心产品（如赛事本身），还要重视“附加产品”的开发。

**6. 确定赞助费**

体育赞助费在很大程度上由活动的规模、成熟度、企业关注度和影响力决定，确定合适的赞助费是赞助的关键。

1）费用附加法

体育组织向赞助者提供权益费用和合理的赞助费。权益费用（如冠名权、广告条幅、现场促销、入场券、颁奖典礼等的费用）的总和是定价基础，还要加上合理的赞助费（赞助者因赞助获得的利益的提成）。

2）竞争市场策略法

目前，体育赞助的赞助项目众多，有丰富的案例资料可以借鉴。

3）相对价值法

将赞助效益在社会上的相对价值作为定价标准，如赛场广告的价格可以参考电视广告的价格而定。

**7. 选择目标赞助者**

对于体育组织来说，赞助者是一种稀缺资源。中小型赛事的被赞助需求高于企业提供赞助的需求。作为市场被动者，体育组织要主动寻找赞助者。具体应该建立一份企业名单，根据企业类别、规模、财政状况、主营产品目标市场等标准进行分类。对企业进行以下分析。

（1）企业形象与活动形象的契合度。契合度越高，产品形象转移越自然，越容易被消费者接受，企业赞助的可能性越大。运动服装企业、器械企业、汽车企业、快消品企业的特性都与体育有契合点。

（2）企业的市场目标。体育赛事的参与人群或关注人群应与企业的目标人群一致。赛事相关人员一般包括开闭幕式贵宾、运动员、主协办单位人员、现场观众、视听观众、媒体人员及志愿者。要着重考虑其社会地位、经济地位是否符合企业的市场目标。

（3）企业有无赞助行为。可根据有赞助行为的企业的赞助项目、赞助资金及赞助方式等资料，尽快促成赞助。

（4）企业与体育组织的关系。与组织本身或与组织内部核心人员有业务来往或有密切关系的企业，更容易成为赞助者，应收集其联系渠道、往来性质、往来内容等信息。

### 10.2.2 签订赞助协议

**1. 沟通谈判**

与目标赞助者的接触和谈判是把可能变为现实的关键环节。在谈判之前应做好充分的准备工作，确认企业赞助业务的负责人，力争直接与负责人沟通。国内赞助活动尚未制度化，赞助决策均由市场部等高层主管决定，可以采用不同的沟通方式，如电话、信函、托人引荐、委托中介机构等。用好的赞助提案吸引目标赞助者，赢得面谈的机会。体育组织负责人应总结失败案例的教训，寄发感谢信，征询其不能赞助的理由，适当更改合作内容并期待下一次合作，还可以让赞助者推荐其他有赞助需求的企业的名单。

2. 签订协议

当双方就合作事项达成共识时，应签订协议并在协议中明确双方的权利与义务。协议有 3 种形式：确认函、协议书和正式合同。确认函仅为诚信约定，不是正式合同；协议书是双方签署的正式协议文件，但不是标准的合约书；正式合同是具有法律效力的正式协议文件，明确了双方的义务和责任。约定的形式根据当事人的需要和赞助活动的规模来定。为了避免出现争议，需要签订正式合同。具体内容应包括权利人和义务人的名称和头衔、赞助方式、赞助义务、赞助权利、违约责任、签约栏、日期及附注等。

### 10.2.3　赞助活动的实施

1. 履行赞助协议

赞助活动的实施应以正式合同为准，双方应充分履行各自的职责。体育组织应该与赞助者进行充分沟通，指定专人为其提供服务。协助赞助者达成营销目标，有利于赞助者与被赞助者建立长久的合作关系，也有利于体育组织提高自身的赞助价值。研究显示，除了提供赞助费，大型赛事的赞助者至少再用十倍的经费进行相关的营销宣传才能达到预期效果，且营销工作的持续时间要比赛事时间长。因此，体育组织要谨慎对待赞助关系。

2. 保障赞助权益

部分体育组织或体育赛事的主办单位在获取赞助利益后，便不再履行自己的义务，导致赞助者的利益受损，赞助关系中断，甚至在严重时赞助者会提起诉讼。因此，指定专人负责召开协调会和拟定工作时间表十分重要。组委会可以把赞助者组织起来进行竞技体育技术和文化培训，吸引赞助者的高层管理人员参与组织业务，让赞助者真正参与赞助活动，保证赞助活动的成功实施，维系与赞助者的关系。

### 10.2.4　赞助活动的总结

总结是赞助活动不可或缺的环节。对于被赞助者来说，总结经验和教训对于今后开展类似的活动有借鉴意义；对于赞助者来说，总结是对自己赞助目标的查验，关系到今后的赞助决策。赞助活动的总结包括 4 个方面。

1. 撰写赞助评估报告

运用定量和定性分析方法来论述赞助活动所取得的效益。定量描述赞助费、实物赞助数量和质量、服务赞助的内容和质量，调查媒体报道次数、现场销售情况、观众对赞助品牌的好感。定性描述社会舆论产生的社会效益。实事求是地得出是否达成赞助目标的结论。

2. 建立赞助专项档案

与赞助相关的一切资料，包括各类文件、电话记录、传真材料、信函，以及能证明赞助效益的相片、报纸、杂志、录像等，都应该在专项档案中存档，以利于今后体育赞助的运作。

3. 召开赞助总结会议

赞助工作小组应召开总结会议，以评定是否达成赞助目标，人力资源管理、策略、运用、经费控制是否有效，并总结经验和教训。另外，还应邀请赞助者一起进行总结，商讨未来合作的可能性。

4. 举办慰劳答谢活动

可以采用寄送感谢信、赠匾、赠旗、赠纪念品等方式向赞助者表示感谢。大型赛事活动还应举办答谢宴会，借此慰劳工作人员的辛苦付出，奖励有功者。

## 10.3 体育赞助的评估

体育赞助的评估是体育赞助的关键环节，营销手段的整合性、评估指标的抽象性和赞助效果的时效性导致赞助效益的评估难度大。因此，体育赞助效益的评估建立在前期相关评估的基础上，如赞助活动的事先调查评估、赞助活动的事中评估等。

### 10.3.1 体育赞助的评估体系

体育赞助是一个复杂的系统，它包含许多不同且相对独立的子系统。按照体育赞助程序，可以将评估内容分为 3 个阶段，即赞助开始前的调查评估阶段、赞助实施过程中的实施评估阶段及赞助结束后的效果评估阶段。最基础的体育赞助评估体系如表 10-2 所示。

表 10-2　体育赞助评估体系

| 一级指标 | 二级指标 | 三级指标 |
| --- | --- | --- |
| 调查评估阶段 | 赞助者自身评估 | 赞助者的规模与经济实力 |
| | | 赞助者的产品与体育的亲和度 |
| | 赞助者目的评估 | 提高知名度 |
| | | 提高产品竞争力 |
| | | 促进企业文化发展 |
| | | 提高与消费者的沟通能力 |
| | | 为企业提供公共服务 |
| | 赞助费的合理使用 | 赞助中现金、实物、技术、人力费用的比例 |
| | | 附加费用 |
| | 赞助对象的选择 | 选择赞助活动的层次：国际、全国、省市、地方 |
| | | 选择运动员、运动队、俱乐部、体育赛事 |
| 实施评估阶段 | 被赞助者的组织和领导能力 | 计划执行能力 |
| | | 遇事应变能力 |
| 效果评估阶段 | 心理效果评估 | 知名度 |
| | | 美誉度 |
| | | 忠诚度 |
| | 经济效果评估 | 销售量增加比率 |
| | | 赞助费比率 |

## 1. 调查评估阶段

赞助者在赞助前一定要权衡体育赞助的利与弊，考虑自身条件、赞助目的、在实施过程中的赞助策略、赞助对象及赞助费的使用等问题。品牌专家大卫・艾克在《品牌领导》中提出了一个简单的评估模型，用来在小范围内评估“赞助机会”。模型有两个维度：第一个维度是与品牌识别的适应性，要求对赞助机会与品牌识别的契合度进行评估；第二个维度是互动作用与介入程度，指赞助可以带来的互动程度。通过对两个维度的评价，可以确定赞助机会对赞助者来说是否合适，以及是否可以给赞助者带来应有的回报。

### 1）赞助者自身评估

赞助者进行体育赞助要服从总体战略，要考虑自身的营销情况和实力，以及能否得到相应的回报，不应为了赞助而赞助。因此，在做出赞助决策之前，应该事先调查赞助者的产品和体育的亲和度，以及赞助者的规模与经济实力等问题。

2）赞助者目的评估

美国专家通过调查千余家赞助者的赞助动机，发现赞助者赞助一般出于以下目的：提高知名度、提高产品竞争力、提高与消费者的沟通能力、促进企业文化发展、为企业提供公共服务。

3）赞助费的合理使用

赞助费是赞助的基础。现代营销讲求效益，赞助费的合理使用是衡量赞助者现代营销理念和水平的标准之一，如果经费投入多于获得的赞助效益，则赞助失败。因此，不同级别的赞助项目的赞助费不同。另外，赞助者还应将1～2倍的辅助赞助费考虑在内。

4）赞助对象的选择

赞助者进行赞助的目的是增加自身产品的目标受众，赞助者通过市场细分合理定位自身目标沟通对象的范围，了解自身目标沟通对象喜爱的运动项目，在上述调查研究的基础上，寻求与自身条件相近的目标市场和赞助对象，有效扩大体育赞助目标受众范围，进一步提高赞助效益。

### 2. 实施评估阶段

实施评估就是对从赞助方案确定后开始实施到赞助活动结束的工作进行评估。实施评估主要围绕3个方面进行：①内外环境变化评估，考察环境变化对赞助活动的影响及赞助方案是否需要调整；②考察方案实施过程中与既定方案的偏差，及时做出调整；③对实施阶段进行效果评估。

实施评估与赞助周期密切相关，赞助时间越长，实施评估越重要。因为时间较长，许多不确定因素难以预料，需要对整个方案的实施过程进行评估，随时调整营销策略。如果赞助周期较短，可能缺乏对赞助策略做出调整的反馈时间，只能对一些细节做出修改，如广告牌的放置、新闻媒体的报道等。

### 3. 效果评估阶段

效果评估是指在一个赞助周期结束后，对赞助效果进行全面的评估和衡量，体育赞助效果评估是赞助评估的重点。对于赞助者来说，可以通过效果评估客观地了解赞助的实际效果及经验教训，有利于今后的体育赞助决策。对于被赞助者来说，除了能取得上述效果，还可以客观地检验自身的实际营销赞助能力。根据体育赞助的特征和人的心理活动规律，可以将效果评估分为心理效果评估和经济效果评估。心理效果评估主要体现在知名度、美誉度和忠诚度 3 个方面。经济效果评估从销售量增加比率和赞助费比率两个方面进行评估。

### 10.3.2　体育赞助的效益评估

体育赞助的效益评估既可以让体育组织、赞助者、传媒机构共同参与，又可以委托专门机构。有学者认为，体育赞助效益评估的困难在于：①体育赞助的整合性使评估者难以纯粹评估体育赞助；②体育赞助效益评估指标的抽象性使评估难以量化[7]。虽然赞助活动很难与赞助者的整体营销活动完全分离，但是赞助者在赞助过程中使用的公关、宣传等配套活动的资金也是赞助者赞助费用的组成部分，可以看作一个整体来考察。

#### 1. 效益评估指标

赞助活动中的不可控因素较多，目前还没有一套成熟的评估方法可以使用。鲍明晓提出了 3 种评价方法，即赞助者的形象效益评估、媒体报道评估[2]、销售量评估。

体育赞助的效果有时以心理效果为主，有时以经济效果为主。在具体操作中，将体育赞助效益评估指标体系分为两类，如表 10-3 所示。应根据赞助者的赞助目的来选择评估指标，鉴于不同赞助者的企业性质和营销阶段的目标不同，应具体问题具体分析，根据实际情况对评估指标进行调整。

表 10-3　体育赞助效益评估指标体系

| 目标层 | 类别 | 主因素层 | 子因素层 |
|---|---|---|---|
| 体育赞助效益评估 | 心理效果 | 形象效益评估 | 知名度 |
| | | | 美誉度 |
| | | | 忠诚度 |
| | | 媒体报道评估 | 曝光度 |
| | | | 到达率 |
| | 经济效果 | 销售量评估 | 销售量增加比率 |
| | | | 赞助费比率 |

1）形象效益评估

知名度是赞助者或产品名称被目标受众知晓的程度；美誉度是目标受众对赞助者或产品的主观价值判断；忠诚度是目标受众在多大程度上具有对赞助者产品的购买意愿。

赞助者形象效益评估一般采用问卷调查的方法，具体来说分为两种形式。第一种，在赞助活动开始前，对赞助者和与赞助者主营产品、目标市场、规模、实力相近的赞助者进行调查，分析赞助者在消费者心中的形象。在了解赞助者形象后，就相同的主体对同一调查对象进行第二轮调查，对比赞助前后赞助者形象的变化情况。在这种方法中，确定与赞助者进行对比的赞助者十分重要。例如，若李宁要做赞助者形象效益评估，则可以选择耐克、阿迪达斯、锐步、安德玛、安踏、匹克等运动品牌进行对比分析。另外，还要对赞助者的形象进行调查。比较标准的方法是李克特五级评分法，可以设置非常好、好、一般、不太好、非常不好 5 个等级，并赋予 5、4、3、2、1 的分值。涉及的问题包括品牌认知、品牌忠诚度、消费行为等。第二种，直接就赞助者的形象进行赞助前后的对比调查，不与类似的赞助者对比。在调查中对各种认知性问题进行评分，如“您对李宁的印象如何？”“您会因为李宁赞助本次赛事活动而更加喜爱这个品牌吗？”根据赞助活动前后的调查结果分析出赞助者在消费者心中的形象是否发生变化。

在调查中，需要注意追踪问卷必须在赞助活动结束后马上进行，以免受试者的印象淡化，且前后被调查的应是同一组人。同时，调查的样本应具备基本规模，否则将失去代表性，小型赞助活动的调查样本一般不低于 100 人，大型赞助活动的调查样本一般不低于 1000 人。

2）媒体报道评估

曝光度是指赞助者需要的与赞助者识别有关的名称、徽记、产品名称、商标等在一定时期内出现在媒体上的次数；到达率是指赞助者的各种信息被受众接收的程度，即接收到该信息的人在特定人群中所占的比例。

媒体报道评估要着眼于以下 3 个方面：①报道赞助者的媒体形式，如电视、网络、移动客户端、报刊等；②各形式的报道量，即报道的次数、时间的长短、版面的大小等；③依据现行市场价格计算赞助者向相同形式的媒体购买同类广告时段所需要的资金总量，以测算赞助者因赞助活动而获得的广告收益或广告费的节省状况。据统计，在一场足球比赛中，中场附近广告牌出现的时间长达 7 分 37 秒。乒乓球、网球等比赛赛场四周挡板上的赞助广告出现的时间几乎相当于整场比赛时间的一半，而且广告画面多次重复出现，令人印象深刻。

3）销售量评估

通过分析体育赞助前后赞助者产品销售量的变化，可以看出体育赞助的经济效果。式（10-1）为销售量增加比率的计算公式。销售量增加比率与赞助的经济效果成正比，销售量增加比率越大，赞助的经济效果越好。式（10-2）为赞助费比率的计算公式，赞助费比率与赞助的经济效果成反比，即赞助费比率越小，赞助的经济效果越好。

$$\text{销售量增加比率}=\frac{\text{赞助后销售量}-\text{赞助前销售量}}{\text{赞助前销售量}}\times 100\% \tag{10-1}$$

$$\text{赞助费比率}=\frac{\text{赞助费用}}{\text{赞助后销售量}}\times 100\% \tag{10-2}$$

对于已经拥有高知名度的赞助者来说，通过赞助提高销售量并扩大市场占有率是其主要的赞助动机。赞助活动促进销售的渠道主要有两个：①通过赞助活动所取得的各种权益（如吉祥物、会徽、标志使用权等）提升赞助者的形象，使更多消费者认同赞助产品并对其产生好感，使产品销售量增加；②通过现场促销来增加销售量。

#### 2. 综合评估指数

国际著名市场研究集团益普索（Ipsos）在北京 2008 奥运赞助效果跟踪研究报告中应用了奥运赞助效果指数（SPI）。益普索提出，赞助营销必须引起人们的注意，并且信息必须促进人们态度和行为的改变，只有引起目标受众的“反应”，才能使赞助者的营销行为达到有效的赞助效果，具体可分为短期回馈和建立品牌价值。奥运赞助效果指数（SPI）包括对赞助者身份的认知、赞助者声音、错误认知、适合度、品牌形象、购买意愿提升等指标。

### 10.3.3 体育赞助的评估现状

目前，体育赞助评估最常用的研究方法有问卷调查法、访谈法、实验设计法、文件分析法等。很多赞助者在进行体育赞助时，很少对赞助效果进行专门的评估，即使进行评估，评估的专业性也较低。赞助者只通过市场份额和销售数字对赞助的效益进行粗略估计，开展专项体育赞助评估的企业很少。在赛场上，赞助商的频繁变更与其对赞助活动的把握不够、信心不足、评估不深入有关。赞助前的调查评估做得不够深入，赞助后的评估又过于肤浅，被赞助的体育组织不重视赞助效益的评估，导致合作的可持续性较差。

## 复习思考题

1. 什么是体育赞助？

2. 体育赞助有哪些类型？可举例说明。

3. 体育赞助有哪些经济特征？

4. 简要说明体育赞助的实施过程。

5. 在不同情况下，体育赞助的价格不同，请针对不同情况举例说明如何确定赞助费。

6. 目前，体育赞助的效益评估方法有很多，请针对奥运会的顶级赞助选出最合适的赞助效益评估指标与评估方法。

## 参考文献

[1] 蔡俊五, 赵长杰. 体育赞助——双赢之策[M]. 北京：人民体育出版社, 2001.

[2] 鲍明晓. 体育产业：新的经济增长点[M]. 北京：人民体育出版社, 2000.

[3] 许永刚. 中国体育赞助研究综述[J]. 湖北体育科技, 2004:152-154.

[4] 俞诚士. 体育赞助攻略[M]. 石家庄：河北科学技术出版社, 2004.

[5] 胡利军. 我国体育赞助的现状分析[J]. 体育科学, 1999(6):9-12.

[6] 张颖慧, 姚芹, 李南筑. 体育赛事赞助的概念分析与界定[J]. 上海体育学院学报, 2010, 34(2):19-23.

[7] 孙晓强. 体育赞助评估的难点及对象[J]. 广州体育学院学报, 2003(3):7-9.

## 阅读材料

### 2009—2010 克利伯环球帆船赛“中国青岛号”大帆船赞助计划书

1. 赛事概要

克利伯环球帆船赛是世界上最具影响力的航海赛事和规模最大的业余环球航海赛事。1996 年由罗宾•诺克斯 • 约翰斯顿爵士创立。航程长达三万五千海里的克利伯环球帆船赛是世界上最著名的环球航海赛事之一。克利伯环球帆船赛每两年举办一次，每届共分约 7 个赛段，比赛历时 10 个月，参赛船只 10 艘，每艘船长 68 英尺，参赛选手及后勤保障人员约有 400 人。在 2005—2006 克利伯环球帆船赛中，青岛首次成为赛事登陆城市，“中国青岛号”大帆船作为中国的唯一代表参加了该赛事。2009—2010 克利伯环球帆船赛已是第 3 次登陆青岛。

2009—2010 克利伯环球帆船赛于 2009 年 9 月 13 日从英国赫尔亨伯出发，经 7 个赛段，于 2010 年 10 月返回英国。克利伯帆船队于 2010 年 1 月 3 日到 2 月 20 日（或 21 日）由西澳大利亚经新加坡到达青岛港，3 月 2 日离开青岛。青岛市与英国克利伯风险投资公司签订的合作协议规定，在 2009—2010 克利伯环球帆船赛中，有一条克利伯大帆船被冠以“中国青岛号”。同时，还将获得该船的两个全程参与比赛的船员名额，也可以将两个名额按照 7 个赛段分成 14 个名额。2009—2010 克利伯环球帆船赛青岛站组委会面向全国招募“中国青岛号”克利伯大帆船的 20 名船员候选人。

2. 主办单位

青岛市人民政府、英国克利伯环球帆船赛组委会。

3. 承办单位

青岛市帆船帆板（艇）运动协会、青岛城投集团公司。

4. 支持单位

国家体育总局水上运动管理中心，国家体育总局航海运动学校，中央、省、市新闻单位。

5. 支持媒体

CCTV-5、新华社、北京晚报、法制晚报、中国体育报、人民政协报、文汇报、山东电视台、山东人民广播电台、大众日报、齐鲁晚报、青岛电视台生活频道（QTV-2）、青岛电视台都市频道（QTV-5）、青岛人民广播电台新闻频道、交通频道、音体频道、中国经济导报、青岛日报、青岛早报、青岛晚报、半岛都市报、财经日报、山东商报、都市便民报、青岛广播电视报、青岛新闻网、青岛传媒网、《走向世界·帆船之都》杂志社、山东新闻网。

### 6. 活动内容

为体现活动的连续性并使其影响力最大化，2009—2010 克利伯环球帆船赛“中国青岛号”大帆船暨青岛站活动从 2009 年 5 月开始持续到 2010 年 3 月。

活动由 4 部分组成。组委会已针对不同的开发平台策划了系列活动，以使赞助者的投资回报权益最大化。

相关活动的时间为：启动阶段（2009 年 9 月）、招募船员阶段（2009 年 9 月至 2010 年 6 月）、冠名全程航行阶段（2009 年 9 月至 2010 年 10 月）、青岛站活动阶段（2010 年 2 月至 2010 年 3 月）

总金额：800 万元。

### 7. 回报目标

为赞助商的品牌形象增添有威望的、有活力的、积极向上的元素，运用赛事影响力进行市场推广。通过与电视、平面、杂志及网络的广泛合作创造高效的媒体曝光。通过多种互动机会在市民、船员和赞助商之间创造独一无二的联系，发展赞助者可拥有的市场平台，通过积极的市场活动延续赞助者与消费者的互动。为将来与国际航海界、新闻媒体的市场合作搭建强而广泛的业务发展平台。

### 8. 主要权益

（1）独家冠名 2009－2010 年克利伯环球帆船赛船队中的一条克利伯大帆船，如“中国青岛 XX 号”。

（2）可在大帆船上的 75%的展示空间内进行赞助商宣传。如船帆、船体等，组委会可根据赞助者的要求和建议制定装饰方案，也可由赞助商自行提出设计方案。

（3）在全国各大媒体宣传招募“中国青岛号”克利伯大帆船船员活动中，均冠以赞助者的名称。

（4）赠予赞助商两个免费参加克利伯环球帆船赛赛段比赛的船员名额。

（5）2009—2010 年克利伯环球帆船赛将通过平面媒体和电视转播向全球媒体宣传。

（6）中央电视台、新华社、中央人民广播电台、中国体育报、搜狐网站、新体育杂志、全国晚报体育记者协会等全国媒体和青岛各媒体将报道“中国青岛号”克利伯大帆船全程参与比赛的情况；重点报道新闻发布会、船员招募、青岛站嘉年华、欢迎仪式、颁奖晚会等主要活动。

（7）赞助商有权在企业产品、纪念品、宣传品上使用克利伯商标和克利伯 2009—2010 环球帆船赛官方赞助者名称。

（8）在青岛站官方网站为赞助商刊登广告。

（9）“中国青岛号”克利伯大帆船到达青岛站期间可专门根据赞助商的要求举办文化交流等活动。

（10）邀请赞助商出席克利伯环球帆船赛青岛站举办的一切重大礼仪活动。如欢迎仪式、颁奖晚会、启航仪式等。

（11）邀请赞助商出席“中国青岛号”克利伯大帆船命名仪式暨船员见面会；出席克利伯环球帆船赛起航仪式。

（12）克利伯环球帆船赛青岛站举办的主要礼仪活动均可冠以赞助商的名称，如“XX 杯”克利伯环球帆船赛青岛站欢迎仪式。

（13）赞助商提出的在《合作协议》允许范围内的其他要求。

（14）有成为 2011—2012 克利伯环球帆船赛青岛站赞助者的优先权。

# 第 11 章　体育转播及其经济学分析

20 世纪 50 年代，体育赛事主办方还在忧心忡忡地权衡体育转播带来的新收益和现场观众数量减少带来的损失孰多孰少，有的甚至在转播合同中加入了保障条款——如果体育转播造成赛事的整体收益减少，转播机构必须负起弥补这个差价的责任。然而，如今体育转播已经成为体育俱乐部和赛事主办方不可或缺的服务内容。在世界重大体育赛事的运营收入中，来自体育转播权的收益已成为主要收入来源之一。2016 年，里约奥运会的转播权收入达到 41 亿美元，占国际奥委会财政收入的 74%。2018 年，俄罗斯世界杯的转播权收入达到 61 亿美元，占国际足联收入的 53%。现代通信与媒体转播技术的发展颠覆了体育赛事以往的传播形态，体育转播由此焕发极强的生命力。

体育转播在体育产业中地位的提高，与转播权的成功开发及创新经营密不可分。与此同时，体育转播权的销售为体育产业带来了巨额的转播权收入和商业赞助收入。本章从体育转播的概念、类型、特征入手，介绍体育转播的社会效益和经济效益，并通过对英格兰足球超级联赛转播权营销案例的分析，使读者更加直观地了解如何开发和经营体育转播权。

## 11.1　体育转播概述

### 11.1.1　体育转播的概念和类型

美国著名体育社会学学者迈克尔·里尔教授曾说过：“不认真关注媒体和媒体经验，将难以理解今天的社会生活。这是我们必须努力理解体育经济现象和大众媒介两者之间关系的主要原因[1]。”在电视转播和互联网普及之前，职业比赛的劳动效率几乎没有提高。要增加收益只能大幅提高门票价格、举办更多的比赛、修建更大的场馆，但这又会导致比赛成本迅速提高。因此，20 世纪 70 年代，许多欧洲足球俱乐部运转艰难。随着通信技术及现代互联网的发展，体育服务业的性质发生了根本变化，生产效率成倍提高。市场规模从比赛现场扩展到全国乃至全球。毫不夸张地说，没有媒体的介入，就没有现代体育产业的飞速发展。

### 1. 体育转播的概念

郭庆光在其著作《传播学教程》中指出，传播即社会信息的传递或社会信息系统的运行[2]。体育转播是广播、电视、网络等电子声像媒介与体育结合的产物。学者们对体育转播的定义展开了激烈的讨论，但体育转播是随着体育社会化、产业化及技术革新的不断深入而衍生出来的新事物，具有时效性且不断更新。因此，目前学术界还没有准确概括出体育转播的定义。

张玉超对体育转播进行了界定，指出根据著作权和邻接权可以将体育转播分为直播转播和录制转播两类[3]。周正宏在讨论体育赛事节目知识产权保护的研究中指出，从用词上看，体育转播的含义应为广播电台、电视台、网络等媒体对其他广播电台、电视台、网络媒体所播放的节目的再播放；而体育直播应为相关主体对体育比赛的直接播放[4]。向会英指出，体育转播概念的内涵包括商业化视听交流及娱乐、宣传、通知和教育大众等功能，涵盖广播、电视、互联网新媒体及未知媒体通过转播、直播及交流的方式，传播职业体育赛事的途径[5]。

结合各学者的观点，本书将体育转播定义为：体育转播是一种对体育比赛中的影像、语言、文字等资源进行处理，将体育赛事的发生、发展进程进行广播的形式。它是一种充分体现广播电视媒介传播优势的播出方式。

体育转播的历史可以追溯到 1921 年。1921 年，世界上第一家广播电台——美国匹兹堡 KDKA 广播电台第一次为听众提供了棒球比赛的消息。次年，该电台记者在世界职业棒球联赛现场通过电话连接电台演播室，直接向公众直播比赛情况。随后，柏林奥运会的组织者们将电视这种新的媒介引入奥运会。在 1936 年的柏林奥运会上，组委会不但采用电影的形式对比赛进行了记录，还首次进行了闭路电视转播。柏林奥运会成为首次实现电视转播的奥运会，这也是世界上最早的体育比赛电视实况转播。柏林奥运会对 175 项比赛进行了 138 小时的电视转播，共有 16.2 万名观众收看比赛。1958 年，处在经济困境中的国际奥委会将奥运会的电视版权写入《奥林匹克宪章》，明确划分了体育与娱乐的界限，明确了奥运会转播权的归属问题及收入分配问题。自此，体育与电视这对搭档开始携手走进人们的生活，体育转播进入了快速发展的新纪元。随着转播技术的迅速发展，1964 年，东京奥运会通过卫星进行了全球实况转播，数亿名观众观看了开幕式。

20 世纪后半叶，有线电视技术的发展带来了体育转播的新革命。1975 年 12 月，美国发射的“通信卫星一号”开创了有线电视时代。这项技术使得电视频道资源被释放出来，直接导致大量体育专业频道出现。1979 年，美国娱乐与体育节目电视网 ESPN 创办了有线体育电视频道。发展近 40 年后，ESPN 已经可以向全世界 180 个国家和地区全天候播放体育节目。ESPN 不仅报道新闻、转播赛事，还介入体育比赛，在一定程度上改变了比赛规则和运动员的行为方式，甚至还创造了一种全新的运动项目——极限运动大赛（X Game）。

20 世纪末，互联网开始走进寻常百姓家，为受众提供更加丰富多彩的信息资源。21 世纪，互联网新媒体企业蓬勃发展，纷纷布局体育赛事媒体转播，推动了体育转播在互联网背景下的新一轮极速发展。体育赛事版权转播运营由以电视等传统媒体为主体过渡到传统媒体与网络体育平台转播并存的局面。体育赛事在网络平台上的转播具有时效上的及时性、内容上的海量性、用户的高度交互性等天然优势，大大促进了体育赛事在全球范围内的广泛传播，满足了各层次的消费者对体育赛事的消费需求。同时，互联网及移动设备的发展对观众的观看习惯也产生了影响。2018 年，普华永道的调查报告中提到，年轻人倾向于利用移动客户端观看体育赛事，与中老年人有很大区别。

**2. 体育转播的类型**

从 1921 年美国匹兹堡 KDKA 广播电台第一次为听众提供棒球比赛的消息至今，体育转播已经拥有了约一个世纪的历史。随着科学技术的进步，体育赛事与转播媒体的结合更加紧密，体育转播由只能依靠广播媒体转播发展为电视转播与新媒体转播共存。特别是在网络媒体出现后，体育转播进入了高速发展时期，与人们的生活紧密联系。体育内容的电视播出形式也由以录播为主发展为以直播为主、直播与录播相结合的形式。与此同时，体育转播的媒介也越来越多样化。目前，人们对体育转播分类的意见还不统一，下面我们主要按体育转播形式和体育转播途径对体育转播进行分类。

1）按体育转播形式分类

根据体育赛事的发生和发展进程与体育节目播出的关系，可以将体育转播分为直播与录播两种形式。随着技术的不断发展，现在的体育转播以直播为主、录播为辅。

（1）体育直播

体育直播为与体育相关的广播电视节目的后期合成和播出同时进行的播出方式。按播出场合可分为现场直播和播音室（演播室）直播。体育比赛的现场直播是体育转播中最常出现的，也是最能体现技术含量、制作水平与传媒魅力的转播形式。由于现场直播与体育比赛的时空基本平行，所以衰减的信息最少，它能全方位、多角度、立体化地呈现比赛实况，使受众产生参与赛事的同步感、身临其境的现场感和亲近感，最重要的是，它能够反映体育赛事的最大魅力——悬念性。总之，体育比赛现场直播最大限度地保证了比赛的真实性、客观性。与传统的先采后编再播出方式相比，体育赛事现场直播无疑是最能体现体育魅力的转播方式之一。

（2）体育录播

体育录播是指由于达不到某些技术条件、没有购买到媒体转播权、节目时段冲突等，无法进行现场直播而采用的一种延迟播出方式。体育录播是相对于直播而言的，虽然录播的时效性与同步性较差，但它对人们收听和观看比赛的时间要求较低，对转播技术及制作水平的要求也较低。正因为体育录播具有直播无法取代的特点与优势，所以在科学技术日益发展的今天，体育录播仍然是主要的体育转播形式之一。

目前，世界范围内的各项体育赛事、活动数量巨大，其比赛时间往往会“撞车”，造成体育转播时段冲突。而像央视体育频道这样的国家级体育频道，在选择直播节目时，难免需要做出取舍。那些未能直播的赛事、活动，就将在非黄金时段进行录播。然而，即便是录播，也必须在提前约定的时段播出，依然对受众的观看时间提出了要求。值得一提的是，互联网技术的发展解决了上述问题。受众可以通过电脑、手机 App 等，在任何时段“点播”体育节目，回看已经发生的体育赛事和活动。

2）按体育转播途径分类

随着科学技术的发展，体育转播的途径越来越多，由只能依靠广播媒体转播，到电视转播占主要地位，再到新媒体转播的出现，科技的发展对体育转播的影响非常大。随着体育转播途径增多，受众也更加广泛，体育转播从影像、声音、图画及文字等方面带给人们全方位的视听感受。

（1）体育广播转播

从广义上讲，广播包括声音广播和电视广播，它们都是通过无线电波或导线来传送声音、图像的信息工具。从狭义上讲，广播媒体仅指声音广播。在这里，我们所说的体育广播转播指的是狭义的广播媒体。体育广播转播是指在比赛现场随着事件的发生、发展进程同时制作和播出广播节目的播出方式。体育转播最初是通过体育广播转播实现的，20 世纪 20 年代，美国的广播电台开始直播棒球比赛。1924 年，巴黎奥运会上第一次实际应用了大规模无线电广播技术。体育广播转播在 1936 年的柏林奥运会上得到了巨大的发展。在主办者的大力推崇下，奥运会期间一套可以覆盖 40 个国家的短波系统为奥运会的广播报道提供了强有力的技术支持[6]。体育广播转播对转播设备的要求较低，但由于其缺少影像及画面支持，无法使听众产生身临比赛现场的感觉，所以体育广播转播的形式虽然出现较早，但发展十分缓慢，随着电视等新兴传媒力量的崛起，体育广播转播逐渐退出了体育转播的舞台。

（2）体育电视转播

作为 20 世纪最伟大的发明之一，电视是社会经济发展的产物。电视的产生与发展推动了现代社会的进步，改变了人类社会生活的许多方面。20 世纪 50 年代，随着电视和转播技术的发展与普及，电视转播开始进入体育转播领域，并以其得天独厚的优势迅速得到了受众的认可。1954 年，第五届世界杯在瑞士举办，第一次使用电视转播方式转播体育赛事。在随后的几十年里，随着转播技术的不断发展，体育电视转播不断普及。如今，体育电视转播在体育转播中占据了重要地位。

体育电视转播是指在现场随着事件的发生、发展进程，同时制作和播出电视节目的方式，充分体现了声像媒介的传播优势。体育比赛具有很强的竞争性，在反映和表现内容方面明显具有快节奏、超时空、多角度和强刺激性等特点，这些都与电视的表现手段不谋而合。鲜活的现场感、精彩纷呈的激烈竞争和大众化的内容使体育电视转播拥有了广泛且稳定的受众。

在以市场经济为主体的现代社会，体育比赛成了商业活动的重要载体。电视的介入加快了体育产业的发展，电视转播权是体育商业化的主要表现。在美国的带领下，职业运动队成为商业体育转播市场的主体，不仅能够利用运动员赚钱，还能借其“品牌”与广告赞助商及电视转播机构合作并营利。体育电视转播同时为电视产业、体育产业和广告赞助商带来了可观的收益。此外，体育电视转播一方面为体育产业的发展提供了经济支持，另一方面促进了运动项目的变革。例如，NBA 为了鼓励篮下进攻，增强对抗性，特意将三分线扩大；为了保证赞助商的广告能在比赛期间不断出现在观众的视野中，NBA 每场比赛的暂停次数多达 7 次。对抗性强、变化多端且悬念丛生的比赛总是受观众和电视转播机构的青睐。因此，现行的体育项目为了引起电视转播机构的重视，不断对比赛形式、比赛制度、比赛规则进行改革，以提高体育比赛的观赏性及适应电视转播的要求。

（3）体育新媒体转播

新媒体是一个不断发展和变化的概念，是在互联网科技迅速发展的背景下逐渐形成的。联合国教科文组织将“新媒体”定义为以数字技术为基础、以网络为载体的媒介。有学者认为，“新媒体”是借助最新的网络科技，高效发挥信息宣传作用的载体[7]。上海交大的蒋宏和徐剑认为，新媒体是指 20 世纪后期，在世界科学技术发生巨大进步的背景下，在社会信息传播领域出现的建立在数字技术基础上的能使传播信息大大扩展、传播速度大大加快、传播方式大大丰富的与传统媒体迥然相异的新型媒体[8]。从技术上看，新媒体是数字化的；从传播特征上看，新媒体的互动性较强，这是新媒体的根本特征。新媒体是一个相对的概念，其内涵会随传媒技术的进步而不断变化。在现阶段，人们经常提到的新媒体是指利用数字技术，通过计算机网络、无线通信网、卫星等渠道，以及电脑、手机、数字电视机等终端，向用户提供信息和服务的传播形态。

1996 年，亚特兰大奥运会组委会推出了“网络奥运会”，人们只要登录奥运会网站，就可以查询到与奥运会有关的文字声像等资料，这是体育新媒体转播在奥运会中的首次应用。然而，当时的国际奥委会对互联网持保守态度，他们认为新媒体转播会分流大量电视转播的受众，进而冲击电视广告商的利益，损害奥运会和电视转播机构的关系，因此对新媒体转播并不支持。2000 年，在悉尼夏季奥运会开幕前，国际奥委会就郑重声明将对互联网进行监视，以阻止未经授权的新媒体转播奥运赛况，国际奥委会还规定，除了获得奥运会独家网络转播权的美国全国广播公司（NBC），其他网站一律不得播放比赛录像，而 NBC 也只能播放电视节目播放过的内容。从这里可以看出，当时的国际奥委会对新媒体转播的态度相对保守、控制十分严格。

然而，科技发展带动体育转播革命性变化的趋势不可阻挡。随着新媒体的不断发展与成熟，其在各行业的广泛应用得到认可。在挑战和机遇面前，国际奥委会和电视转播传媒机构转变态度，开始尝试在体育新媒体转播这个新兴领域做文章。2000年12月4日和5日，国际奥委会在洛桑召开了“运动与新媒体”大会，会议主要讨论体育与互联网这一新媒体的关系问题。国际奥委会也第一次公开表示，允许10个国家的17家网站转播那些电视转播覆盖相对较窄的运动项目。从此，新媒体转播奥运会的闸门被打开，在2004年的雅典奥运会上，国际奥委会把新媒体转播权打包销售给传统媒体。在北京奥运会期间，新媒体转播的受众达到2.44亿人[9]。新媒体打破了人们获知实时赛况的3大障碍：地域、时差和容量，成为受众随时随地接收海量赛事信息并参与互动的完美转播载体。

在互联网普及的早期，台式电脑及笔记本电脑是体育新媒体转播的主要介入设备。随后，移动设备（特别是手机）在体育转播中发挥的作用越来越大。手机不再是单纯的通话工具，还成了视频内容的播放平台。手机赢得了青年人的喜爱，也顺理成章地成了转播体育赛事的新载体。2006年德国世界杯，有超过100个国家的移动运营商与国际足联赛事电视转播权代理商签订了世界杯手机转播协议。从此，体育手机转播开始进入人们的视野。据统计，2018年，在俄罗斯世界杯期间，中国有超过69%网民通过手机观看赛事或浏览世界杯资讯，手机已成为观看体育比赛的重要渠道[10]。与其他媒介相比，手机转播几乎不受时间和空间的限制。一些手机还特别设计了断点录制、定时录制等功能，可以随时把每场比赛的精彩瞬间记录下来，储存在手机中。值得一提的是，随着平板电脑的推出，这种屏幕比手机大、又比电脑小巧的移动设备逐渐被人们接受，成了另一种互联网接入设备，也成了用户观看体育赛事的新选择。

新媒体的出现将体育转播推向了一个新的高度。各种技术手段的推陈出新、迭代升级，使体育新媒体转播更加丰富多彩，从时效性和信息量的比拼，迅速发展为内容质量与多样性的比拼。“弹幕”“体育主播”“体育类娱乐综艺节目”等新玩法使观众可以更及时、更便捷地进行互动，成为体育新媒体转播的重要内容和亮点。

### 11.1.2 体育转播的特征

体育转播既是转播的分支，又是体育产业的重要组成部分。因此，它不仅具有一般转播的共性特征，还具有其独特的个性特征。具体而言，体育转播具有全面性、选择性、专项性。

### 1. 全面性

体育转播不是简单、平面的实况转播，而是对体育赛事全天候、全方位、多角度的报道。在转播体育比赛时，除了报道比赛赛况，往往会随时对比赛中出现的技术和比赛规则进行分析，还会介绍一些与运动项目、参赛运动员相关的信息。这不仅有助于体育转播受众更加深入全面地了解比赛情况，还能帮助人们增长体育知识、提高欣赏水平。体育转播的全面性，使其在某种程度上甚至具有比在现场观赛更好的观赛体验。

### 2. 选择性

对于国际上的大赛，尤其是综合赛事，各转播机构会根据受众的需要和自身实力有选择地进行转播。一般来说，转播机构进行体育转播往往要考虑以下因素。

1）体育赛事的吸引力

目标受众对体育赛事的喜爱程度决定了转播机构是否会转播该赛事。例如，美国的转播机构对在本土拥有较高人气的橄榄球、棒球、篮球、冰球和汽车运动等项目情有独钟。相比之下，足球、羽毛球、乒乓球等项目的比赛则很难在黄金时段播出。而在中国，橄榄球、棒球等项目的播出时间很难与足球、篮球等项目的播出时间相比。在转播奥运会时，各国会尽可能多地转播受本国人民喜爱、观赏性强、竞争激烈或本国有实力获得冠军的比赛。

2）体育项目的投入

体育项目的投入包括俱乐部的投入、赞助商的投入和球迷的投入。如果一个体育项目历史悠久、观赏性强、受众广，那么无论是俱乐部、赞助商还是球迷都愿意投入该项目，使其能够继续提供精彩的比赛、创造优美的观赛环境。一个运作良好的体育赛事会拥有数量惊人的受众，庞大的受众群体构成了规模巨大的体育赛事广告市场，从而使大众传媒不惜斥巨资争相购买转播权，对该体育赛事进行转播。

3）播出效果的评估

播出效果的评估指标主要包括收视率、满意度、美誉度等。其中，收视率是评估体育赛事播出效果最重要的指标之一。一切体育转播活动的开展都离不开受众。收视率高的体育赛事能够吸引大量广告，大量广告带来的巨额利润驱使转播机构争相转播体育赛事。美国职业橄榄球大联盟（NFL）年度冠军赛超级碗是美国每年收视率最高的体育赛事。据统计，2019 年，超级碗的观看人数超过 1 亿人，30 秒广告的售价为 500 万美元。

4）转播机构自身的实力

在大众传媒，特别是互联网媒体迅速发展的推动下，体育转播的受众数量成倍增加，构成了规模巨大的体育赛事广告市场，带动了体育转播权的价格节节攀升。以奥运会转播权的价格为例，据统计，从 1980 年莫斯科奥运会到 2008 年北京奥运会的 28 年间，奥运会电视转播权的价格提高了 15 倍。1980 年莫斯科奥运会为 1.1 亿美元，1984 年洛杉矶奥运会为 2.87 亿美元，2004 年雅典奥运会为 14.985 亿美元，2008 年北京奥运会为 16.97 亿美元，2012 年伦敦奥运会为 30.30 亿美元，2016 年里约奥运会为 41 亿美元[11]。体育转播费用的不断攀升，导致一些小型转播公司无法买到热门体育赛事的转播权。转播机构只能根据自身的经济实力和资金状况进行选择。

3. 专项性

一些著名的国际转播机构都有其特色的体育转播项目。以美国为例，NBC 主要转播奥运会，CBS 主要转播美国网球公开赛，ABC、TNT、ESPN 主要转播篮球比赛，FOX 则于 2018 年获得了 NFL 5 年的选秀转播权。我国的新媒体平台则依据自身的媒体版权布局战略，多方角逐、各有所专。体育转播的专项性有利于转播机构最大限度地利用有限的资源，提供更深入、更全面的体育转播节目。

体育转播的专项性不仅体现在转播机构转播的项目上，还体现在体育转播过程中形成的专项转播团队和专业转播人员上。一些体育机构为了提供更好看、更全面的体育比赛及获得体育转播的巨额收益，建立了自己的电视台。

### 11.1.3 体育转播的现状

体育转播逐渐向两极化、市场化、专业化、多样化、融合化发展。

1. 体育转播的两极化

当今世界，政治、经济发展的不平衡导致全球体育转播市场分布不均衡。目前，体育转播市场较发达的地区是欧洲和北美。

### 2. 体育转播的市场化

随着现代体育的职业化、商业化，体育转播逐渐成为一种商品。它不仅推动了现代体育在全球的推广，还促进了体育产业的飞速发展，使其逐渐成为发达国家产业的重要组成部分。如果说广播转播是体育转播的尝试，那么电视转播则加速了体育转播的市场化进程，新媒体转播深化了体育转播的市场化程度。在一些体育转播发达的国家，体育转播在体育市场收入中占了很大份额。英国曼彻斯特联足球俱乐部 2017 年的转播收入达到 1.9 亿英镑，占俱乐部总收入的 1/3 以上[12]。从国内体育转播权交易行为来看，2015 年，体奥动力以 80 亿元的价格购买了中超联赛 5 年的转播权；2018 年，优酷以 16 亿元的价格购买了 2018 年俄罗斯世界杯转播权；2019 年，腾讯体育以 5 年 15 亿美元的价格续签 NBA，中国区数字媒体版权继续留在腾讯。体育转播收入已经成为许多赛事生存和发展的经济基础，使其能够为人们提供更多、更好的高水平赛事。体育转播市场化的核心是体育转播权交易，积极培育体育转播权市场、制定法律法规、规范体育转播权经营制度，是体育转播市场化的重要途径。

### 3. 体育转播的专业化

经过 90 多年的发展，体育转播已从节目时代进入频道时代。频道时代的概念始于 20 世纪 50 年代的 BBC，指设立专门的频道对体育赛事进行全方位、深度、细致的追踪报道。专业频道是受众获取信息的最佳平台，也是转播机构进行资源整合的最佳平台。它不仅可以通过拓展体育赛事的外延、挖掘新闻事件的深度，来为受众提供更丰富的信息，还可以通过包装体育赛事，传送更精彩的画面和声音，来增加现场直播的魅力。在转播人员方面，人员质量不断提高、数量不断增加。例如，2000 年悉尼奥运会，NBC 共派出 3000 名工作人员前往澳大利亚；2004 年雅典奥运会，NBC 共派出 4000 名工作人员，工作内容也更加细化和专业化。2008 年；北京奥运会注册记者的报道人数为 9154 人（境内记者 4479 人，境外记者 4675 人），达到历届之最。

随着传媒产业和转播技术的发展，体育转播越来越规范，转播的质量越来越高。国际转播包括 3 个标准信号：画面、声音和字幕图形。专家也经常用这 3 个信号来评判转播水平。目前，体育转播在画面、声音和字幕图形方面一般都能做到专业化、规范化、特色鲜明和相对完善，既符合体育赛事的竞赛规则，又符合受众的欣赏习惯。每年或每个赛季，一些知名的体育赛事都会在画面、字幕图形方面做出创新，以使受众具有更新颖的体验。

4. 体育转播的多样化

随着网络技术、通信工程的发展与革新，继报刊、广播、电视 3 大传统媒体之后，手机、数字电视、平板电脑等新媒体终端逐渐普及。体育新媒体转播在体育转播中占据的份额逐渐增加。多种多样的媒体终端降低了体育赛事受众获取信息的成本，扩大了体育赛事的受众面，加快了体育赛事商业潜力的开发与创新，进一步发挥了体育的影响力，促进了体育产业的发展。

5. 体育转播的融合化

随着体育转播的多样化，体育转播的媒介出现了融合。例如，新媒体虽然不能取代电视，但会对电视的单向传播方式产生影响，借助新媒体的交互性、媒介融合性和及时共享性等特点，可以建立多元的体育信息平台，丰富体育传播方式，促进体育赛事的内容设计和节目制作。体育转播媒介的融合可以实现各种转播渠道的优势互补。

## 11.2 体育转播权

### 11.2.1 体育转播权概述

随着现代体育的职业化、商业化，市场化成为体育转播发展的必然趋势。体育转播权的经营是体育转播市场化的核心。体育转播权是体育组织或赛事组委会许可第三方使用电视、网络等媒体技术进行现场直播、转播、录播，并以商业手段获取收益的权利。实际上，体育转播权是体育竞赛表演的“场外销售权”，是体育竞赛表演“票房价值”的一部分。体育转播权是属于体育组织或赛事主办单位的体育无形资产，体育组织或赛事主办单位是体育转播权的所有者，它们通过有偿转让体育转播权获得收益。

1. 体育转播权的类型

体育转播权的类型有很多，下面我们主要按转播内容和授权范围对其进行分类。

1）按转播内容分类

按转播内容，可以将体育转播权分为 3 类：赛事新闻报道权、赛事转播权和赛事集锦权。随着版权意识的增强，使用 1 分钟以上的赛事画面就需要获得（并不一定要付费）版权方授予的相应权利。赛事新闻报道权一般限时在 2 分钟内。2 分钟以上的属于专题，需要获得赛事更高级别的授权。实况转播或录播体育赛事则必须购买赛事转播权。赛事集锦权是指把整个赛事中的精彩画面重新编辑并集中使用。

2）按授权范围分类

按授权范围，可以将体育转播权分为全国性版权和地方性版权。全国性媒体是指频道覆盖全国的电台、电视台，如中央电视台。全国性版权不是全国地方电视台的版权。地方性版权是指地方电台、电视台购买体育转播权，在本台覆盖区域的区域性频道中播放。随着科技的发展，授权范围也涉及了不同的平台。例如，电视、手机、电脑等平台，这些平台虽然都能以视频方式呈现体育比赛，但一般会分别授权。

### 2. 体育转播权的特征

在市场经济条件下，从不同社会产品在消费过程中的受益对象（受益人）的差异来看，任何社会产品在被消费时都具有下列体现其性质的显著特征：①消费是排他的还是非排他的；②消费是竞争的还是非竞争的。根据社会产品竞争性和排他性，可以将其分为：公共产品、私人产品和准公共产品。公共产品和私人产品是产品的两种极端形式。公共产品指同时具有非排他性和非竞争性的社会产品；私人产品则与公共产品的概念对立，指在消费过程中，具有竞争性和排他性的社会产品；准公共产品是一种介于公共产品和私人产品之间的社会产品。体育转播权属于私人产品，其经济特征主要表现在以下方面。

1）体育转播权具有竞争性

竞争性是指，如果某人已经使用了某个商品，则其他人不能再使用该商品。精彩赛事富有感染力，能够为转播媒体带来高收视率，从而带来高额利润，因此，众多媒体争相购买转播权。一旦某转播机构获得了某项体育赛事的转播权，其他机构就没有权利对该体育赛事进行转播。

2）体育转播权具有排他性

排他性是指，只有购买了商品的人可以使用该商品。体育转播权属于无形资产，无形资产最大的特点就是专有性、独特性。根据国际惯例，体育组织或赛事主办单位对转播权这种无形资产拥有独占权和禁止权。因此，转播权的所有者可以通过招标、拍卖或组合定价等方式，以合同或契约的形式实现转播权的转让。也就是说，只有付费购买了转播权的组织或个人才能进行转播，并从中获得收益。

### 11.2.2 体育转播权的经营

体育转播权的经营是指，体育组织或赛事主办单位为保证体育转播权得到合理的配置和充分有效的使用，实现其保值、增值目标，提高经济效益和社会效益，而进行的各种运营筹划和管理活动。体育转播权的经营是体育无形资产经营的一部分，与一般的体育经营活动不同。

#### 1. 体育转播权的发展过程

奥运会是世界上影响力最大的体育盛会，为其他体育赛事和活动树立了榜样，其在体育转播方面的发展过程也恰是体育转播权发展过程的缩影。

1）萌芽阶段（20 世纪 50 年代以前）

世界上第一笔较大的体育转播权交易发生在 1948 年。在这次交易中，奥委会从 BBC 手中获取了 1000 几尼（约合 3000 美元）的电视转播费用[1]。在伦敦奥运会期间，BBC 共播出了 64 小时的奥运节目，伦敦周围 50 公里范围内的 50 万人通过电视观看了比赛。然而，当时国际奥委会坚持非商业化的奥林匹克理念，导致刚刚萌芽的体育转播权市场无法壮大。

2）初步探索阶段（20 世纪 50 年代到 80 年代）

20 世纪 50 年代，除了收取有限的会员费，国际奥委会没有其他固定收入来源，日益增加的各项开支使国际奥委会到了破产的边缘。此时，出售转播权无疑是解决财政问题的良策。1956 年，国际奥委会打算出售墨尔本奥运会的转播权，并制订了新的财务计划，迈出了有偿出让转播权的第一步。但美国 3 大电视网却以奥运会比赛是新闻而不是娱乐为由拒绝支付转播费用，从而引发了争议。1958 年，国际奥委会把奥运会电视版权写进了《奥林匹克宪章》。宪章第 49 条规定："经国际奥委会批准，该权利由组委会出售，并依照国际奥委会的指示对收入进行分配。"国际奥委会在转播权上的坚定立场使转播机构开始为争夺转播权展开角逐。1958 年，美国哥伦比亚广播公司（CBS）以 5 万美元的价格买下了当年冬奥会在美国的转播权；1960 年，以 39.4 万美元的价格买下了罗马夏季奥运会的转播权。从 1972 年的慕尼黑奥运会开始，国际奥委会进一步明确了电视转播权的商业价值，主动参与了转播权费用的分成。此阶段的转播权主要由奥运会组委会销售，国际奥委会代表各国、各单项体育组织，根据协商比例规定转播权销售收益分成。1980 年，商人出身的国际奥委会主席萨马兰奇将 1984 年美国洛杉矶奥运会的经营交给尤伯罗斯，尤伯罗斯经营奥运会的理念是大幅提高奥运会的转播费用。在尤伯罗斯的商业化运作下，洛杉矶奥运会组委会开创了商业化经营奥运会的先例。其中，转播权的销售收入高达 3.6 亿美元。从 1988 年开始，国际奥委会逐渐掌握了销售转播权的主动权。

销售转播权为国际奥委会带来了许多益处，各组织纷纷效仿。20 世纪 70 年代，美国橄榄球联合会的体育转播权收入为 4600 万美元，而 1986—1987 赛季的体育转播权收入达到 50 亿美元；20 世纪 80 年代中期，欧洲广播电视联盟付费转播了欧洲足球锦标赛和世界田径锦标赛；澳大利亚、新西兰、日本、加拿大等国也在这个时期相继加入了购买国际体育转播权的行列。在这一阶段，体育转播权的经营活动在世界范围内得到了初步发展。

3）繁荣发展阶段（20 世纪 90 年代至今）

1992 年，国际奥委会再次明确了转播权的权力归属，取消了奥运会组委会在转播权谈判方面的部分权力，标志着体育转播权的经营进入繁荣发展阶段。1995 年 10 月，国际奥委会重新确定了体育转播权收入的分成：49%归奥运会组委会，51%归国际奥委会，国际奥委会真正成为奥运会转播权的销售主体。同时，国际奥委会还开始实施转播权的“捆绑式”销售战略，其目的就是要让转播机构更多地分担奥运会的风险，使双方成为利益共同体。

此外，这一阶段的转播权经营特征还表现为，除了转播机构，一些大型国际中介机构也加入了转播权购买行列。通过中介机构的专业运作和合理分配，转播费又一次实现了大幅上涨。例如，德国 ISL 集团和 KIRCH 集团合作，于 1996 年 7 月以高额保证金的方式，获得了 2002 年（10.4 亿美元）和 2006 年（12 亿美元）世界杯在世界范围内（除了美国）的电视转播权，购买价格远远高于 1998 年的 1.84 亿美元。除此之外，还需按规定的比例将其经营收入的利润上缴国际足联。

转播机构在获得体育转播权的同时也拥有了对体育赛事进行转播的排他性权利。例如，国际奥委会对没有转播权的电视台新闻报道有如下规定：只允许在间隔超过四小时的综合新闻节目中，报道总量不超过两分钟的奥运新闻，而且在这两分钟新闻里每个项目的长度不得超过 30 秒[13]。这些排他性权利，使转播机构能够通过在某地区转播某赛事来获得极高的收视率。收视率能吸引大量广告，为转播机构带来丰厚的报酬，这正是转播机构愿意出高价购买体育转播权的原因。

### 2. 体育转播权的经营原则

体育转播权的经营是体育转播市场化的核心，优化体育转播权的营销方式，按照市场经济规律对其进行合理利用，是促进体育产业和体育转播产业协同发展的关键。我国经济体制的特殊性使我国的体育转播权市场化进程与西方发达国家不同。有些学者把体育转播权看作公共产品或准公共产品，一些转播机构也打着公益的旗号无偿使用体育资源，导致在一段相当长的时间内，我国体育转播权的市场化进程几乎停滞。然而，随着竞赛体制改革的深化，各类竞赛由体育行政部门统包统揽变为体育行政部门、行业主管部门、各城市、个人等分别主办，并向“谁举办、谁出钱、谁负责、谁受益”的方向发展。而且，民众对体育赛事活动的关注度日益提高，我国体育转播权的经营也发生了一些变化。综合以上背景，结合我国国情，得到体育转播权的经营应遵循以下基本原则。

1）全面效益原则

追求效益，即用尽可能少的投入获得尽可能多的产出，做到投入少、产出多、效益高，实现利润最大化。在社会主义市场经济条件下，体育转播权的经营必须追求全面效益。

（1）既要讲求经济效益，又要讲求社会效益，把经济效益和社会效益结合起来。体育转播权的经营收入是体育组织或赛事组委会获得经济收益的主要来源，版权经济的特点是一经形成便可反复使用，成本低、回报高。提高体育转播权的经济效益，是解决财政经费投入不足和赛事经济收益低下等问题的有效方法。此外，体育转播权的经营还要考虑社会效益，即体育转播权经营要有利于体育产业的可持续发展，不能竭泽而渔、杀鸡取卵。

（2）既要讲求当前效益，又要讲求长远效益，把当前效益和长远效益结合起来。这是正确处理体育事业发展中当前利益和长远利益的关系、保障人民群众根本体育利益的需要。只顾当前利益而忽视长远利益或只顾长远利益而忽略当前利益，都会损害国家和公民最根本的体育利益。

（3）既要讲求局部效益，又要讲求全局效益，局部效益必须服从全局效益。局部效益和全局效益的根本是一致的，但是在实际经营过程中也会产生矛盾。例如，各项目协会在体育转播权的经营中搞低价竞销，那么一个单位可能会获得局部利益，但是整体利益将会受到损害。因此，体育转播权的经营必须强调全局效益优先。

2）体育转播权行政管理与经营管理相对分离的原则

影响体育组织开发体育转播权成败的重要因素是体育组织能否适应不断变化的环境。目前，要深化体育体制改革，进一步明确与体育转播权相关的各种经济关系，特别要明确行政主体与营销主体的关系。只有这样，才能调动各方的积极性，实现全方位的协调与配合，做好体育转播权的开发工作。行政主体主要对体育转播权进行宏观调控，对转播权的经营进行监督。营销主体的角色应由中介性经营组织担任，主要承担投资、经营及收益分配工作。

使体育转播权行政管理与经营管理相对分离，不仅体现了政企分开、政事分开的原则，还是体育事业适应社会主义市场经济体制的根本要求。体育转播权的行政管理与经营管理分离，既有利于体育组织或赛事组委会的行政部门集中精力加强对转播权的行政管理，认真贯彻国家的方针政策，对体育转播权经营进行正确有效的监控，保证体育转播权的经营活动符合国家利益和政策要求，又有利于中介性经营组织专心从事体育转播权的经营管理工作，不断提高经营管理水平，提高体育转播权经营的时效性，确保体育转播权不断增值。

3）系统优化原则

系统优化原则是指，在体育转播权的经营过程中，要从系统的观点出发，力求用最优方案处理各种关系、解决各种问题。优化是提高体育转播权经营效益的重要保证，只有用最优方案和方法处理体育转播权经营中的各种关系和问题，实现优化经营，才能使体育转播权得到合理的开发，获得良好的经营效益。目前，体育转播权存在很大的市场机会，这种市场机会主要由居民对体育节目的需求结构不断发生变化和体育节目相对稳定的矛盾、国内精品体育节目存在供应量小于需求量的矛盾等造成，体育组织的资源优势和转播权经营者的创新思维将会扩大这种市场机会。而只有贯彻系统优化原则，做好科学设计和提高赛事质量等战略规划，体育组织才能真正把握市场机会。另外，在实施过程中，要加强监督控制，根据主客观条件的变化，及时进行优化调整，以保证实现经营目标。

### 3. 体育转播权的定价机制

体育转播权属于无形资产，具有很大的潜在价值。这种潜在价值由比赛等级、比赛周期、明星效应、运动项目普及度、项目观赏度、社会影响力、买方的经济承受能力、买方的版权运营能力、媒体版权保护制度等因素综合决定。作为体育转播权的拥有者，体育组织或赛事主办单位必须对体育转播权的运营进行恰当的策划，合理计算体育转播权的价格，科学选择体育转播权的经营方式，才能实现增值，获得经济收益。

1）体育转播权转让价格的影响因素

体育赛事消耗的人力、物力、财力，以及培养运动员成才所付出的心血和费用难以用货币准确衡量。而且转播权的局限性很强，仅限于电台、电视台和一些网站购买，需求弹性很大。因此，不能完全按照价格理论来估算转播权转让价格[14]。本节从商品交换的角度出发，结合其他经济、社会环境因素分析体育转播权转让价格的影响因素。

（1）赛事的等级及赛期。赛事等级是根据参赛队水平、比赛难度、赛事规模及影响力等多种因素综合评定的，不同等级赛事的转播权价格不同。一般来说，体育赛事的知名度和竞赛水平与收视率成正比。赛期与转播权价格也有很大关系，热门比赛的体育转播权转让价格与转播场次有关，赛期越长、场次越多，价格就越高。

（2）通货膨胀率与资金的时间价值。当体育组织或赛事主办单位预售转播权或以上届赛事的转播权转让价格作为本届赛事转播权价格的参照标准时，要考虑通货膨胀率和资金的时间价值。

$$\text{必要收益率}=\text{资金的时间价值}+\text{通货膨胀补贴率}+\text{风险收益率} \quad (11\text{-}1)$$

（3）转播权价格膨胀率。在全球经济普遍发展、竞技体育市场不断扩大、传播业日益发达，以及通货膨胀等因素的影响下，无论是国际大赛还是热门的单项体育赛事，其转播权价格都呈上升趋势，即转播权价格膨胀。

$$\text{转播权价格膨胀率}=\frac{\text{某届赛事的转播权价格}-\text{上届赛事的转播权价格}}{\text{某届赛事的转播权价格}}\times 100\% \quad (11\text{-}2)$$

（4）买方的经济承受能力。不同转播媒介（电台、电视台和新媒体）的经济实力不同，不同地区的电台、电视台和新媒体的经济实力也不同。因此，为了在不同地区实现不同的传播目标，同样的体育转播权卖给不同电视台和新媒体的价格不尽相同。

（5）体育组织或赛事组织者与其他转播机构成交的价格。体育组织或赛事组织者可能会把转播权卖给不同的电视台或新媒体，虽然受买方经济实力的影响，成交价格会有差别，但不应相差太多。

（6）体育转播的预计收视、收听率。体育转播的预计收视、收听率取决于购买转播权的电台、电视台和新媒体覆盖地区的人民对该赛事的喜爱程度。而收视、收听率可以决定买方可能从广告费中获得的收益。因此，预计收视、收听率越高的赛事，转播权的转让价格越高。

2）体育转播权转让价格的计算方法

体育转播权属于无形资产，需要综合各种影响因素，按照国际惯例并结合实际情况来计算体育转播权的转让价格[14]。

（1）总收入比例计算法。该计算法中的百分率是参考国际惯例中转播权占赛事总收入的比例得到的。一般来说，知名度较高的体育赛事的转播权收入等于本届赛事预计总收入的 30%～50%。知名度较低的体育赛事的转播权收入一般不超过本届赛事预计总收入的 10%。

（2）通货膨胀率计算法。美国全国广播公司购买 2004 年、2006 年、2008 年夏季和冬季奥运会的转播权时就是采用通货膨胀率计算法计算转让价格，通货膨胀率为 3%。如果赛事的举办周期为 1 年，则

$$\text{转播权价格}=\text{上届赛事的转播权价格}\times(1+\text{通货膨胀率}) \quad (11\text{-}3)$$

如果赛事的举办周期为 4 年，则应先对 4 年的通货膨胀率求平均数，有

$$\text{转播权价格}=\text{上届赛事的转播权价格}\times(1+\text{平均通货膨胀率}) \quad (11\text{-}4)$$

（3）转播权价格膨胀率计算法。转播权价格膨胀率的计算公式如式（11-2）所示。转播权价格为

$$\text{转播权价格}=\text{上届赛事的转播权价格}\times(1+\text{平均转播权价格膨胀率}) \quad (11\text{-}5)$$

（4）赛事等级系数计算法。赛事等级系数需要根据参赛队水平、比赛难度、赛事的规模及影响力等多种因素综合评定。

$$\text{转播权价格}=\frac{\text{基价}\times\text{赛事等级系数}}{\text{电视台等级系数}} \quad (11\text{-}6)$$

### 4. 体育转播权的交易方式

由于计算体育转播权转让价格的特殊性，体育转播权的交易方式有其自身的特点。目前，国际上比较常见的交易方式主要有转播权交易双方当面磋商、

公开竞争招标、中介运作、集中销售和合作经营 5 种。

1）转播权交易双方当面磋商

转播机构直接与赛事组委会洽谈转让事宜，并最终敲定转让价格。这种方式是最初的也是最常见的体育转播权交易方式。一般来说，除了转播权交易，双方可能谈判的内容还包括以下两点。

（1）广告置换，指赛事组委会和体育组织将转播权转让给转播机构，转播机构不直接付钱给卖方，而是以等价的广告时段来支付。广告内容可以是赛事宣传，也可以是商品广告。

（2）分成签约，指赛事组委会将体育转播权转让给转播机构并签订转播收益分成协议，按一定比例获得转播带来的经济收益。

2）公开竞争招标

众所周知，体育赛事具有很大的影响力，购买精彩赛事转播权无疑是转播机构展现自我、证明实力、赚取利润的好机会。面对一个国家或地区多家电台、电视台及网站的竞争，奥运组委会、国际奥委会、单项组委会或大赛组委会按照公平、公正、公开的原则进行招标，决定转播权的最终归属，寻找更具实力和影响力的转播机构。

3）中介运作

体育转播权的商业运作比较复杂，目前许多国际单项体育组织和国家协会都采用由中介机构代理出售转播权的方式。这种所有权与经营权的分离促进了体育转播权的经营和销售，也免去了体育组织与转播机构之间冗长的谈判周期与繁重的工作量。

4）集中销售

（1）几届赛事集中销售。几届赛事集中销售是指把连续几届赛事的转播权以不同的价格一并转让给同一家转播机构。这种方式可以保证体育转播权销售的稳定性和延续性。例如，2011 年，国际足联以 4.25 亿美元的价格把 2018 年、2022 年世界杯所有赛事的美国转播权销售给美国福克斯集团。

（2）职业联盟集中销售。多家职业俱乐部组建成职业联盟，由该联盟与转播机构洽谈转播权销售事宜，并将收入平均或按一定比例分配给参赛俱乐部。这种方式提高了职业联盟的整体效益，缩小了职业俱乐部的贫富差距，也使赛事更加精彩。

5）合作经营

（1）转播机构联合经营。转播机构联合经营是指多家转播机构组建转播联盟，转播联盟负责统一购买体育转播权。这种方式保证了赛事的广泛传播，提高了赛事的影响力。也使转播机构获得了主动权。近年来，传播机构联合经营的方式较为常见，如欧洲 31 家广播机构组建欧洲广播联盟，分别以 3.5 亿美元、1.2 亿美元的价格购得 2000 年悉尼奥运会和 2002 年美国盐湖城冬奥会的转播权[15]。

（2）体育组织与转播机构合作经营。体育组织与转播机构合作经营是指体育组织成立的专门赛事公司与转播机构合作，面向全国统一销售体育转播权。

## 11.3　体育转播的效益

现代体育在发展过程中有效借助了媒体的力量。毫不夸张地说，如果没有媒体的介入，就没有今天体育产业的飞速发展，也没有体育服务业生产效率的大幅提高。体育转播的效益最初体现在扩大体育的社会影响力上，随着体育转播市场化进程的发展，特别是体育转播权的商业开发，体育转播带来的经济效益日益凸显。

### 11.3.1　体育转播的经济效益

体育转播就像神奇的点金棒，不仅能为体育组织和赛事组委会带来巨大的经济收益，还能为体育主体产业和体育相关产业的发展提供经济支持。

**1. 体育转播为版权方带来巨额收益**

体育转播的介入为体育组织和赛事组委会带来了巨大的经济收益。一方面，它通过转播比赛提高了体育赛事的知名度和影响力，从而提升了赛事的品牌价值；另一方面，它通过销售转播权为体育组织和赛事组委会带来收入。

体育组织或赛事组委会是体育转播权的所有者，它们将销售体育转播权作为获取收入的主要渠道。要想了解体育转播是如何为体育组织或赛事组委会带来经济收益的，可以先回顾 20 世纪 80 年代以来，销售体育转播权为奥运会带来经济收益的案例。美国哥伦比亚广播公司（CBS）是奥运会历史上第一个转播权买主。1958 年，CBS 以 5 万美元的价格买下了当年冬季奥运会的美国转播权。1984 年，洛杉矶奥运会组委会在尤伯罗斯的杰出领导下，开创了商业化经营奥运会的先例。夏季奥运会电视转播权的销售收入如表 11-1 所示[16]。体育转播权收入是国际奥委会探索商业化运作的切入点，是国际奥委会的主要收入来源。成功的商业运作使体育转播成为国际奥委会的支柱产业。在国际奥委会的启发下，体育转播权也成为各国际单项联合会、各国家体育组织、职业联赛的重要开发资产，这种开发极大地改善了各体育组织的财政状况。在互联网时代，体育转播权的市场价值得到了更大程度的开发。体育转播权在营销过程中衍生出了一系列新的类型，包括全媒体版权、数字媒体独播权、部分场次新媒体版权等，为体育组织和赛事组委会带来了新的经济增长点。

**表 11-1　夏季奥运会电视转播权的销售收入**

| 年份 | 1984 年 | 1988 年 | 1992 年 | 1996 年 | 2000 年 | 2004 年 | 2008 年 | 2012 年 | 2016 年 |
|---|---|---|---|---|---|---|---|---|---|
| 地点 | 洛杉矶 | 首尔 | 巴塞罗那 | 亚特兰大 | 悉尼 | 雅典 | 北京 | 伦敦 | 里约 |
| 收入 | 28700 万美元 | 40300 万美元 | 63600 万美元 | 70000 万美元 | 131800 万美元 | 148200 万美元 | 169700 万美元 | 191200 万英镑 | 410000 万美元 |

### 2. 体育转播推动体育产业兴起繁荣

体育产业的快速发展与体育转播的介入有很大关系。体育转播使体育的影响成倍扩大，数亿体育迷成为体育市场潜在的构成元素，这是体育产业形成的必要条件。体育转播为体育产业提供了发展所需的资金，随着体育产业的飞速发展，体育转播逐渐成为体育产业发展不可缺少的重要支撑。

体育主体产业主要包括体育竞赛表演活动和体育健身休闲活动。大众传媒技术的发展推动体育转播不断突破国家、地域的限制。通过体育转播，世界各地的人可以在同一时间观看精彩的体育赛事，一睹各国运动员的风采。手机等新媒体的发展和普及，使体育转播具有“零时性”甚至“全时性”，人们足不出户就可以完成体育消费，扩大了体育竞赛表演产业的社会覆盖面，提高了其社会影响力。

体育转播在体育和大众之间筑起了一道沟通的桥梁，能够拓展体育健身休闲市场。随着经济的不断发展，人们的生活水平明显提高，居民生活方式和消费结构发生了很大变化。与此同时，人们的体育消费观念也开始发生变化，出现了多层次、多形式的体育健身消费需求。一些娱乐性较强的健身项目通过大众媒介的转播，逐渐得到了人们的广泛认同，形成了具有庞大经济效益的体育健身休闲市场。

体育转播通过创造性再生产优化了体育资源，不仅能使体育组织获得更多收入，还能激活体育产业的发展，使体育产业走上可持续发展之路。

**3. 体育转播促进周边产业协同发展**

在现代社会中，有很大一部分受众是通过体育转播认识体育、了解体育的。通过体育转播的宣传和介绍，人们加大了对健康的投资，生活方式逐渐发生变化。体育转播使人们增加了体育消费，促进了体育相关产业的发展。

体育转播是体育产业和广播电视等传媒产业协同发展的产物，在体育转播的经营过程中，通过产业关联效应可以扩大多类产业部门的生产规模和社会整体的生产力。作为产业关联最重要的表现形式，产业链在带动连接上下游产业的联动发展方面具有重要作用。产业链是指一种最终产品的生产和加工过程中（从最初的资源或原材料一直到最终产品到达消费者手中）包含的由各环节构成的整个纵向链条。产业链不仅是产品链和价值链，还是信息链和功能链，可以看作由制造商、供应商、经销商和消费者等组成的一个有机系统，通过物流的周转和信息流的反馈来促进该系统的持续运转。在产业链中，每个环节都是一个相对独立的产业。体育转播产业链分为 5 个环节：赛事举办、组织营销、市场交易、赛况转播和受众消费，如图 11-1 所示。

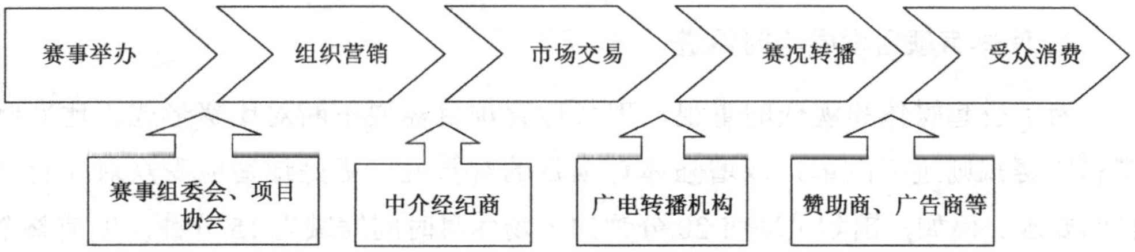


图 11-1　体育转播产业链

## 11.3.2　体育转播的社会效益

在体育转播走向市场化之前，其展现的主要是社会效益。虽然当代体育转播的市场化进程加快，但体育转播作为一项社会性活动，其社会效益依然存在，且市场化发展带来的技术进步使其社会效益大大提高。

### 1. 实现体育文化传播

任何转播活动的实质都是文化的传播，体育转播也不例外。体育转播节目将传媒文化和体育文化融为一体，用媒体手段和媒体人的创造性理解向人们传播体育文化。2008 年，北京奥运会在全球 220 个国家和地区进行了 5000 小时的报道和转播，在全球范围内有 45 亿名观众可以看到相关比赛，并接收到与奥运有关的信息。北京奥运会的成功举办是我国彰显体育文化、体育精神的重要途径。对于同一场奥运会开幕式来说，各国媒体人不同的水平、偏好、文化背景及不同媒体手段和媒体技术的应用，会使观众在直播中看到不同的方面。体育文化不仅包含“更高、更快、更强”的体育精神，还具有更深刻的人类学内涵，即不断突破人的潜能和超越人的生理极限。体育文化非常适合媒体语言的表达，用丰富的非语言符号传达的情感信息是相通的，激烈的场面、有趣的内容、悬念横生的比赛，不需要语言翻译就产生相同的文化理解。同时，将字幕、图标等世界通用的语言作为辅助手段，可以更清晰、全面地表达信息。

作为文化的传播渠道，广播、电视、互联网等大众传播媒介对体育文化的传播责无旁贷。一个动人的体育转播画面，能激发一个民族的归属感、自尊心和自信心。当在奥运会转播中一次次出现中国运动健儿眼含热泪、注视着国旗缓缓升起的情景时，举国上下都会为中华民族感到骄傲和自豪。优秀的体育转播节目可以彰显体育的魅力、震撼观众的心灵、激发人们的热情。

### 2. 使体育项目发展与时俱进

为了引起媒体和观众的重视，现代体育项目需要不断对比赛形式、比赛制度和比赛规则进行改革，以增强体育项目的观赏性，更好地适应受众对体育项目的要求。例如，国际足联将 20 分钟的半场休息时间缩减为 15 分钟，以使整个比赛的播出时长约为 2 小时；国际曲棍球联合会改变了赛场中线的设计，以使电视观众的视觉效果更好。

### 3. 改变人们的生活方式

体育转播通过商业包装增强了体育赛事的娱乐性，拉近了体育运动与群众的距离。通过娱乐明星效应，可以将那些极少参加、甚至从不参加体育活动的人发展为体育赛事的观众。

体育转播也为人们提供了一个宣泄情感的途径。一方面，人们在观看体育赛事的过程中看到了人类挑战自身极限的努力，看着运动员实现了自己想实现而不能实现的理想；另一方面，大众在观看喜爱的体育赛事时，会体会到一种前所未有的快乐，从而释放现实压力。更重要的是，一些流行项目、关键场次的体育赛事能够引起全国的关注。全国人民通过电视、新媒体共同关注国家队或运动员的表现，会产生很强的归属感和投入感。

## 11.4　案例分析：英格兰足球超级联赛转播权的营销

### 1. 英格兰足球超级联赛的简介

英格兰足球超级联赛由 20 支球队组成，比赛为循环制，每支球队在主场和客场各打 19 场比赛，每场比赛的赢家可以得到 3 分，输家不得分，若比赛平局则双方各得 1 分。赛季结束后，积分榜上的后 3 名球队降入英格兰足球冠军联赛。残酷的赛制使英格兰足球超级联赛的竞技水平得以保持。

英格兰足球超级联赛俱乐部的整体财务趋势稳定向上，但是俱乐部的盈利能力差异较大，呈现强者更强的态势。各俱乐部的商业开发能力基本稳定。

随着电视媒体的发展，电视转播权收入成为英格兰足球超级联赛收入的重要组成。1996—1997 赛季，英格兰足球超级联赛的转播权收入为总收入的 21%，2001—2002 赛季，该数据上升为 39%。随着互联网在世界范围内的兴起，体育转播权收入迅速增加。在英国 2013—2016 赛季（共 3 个赛季）的转播权拍卖价格为30.18 亿英镑，2016—2019 赛季（共3 个赛季）的转播权拍卖价格高达 51.36 亿英镑。

### 2. 英格兰足球超级联赛在中国的发展

20 世纪 90 年代，北京、上海、广东的地方电视台联合，以 80 万美元的价格向英国的 CSI 公司购买了英格兰足球超级联赛在中国市场的海外转播权。2001 年，美国 ESPN 获得了英格兰足球超级联赛在亚洲区的媒体转播权，并将其分销给中国的 20 多家电视台。与亚洲其他国家相比，ESPN 并没有在中国的媒体转播权上获益。后来，新英体育以 10 亿元人民币的价格购买了英格兰足球超级联赛 2013—2019 赛季（共 6 个赛季）的转播权，并积极与新媒体融合，开发创新灵活的营销方式。推出了不同组合、不同定位的付费观看套餐，满足消费者的不同需求。开展了开发转播新形式、培养优秀解说员、建立英超足球交流社区、扩大球迷群体等一系列工作，使英格兰足球超级联赛逐渐在中国发展起来。

### 3. 英格兰足球超级联赛转播权的营销分析

1）强化联盟垄断地位，掌控销售渠道

与欧洲其他赛事允许球队分销比赛转播权不同，英格兰足球超级联赛转播权的营销强调整体效益，要服从整体的战略规划，实现整体的利润最大化，不允许联盟中的俱乐部独立分销体育转播权。该方式加强了联盟的控制地位，强迫各转播机构购买完整的转播包，决不允许转播权外溢，但也阻断了市场中潜在的小型购买者。这种方式具有明显的优势，它保护了联盟的整体利益；也具有明显的缺点，它过分提高了竞争门槛，隔绝了市场潜在购买者的购买欲望，导致市场竞价降温、联盟的要价主动权流失。

2）本土与海外转播权并重，积极开拓海外市场

随着全球化进程的发展，英格兰足球超级联赛的转播权不仅在英国本土出售，也销往海外市场。2016—2019 赛季（共 3 个赛季）的转播权在英国国内的收入为 51.36 亿英镑。与此同时，转播权海外收入增幅达到 30%，主要来自中国和一些北美国家。2013—2016 赛季（共 3 个赛季）的转播权在英国国内和海外的收入分别为 30.18 亿英镑和 16 亿英镑，海外收入所占的比重逐步增加。

3）将体育转播权拆分打包，激化市场竞争

将全年比赛的转播权分为 6 个不同的套餐进行销售，每个套餐包含 23 场比赛的转播权。规定至少有两家转播机构参与竞争，降低了市场准入门槛。2016—2019 赛季（共 3 个赛季）的转播权拍卖由英国天空广播公司和英国电信集团竞得，总价值超过 50 亿英镑。

4）积极融合新技术，与时俱进

互联网技术的迅速发展使体育转播形态从根本上发生变化。新媒体转播具有及时性、海量性、交互性等特点，可以通过更多渠道扩大赛事及联盟的影响。自媒体的互动性比传统电视转播的亲和力更高。英格兰足球超级联赛和各俱乐部都有自己的媒体窗口和网站，虽然不允许俱乐部转播赛事，但是可以通过社交平台（如 Twitter、Facebook、微博等）发布赛事信息、图片、短视频、咨询、战术讲解、训练方法等，能够提高赛事的传播效果和影响力。

5）加强对转播权的保护，完善相关法律法规

相关法律法规的完善和消费者付费习惯的养成是体育转播权价值存在的基础。应积极推动设立数字经济法案，加强对转播权侵权行为的监察，与监管部

门、立法机关共同保障体育组织对体育转播权的合法权益。完善相关法律法规是体育转播市场健康发展的重要保障。

## 复习思考题

1. 什么是体育转播？体育转播有哪些特征？
2. 什么是体育转播权？体育转播权有哪些经济特征？
3. 影响体育转播权转让价格的因素有哪些？
4. 体育转播能带来哪些效益？

## 参考文献


[1] 杰・科克利. 体育社会学——议题与争议[M]. 刘精明, 译. 北京：清华大学出版社, 2003.

[2] 郭庆光. 传播学教程[M]. 北京：中国人民大学出版社, 2011:15-18.

[3] 张玉超. 体育赛事转播权法律性质及权利归属[J]. 武汉体育学院报, 2013, 47(11):2-3.

[4] 周正宏. 新媒体时代体育赛事节目的知识产权保护研究[J]. 西安体育学院学报, 2018, 35(4):3-4.

[5] 向会英. 比较法视野下欧美国家职业体育赛事转播权研究[J]. 成都体育学院学报, 2019, 45(1):2-4.

[6] 易剑东. 大型赛事报道与媒体运行[M]. 杭州：浙江大学出版社, 2008:73.

[7] 郭钰. 新媒体对大学生社会主义核心价值观教育的影响及对策[D]. 太原：中北大学, 2019:8.

[8] 蒋宏, 徐剑. 新媒体导论[M]. 上海：上海交通大学出版社, 2006.

[9] 范延波. 奥运会网络转播有关问题的探讨[J]. 科技资讯, 2009(9):223.

[10] 王士宇, 方洁. 移动互联网时代的“媒介事件”：俄罗斯世界杯报道观察[J]. 新闻与写作, 2018(8):1-2.

[11] 张江南. 体育传媒案例分析[M]. 武汉：华中师范大学出版社, 2009:2-66.

[12] 刘福祥. 中英职业足球俱乐部盈利模式对比分析——以曼联和广州恒大淘宝为例[J].商业会计, 2018(23):14-17.

[13] 马国力. 中国体育电视与体育产业[J]. 新闻广角, 2003(8):2-3.
[14] 翁飚. 体育比赛电视转播权有偿转让问题的研究[J]. 体育科学, 1999(3):2-4.
[15] 栾峰, 王建军. 关于我国体育比赛电视转播权有偿转让的逐步研究[J]. 鞍山师范学院学报, 2004, 4(6):3-4.
[16] 邱大卫. 体育赛事电视转播权及其市场开发[J]. 成都体育学院学报, 2003(1):37.

## 阅读材料

### 美国高尔夫球公开赛的 5G 无障碍直播

**1. 在体育直播中运用 5G 技术的必要性**

观众希望在高清晰度、无瑕疵的情况下观看比赛。

球场上蜿蜒的电线和设备会破坏运动员和观众的体验。对于转播商来说，在短时间内搭建网络和设备所需的成本、劳动力和物资巨大。而 5G 无线网络可以解决这一问题，能够增加观看比赛的乐趣，并降低现场转播成本。2018 年，福克斯体育台进行了“5G+4K”直播测试，验证了该技术在体育直播领域的可行性，为后续的 5G 体育转播应用提供了经验。5G 技术在体育直播中应用的必要性如下。

1）高质量转播需求日益增长

美国高尔夫球公开赛 5G 测试不仅是学术活动，还是一种共识，即我们必须积极应对移动数据流量爆炸。对于移动网络运营商来说，确保所有用户都能体验到这种庞大而复杂的数据流量并不容易。5G 测试能够为开发和优化高质量移动视频的能力提供借鉴，从而为移动通信水平的提高奠定基础。

2）4K 和 360 度视频的传输障碍

移动视频的形式有很多，如 YouTube、自动播放广告、社交媒体、电视、电影或新闻、直播等。将视频上传到站点或下载到移动设备需要通过无线网络进行大量传输，视频流极大地增加了发送和接收的数据量。一个 YouTube 360 度视频消耗的带宽是同等分辨率下普通高清 YouTube 视频的 4～5 倍。2023 年，360 度摄像机市场将从 2017 年的 3.477 亿美元增至 15 亿美元。此外，传输视频均需压缩以减少网络资源的占用，并保持图像质量。在 UHD 视频的实时传输中，数据量大使复杂性增加，压缩需要更长时间。这种延迟被称为压缩延迟。在非实时情况下，压缩延迟不是问题，但在实时场景中（如体育赛事的实时流媒体）使用的压缩越多，延迟越长。因此，移动网络运营商的直播将变得越来越复杂。

3）消费者移动视频数据量的快速增长影响了企业的网络需求

美国思科（Cisco）公司的研究显示，2016 年，全球基于移动设备的实时视频流媒体数据量为 52PB。预计 2021 年，这一数据量将达到 2.02EB。实时视频的上行和下行都对无线网络的吞吐量和延时提出了严格的要求。随着消费者在移动设备上创建、传输和消费丰富的高质量视频，对媒体和娱乐行业资源的网络需求逐渐增加。

### 2. 5G是应对各种挑战的最佳解决方案

如果美国高尔夫球公开赛是理想的测试环境，那么5G有望成为未来视频直播的理想解决方案。该测试的目的是证明5G网络能够可靠地发送大型超高清视频文件且没有可检测的延迟，能够高速传输视频且不降低视频质量。下面介绍5G在体育转播方面的几点优势。

1）传输速度极快

将经过编码的4K视频从高尔夫球场传输到生产场地需要60Mbps～80Mbps的传输速率。目前，所有移动运营商的LTE网络提供的平均上行速度约为8Mbps～12Mbps，最高可达25Mbps。这对于4K超高清广播视频传输来说是不够的。

美国高尔夫球公开赛的5G测试网络部署在第7个发球区和绿色区域附近，并在整个赛事中保持超过300Mbps的上行速度，能够轻松满足每台超高清摄像机80Mbps的要求。美国电话电报公司、爱立信和英特尔公司证明，端到端传输可快速上传大量超高清广播及视频，并保持传输的质量和稳定性。

2）超低延迟

目前的4G或LTE技术根本无法支持已识别的超高清4K广播质量视频流用量，因为其需要以极高的速度和可靠性上传大量数据。5G力图在应用层面处理这些问题。美国高尔夫球公开赛等赛事对时间延迟、吞吐速度、能源效率等均有严格的要求。这些只能通过5G来实现。

3）满足严苛的应用性能要求

5G不仅可以传输大量数据，还能大规模提高隔离网络流量的能力，并为特定应用程序提供其所需的特定性能。通过考虑5G视频传输的不同服务质量和优先级，可以确保重要的直播不受活动期间争夺网络资源的消费者流量的影响。除了提高服务质量，5G还有很高的数据安全性，可以减少来自外界的威胁。

### 3. 5G的主要应用及未来展望

1）5G的体育传播应用改变了商业运作

美国高尔夫球公开赛的5G测试展示了其稳定的无线传输性能，降低了现场直播的成本。在比赛期间，视频被现场捕获并通过光纤发送至现场的生产卡车，大部分活动视频在此制作和包装，从生产基地传输至集中的配送中心，这种传输被称为回程。使用 5G 重新设计工作流程，将降低生产和回程传输到配送中心的成本，并提高生产效率。

2）5G 开启超远程传输

5G是将高比特率的4K摄像机图像从场地传输至现场生产场地的理想传输方法。通过减少现场操作规模（包括技术人员、电缆布线、光纤安装和拆卸、天线的放置与安装成本等）来节省费用，总体安装和拆卸所需的时间也将减少。对美国高尔夫球公开赛用例的分析表明，5G至少可节省34%的费用。

此外，随着 5G 生态系统的发展，广播公司可以通过集中制作和发行节目来降低成本，减少在制作车辆、卫星上行链路和差旅方面的支出。5G 网络可以简化当前流程，使图像直接从摄像头发送至视频制作和分发集中点。

3）5G 回程传输的低成本

回程传输的带宽使得美国高尔夫球公开赛等赛事的成本极高。回程传输是指通过卫星或光纤将制作好的节目（或现场制作的节目）从活动现场发送到分发设施，并向观众播出的过程。

根据目前的定价模式，随着 5G 覆盖范围的扩大和可用性的提高，回程传输有望节省大量成本。

4）5G 的未来收益

美国高尔夫球公开赛项目关注的是回程传输和远程生产带来的生产方成本降低。福克斯体育技术和领域业务的高级副总裁迈克戴维斯指出：“这是一个相当简单的试验，它表明 5G 是一项可以在生产中节省数百万美元的技术，在光纤部署和回程传输方面，将完全部署多个类型的体育节目。未来概念验证的重点还应放在 5G 系统带来新收入机会的潜力上。”

5G 的高带宽、低延迟特性可为 VR、360 度摄像机的部署提供支持，为场内和场外观众提供身临其境的体验。

（本文来自上海运动与健康产业协调创新中心《在体育产业动态》）

# 第 12 章　体育产业投融资

体育消费的迅速增加推动体育产业发展成为新的国民经济增长点。投融资是企业获取和利用资金的方式，是企业发展的重要手段，也是体育产业发展的晴雨表。2010 年 3 月，《国务院办公厅关于加快发展体育产业的指导意见》指出要“拓宽体育产业发展资金来源渠道，政府可以通过安排补助资金等方式促进体育产业发展。支持有条件的体育企业进入资本市场融资，通过发行债券、股票，以及项目融资、资产重组、股权置换等方式筹措发展资金。积极鼓励民间和境外资本投资体育产业，兴建体育设施。鼓励金融机构适应体育产业的发展需要，开发新产品，开拓新业务。”多元化体育产业资本市场体系的建立将有效驱动市场经济条件下体育产业的高质量发展。

本章介绍体育产业投资和体育产业融资，以及体育场馆融资模式，为体育产业投融资分析提供了基本框架。

## 12.1　体育产业投融资概述

### 12.1.1　投融资的基本概念

#### 1. 投资的基本概念

从宏观上看，投资是各种行为主体（包括企业、官方和半官方机构、金融机构和个人投资者）为实现特定目的和获得效益，而把其现期所拥有的财产或资产作为资本转化为实物资产、无形资产或金融资产的经济活动[1]。投资的宏观概念强调了投资主体和客体的多样性。

投资主体是指具有独立投资决策权并对投资结构负有责任的经济法人或自然人。他们根据投资收益决定是否进行投资，以及进行多少投资。投资主体可以分为 4 类：①企业，企业是直接投资的主体；②官方和半官方机构，以各级政府及各类区域性经济组织为典型代表，如为以 PPP 模式建设的场馆出资的地方政府；③金融机构，包括银行和非银行金融机构，是参与证券投资和金融服务业的主体；④个人投资者，指以参与证券投资为主的群体。投资主体的多元化分散了投资风险，也避免了投资过程受单个投资者支配的情况。

投资客体是投资主体进行经营操作以实现投资目标的对象。投资客体主要包括：①实物资产，指以厂房、土地、机械设备、交通工具、黄金、古董等实物形式存在的资本；②无形资产，包括管理技术、商标、专利、销售网络、信息等；③金融资产，包括股票、债券、定期存单、衍生工具等。

总之，投资主体不仅可以采用单一的客体投资方式，还可以同时采用多种客体投资方式，但各种投资客体的特点（获利性、流动性、安全性等）存在差异，使得投资具有多样性和复杂性。因此，投资者需要根据实际情况（包括承担风险的能力及对获利性和流动性的要求）来选择投资对象及确定投资组合。

从微观上看，投资主体主要为企业。企业投资是指企业对现在持有的资金的运用，如投入经营资产或购买金融资产，其目的是在未来一段时期内获得与风险相匹配的报酬[2]。微观概念强调投资行动的目标是实现一定的经济效果，具有 3 个基本功能。①企业投资是实现财务管理目标的基本前提。企业财务管理的目标是为股东创造财富。无论是简单的再生产还是沿着产业链向两端延伸，企业都必须先进行投资。投资是企业维持运转和进行扩张的基本行为。②投资是企业发展生产的必要手段。处于创业期的企业可能会投资技术和人才，为未来发展做积累；处于成长期的企业可能会收购厂房，扩张自身规模；处于激烈竞争期的企业可能会收购自己的竞争对手，减小竞争压力；处于成熟期和衰退期的企业可能会收购创业企业，寻求新的市场机遇。③投资是降低经营风险的重要方法。企业将资金投向生产经营的关键环节或薄弱环节，可以使生产经营能力配套平衡。例如，阿迪达斯将智能体育服装作为未来的发展方向，2008 年收购智能服装开发商 Textronics，2015 年收购智能健身跟踪设备开发商 Runtastic，以提高自身作为传统运动品牌在智能开发方面的地位。

### 2. 融资的基本概念

融资通常指货币资金的持有者和需求者之间直接或间接地进行资金融通的活动。融资有广义和狭义之分，广义的融资指资金在持有者之间相互流动、以余补缺的经济行为，不仅包括资金的融入，还包括资金的融出。换句话说，不仅包括资金的筹集，还包括资金的运用。狭义的融资主要指资金的融入，即资金的筹集。具体指经济体根据自身的生产经营状况、资金拥有状况，以及未来经营发展的需要，通过科学的预测和决策，采用一定方式从一定渠道向资金富余者筹集资金，以保证经济体正常运作的经济行为。

从企业财务管理的角度来看，以企业为主体，更多采用筹资来描述对资金的筹集。具体指作为筹资主体的企业，根据经营活动、投资活动和资本结构调整等的需要，通过一定的金融市场和筹资渠道，采用一定的筹资方式，经济、有效地筹措和集中资本的活动。筹资和狭义的融资所指的行为基本重合。

融资按筹集方式是否借助金融机构可以分为直接融资和间接融资，按时间跨度可以分为长期融资和短期融资。

1）直接融资和间接融资

直接融资是指拥有暂时闲置资金的单位（包括企业、机构和个人）与资金短缺需要补充资金的单位之间直接协议，或者在金融市场上前者购买后者发行的有价证券，将货币资金提供给需要补充资金的单位使用，从而完成资金融通的过程。直接融资的基本特点是，拥有暂时闲置资金的单位和需要资金的单位直接进行资金融通，不经过任何中介环节。这种资金供给者与需求者通过股票、债券等金融工具直接融通资金的场所即为直接融资市场，也称证券市场。直接融资能最大可能地吸收社会游资，将所得资金直接用于企业的生产经营。

间接融资是指资金盈余单位与资金短缺单位之间不发生直接关系，而是分别与金融机构发生一笔独立的交易，即资金盈余单位通过存款，或者购买银行、信托、保险等金融机构发行的有价证券，将其暂时闲置的资金先行提供给这些金融中介机构，再由这些金融机构以贷款、贴现等形式，或者通过购买需要资金的单位发行的有价证券，把资金提供给这些单位使用，从而实现资金融通的过程。

随着金融业的迅速发展，融资的手段逐渐多样化。出现了融资租赁、无形资产融资、资产证券化等新型融资方式。

间接融资是以银行为中介进行的信贷活动，即融资主体是向银行贷款的融资方式。银行、信托、保险等金融机构通过提供存款业务和发行有价证券吸纳资金。个人或单位将拥有的暂时闲置货币资金通过存款或购买证券提供给金融中介机构，再由金融中介机构以贷款、贴现或购买需要资金单位所发行的有价证券等形式，把资金提供给企业，从而实现资金融通。例如，深圳在 2018 年提供体育企业贷款贴息资助，说明体育企业向银行申请贷款是一种融资方式，在政府的帮助下，融资成本降低。

直接融资和间接融资具有以下区别：①融资机制不同，直接融资完全依赖市场，间接融资可以运用一定的行政手段进行调控；②融资范围不同，直接融资的方式丰富、渠道广泛，间接融资的方式和渠道都更少；③融资成本不同，直接融资的程序繁杂，时间成本和经济成本都更高，间接融资相对来说效率更高；④社会效应不同，直接融资可以提高企业的知名度，间接融资有时只是为了满足企业的资金周转需要。

随着金融业的迅速发展，融资的手段逐渐多样化。出现了融资租赁、无形资产融资、资产证券化、PPP 等新型融资方式。

2）长期融资和短期融资

长期融资是企业根据其经营活动、投资活动、资本结构调整等长期需要，通过长期融资渠道和资本市场，有效筹措和集中长期资本的活动。长期融资是企业筹资的主要内容，主要是为了实施特殊的经营策略，如国际化、多元化、迅速占领市场、顺应市场的变化等。长期融资的动机有以下 3 种。

（1）扩张性融资动机。企业因为扩大生产经营规模或增加对外投资的需要而产生追加筹资的需求。处于创业期和成长期的企业通常会为了扩大产能、开发新产品、对外投资、购买技术等而需要追加筹资。

（2）调整性融资动机。企业因调整现有筹资结构而产生的筹资动机。企业在不同时期的不同筹资方式会组合出不同的资本结构。当企业发展进入下一阶段时，也需要对筹资结构进行调整，以适应企业的发展。

（3）混合性融资动机。企业为扩大规模和调整资本结构而产生的筹资动机。如企业为了准备上市，既扩大筹资规模，提高企业营收，又调整资本结构，重新分配股权和债务，降低财务风险，提高企业的稳定性。

短期融资是指筹集企业在生产经营的过程中短期内需要的资金。短期融资的使用期限一般在 1 年以内，主要用于满足企业流动资金周转的需求。短期融资的主要特点有速度快、容易取得、弹性大、限制条款少、资本成本低、风险高、腾挪余地小、需要较强的财务调控能力。短期融资的方式主要有商业信贷、银行借款、商业票据、短期融资券和典当抵押融资。

### 12.1.2 体育产业投融资的基本概念

从资本需求的角度来看，我国体育需求的增长速度和体育产业的发展速度较快。健身培训、以骑行和马术为代表的中高端项目、电子竞技、以马拉松和广场舞为代表的群众性体育活动等发展迅速，相关企业获得了大量投资。从资本供给的角度来看，体育需求的增加使市场和政府看到体育产业的社会效益和经济效益，愿意为体育产业的发展提供资金支持。从技术的角度来看，PPP 模式、资产证券化、融资租赁等新型融资方式的出现为体育产业的发展注入了新的活力。近年来频繁出现的体育企业并购、海外投资等资本运作行为，也预示着体育产业投融资逐渐走向成熟。

#### 1. 体育产业投融资的概念

体育产业投融资是为社会提供体育产品及服务的企业进行的投资和融资活动。一方面，体育产业投融资具有投融资的基本特点，可以使用投融资理论对其进行分析，如使用内在价值理论分析股票是否值得投资、分析企业产业链中的薄弱环节并进行补强收购等。另一方面，体育产业投融资具有体育产业自身的特点，无法简单套用投融资理论，需要对具体问题进行具体分析，如体育本身的强外部性使得场馆门票、赛事门票等产品的市场价格无法体现其价值。

#### 2. 体育产业投融资的理念

目前，体育产业投融资理论尚未建立，但体育产业经历 2008 年“晋江系”上市热潮和 2015 年体育企业上市收购热潮后，体育产业从业者根据投融资经验形成了体育产业投融资理念。主要包括体育产业的投资方针和投资技巧。

充分发掘投资目标与企业的关系，依托自身优势建立商业生态体系。看重长期投资的产业关联性，即应建立商业系统，而不是购买时代热点。

大型优质体育企业的收购时间通常很短，国外体育企业主要由家族企业控制，将体育作为副业，通常不会转手。只有金融危机、运转不良、创始人离世等特殊原因才会导致价格跳水，出现并购机会。信息渠道是限制购买能力的重要原因，当企业的资金实力不足时，可以采用联合收购的方式。在投资体育创业企业时，要考虑行业赛道，一个具有长期发展潜力的行业才有投资的价值，盲目追寻热点只会陷入投机。

### 3. 中国体育产业投融资的发展史

中国体育产业投融资具有两个发展趋势。第一，投资和融资使用的资本运作方式都具有成熟化、市场化和国际化特点。第二，资本运作的主体从晋江体育用品系逐渐向互联网企业和体育服务业转变。越来越多的社会资本进入体育市场，使体育市场迸发出新的活力，也使市场的投资风险逐渐显现。资本几乎可以买到企业需要的一切资源，因此，资本是产业发展的催化剂，能够加速企业的成长和衰退，使真正优质的体育产品在市场中站稳脚跟。

1）萌芽期（1987—2004 年）

在萌芽期，各大体育品牌相继成立，企业投资方式从扩大产能转向明星代言，进而抢占市场并提高品牌的影响力。但企业融资方式依然以银行借贷、个人入股为主，尚未形成公众筹资渠道。

1987 年以后，外国企业带着资本和品牌进入中国。福建晋江依靠东南沿海的地理优势，瞄准鞋服制造业，为大量跨国企业进行代工生产。随着技术和资本的积累，1990 年，体操王子李宁成立同名品牌，随后安踏、特步、361 度、乔丹、匹克、鸿星尔克、德尔惠、贵人鸟等一系列运动鞋服品牌相继成立。同时，中国体育器材品牌也集中涌现，包括万年青（1989 年成立）、英派斯（1991 年成立）、澳瑞特（1991 年成立）、好家庭（1994 年成立）、舒华（1996 年成立）、汇祥（1996 年成立）、铁人（1996 年成立）等。红双喜于 1995 年联合上海 4 家体育器材厂正式成立上海红双喜体育用品总厂，还投资引进了国内第一条乒乓球台全自动生产流水线。新成立的体育企业将投资用于挂牌建厂，晋江体育用品系、上海红双喜等体育企业开始将投资用于扩大产能，提高品牌影响力。

1999 年，安踏以 80 万元的价格邀请刚获得男子乒乓球世界冠军的孔令辉作为代言人，并在 CCTV-5 播放广告；红双喜也在 1999 年确立了“明星造市，赛事推广”的品牌营销策略，开启了体育企业投资市场营销的时代；2000 年，金莱克邀请女子乒乓球世界冠军王楠作为形象代言人，并拿下“中国第六届大学生运动会专用运动鞋”的赞助权益；同年，喜得龙邀请时任中国乒乓球教练的蔡振华作为代言人，并在 CCTV-5 播放广告；德尔惠请来吴奇隆、周杰伦、谢霆锋等大牌明星为自己代言；安踏在与德尔惠的“周杰伦争夺战”中失利后，请萧亚轩作为代言人。21 世纪初，体育企业将市场营销视为主要的投资手段，邀请明星代言和购买 CCTV-5 黄金广告时段等方法获得了不错的市场反馈。但企业对研发、消费者保障等投资的缺乏，使得产品同质化严重且缺乏市场竞争力。

2）发展期（2005—2014 年）

在发展期，中国体育产业迅速腾飞，2004 年开始的上市热潮拓宽了企业筹资渠道；2008 年，中国成功举办奥运会，推动了中国体育企业进一步扩张投资，投融资领域出现了明显的资金流量大的特征。

以 2004 年李宁上市为标志，开启了体育企业的上市热潮。2004 年 6 月，李宁在香港上市；2005 年，鸿星尔克在新加坡上市；2007 年，安踏在香港上市，2008 年，特步在香港上市；2009 年，361 度在香港上市；2009 年，喜得龙在美国纳斯达克上市。2008 年，中国成功举办奥运会，大部分体育制造业企业开始进行扩张和战略调整。大部分中国体育企业开始从投资转向融资，为未来的发展积累资本。随后各品牌采取了快速扩张和国际化发展战略，赞助体育赛事。例如，2009 年李宁与中国 5 支金牌梦之队（中国乒乓球队、中国体操队、中国跳水队、中国射击队和中国羽毛球队）签约，还赞助了大量国内外赛事和比赛队伍，项目包括篮球、足球、网球、田径、网球、羽毛球、撑竿跳、标枪等，范围覆盖亚洲、南美洲、欧洲、非洲。与 NBA 合作及与 NBA 球星的签约，进一步提高了李宁在国际上的地位。

2008 年后的快速扩张使国产运动品牌对市场需求过度预判，增加了过多库存，另外，网络电商的出现冲击了整个零售业，使大量实体店消费者被分流，高昂的体育赞助费也没有带来消费者的品牌忠诚。虽然出现了亏损，但各企业的赞助投资并未减少。

3）活跃期（2015 年至今）

随着国发〔2014〕46 号文件的发布，体育资本市场活跃起来，体育服务业迅速崛起，迎来了新的发展机遇，大量中国企业开始进行海外收购，互联网巨头在体育板块加紧布局，体育创新创业企业投融资频率显著提高。

2014 年起，社会资本纷纷涌入体育产业。2015—2016 年，资本市场中出现了大量体育健身应用。例如，以 keep、悦跑圈为代表的互联网健身平台，主打“数字教练”和社交，能给予健身指导并记录运动情况；以超级猩猩、乐刻为代表的互联网健身场馆，主打 24 小时营业和低价团课，按节售课，颠覆了传统大型健身房的会员售卡模式。软件的实用性获得了资本市场的认可并获得了资本投资。

2015—2017 年，体育资本经历了一波 IPO 热潮。2015—2016 年，申报 IPO

的体育企业达到 10 家，占所有体育上市企业的 1/3。2018 年，体育资本沉寂并逐渐回归实体，出现了体育资本零上市的情况。走向实体经营是体育资本市场回归理性的标志。

### 12.1.3　国内外体育产业投融资的现状

#### 1. 国内体育产业投融资的现状

1）国内体育产业投融资的改革与尝试

我国深化体育体制改革，推动了体育产业投融资方式的改革尝试，改变了单纯依靠国家拨款的发展模式，积极开发体育彩票，大力发展体育产业，按照“谁投资、谁负责、谁受益”的原则，鼓励社会各界投资体育产业。

早期的体育彩票由大型运动会的组织委员会发行，是运动会的筹款方式。1994 年 4 月 5 日，国家体委体育彩票管理中心（现国家体育总局体育彩票管理中心）成立，对全国各地发行的体育彩票进行统一管理、编号、印刷和发行，并正式定名为“中国体育彩票”。体育彩票筹集资金的50%会返还给中奖者，20%为发行费用，30%为体育公益金。2018 年，财政部等 12 个部门发布公告，坚决禁止擅自利用互联网销售彩票。

我国的体育场馆投资从政府投资转向政府与社会资本共同投资。前期，大型体育场馆完全由地方政府建造，主要是为了举办大型运动会。2008 年起，政府尝试引入公私合营制度，鸟巢和北京地铁 4 号线的建成使 PPP 模式首次进入公众视野，PPP 模式成为体育场馆建设的科学投融资模式。2013 年，国家出台多项文件推广 PPP 模式。2022 年，冬奥会众多场馆将继续采用 PPP 模式。国发〔2014〕46 号文件使资本市场聚焦“互联网+体育”，出现了互联网健身和互联网体育培训的投资热潮。

2）国家政策对体育产业投融资的支持

我国体育产业发展正处于转型期，资本是保障体育产业高质量发展的关键资源。我国的体育资本配置以国家财政拨款和企业投资为主。政府加大财政投入，通过财政投入、彩票公益金投入、缺口补贴等直接投资方式推动体育产业发展。体育产业具有较强的正外部性，如体育场馆能够促进商圈繁荣，城市球队能够增强市民的荣誉感和归属感，推动本地经济发展。

大力吸引社会投资。通过税收减免、电费减免等间接方式补贴体育产业，采用成立体育引导基金、运用政府和社会资本合作模式、建立模范PPP项目、抵扣税款等方式吸引社会投资。社会资本投资体育产业能够减轻地方财政压力，也能够提高体育场馆和赛事的盈利能力，将数字化管理系统、智慧楼宇、浮动价格等现代化机制引入体育产业管理，使体育产业发展实现经济效益和社会效益的双丰收。

宽松的金融机制。创新企业投融资渠道，鼓励企业采用多样化投融资形式，如海外并购、发行企业债券等。融资方式有上市、企业债券、公司债、短期融资券、中期票据、中小企业集合票据和中小企业私募债等。

3）国内体育产业投融资的运作趋势

建立体育产业投融资体系将是我国体育产业发展的路径之一。可以减少直接财政投入，更多地采用 BOT 和 TOT 等公司合营模式。数字化平台能够监督项目进程，市场化制度能够帮助体育产业薄弱的城市拥有真正被市民认可的高使用率场馆。资本对体育创业企业的投资活动会更加活跃，体育培训、健身、电子竞技、冰雪、足球等项目，会随体育消费市场的繁荣而迅速发展。

### 2. 国外体育产业投融资的现状

1）国外体育资本市场投融资的运用

英国户外休闲运动是现代体育的源头，体育产业化的历史超过 200 年，有很多优秀的体育企业、赛事资源和著名的投融资案。许多大型企业都十分重视在体育方面的发展，并通过收购等方式踏入体育产业。英国跨国经营的默多克集团在全世界拥有 780 家公司、200 家报社和一个国际出版社，于 1992 年开始涉足体育产业。出资 3.04 亿英镑买断了英国足球超级联赛 6 年的独家转播权。1998 年，集团以 5.69 亿英镑的价格将合同续签到 2000 年，进一步证明了体育产业投资的商业价值。

在体育制造业方面，并购和收购一直是体育企业进行市场扩张的重要手段。耐克在企业的不同生命周期收购和出售了多个品牌。最初，耐克采用多元化经营战略，进军多个运动服装门类市场。2007 年，耐克决定回归核心业务，卖掉了大部分边缘品牌，只保留了少数品牌，开始采用数字战略，使用技术手段了解消费者的购物行为和模式，并制定了营销策略。2018 年，耐克收购消费者数据分析公司 Zodiac 和使用 3D 扫描技术定制鞋子的 Invertex，进一步加快数字化转型，奠定了耐克的数字化人才基础，提高了其在计算机视觉和人工智能方面的能力。

2）国外政府对体育产业投融资的管理

不同国家的政府对体育产业投资的监管和对体育事业的支持态度存在差异，自由主义有助于实现产业扩张，但存在资本风险；管制主义有助于产业长期健康发展，但可能会影响效率。

英国政府采用自由主义管理形式，以经济价值最大化为导向，政策仅用于监管不良行为和扶持体育事业。英国对资本实行审核制度，防止不良资本进入。2012—2013 年，20 家英格兰足球超级联赛俱乐部中仅有 9 家由英国本土资本控制。英国政府也对市场进行调控，利用行政手段保障对公益体育的投资。1991 年，英国政府将博彩公司营业税从 40%下调到 37%，并将免除的 3%税款注入英国足球基金会，用于修缮比赛场馆、发展青少年足球等。政府联合社会力量共同投资体育公益事业。

德国政府采用管制主义管理形式，不推崇市场化发展，主动引导和纠正偏离政府目标的体育产业投资。德国政府多次资助体育场馆建设，如为筹备 2006 年世界杯，以政府出资、政府担保第三方投资、政府低息贷款等形式，投入 20 亿欧元，新建、扩建、重建了 12 个足球场馆。

意大利的职业足球主要掌握在政治势力和家族企业手中，导致意大利的体育政策难以持续，出现在多方博弈中不断摇摆的情况。意大利足球政策支持商业化，但家族企业不容其他资本进入。意大利场馆属于政府，因此，场馆的修缮主要依靠俱乐部租金和公共投入。

西班牙的语言和文化具有多样性。因此，与其他欧洲国家不同，西班牙的足球俱乐部具有当地民族和文化的象征意义。西班牙政府直接扶持俱乐部发展，尊重民族文化[3]。

3）国外体育产业投融资发展的经验

投资和融资与企业战略密切相关。融资是为了积累资本，投资是为了填补企业业务短板并建立企业的商业生态。上市不是无息贷款，收购也不是为了套利而进行投机炒作。跨行业收购是为了追赶时代需求、快速填补业务空白。各企业在收购方面的大进大出和谨慎推进策略都与企业的战略和管理风格有关。企业只有明确业务范围和发展方向，才能进行有效的投融资。

政府严格管理投融资才能防止不良资产进入市场、预防产品价格剧烈波动、保证市场的公平竞争，但是会降低市场效率。宽松的投融资监管能引入外国资本、促进产业发展、增加俱乐部收益，但是会导致体育市场存在不良竞争。政府的政策受政治倾向的影响，也受本国文化和各方力量的影响。政府参与体育产业投资能够有效促进体育产业的发展。从各国经验来看，大型场馆具有高昂成本和较强的正外部性，需要由政府和俱乐部联合投资建设。

体育产业投融资为现代体育产业和体育事业的发展提供了巨大的资金支持，也为体育产业的重组构建了运作平台。要实现体育产业的可持续发展，需要借助资本力量和政府政策。

## 12.2 体育产业投资

体育产业投资高速增长、结构优化、产业日趋成熟。2016 年，资本对中国体育产业的创业投资达到 242 起，与 2015 年的 217 起相比有小幅增加，投融资总金额达到 199 亿元。体育产业度过了创业空白期，众多初创企业得到了投资人的认可。青少年培训、运动装备、电子竞技受到了投资人的关注。同时，国家财政投入稳定增加，2017 年的体育固定资产投资为 1809.72 亿元，同比增长率达到 27.3%。

### 12.2.1 我国体育产业投资的现状

#### 1. 体育管理活动

体育社会事务管理活动指各级政府部门体育行政事务管理机构、体育专业团体、体育基金会、体育保障组织等机构的管理和服务活动。

体育管理活动的主体是事业单位，投资主体为政府，投资方式为财政拨款。以 2022 冬奥会为例，《2022 年北京冬奥会参赛实施纲要》指出要加大投入，进一步改善冰雪运动基础设施和人才条件，满足各项目训练、科研、外事、器材、聘用外教和训练基地建设的需求。注重完善医疗康复、文化教育、升学就业、津贴补贴、职称晋升、社会保险等各项保障措施，解决冰雪运动的人才后顾之忧。

### 2. 体育竞赛表演活动

体育竞赛表演活动分为职业体育竞赛表演活动和非职业体育竞赛表演活动。职业体育竞赛表演活动具有商业化和市场化特征，包括职业体育赛事活动的组织、宣传、训练，以及职业俱乐部和运动员的展示、交流等活动。典型的运动项目有足球、篮球、排球、棒球、乒乓球、羽毛球、拳击、马拉松、围棋、电子竞技等。非职业体育竞赛表演活动包括非职业专业或业余运动项目的比赛和相关活动，以及赛事承办者和相应推广机构等组织的活动。

体育竞赛表演活动的主体是组织。运动员提供比赛表演并不属于体育竞赛表演活动，赛事举办方和承办方组织比赛属于体育竞赛表演活动。

体育竞赛表演活动是体育产业中最具魅力的产业，高价值赛事 IP 需要长时间积累，优质体育赛事的进入门槛极高，欧洲和美国的著名体育赛事 IP 依靠的是赛事的商业价值及赛事文化，文化的形成需要资本的长期投入。2018 年，中国足球协会超级联赛 16 支球队的投资者中有 12 家为民营企业、12 家为上市企业、13 家为房地产企业。在体育赛事版权投资方面，腾讯、百度、阿里巴巴成立了体育部门，投资体育版权。2015 年，腾讯以 5 年 5 亿美元的价格签下 NBA 2015—2020 赛季的中国区新媒体独播权，2019 年又以 5 年 15 亿美元将版权续签到 2025 年；百度于 2012 年收购了爱奇艺，2018 年将爱奇艺体育频道与新英体育企业互联网平台统一整合为“爱奇艺体育”，并注入双方的全部体育赛事媒体版权；阿里巴巴以 16 亿元的价格从央视购得 2018 年俄罗斯世界杯转播权。拥有体育版权不一定挣钱，但是缺少体育版权则会使体育消费覆盖面小。作为稀缺的顶级资源，体育赛事的战略价值高、不可替代性强、受众范围广、独播权对用户的吸引力大。拥有体育转播权也能引导观众进行体育消费，加快体育产业的发展。在电子竞技方面，2016 年，电子竞技以 35 次的投融资次数高居榜首，占总数的 14.5%，投资金额达到 53 亿元，占总金额的 26.7%。苏宁、阿里巴巴、腾讯、网易、李宁等传统企业纷纷投资电子竞技。电子竞技的高收益对资本具有巨大吸引力，电竞的主要产业链条为“赛事—俱乐部—媒体—观众—周边”。2016 年的统计数据显示，俱乐部的收入主要依赖投资平台和赞助收入，支出的 70%～80%为选手工资。

2018 年，全国举办马拉松及相关运动赛事（路跑赛事 800 人，越野跑及其他为 300 人以上的赛事）共 1600 场，同比增长 45.19%。593.82 万人参赛（即组委会报名规模），同比增长 19.24%。2016 年，跑步项目获得 11 次创业投资，占总数的 7%，投资金额为 17750 万元，占总金额的 0.8%。作为体育产业价值链的高端环节，体育竞赛表演活动的辐射带动作用强，是体育产业发展的核心产业，吸引了众多资本。

### 3. 体育健身休闲活动

体育健身休闲活动分为运动休闲活动、群众体育活动和其他体育休闲活动。体育健身休闲活动在体育服务业中极具潜力，能直接带动体育制造、体育场地、体育展会的发展。体育健身休闲活动的主体是体育场地设施。因此，可以通过投资建设体育场馆来促进体育健身休闲活动，如建设滑雪场、马场等。冰雪项目、足球、电子竞技等项目广受欢迎，具有显著的经济效益。

### 4. 体育场地和设施的建设与管理

体育场地和设施的建设与管理分为体育场馆管理、体育服务综合体管理、体育公园及其他体育场地设施管理和体育场地设施建设。长期以来，体育场馆的前期投资大多来自政府，属于基础设施建设投资，具有投入高、经济效益低、社会效益高、回收期长等特点。由市场进行体育场馆投资，将直接导致地方体育基础设施建设严重滞后于地方体育产业的发展。体育产业资本市场的迅速扩张，使体育场馆建设投资结构多元化，特别是对于大型体育场馆来说，其投资巨大，且建成后的运营风险较大，政府很难独立完成。因此，以政府投资为引导，社会资本及私人资本积极参与的大中型合资体育场馆越来越多。一批大型体育场馆也开始尝试投资结构多元化。在大型体育场馆的投融资模式中，最有代表性的有 BOT 模式、TOT 模式和 PPP 模式。

2016 年，冰雪产业共有 10 起创业融资，累计金额达到 1 亿元。2018 年，我国滑雪人数达到2113 万人，同比增长 14.4%，滑雪场数量增至 742 家；2012 年，万达投资滑雪场，将冰雪项目作为房地产企业的转型方向；2014 年，万科推出首个冰雪项目松花湖度假区，并于 2015 年投资石京龙滑雪场。

### 5. 体育经纪与代理、广告与会展、表演与设计服务

目前，资本对体育经纪与代理等产业的关注度不高，原因在于运动员是稀缺资源，民营企业很少进行代理。体育的票务、会展、设计、广告等业务通常由对应的企业负责。

### 6. 体育教育与培训

体育教育与培训分为学校体育教育活动和体育培训。学校体育教育活动包

括专业体育院校的教学活动、普通院校的体育运动、体育经济等专业的教学活动、各级各类学校的体育课程教学活动、各级各类学校的校园体育活动。学校体育教育活动具有很强的专业性，体育培训具有很强的商业性，有明确的市场导向。

**7. 体育传媒与信息服务**

体育传媒与信息服务分为体育出版物出版服务、体育影视及其他传媒服务、互联网体育服务、体育咨询、体育博物馆服务、其他体育信息服务。近年来，体育项目层出不穷，互联网体育服务成为投资最多的项目。未来互联网体育服务将成为消费者获得体育资源的重要窗口和体育市场投资的重要领域。

**8. 其他体育服务**

其他体育服务包括体育旅游服务、体育健康与运动康复服务、体育彩票服务、体育金融与资产管理服务、体育科技与知识产权服务、其他未列明的体育服务。

**9. 体育用品及相关产品的制造与销售**

体育用品及相关产品的制造包括体育用品及器材制造、运动车船及航空运动器材制造、体育用相关材料制造、体育相关用品和设备制造。体育用品及相关产品制造产业基本以大型投资为主，建成体育特色小镇或体育产业园区，产生规模集聚效应以降低企业成本。

### 12.2.2　体育产业投资的经济效益评价

体育产业投资的经济效益评价是指在体育产业投资这一经济活动中，劳动耗费与劳动所得的比较，即体育资源的投入与产出的比较。实质是在体育劳务产品的生产过程中，以尽可能少的劳动消耗和占用，获取尽可能多的符合社会需要的产品。体育产业投资的投入包括国家、社会团体、企业和个人投入，以及体育产业内以货币或非货币形式表现的资产投入。体育产业投资的产出包括体育服务产品、人民群众体质增强、体育科研成果、用货币形式表现的投入资产价值的增值等。正确评价体育产业投资的经济效益，可以正确衡量体育资源的使用效率、有效促进体育资源的合理分配，还可以进一步完善体育管理工作，促进体育产业的发展。

### 1. 盈利能力评价

盈利能力评价指标根据盈利能力评价的基本报表进行计算。根据现金流量表计算的指标有净现值、内部收益率和投资回收期；根据损益表计算的指标有投资利润率、总投资收益率。

1）净现值

净现值是指把体育产业投资项目计算期内隔年的净现金流量，按一定贴现率折算到建设初期（第一年初）的现值之和。净现值考察的是项目在计算期内盈利能力的动态指标，净现值（NPV）的计算公式为

$$\text{NPV} = \sum_{t=0}^{n} (\text{CI}_t - \text{CO}_t)(1+i)^{-t} \tag{12-1}$$

式中，$\text{CI}_t$ 与 $\text{CO}_t$ 分别为第 $t$ 年的现金流入量与现金流出量；$i$ 为折现率或行业基准收益率；$n$ 为项目计算期。

当 NPV>0 时，表示投资项目净效益抵付了以行业基准收益率计算的盈利后仍有盈余，投资项目的盈利水平高于行业平均水平，该投资可行。当 NPV=0 时，表示投资项目净效益刚好抵付以行业基准收益率计算的盈利，投资项目的盈利水平与行业平均水平持平，该投资仍需考虑。当 NPV<0 时，表示投资项目净效益不足以抵付以行业基准收益率计算的盈利，投资项目的盈利水平低于行业平均水平，该投资一般不可行。

某体育产业项目的各年现金流量如表 12-1 所示。其中，投资在年初计算，年收入和年经营成本在年末计算。试用净现值指标判断项目的经济性（$i$=10%）。

**表 12-1　某体育产业项目的各年现金流量**

| | 0 年 | 1 年 | 2 年 | 3 年 | 4～10 年 |
|---|---|---|---|---|---|
| 投资 | 20 万元 | 500 万元 | 100 万元 | | |
| 年经营成本 | | | | 300 万元 | 450 万元 |
| 年收入 | | | | 450 万元 | 700 万元 |
| 净现金流量（年收入-年经营成本-投资） | −20 万元 | −500 万元 | −100 万元 | 150 万元 | 250 万元 |

根据表 12-1，当 $i$=10%时，计算得到 NPV=469.94 万元。因为 NPV>0，所以该投资可行。

净现值法是最可靠的评价方法，它考虑了资金的时间价值，计算较为方便，不仅能与期望的投资收益率联系起来，还能直接说明投资额与资金成本的关系。

2）内部收益率

内部收益率是指使体育产业投资项目在计算期内各年净现金流量现值之和为 0 的折现率（IRR）。计算公式为

$$\sum_{t=0}^{n}(\mathrm{CI}_t-\mathrm{CO}_t)(1+\mathrm{IRR})^{-t}=0 \quad （12\text{-}2）$$

式中，$\mathrm{CI}_t$ 与 $\mathrm{CO}_t$ 分别为第 $t$ 年的现金流入量与现金流出量，$n$ 为项目计算期。

内部收益率的经济含义可直观地解释为：在保证投资项目不亏损的条件下，投资者能够承担的最高利率（资金成本）。即如果项目投资全部为以财务内部收益率为利率水平的借款，那么项目在整个计算期内的净现值刚好能够抵付投资借款利息。因此，如果项目的内部收益率高于投资的行业基准收益率，则项目一般可行（IRR≥1）；如果项目的内部收益率低于投资的行业基准收益率，则项目一般不可行。

由式（12-2）可知，净现值 NPV 与内部收益率 IRR 呈反方向变化。当 IRR 较小时，NPV 为正；当 IRR 较大时，NPV 为负。因此，必然会有一个 IRR 使 NPV=0。从而得出内部收益率的几何意义就是净现值函数曲线与横坐标轴交点处的折现率，可以用内插法求解 IRR，如图 12-1 所示。

取图 12-1 中 NPV 曲线上符号相异的两点（如点 *A* 和点 *C*）做连线 *AC*，则 *AC* 必然与横轴相交与点 *E*，点 *E* 处的折线率记为 $i$。点 *A* 和点 *C* 的距离越近，$i$ 就越趋近于 NPV 曲线与横轴的交点 IRR，因此可以用 $i$ 近似代替 IRR[4]。由图 12-1 可知，△ABE 与△CDE 相似，对应边成比例，于是有

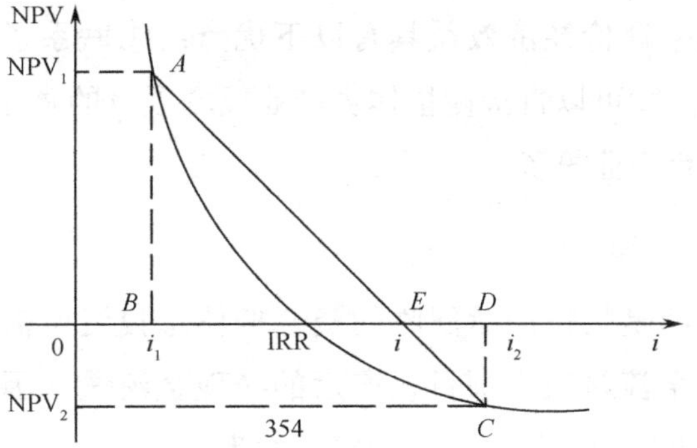


图 12-1　用内插法求解 IRR

$$\frac{i-i_1}{i_2-i}=\frac{\mathrm{NPV}_1}{|\mathrm{NPV}_2|} \quad （12\text{-}3）$$

即

$$\mathrm{IRR} \approx i = i_1 + \frac{\mathrm{NPV}_1}{\mathrm{NPV}_1 + |\mathrm{NPV}_2|}(i_2 - i_1) \quad (12\text{-}4)$$

式（12-4）为内插法计算公式。某体育场馆项目的净现金流量如表 12-2 所示。当基准折现率 $i$=10%时，试用内部收益率指标判断该项目的经济效果是否可以接受。

**表 12-2 某体育场馆项目的净现金流量**

| | 0 年 | 1 年 | 2 年 | 3 年 | 4 年 | 5 年 |
|---|---|---|---|---|---|---|
| 净现金流量 | -2000 万元 | 300 万元 | 500 万元 | 500 万元 | 500 万元 | 1200 万元 |

列出方程

$$\begin{aligned}\mathrm{NPV} = &-2000 + 300(1+i)^{-1} + 500(1+i)^{-2} + 500(1+i)^{-3} \\ &+500(1+i)^{-4} + 1200(1+i)^{-5} = 0\end{aligned} \quad (12\text{-}5)$$

第一次试算，依经验先取收益率 $i_1$=12%，代入式（12-5），得到 $\mathrm{NVP}_1$=21 万元。

由净现值函数曲线的特性可知，收益率的值还可以取大些。

第二次试算，取 $i_2$=14%，代入式（12-5），得到 $\mathrm{NPV}_2$=−91 万元，可知内部收益率必然为 12%～14%，代入式（12-4）可得

$$\mathrm{IRR} = 12\% + \frac{21 \times (14\% - 12\%)}{21 + 91} = 12.4\% > i = 10\% \quad (12\text{-}6)$$

因此，该体育场馆项目可行。

使用内部收益率评价经济效益具有以下优点：①联系了经营成果，可以直接与资金成本比较；②可以直接衡量体育产业投资项目的真正投资收益率；③适用于多种规模的体育产业投资。

3）静态投资回收期

静态投资回收期是指投产后回收的资金抵偿总投资所需要的时间。投产后回收的资金即为现金流量表中项目投产后的净现金流量。因此，静态投资回收期就是累计净现金流量为 0 的时间。计算公式为

$$\sum_{t=0}^{P_t}(\mathrm{CI}_t - \mathrm{CO}_t) = 0 \quad (12\text{-}7)$$

式中，$P_t$ 为静态投资回收期，$\mathrm{CI}_t$ 与 $\mathrm{CO}_t$ 分别为第 $t$ 年的现金流入量与现金流

出量。

静态投资回收期的计算可分为两种情况。

（1）若体育产业投资每年产生的净收益（净现金流量）相同，则静态投资回收期可用式（12-8）计算

$$静态投资回收期=\frac{全部投资}{每年的净现金流量} \tag{12-8}$$

（2）若每年的净收益不同，则静态投资回收期根据逐年累计的净收益与该体育产业项目初始投资相等时的年份来确定，这时静态投资回收期可根据现金流量表（全部投资）中的累计净现金流量计算得到。具体计算公式为

$$\begin{aligned}静态投资回收期=&累计净现金流量出现正值的年份-1\\&+\frac{上年累计净现金流量的绝对值}{当年的净现金流量}\end{aligned} \tag{12-9}$$

投资的回收期越长，投资的经济效果越差。静态投资回收期也是体育产业投资的经济效益评价指标之一。其具有以下优点：①计算简单；②适用于短期投资评价；③能粗略估计投资项目的营利性；④适用于各种体育产业投资规模。

4）动态投资回收期

动态投资回收期是指在考虑资金时间价值的条件下，以行业净现金流量抵偿全部投资所需要的时间。计算公式为

$$\sum_{t=0}^{P_{dt}}(\mathrm{CI}_t-\mathrm{CO}_t)(1+i)^{-t}=0 \tag{12-10}$$

式中，$P_{dt}$ 为动态投资回收期。

动态投资回收期的通用计算公式为

$$\begin{aligned}动态投资回收期=&累计现值出现正值的年份-1\\&+\frac{上年累计现值的绝对值}{当年净现金流量的现值}\end{aligned} \tag{12-11}$$

某大型体育俱乐部的各项数据如表 12-3 所示，试计算其投资回收期。

表 12-3 某大型体育俱乐部的各项数据

| | 0年 | 1年 | 2年 | 3年 | 4年 | 5年 | 6年 |
|---|---|---|---|---|---|---|---|
| 净现金流量 | −10000万元 | 2525万元 | 2525万元 | 2525万元 | 3840万元 | 3840万元 | 3840万元 |
| 累计净现金流量 | −10000万元 | −7475万元 | −4950万元 | −2425万元 | 1415万元 | 5255万元 | 9095万元 |
| 净现金流量的现值（$i$=15%） | −10000.00万元 | 2195.74万元 | 1909.15万元 | 1660.19万元 | 2195.71万元 | 1909.25万元 | 1660.03万元 |
| 累计现值 | −10000.00万元 | −7804.26万元 | −5895.11万元 | −4234.92万元 | −2039.21万元 | −129.96万元 | 1530.07万元 |

将表 12-3 中的数据代入式（12-9）和式（12-11）可得，静态投资回收期为 3.63 年，动态投资回收期为 5.08 年。

5）投资利润率

投资利润率的计算公式为

$$\text{投资利润率}=\frac{\text{年利润总额或平均年利润总额}}{\text{项目总投资}}\times 100\% \tag{12-12}$$

$$\text{年利润总额}=\text{年营业收入}-\text{税金及附加}-\text{年营业总成本} \tag{12-13}$$

计算得到的投资利润率应与行业的标准投资利润率或行业平均投资利润率进行比较，若大于（或等于）标准投资利润率或行业平均投资利润率，则认为项目可以考虑，否则认为该项目不可行。

6）投资收益率

投资收益率是指体育产业投资项目建成后，正常运营年份的项目年净收益总额与项目总投资之比。它是考察项目单位投资盈利能力的静态指标。计算公式为

$$\text{投资收益率}=\frac{\text{项目年净收益总额}}{\text{项目总投资}}\times 100\% \tag{12-14}$$

该体育产业项目投资的收益率越高，表示项目的经济效益越好。一般在利用投资收益率进行体育产业投资的经济效益评价时，要先确定一个收益率标准（如 15%）。当投资方案的投资收益率高于此标准时，接受该投资方案，否则拒绝该投资方案。

某体育场馆的项目总投资为5000万元，年净收益总额为1000万元，该项目的投资收益率为多少？

该体育场馆的投资收益率为：1000÷5000×100%=20%

如果确定的收益率标准为15%，则可以接受该方案。

使用投资收益率评价经济效益主要具有以下优点：①经济意义易于理解；②使用简单、方便；③考虑了投资寿命期内所有年份的收益情况。

**2. 偿债能力评价**

体育产业投资项目通常需要较大数额的资金支持，投资者会向社会融资或向金融机构贷款。因此，投资项目的偿债能力也是体育产业投资经济效益评价的重要部分。偿债能力是指体育产业投资者用其资产偿还长期或短期债务的能力。偿债能力是反映投资者财务状况和经营能力的重要指标，也是投资者健康生存和发展的关键。偿债能力可分为静态和动态两种，静态偿债能力是用投资者的资产偿还债务的能力；动态偿债能力是用投资者的资产和项目运营过程中创造的收益偿还债务的能力。偿债能力一般采用借款偿还期、流动比率等指标来评价。

1）借款偿还期

借款偿还期是指在国家财政规定及体育产业投资项目具体财务条件下，以项目投产后可用于还款的资金偿还借款本息所需要的时间。计算公式为

$$I_d = \sum_{i=1}^{P_d} (R_P + D' + R_o - R_t)_t \tag{12-15}$$

式中，$I_d$ 为资产投资借款本息的和；$P_d$ 为借款偿还期（从投资建设开始年计算）；$R_P$ 为可用于还款的年利润；$D'$ 为可用于还款的年折旧和摊销费；$R_o$ 为可用于还款的年其他收益；$R_t$ 为还款期间的年企业留利；$(R_P + D' + R_o - R_t)_t$ 为第 $t$ 年可用于还款的资金。

借款偿还期也可以通过资金来源运用表和借款偿还计划表直接推算得到，计算公式为

$$\text{借款偿还期}=\text{借款偿还后开始出现盈余的年份}-\text{开始年份}+\frac{\text{当年应偿还款额}}{\text{当年可用还款额}} \tag{12-16}$$

当借款偿还期能满足贷款机构的要求期限时，可以认为该项目具有偿还债务的能力。

2）流动比率

流动比率是反映体育产业投资项目各年偿还流动负债能力的指标，计算公式为

$$流动比率=\frac{流动资产总额}{流动负债总额}\times 100\% \tag{12-17}$$

该指标指出每单位的流动负债（短期借款）需要有多少流动资产来做偿债担保。此指标还应与行业平均水平进行对比。

### 12.2.3 体育产业投资的社会效益评价

发展体育产业在获得经济利益的同时，也能为人民、社会、国民经济提供服务。只有利国利民的产业，才能健康持续发展。因此，在投资者追求经济效益的同时，社会效益也是投资者必须承担的责任与义务。体育产业投资的社会效益主要体现在丰富人民的文化生活、建设精神文明、增强人民体质、提高国民身体素质等方面。

评价体育产业投资的社会效益明确了体育产业发展在国民经济和社会发展中的作用，也可以明确体育产业的发展方向，进而引导我国体育产业快速稳定发展。体育产业投资的社会效益评价指标如下。

**1. 城镇居民体育消费占总支出的比重**

该指标为在一定时间内，国家或地区的城镇居民人均用于体育产品或体育劳务等方面的消费支出与总人均消费支出的比率。该指标从消费支出的角度反映了体育产业服务与社会情况，是评价体育产业投资社会效益的重要指标。

**2. 人均体育场地面积的增加值**

该指标为在一定时间内，国家或地区的居民的人均体育场地面积的增加值。在体育产业投资中，体育场地的建设与居民生活息息相关，关系到全民健身的开展，也关系到高水平运动员的培养和体育赛事的举办。该指标能反映国家或地区体育产业的发展水平。

### 3. 体育产业从业人员在第三产业中从业人员所占的比例

该指标为在一定时间内，国家或地区的体育产业从业人员数量占第三产业从业人员数量的比例。体育产业投资不仅能促进国民经济增长，还能提高就业率。该指标从就业方面反映体育产业投资的社会效益。

### 4. 体育人口增长量

指在一定时间内，国家或地区体育人口的增长数量。体育人口是指在一定时期、一定地域内，经常从事身体锻炼和身体娱乐、接受体育教育、与体育事业有密切关系的社会群体。一般以每周参加 2～3 次中等强度以上的体育活动、每次 20 分钟到 30 分钟为标准。该指标能反映体育产业投资对群众体育发展所做的贡献。

## 12.2.4　体育产业投资基金

体育产业投资基金是有意在体育领域进行扶持或投资的政府、企业，将资金集中管理的制度。体育产业投资基金早期由政府设立，是用于扶持体育企业的专项基金。2011 年 5 月 9 日，中国首支体育产业专项风险投资基金成立。募集金额 2 亿元，该基金专门投资体育器材、体育设施、与体育相关的服务、体育赛事、体育场馆运营及其他与体育产业相关的内容。企业直接参与到体育产业投资基金中，显示了体育产业投资基金的重要性。

### 1. 体育产业投资基金的概念

投资基金是通过公开发售基金份额募集资本，然后投资于证券的机构。也就是说，资金会面向市场上所有的消费者募集基金，所有人都可以购买基金产品。基金公司代理消费者的资金，利用自己的专业知识投资证券，将获得的收益与消费者分成，赚取管理费用。证券的范围非常广，除了股票、债券、期货，还包括未上市公司的股权、提货单等。通常所说的“股票基金”就是专门投资股票的基金。产业投资基金就是主要投资未上市公司的股权，待投资企业发育成熟之后，通过股权转让实现资本增值。

产业投资基金是一种对未上市公司进行股权投资和提供经营管理服务的利益共享、风险共担的集合投资制度，即通过向多数投资者发行基金份额设立基金公司，由基金公司自任基金管理人或另行委托基金管理人管理基金资产。委托基金托管人托管基金资产，从事创业投资、企业重组投资和基础设施投资等实业投资。产业投资基金具有 4 个特点：①针对未上市公司；②进行股权投资和经营管理服务；③向多数投资者发起；④从事实业投资。

产业基金和股票基金的最大区别不在于被投资公司是否上市，而在于产业投资基金能否参与投资企业的经营管理。因此，股票基金的投资者在理论层面上可以只懂金融，在技术层面上把握股价的涨跌即可，投资的股票可以跨多个行业。产业资金的投资者需要在实业层面经营公司，其必须了解所经营的行业，往往是某个行业的资深人物。因此，投资的公司往往集中在一两个行业中，很难跨多个行业。

产业投资基金在国外通常称为风险投资基金和私募股权投资基金。风险投资基金偏向于在公司发展的中早期投资，侧重分析行业趋势、产品本身、市场潜力。私募股权投资基金偏向于在公司发展的成熟期和扩张期投资，侧重分析公司的财务结构、盈利情况、市场规模。主要针对准备上市或处于上市初期的公司。产业投资基金具有深入行业实体经济的特点，发起人通常选择以非公开方式发行。能够向基金的资金池中注资并参与基金运作的是具有一定资质的从业人员和资本雄厚的企业。私募中的“私”是“私下发行”的意思。

体育产业投资基金是一种集金融、创新、科技管理与体育市场于一体的资金运作模式，促进了体育产业的创业热情和创新发展。国发〔2014〕46 号文件发布后，A 股上市公司都开始成立体育产业基金，截至 2016 年，国内已经成立了 20 多支体育产业文化投资基金，累积规模为 400 亿元。

对于上市公司来说，成立体育产业投资基金是面向未来的战略布局。尤其是对于体育用品及相关产品制造企业来说，90 后成为新的消费主力，需要提供更加智能化的产品和更个性化的服务。不仅需要更新技术，还需要提供多样化的服务，将互联网基因注入企业内部。体育产业投资基金能够在创业企业的发展初期获得其股权并参与经营。一方面，能使体育制造商省去自行创新的成本。与成熟企业而比，创业企业拥有更新的技术和理念，且股权价格更低。另一方面，投资创业企业能够规避风险。很多创新想法会被市场淘汰，能够被投资人和市场认可的项目应能满足大众需求。

**2. 体育产业投资基金的特征及组织形式**

作为产业投资基金中的特殊种类，体育产业投资基金具有其特殊性。一般来讲，体育产业投资基金具有高收入、高风险、高效益、投资回报期长、用于开发高新体育技术为主的中小企业、以公开上市形式获得收益并退出投资、重视运用“激励—约束”机制等特征。

体育产业投资基金的组织形式有公司型和契约型两种。契约型基金无须组建法人实体，其投资者（即受益人）不必参与基金的运作；公司型基金本身是法人，具备股份公司的组织机构，基金组建程序比较规范。我国体育产业投资基金处于起步阶段，适合采用透明度更高和程序更规范的公司型基金模式。

### 3. 体育产业投资基金的募集方式和资金来源

投资基金的募集方式主要有私募和公募、向法人募集和向公众募集等。以私募方式设立基金是指定向招募投资者，对投资者的资格有一定要求，基金经理和投资者往往有比较紧密的关系。投资者与基金经理之间的关系是一种基于了解和信任达成的“委托—代理”或“授信—受信”关系，基金运作压力小。目前，国外的产业投资基金无论是对法人，还是对公众，均倾向于采取私募方式。从长期投资的角度来看，以私募方式为主并主要募集法人投资者资金，或采取私募股权有限合伙的方式集资组建体育产业投资基金，比较符合我国国情和产业投资基金的特点。我国体育产业投资基金主要由上市公司和资本雄厚的基金公司共同设立，前者提供战略眼光和经营经验，看重行业布局，希望能补齐自身短板；后者提供资本运作和风险把控，看重投资效益。现阶段，政府应当对体育产业投资基金采取适当监管措施，利用政府许可、政府备案、规范监督的方式对基金进行调整、控制。同时，将体育产业投资基金纳入规范化运作轨道，在事前、事中、事后对基金进行全方位监管，切实保护投资者的利益。

除了股东对基金公司的出资，体育产业基金公司还可以以公司法人的名义负债。体育产业投资基金的资本构成可分为自有资金和负债两个部分[5]，体育产业投资基金的资本构成如图 12-2 所示。

- 资本构成
  - 自有资金
    - 政府投资机构投资
    - 民间机构投资者投资
    - 民间个人投资
    - 外国投资基金
  - 负债
    - 银行贷款
    - 发行公司债券

图 12-2　体育产业投资基金的资本构成

#### 4. 体育产业投资基金的投资原则

1）收益性、风险性、流动性兼顾

在收益性方面，首先进行投资分析，选择具有市场开发前景、能够市场化或通过政策优惠实现经济收益的项目作为投资对象。例如，竞技性和观赏性强的体育赛事可以通过门票收入、体育转播权收入、相关广告收入等获得商业利益；体育健身休闲活动可以通过会员缴纳会费等形式获得收入；体育设施建设可以通过场馆经营权转移、广告摊位出租、场馆冠名权出售等方式获得收入。因此，此类项目符合体育产业投资基金的投资营利性要求，可以列入投资选择范围。同时，由于基金公司的投资者可能有固定的股权收入要求，所以稳定的现金流入也是项目投资的重点。

在风险性方面，体育产业投资基金在投资体育产业的过程中，会面临技术、管理、市场和政策等风险，既有经营方面的也有制度方面的。例如，体育市场的开发面临市场产品需求不足的风险、体育产品定位和定价风险、体育设备技术开拓风险、经营管理人才缺乏风险、市场进入壁垒降低和潜在竞争者加入的风险、政策和法规改变的风险等。体育产业涉及的产业链长，有建筑业、制造业、广告业、旅游业、新闻业、咨询业、体育培训业等。因此，体育产业投资基金可以通过组合投资和联合多家财团共同投资的方式有效降低非系统性风险，体现投资基金由专家管理、共同投资和共担风险的特点。

在流动性方面，从金融学的角度来看，一项资产的流动性越强，其资产价值往往越高。因此，基金流动性是体育产业投资基金管理人员要把握的关键问题之一。体育产业投资基金的流动性主要满足 3 个方面的要求：基金投资者流动性要求、基金本身的流动性要求和基金资产流动性要求。因此，体育产业投资基金应当做好以下几点：①以预期高收益率抵偿产业投资基金流动性不足带来的损失；②多发展对流动性要求低的机构投资者为体育产业投资基金的投资主体；③通过体育产业投资基金退出机制解决体育产业投资基金的流动性问题；④通过合理的资产配置，对投资项目的建设期、回收期进行科学搭配，实现项目投资组合的最佳现金流结构，保证投资基金的资金快速循环。

体育产业投资基金最主要的投资原则是在收益性、风险性和流动性之间寻找最佳的均衡点。

2）股东利益和社会利益兼顾

体育产业与人们的生活息息相关，同时具有社会公益性和经济性。因此，体育产业投资基金在进行项目投资时，既要考虑投资者的利润回报和债权人的债权收益，又要考虑基金投资项目的社会利益。体育产业投资基金投资项目的甄选，不能只针对极少数消费群体，而是要考虑大多数体育消费者的消费能力和社会的整体收入水平。因此，体育产业投资基金要兼顾股东利益和社会利益[6]。

### 5. 体育产业投资基金的投资方式

1）权益型投资

权益型投资是指为获取其他企业的权益或净资产所进行的投资。对其他企业的普通股股票投资、为获取其他企业股权的联营投资等均属于权益型投资。企业进行这种投资是为了取得对另一个企业的控制权或对其产生重要影响。体育产业投资基金可以对市场程度高、急需发展资金的新兴体育企业，采取注资股或收购部分股权的方式进行风险投资，并直接对企业进行技术、市场、财务、物资等方面的经营和管理。由于企业的开发风险高，企业的经营收入只是股东投资收益的一小部分，所以风险投资最主要的利润回报在风险资本退出时获得。

2）债权型投资

债权型投资是指投资基金购买风险企业发行的企业债券。与一般债权投资不同，这种债权是附有期权的债券投资。通常附有期权的方式大多是附认股权证债券或可转换债券。现阶段我国可转换债券的发行方必须是上市公司或在短期内有发行上市计划的国有独资企业，大多数风险企业不符合发行资格要求。因此，在发行一般公司债券时附加认股权证是较为合适的办法。附认股权证债券是指债券购买者在进行债券投资时，支付的金额中含有一种赋予其在某个特定日期以事先约定的价格认购一定数额股份的权利的对价。投资者可以根据被投资方的经营状况决定是否执行附认股权。在附认股权执行前，体育产业投资基金将债券本息作为其投资回报；在附认股权执行后，基金公司既作为股东获得利润和资本利得，又作为债权人获得债券本息收入。

### 6. 体育产业投资基金的投资对象

不同的体育产业投资基金对其投资对象有不同的偏好和投资要求，因此，体育产业中的不同分支对体育产业投资基金也有不同的吸引力。体育产业投资基金是一种集合投资的现代化投融资制度，投资对象既包括科技知识含量高、处于市场开发早期的产品，又包括体育场馆等基础设施。因此，可以将体育产业投资基金分为创业投资基金、企业重组投资基金、基础设施投资基金 3 种。对 3 种体育产业投资基金的要素分析如表 12-4 所示，表 12-4 为体育产业投资基金提供了具体的概念框架[7]。

表 12-4　对 3 种体育产业投资基金的要素分析

| | 创业投资基金 | 企业重组投资基金 | 基础设施投资基金 |
|---|---|---|---|
| 投资主体 | 企业或个人 | 政府或共同投资 | 政府或共同投资 |
| 投资方式 | 权益投资 | 权益投资 | 债券投资、权益投资 |
| 主要退出方式 | 权益退出 | 权益退出 | 企业经营利润 |
| 收益实现方式 | 转让股权、管理层回购出售、清算 | 企业经营利润 | 转让股权、管理层回购出售、清算 |
| 投资期限 | 中长期 | 中短期 | 中长期 |
| 投资者的要求 | 投资基金 | 总汇报 | 收益或总汇报 |
| 实践案例 | 李宁体育用品有限公司 | 中体产业集团股份有限公司 | 青岛双星股份有限公司 |

### 7. 成立体育产业投资基金的意义

从申奥成功开始，我国体育产业飞速发展。在 2008 年北京奥运会上，中国不负众望取得了史无前例的好成绩。成立体育产业投资基金，不仅可以有效利用社会闲散资金，投资需要资金的体育企业，发挥闲散资金维持企业运营和研发的作用，还可以解决国家财政支出对体育产业投入不足的问题，创造巨大的经济效益和社会效益。同时，体育产业投资基金以股权形式投资未上市公司或国有体育经营性企业的运作和管理，有利于明晰产权，强化出资人的有限责任，建立合理有效的内部管理机制，推进体育产业的现代企业制度改革，更好地促进我国体育产业的发展。

## 12.3　体育产业融资

目前，体育产业资金的来源主要有 3 种：①国家财政“拨款型”，主要来自国家财政的体育拨款和各系统的体育支出；②体育组织“筹款型”，主要通过各种体育组织向社会集资，政府仅给予一定补贴；③国拨自筹“结合型”，政府一般给予 1/3 的体育经费，其余由体育组织自筹解决。

### 12.3.1　资本市场的融资方式

#### 1. 体育产业股权融资

股权融资是指企业的股东愿意让出部分企业所有权，通过企业增资引进新股东的融资方式[8]。新股东与老股东共享企业的盈利，企业无须还本付息。

1）股权融资的特点

股权融资具有以下特点：①长期性，股权融资筹措的资金具有永久性，无到期日，不需归还；②不可逆性，企业采用股权融资不需要归还成本，投资人欲收回本金需要借助流通市场；③无负担性，股权融资的特点决定了其用途的广泛性，通过股权融资，不但能募集大量资金，有利于提高企业的知名度，还可以稀释原股东的股权和控制权，有利于利用资本市场进行后续融资。

按照融资渠道，可以将股权融资分为私募发售和公开市场发售两类。私募发售是企业自行寻找特定的投资人，吸引其通过增资入股企业的融资方式，包括产业机构投资、风险投资等；公开市场发售通过股票市场向公众投资者发行企业股票来募集资金，公司上市、上市公司的增发和配股都是利用公开市场进行股权融资的具体形式。

2）体育产业股权融资的应用

从生产经营规模来看，许多企业的融资方式是通过公开市场发售来融资，一方面，可以为企业募集到巨额资金；另一方面，资本市场将给企业一个市场化的定价，使企业的价值被市场认可，为企业股东带来财富。

在我国，公司在主板市场申请股票上市，发行主体应是依法设立且持续经营 3 年以上的股份有限公司，并要求近 3 个会计年度的净利润为正且累计超过 3000 万元，或者近 3 个会计年度的现金流量累计超过 5000 万元且最近一期不存在未弥补亏损。

#### 2. 体育产业债券融资

债券是政府、企业、银行等债务人为筹集资金，按照法定程序发行并向债权人承诺于指定日期还本付息的有价证券。体育产业债券是在国家金融政策允许的条件下，得到中国人民银行批准，在特定时期为成功举办综合大型国际、国内体育赛事而筹集资金，由政府组织机构进行严格的审计评估后，以国家体育政府机构或大型国际、国内体育赛事举办地的人民政府机构为载体组织发行的一种筹集资金的方法，通过国家级银行或地方政府金融机构发行，债券到期后由发行人向债券持有人还本付息[9]。

1）债券融资的特点

债券融资和股权融资都属于直接融资。与股权融资相比，债券融资具有以下优点。

（1）债券融资的税盾作用。债券的税盾作用主要由债务利息和股利的支出顺序不同导致。各国税法基本都允许利息在税前支付，股利在税后支付。因此，企业发行债券可以合理避税，从而使企业的每股税后利润提高。

（2）债券融资的财务杠杆作用。财务杠杆是指企业负债对经营成果具有放大作用。企业发行债券按事先确定的票面利率支付利息后，其余的经营成果将被原来的股东分享。如果纳税付息前利润率高于利率，则负债经营可以提高税后利润，从而形成财富从债权人到股东之间的转移，使股东的收益增加。

（3）债券融资的范围广、金额大，既可以向银行或非银行金融机构融资，又可以向其他法人单位和个人融资，融资比较容易，可以筹集到较多资金。

2）体育产业债券融资的应用

欧美体育产业债券融资的应用始于20世纪90年代中后期，因为债券融资具有融资规模大、成本低、易于操作等一系列优点，所以迅速在国外许多职业体育俱乐部得到了广泛运用，并且成为主要融资方式之一。通过债券融资，国外许多职业体育俱乐部不仅能解决中长期发展资金不足的问题，还能用债券融资获得的大量资金偿还债务、修建新的多功能比赛场馆、实施股份回购计划或购买优秀球员等。

在我国，企业发行债券需具备以下条件：①股份有限公司的净资产不低于3000万元；②有限责任公司的净资产不低于6000万元；③累计债券总额不超过净资产的40%；④筹资的资金投向符合国家的产业政策；⑤最近3年的平均可分配利润足以支付公司债券1年的利息；⑥债券利息率不得超过国务院限定的利率水平。

3）体育产业债券融资的优点

（1）运用债券融资可以优化资本结构。罗斯的信号传递理论表明，企业的价值与负债率具有正相关关系，企业的质量越高，负债率越高。

（2）运用债券可以有效筹集社会资金投资体育产业，拓展体育产业融资渠道，解决国家财政支出对体育产业投入不足的问题。

（3）因为债券的融资条件较高，所以运用债券融资能使企业或职业俱乐部长期稳定发展。

（4）运用债券融资，可以充分利用财务杠杆作用，提升体育产业的市场价值，改善体育产业投融资体系，实现体育产业资金的有效配置。

### 3. 商业银行信贷融资

信贷融资是指企业为满足自身的生产经营需要，与商业银行签订协议，借入一定数额的资金，在约定期限内还本付息的融资方式。

#### 1）信贷融资的特点

债券融资与股票融资均属于直接融资，信贷融资属于间接融资。直接融资是指需要资金的部门直接到市场上融资，借贷双方存在直接的对应关系。间接融资的借贷活动必须通过银行等金融中介机构进行，由银行向社会吸收存款，再贷放给需要资金的部门。信贷融资与直接融资相比，具有以下特点。

（1）融资速度较快。体育产业信贷融资可以用体育场馆等固定资产做抵押，或者找信誉较高的大股东作担保，与直接融资相比，通过信代贷融资能快速筹集到所需要的资金。

（2）融资弹性较大。通过信贷融资，不仅可以申请短期信贷以解决企业短期资金周转的问题，还可以申请较长期的发展资金，进行中长期项目投资。在企业的财务状况发生变化时，也可以与银行再协商，变更借款数量和还款时间。因此，信贷融资对企业来说具有较高的灵活性。

（3）融资成本较低。企业实际负担的成本比股权融资的成本低，利率也低于债券融资的利率。

（4）可以利用财务杠杆作用。企业进行信贷融资，可以与债券融资一样，利用财务杠杆作用。

#### 2）体育产业信贷融资的应用

信贷融资在国外体育产业中的应用非常广泛，在推动国外体育产业，特别是职业俱乐部的发展方面具有重要作用。

如果企业或俱乐部有可供抵押的财产，则获得商业银行信贷融资比较容易。

公司以自己的财产作为偿债的保证，在公司无法偿还债务时，银行有权依法从将该财产折价或拍卖、变卖该财产的价款中优先受偿。

进行一定比例的商业银行信贷融资，不仅可以优化俱乐部融资结构、降低其平均资本成本、冲减税基，还有助于发挥俱乐部的财务杠杆作用，实现俱乐部市场价值的最大化。

### 12.3.2 其他融资方式

#### 1. 体育赞助融资

体育赞助是作为赞助者的企业和作为被赞助者的体育部门之间进行等价交换的特殊商业行为。它是现代企业实行体育营销策略的重要组成部分。体育赞助实质上是一种软广告，能够发挥品牌推广的优越性，更容易被目标沟通对象接受。通过体育赞助，不仅能使企业获得社会各界的广泛关注、提高企业的品牌知名度与市场竞争力、扩大产品的销售渠道，还能使被赞助的体育赛事或部门获得发展动力。

1）体育赞助融资的特点

体育赞助融资主要具有以下特点。

（1）融资速度快。体育赞助一般在体育活动开始前的一段特定时间内，以较快的速度达成相关协议。

（2）融资成本低。体育活动或部门通过体育赞助进行融资，不需要付出太多的额外成本。

（3）融资方式灵活多变。体育赞助按具体内容可分为实物赞助、技术赞助、现金赞助。体育赛事或体育部门可根据实际需要，采用一种融资方式或联合融资方式。在时间上也可以选择短期或者长期赞助融资。

（4）融资范围广、金额大。体育的广泛影响力使体育赞助成为一种市场营销活动。因此，基本可面向全社会的经济组织进行体育赞助融资。

2）体育赞助融资的应用

大规模、正式的体育赞助始于 20 世纪 60 年代的英国，三大石油公司投资 1000 万马克赞助 1.5 公斤级的汽车大赛，并取得了很好的效果，开创了赞助与产品有关联的运动品牌先例。1984 年，经过尤伯罗斯的商业运作，洛杉矶奥运会将赞助商与奥运会紧密联系起来，实现奥运会首次盈利 2.25 亿美元，从而在 1985 年催生了最高级别的体育赞助——TOP 计划。

统计资料表明，一个企业在世界范围内每提高 1%的品牌认知度，需要花费 2000 万美元的广告费，而通过奥运会、世界杯等大型体育赛事，可以提高 10%的品牌认知度，还能获得更好的经济效益。因此，许多大型企业都不惜花大价钱与大型体育赛事或组织成为合作伙伴，以此开拓市场并获得经济效益。例如，曼彻斯特联足球俱乐部与耐克保持长期的赞助关系，赞助价格年年攀升。

**2. 体育彩票融资**

体育彩票有狭义与广义之分。广义的体育彩票是指发行彩票的目的与体育相关的各类彩票；狭义的体育彩票是指以比赛为媒体发行的彩票，亦可称为竞猜型体育彩票，如足球彩票等。

目前，中国体育彩票是指为筹集体育事业发展资金发行的，印有号码、图形或文字，供人们自愿购买并按照特定规则获取中奖权力的书面凭证。销售方式主要有两种：规模销售即开型体育彩票方式和电脑辅助销售传统型体育彩票方式。

1）体育彩票融资的特点

体育彩票融资具有以下特点。

（1）融资成本低。体育彩票融资成本仅为其销售额的 20%左右。

（2）融资数额大。目前中国每年的体育彩票融资超过百亿元。

（3）融资风险低。每年体育彩票的发行都会将募集到的资金分为奖金、发行成本、收益金 3 部分，其中收益金占比较大。因此，体育彩票融资的风险较低。

2）体育彩票融资的应用

1990 年，世界彩票销售额为 650 亿美元，法国近 1/4 的体育经费是通过发行彩票获得的。例如，法国发展竞技体育基金的年收入为 9 亿法郎，其中彩票收入为 8.4 亿法郎。德国、瑞士、奥地利等国家体育经费的 76%与体育彩票有关。体育彩票也是英国援助竞技体育基金的主要经费来源。

发行体育彩票既有利于增加体育消费，又有利于增加投资和吸引社会游资，促进体育发展。我国体育彩票自 1984 年首次发行以来至今已有 20 多年的历史，通过体育彩票融资，不仅缓解了国家投入不足与体育需求增长的矛盾，还为吸收社会闲散资金、增加社会就业、进行国民收入再分配等做出了贡献。通过体育彩票融资获得的收益主要用于资助开展全民健身活动、维修和增建体育设施、补充大型体育运动会经费、体育扶贫工程和社会保障基金支出等方面。

## 12.4 体育场馆融资模式

体育场馆是重要的体育重资产，具有资金额度大、公益性强、维护周期长、成本高的特点。民众的体育锻炼需求和体育赛事举办都离不开体育场馆，体育场馆融资是体育场馆合理建设和经营的有效方式。

政府和社会资本合作（Public-Private Partnership，PPP）模式是在基础设施及公共服务领域建立的一种长期合作关系。通常由社会资本承担设计、建设、运营、维护基础设施的大部分工作，并通过“使用者付费”及必要的“政府付费”获得合理的投资回报；政府部门负责基础设施及公共服务的价格和质量监管，以保证公共利益最大化。PPP 模式具有 3 个本质特征：风险分担、利益分配、覆盖项目的全生命周期。能够较好地解决体育场馆投资风险大、收益不显著、维护周期长的问题。体育场馆常用的融资模式如表 12-5 所示。

**表 12-5 体育场馆常用的融资模式**

| 序号 | 融资 | 设计 | 建造 | 运营维护 | 类型名称 |
|---|---|---|---|---|---|
| 1 | 公共 | 公共 | 公共 | 私营 | 管理合同<br>移交—运营—移交（TOT） |
| 2 | 公共 | 私营 | 私营 | 私营 | 设计—建设—租赁（DBL）<br>建设—移交—租赁（BTL）<br>建设—移交—运营（BTO）<br>租赁（现有设施） |
| 3 | 私营 | 私营 | 私营 | 私营 | 建设—运营—移交（BOT）<br>建设—拥有—运营—移交（BOOT）<br>设计—建设—融资—运营（DBFO）<br>建设—拥有—运营（BOO）<br>现有设施的特许经营 |

2010—2018 年我国体育 PPP 项目的模式、回报机制和 PPP 项目库的年限分别如表 12-6、表 12-7 和表 12-8 所示，2010—2018 年我国体育 PPP 项目库的发起年份和项目金额如图 12-3 所示。

表 12-6　2010—2018 年我国体育 PPP 项目的模式

| 运行模式 | BOT | TOT | BOO | TOT+BOT | MC | 其他 | 总计 |
| --- | --- | --- | --- | --- | --- | --- | --- |
| 数量 | 97 个 | 6 个 | 2 个 | 1 个 | 1 个 | 9 个 | 116 个 |
| 占比 | 84% | 5% | 2% | 1% | 1% | 8% | 100% |

表 12-7　2010—2018 年我国体育 PPP 项目的回报机制

| 回报机制 | 可行性缺口补助 | 使用者付费 | 政府付费 | 总计 |
| --- | --- | --- | --- | --- |
| 数量 | 100 个 | 9 个 | 7 个 | 116 个 |
| 占比 | 86% | 8% | 6% | 100% |
| 平均项目金额 | 10.48 亿元 | 4.21 亿元 | 6.49 亿元 | 9.75 亿元 |

表 12-8　2010—2018 年我国体育 PPP 项目库的年限

| 合作年限 | 10～14 年 | 15～19 年 | 20～24 年 | 25～29 年 | 30～34 年 | 总计 |
| --- | --- | --- | --- | --- | --- | --- |
| 数量 | 49 个 | 23 个 | 24 个 | 11 个 | 9 个 | 116 个 |

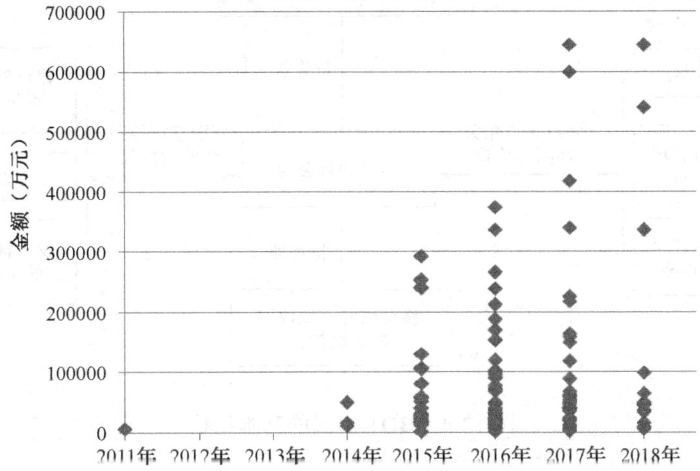


图 12-3　2010—2018 年我国体育 PPP 项目库的发起年份和项目金额

## 12.4.1　BOT 模式

BOT 是 Build-Operate-Transfer 的缩写，即“建设—运营—移交”，指政府就某项基础设施项目与非政府部门的项目公司签订特许协议，由特许签约方的项目公司承担该项目的投资、融资、建设、经营和维护，在协议规定的特许期限内，该项目公司可以经营并获得回报，即拥有项目收费权或产品销售权；政府部门则拥有对该项目的监督权、调控权。特许期满时，签约方的项目公司将该项目无偿移交给政府，政府不仅有项目所有权，还有成长运营项目的使用权、收益权。

截至 2019 年，财政部 PPP 项目库中 BOT 项目的数量为体育类项目总数的 84%。其占比较高的原因有两点。

（1）2009—2014 年，PPP 模式的推广陷入停滞，地方政府怕麻烦，社会资本怕风险，导致 PPP 项目无人问津。BOT 项目的融资、设计、建造、运营、维护全部由 BOT 项目公司完成，使得项目的各阶段被同一公司控制，给予了社会资本充分的控制风险能力，减少了资本的后顾之忧，清晰的阶段责任划分也降低了政府和社会资本产生矛盾的可能性。

（2）政府在 BOT 项目中始终拥有项目的所有权，且最终将获得项目的所有权和经营权。BOT 模式的基本结构如图 12-4 所示。

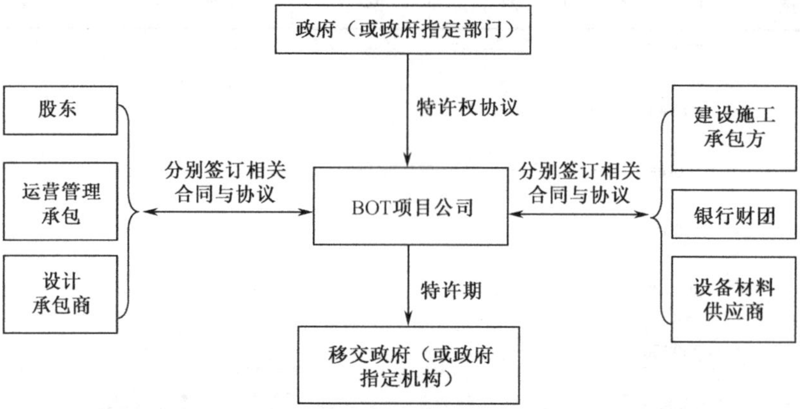


图 12-4 BOT 模式的基本结构

### 1. BOT 模式的特点

（1）降低项目对政府财政预算的影响，使政府在自有资金不足的情况下，仍能建设基建项目。政府可以集中资源投资那些不被投资者看好但对地方政府有重大战略意义的项目。

（2）BOT 模式是一种无追索权或追索权有限的项目融资方式，不构成政府外债，可以提高政府的信用，政府也不必为偿还债务而苦恼。

（3）商业资本和私人资本参与项目的建设和管理，项目的经营情况直接影响它们的利益。因此，可以提高项目的经营管理水平和工作效率，提高项目建设质量，加快项目建设进度。

（4）BOT 模式既不影响政府对项目的所有权，又可使投资者、使用者和其他有关方面共同承担政府的投资建设风险，减少各种风险造成的负面影响，政府也可以将大部分项目风险转移给私营发起人。

（5）创造大量就业机会，吸引外国投资并引进其先进技术和管理方法，对地方的经济发展产生积极影响。

### 2. BOT 模式的应用

采用 BOT 模式既能引进建设资金又能减轻政府负担，特许经营者通过建设和运营能获得相对长期稳定的收益，实现“双赢”。因此，BOT 模式受到了发展中国家和发达国家的青睐。我国采用 BOT 模式引进外资进行基础设施建设起步于 1984 年，随后在全国逐步推广。

BOT 模式主要用于建设收费公路、铁路、发电厂和城市地铁等基础设施项目，也适用于大型体育场馆的建设。随着我国城市化进程的加快，人们对健身活动和健身场地的需求与日俱增。运动方式多元化，足球、篮球、羽毛球，以及新型的瑜伽、高尔夫、跆拳道等运动项目的开展，使人们对大中型体育场馆的需求日益增加。但大型体育场馆的建设投资大，政府财政难以负担大型体育场馆的建设资金。因此，我国大型体育场馆的建设开始向社会筹资，为 BOT 模式的发展提供了广阔空间。

杭州奥体中心主体育馆、游泳馆、综合训练馆 PPP 项目（简称杭州奥体项目）是国家示范项目。杭州奥体中心既是杭州 2022 年第 19 届亚运会的主场馆，又是奥体博览城的核心建筑群及杭州市的新地标。项目位于杭州市萧山区钱江世纪城，静态总投资约为 45.88 亿元，建设内容包括主体育馆（18000 座）、游泳馆（6000 座）及综合训练馆，总建筑面积约为 58 万平方米。

杭州奥体项目的建设存在两个难点。一是项目实施机构（杭州市萧山钱江世纪城管委会）希望项目能够尽量减轻政府的财政负担，运营方能在亚运会结束后实现较好的经济收益，使政府尽量少补或不补；二是亚组委要求倒排工期后，项目需要在 2017 年 10 月落地开工。因此，留给咨询团队的工作周期只有 3 个月，与 PPP 项目的常规周期（6 个月）相比，项目洽谈周期缩短了一半。

经过调研后，项目组做出两个重要决定。一是选择 BOT 模式。大型体育场馆由政府主导设计、投资和建设，政府还负责赛事举办期间的服务和管理。赛事结束后，由专业的运营管理公司负责赛后运营。二是付费方式采用传统的

“可用性+运营绩效付费”方式。

“可用性+运营绩效付费”方式的优点包括：①在项目合作的全生命周期内，风险分担得较为合理，有利于项目的长期可持续合作；②社会资本方的风险成本可控，提高了项目对社会资本的吸引力；③政府支出责任主要体现在运营期内，有利于对项目公司形成绩效约束和激励；④支出责任较为平滑，能够实现代际公平，有利于在中长期财政预算中进行规划。

“可用性+运营绩效付费”方式的缺点包括：①考虑到资金的时间成本，政府在项目合作全生命周期内的累计投入较大；②与体育场馆项目经营收益特点（市场培育期较长，稳定后收益将逐步增长）的匹配度不高；③风险分担机制更倾向于对社会资本方的保护，不利于激发社会资本方的主观能动性。

最终，杭州奥体项目克服了两大障碍，项目进展顺利。2017 年 6 月，启动咨询机构招标；2017 年 9 月，启动社会资本方招标；2017 年 10 月，政府与社会资本方顺利签约；2019 年 7 月，杭州奥体中心主体育馆、游泳馆基本完成土建结构施工，施工进展顺利。项目招标吸引了国内顶级的运营商，为政府节约了超过 30 亿元的财政支出。

BOT 模式能有效解决政府建设资金匮乏与民众对体育场馆建设迫切需求之间的矛盾，也能使私人投资者有机会涉足国家的基础设施建设项目。BOT 模式以未来的经营权作为建设资金的投资回报，是拓展体育产业投融资渠道的有益尝试，符合我国体育事业产业化、社会化的发展方向。

### 12.4.2 TOT 模式

TOT 是 Transfer-Operate-Transfer 的缩写，即“移交—运营—移交”，指政府或企业通过出售已建成项目在一定期限内的现金流量来获得资金以建设新项目的融资方式。即融资方在一定期限内把已经建成并投入运营的项目移交给投资方，以项目在该期限内的现金流量为标的，一次性从投资商那里融得一笔资金，用于建设新的项目。投资方在运营期满后，再把原来的项目移交给融资方[10]。TOT 模式与 BOT 模式不完全相同，适用于有稳定收益和长周期的基础设施项目。

#### 1. TOT 模式的运作程序

使用 TOT 模式进行基础设施项目建设融资主要有以下步骤。

（1）融资方发起人（投产项目的所有者或政府机构）设定 SPC（Special Purpose Corporation），发起人把移交项目的所有权和新建项目的所有权转让给 SPC，以确保专门机构具有对两个项目的管理、转让、建造等权力，并在项目实施过程中对其进行协调和管理。该步骤即建立所谓的项目法人制，保证对融资资金的有效利用。

（2）SPC 确定需要建设的拟建项目规模、建设周期和财务预算。

（3）以已有项目为基础进行项目本身和财务收益宣传，向国内外相关投资商发出招标邀请并确定转让内容和年限。

（4）投资商通过 SPC 的资格审查后，购买招标书（主要确定经营内容、年限、相关权利与义务等）并制定投标书。

（5）SPC 通过协商谈判（主要针对邀请招标）及公开招标评审或竞拍，确定经营融资对象。该步骤是整个 TOT 项目融资的关键步骤。

（6）与外商（或国内民营企业）最终达成转让投资运行项目在未来一定期限内全部或部分经营权的约定，将项目移交 SPC 并获得收益。SPC 用获得的收益进行拟建工程的建设。

（7）新项目建成并投入运行。

（8）移交的项目特许期满后，SPC 收回转让的项目。

**2. TOT 模式的特点**

（1）与 BOT 模式相比 TOT 模式，减少了建设环节，降低了项目风险。投资方接手项目就有收益。由于项目收益已步入正常运转阶段，项目经营者可以将经营收益权作为资产质押给金融机构，从而获得新的融资。

（2）提高项目的运营效率。通过 TOT 模式融资后，项目的经营主体只有投资方，合同期内的经营利益和经营风险均由投资方承担。因此，项目在运营时的决策效率和协调工作等更容易开展。

（3）有利于社会资金进入体育产业，减少政府的财政压力，释放更多政府资金进入其他体育产业。体育产业（特别是体育场馆）的建设需要投入大量财力，政府是主要承担者。因此，通过 TOT 模式吸收大量社会资金进入体育产业，既可以减少政府的财政压力，又可以促进体育产业的发展，满足民众对体育场馆设施的需要。

（4）TOT 模式与 BOT 模式一样，既不影响政府的项目所有权属性，又可以由投资方承担项目的运营风险，能够降低由各种风险造成的负面影响。

## 复习思考题

1. 体育产业投资的基本概念和类型是什么？

2. 简述 3 种以上盈利能力评价指标的概念及特点。

3. 某体育场馆的项目总投资为6000万元，年平均净收益总额为1000万元，该项目的投资收益率为多少？如果确定的收益率标准为 12%，是否可以接受该项目？

4. 简述体育产业投资基金的募集方式、资金来源及投资对象。

5. 简述股权融资和债券融资的概念和特点，并对两种融资方式的优缺点进行对比分析。

6. 查阅相关资料，对国内外某体育场馆的融资方式进行案例分析。

## 参考文献

[1] 杨大楷. 投融资学[M]. 上海：上海财经大学出版社, 2008:3-5.
[2] 荆新, 王化成. 财务管理学[M]. 北京：中国人民大学出版社, 2006:6-221.
[3] 杨铄, 郑芳, 丛湖平. 欧洲国家职业足球产业政策研究——以英国、德国、西班牙、意大利为例[J]. 体育科学, 2014, 34(5):75-88.
[4] 邱菀华. 现代项目管理理论[M]. 北京：机械工业出版社, 2009:48-49.
[5] 倪刚. 我国体育产业投资基金的运行机制研究[J]. 体育与科学, 2005, 25(8):7-8.
[6] 倪刚. 体育产业投资基金的投资与管理研究[J]. 上海体育学院学报, 2004, 28(6):2-3.
[7] 宋秀丽. 后奥运我国体育产业投资基金发展探析[J]. 体育与科学, 2008, 29(5):27.
[8] 林潮光. 我国股权融资现状及改善方法[J]. 财政监督, 2010:49.

[9] 彭珊. 我国体育融资市场信用制度建设的研究[D]. 长沙：湖南大学硕士学位论文, 2010:11.
[10] 张利, 周戒, 范洁群, 等. TOT 项目融资模式及其风险分析[J]. 四川建筑科学研究, 2004, 20(2):119.

## 阅读材料

### 你建场馆，我就搬迁：体育馆融资中的政府和社会资本合作模式

**Irizarry，Alejandra M. Hernandez**

在美国，随着新建和翻修体育馆的成本不断提高，许多体育特许经营者（美国的多数体育职业比赛被联盟垄断，职业运动队的拥有者就是体育特许经营者）采用公共融资来为体育场馆的建设项目筹资。在过去的 20 年内，美国开设了约 101 个新的体育设施，体育设施替代率达到 90%。其中的大多数都获得了公共财政的支持。一些联盟不再将“豪华包厢、命名权、零售、停车和优惠的收入”纳入收入共享体系，这也使得运动队的所有者希望体育场馆能具有更多便利设施。有时，对新体育主场和现代化设施的渴望会诱使运动队放弃原来的主场城市，转而投奔愿意出资提供更优质体育场馆的城市，只留给老东家一个空闲的体育场和一系列费用。

为了真正从 PPP 模式中获益（如为体育场馆解决融资困难的问题），合作协议必须将风险、权利、责任和收益在公共和私人合作伙伴之间适当分配。风险应当被分配给最有能力减轻风险的一方。然而，就目前市政当局与经营者之间的关系看来，情况可能并非如此。虽然专业运动队已经为新建的豪华体育馆支付了部分费用，但是在很多情况下，大部分费用依然需要由地方政府和纳税人承担。

**1. 事实：体育场馆带来的财政负担**

体育场馆费用的增加加重了政府的财政负担，主场城市不得不与运动队反复谈判。美国体育馆融资数据显示，2013 年，体育场馆的投资总额约为 129 亿美元，其中 67 亿美元来自公共税收。除了场馆建设成本，还有停车设施、豪华包厢、专用公路坡道和其他便利设施的费用。

美国亚利桑那州的格伦代尔与菲尼克斯郊狼队签了 20 年的合同，每年向其支付 1500 万美元，还为其体育主场偿还 1200 万美元的建设债务。作为回报，格伦代尔每年从租金、车票附加费、营业税和其他费用中获取 220 万美元的利润。即使菲尼克斯郊狼队打入 NHL 决赛，这座城市仍将连续 20 年因这项交易每年损失 900 万美元，同时，格伦代尔政府还面临 3500 万美元的财政赤字。

### 2. 恶化：来自运动队的迁移威胁

在美国，职业联盟垄断了球队的供应。因此，在新建或翻修体育场馆的谈判桌上，球队以迁移主场城市为威胁。

在 20 世纪 90 年代后期，康涅狄格州（Connecticut）的州长试图吸引新英格兰爱国者队迁移到哈特福德，并开出了极其诱人的条件：出资 3.74 亿美元新建一个体育场，每年为运动队支付 25 万美元的保险、1500 万美元的练习设施费用，为翻新场馆支付 1.15 亿美元的资本置换资金，再为运动队所有者提供 80 万美元的律师费和其他费用。可见，吸引一支运动队的成本极高，运动队迁移可能对政府财政造成巨大威胁。

由于体育主场频繁更换，昂贵的体育场成为许多城市的大麻烦。当原来的主场球队放弃体育场后，这些城市很难找到新的主场球队。维护这些闲置的体育场需要地方政府每年支付数百万美元的费用。

### 3. 解决：可用性付费 PPP 模式

可用性付费 PPP 模式将融资、设计、建造、运营、维护方面的风险转移给私人合作伙伴，而所有权仍归政府所有。设施的可用性可以分为完全可用性（Pure Availability）和建筑可行性（Constructive Availability）。完全可用性要求资产或资产的一部分开放、功能完善、无障碍、允许公众充分使用。建筑可行性要求资产或资产的一部分除了具有可用性，还能满足合同中规定的性能、安全和质量标准。建筑可行性允许使用更高的指标和管理工具，以保证能提供高质量服务。

可用性付费与市场需求无关。这对于不能自给自足的项目来说有很大吸引力。承包商通过计算给定年份该体育馆 100%可用的情况下所能获得的最大可用性付费金额来确定价格。在理想情况下，当基础设施完全达到政府目标时，承包商或特许经营者将会获利。如果承包商未能满足完全可用性和建筑可行性，则减少年度付款。在严重情况下，甚至会导致合同终止。因此，该协议将薪酬与绩效挂钩，确保“投资者只有在遵守协议的情况下才能赚钱”。

### 4. 平衡风险：正确的 PPP 模式和约束条款

当前美国的体育场馆合同使财务风险向政府倾斜。在菲尼克斯郊狼队和新英格兰爱国者队的案例中，政府都有足够的理由对运动队说“不”。原因有两点：第一，运动队的搬迁会对政治、社会和社区士气产生影响；第二，政府不应该补贴球队，因为举办和建造公共体育场馆的社会效益对富人更有利，但成本却被转移到社会的中低阶层。体育场越好，门票越贵，反而会使中低阶层民众被高价门票拒之门外。

为了平衡财务风险，政府应要求运动队为建设、运营和管理竞技场提供更多资金。该合同不必让政府负担未来增加的维护或翻新费用，而是要列出应当由运动队支付的资金，以在需要时使用。以新英格兰爱国者队为例，体育场的财政拨款转移可以使纽约市的财政支出减少 1.15 亿美元。还可以通过要求球队缴纳体育场的房地产税来减轻政府的财政压力，即使专业团队没有与政府签订所有权合同，在租赁协议中也应计入税收，原因在于政府为建设体育场融资发行的地方债券需要担保。

在体育场合同中使用可用性付费也可以平衡政府的风险。可用性付费PPP模式保证了长期预算的确定性，能够使社会资本的交付速度更快、服务水平更高。在可用性付费PPP模式下，门票、包厢等收入全部归运动队所有，体育场馆的利润仅取决于设施的性能。因此，可用性付费 PPP 模式也可以与 BOT 模式或租赁协议结合使用，以进一步激励团队并平衡风险。

在政府与运动队之间的合同中应限制公共投资，以防止运动队离开并减少城市竞争。例如，运动队在偿还债务之前离开，那么该运动队将负责偿还原主场城市的债务。如果原主场城市能为被遗弃的体育场找到新的运动队，且该运动队同意接管原运动队未偿的债务，则可以免除原运动队的罚款。为了减少各城市之间的攀比竞争，应限制投资比例，如规定政府投资不得超过60%。

（本文来自《公共合同法期刊》，2017 年第 46 期）